ゼロから事業を生み出し、
偉大で永続的な企業になる

ビジョナリー カンパニー ZERO

Beyond Entrepreneurship 2.0

著
ジム・コリンズ
ビル・ラジアー

訳
土方奈美

日経BP

序章　なぜ今、本書を出版するのか

ビル・ラジアーと私が執筆したオリジナル版の『Beyond Entrepreneurship《ビヨンド・アントレプレナーシップ》』（1992年発行、日本語未訳）は、スタンフォード大学経営大学院での講義をもとにした本だ。永続性のある偉大な企業《グレート・カンパニー》を目指すスタートアップや中小企業のリーダーのために、ロードマップを示すことが目的だった。

ビルは豊富な現場経験とアカデミックな視点を併せ持った稀有な人物で、『ビヨンド・アントレプレナーシップ』にはその英知が凝縮されていた。私はその後、偉大な企業を動かす要因についてビジョナリー・カンパニーシリーズを世に送り出してきたが、最初に書いたこの『ビヨンド・アントレプレナーシップ』が一番好きだと言ってくれる経営者は多い。ネットフリックス共同創業者のリード・ヘイスティングスが、2014年にアメリカ有数のチャータースクール「KIPP」の会合で私を紹介する際、起業家として駆け出しの頃に『ビヨンド・アントレプレナーシップ』を6回読んだと言ったのには驚いた。スタンフォード大学がもっとも革新的な企業に贈る「ENCORE賞」をネットフリックスが受賞した際には、ヘイスティングスは若手起業家へのアドバイスとしてこう言った。「『ビヨンド・アントレプレナーシップ』の最初の86ページを丸暗記せよ」（本書の3章と4章に相当）[1]。ビル・ラジアーは『ビヨンド・アントレプレナーシップ』を通じて、会ったこともない起業家たちのメンターとなり、長きにわたって存続する真に偉大な企業をつくるよう背中を押した。

ではなぜ『ビヨンド・アントレプレナーシップ』を再び出版することにしたのか。そしてなぜ「今」なのか。私が『ビヨンド・アントレプレナーシップ』を『ビジョナリー・カンパニーZERO』としてアップデートしようと決めた理由は3つある。

第1に、私はいまでも起業家やスタートアップ、中小企業のリーダーに強い関心があるからだ。彼らにこそ著書を読んでもらいたいとずっと思ってきた。こう言うと、押しも押されもせぬ大企業を研究した著書のほうになじみがある読者は意外に思うかもしれない。しかし『ビジョナリー・カンパニー 時代を超える生存の原則』(Built to Last)、『ビジョナリー・カンパニー② 飛躍の法則』(Good to Great)、『ビジョナリー・カンパニー④ 自分の意志で偉大になる』(Great by Choice) の主役がいずれも大企業なので忘れられがちではあるが、そのすべてがかつては小さなスタートアップ企業だった。私はこうした企業の歩みを、創業期からまるごと研究してきたのだ。「アーリーステージ」企業のなかから偉大で永続的な存在に進化するところが出てくるのはなぜなのか、他社との違いはどこにあるのか。私の興味の中心は常にそこにあった。

第2の理由は、今日の起業家と中小企業のリーダーの参考になりそうな新たな資料が相当蓄積されたからだ。人材に関する意思決定、リーダーシップ、ビジョン、戦略、幸運などに関する新たな研究成果の収まり場所として、『ビヨンド・アントレプレナーシップ』のアップデート版は最適だった。本書は歴史ある邸宅に大幅な増築を施したものと考えてほしい。新たな研究成果はまったく新しい章として加えたケースもあれば、既存の章に「コラム」として挿入したものもあり、いずれも「本書の新しい視点」という見出しを付けた。本書のほぼ半分は新たに書き下ろしたものだ。ただオリジナル版の各章は、ビルとともに1992年に書いたままのかたちで残した（数カ所の修正や微調整をのぞく）。オリジナル版の文章はページの色を変えてある。

第3の、そしてもっとも重要な理由は、このアップデート版によって共著者であり、私の人生でもっとも大切なメンターであったビル・ラジアーに敬意を表し、そのレガシーをしっかり残したいと考えたからだ。ビルが導いてくれなければ今の私はなかったし、私の人生はまったく違ったものになっていただろう。ビルが2004年に亡くなったとき、私は彼について、そして彼が多くの人に与えたとてつもないインパクトについて書きたいと思った。本書の第1章では、何千人もの若者の人生を根本から変えた、この聡明で心の広い人物から私が学んだことをみなさんにお伝えする。

本書を通じて、みなさんが歴史に名を残すような企業を生み出すお手伝いができればうれしい。それ以上に、ビルの教えがみなさんやみなさんが率いる組織で働く人々に受け継がれていくことを心から願っている。

ジム・コリンズ

2020年3月2日　コロラド州ボールダーにて

目次

本書の新しい視点

第1章
ビルと私の物語
BILL AND ME

ビル・ラジアーは私にとって父のような存在だった。実の父は私が23歳のときに亡くなり、善悪の区別について、生きるうえで大切な価値観について、人格について、父から教わったことは一度もなかった。私が青年期を迎えたのは1970年代末、ベトナム戦争やウォーターゲート事件を経て、壮大な大義や目的意識、目標がすべて失われたような時代だった。1980年に大学を卒業するまで、他者のために生きるという人生の選択肢とか、特定の価値観でキャリアを構築するとか、級友と語り合うこともなかった。20代の初めの頃には、自分が何か大切なものを知らないまま生きているのではないかという漠然とした不安を抱くようになっていたが、それが何かはっきりとはわからなかった。

そんなとき、ビルと出会った。

スタンフォード大学経営大学院の2年生として、まもなく25歳の誕生日を迎えようとしていた私に、突然特大の「幸運な出会い」がめぐってきた。人生を変えるような偶然の出会いだ。ビジネススクールの学部長が、起業家、経営者として成功していたビルに、教員として選択科目を教えないかとオファーを出した。50代だったビルは、ビジネスの現場で学んだ知識を共有するためにスタンフォードの教職を引き受け、若い企業を育てる代わりに若いリーダーの育成に力を注ぐことにした。私は別の選択科目を受講するつもりだったのだが、学生数を均等に割り振るための抽選によって、ビルが生まれて初めて受け持つ講義に割り当てられてしまった。友人に「このラジアー教授ってだれ?」と聞いても、みんな知らないという。「まあ、いいや。とりあえず最初の何回か授業に出て、どんな人か見てみよう」と私は思った。

我ながら良い判断だった。抽選によって別の講義に割り振られていたら、あるいはビルの講義を履修しなかったら、私がこのようなキャリアを歩むことはまずなかっただろう。本書も存在していなかったはずだ。もちろん『ビジョナリー・カンパニー』シリーズを含めた他の著作も。さまざまな研究も、その成果をもとに書かせてもらった本も、世に出ることはなかった。そして私の人格そのもの、私を支えるコアバリューも、今とはまるで違ったものになっていただろう。

ビルはなぜか私に興味を持ってくれた。馬力だけは大きいエンジンのように、生きる指針となる明確な目的のない人間だと見抜いていたのだろう。ビルはドロシー夫人とともに私と妻のジョアンナを頻繁に自宅に招き、夕食をふるまってくれた。それは私の卒業後も続き、世界に対して私しかできないような貢献をする方法を考えるよう促しつづけてくれた。やさしく、それでいて粘り強いビルの説得に心を動かされ、私は研究、執筆、教育に身を捧げようと思うようになった。

そんななか私が30歳になったばかりの1988年、ビルは私のために思い切った行動に出た。そのおかげで私の人生は大きく拓けた。この年、スタンフォード大学経営大学院は突然、スター教授を失った。この教授はビルが教えていた起業論と中小企業論に関連する科目を教えていたため、学部長はビルに「本格的な」後任が見つかるまで、とりあえず代役を務めてくれる人はいないか、と尋ねた。そこでビルは私の名前を挙げた。

学部長は難色を示したが、ビルは私のために闘ってくれた。「私はジムを信頼している。それに私と同じ講義の別セクションを教えるわけだから、私が責任を持ってコーチングする」と言ったのだ。ほかに選択肢はなかったので、学部長は折れた。ビルなら私がとんでもないことにならないように、うまくやってくれると思ったのだろう。

あなたがマイナーリーグの若手ピッチャーだと想像してみてほしい。ある日、メジャーリーグのピッチャーたちを乗せたバスがヤンキースタジアムへの途上で故障してしまった。もうすぐ試合開始というタイミングで、マネージャーはマウンドに立てる人材を必死に探しはじめる。そこにたまたま居合わせたのがあなただ。そこで誰かがあなたのために声をあげる。「おい、そこのキミ。グローブとボールを持ってマウンドに行け。投げるんだ！」と。スター教授の代役として、スタンフォード大学ＭＢＡコースの教壇に立ったときの私がまさにそんな気持ちだった。

ビルは私にとてつもない責任を負わせた。ビルが僕を信用してくれた。可能性を信じてくれたんだ。私はビルを失望させたくなかった。さらにビルは決定的な場面で最高のパフォーマンスを発揮する心構えを伝授してくれた。一世一代の大舞台を控えたダグアウトで、ビル〝コーチ〟は私にこう言ったのだ。「ここが勝負時だ。パーフェクトゲームに近いピッチングをすれば、また投げさせてもらえる。そうすれば君の人生が変わるかもしれない。さあ、行って投げてこい！」

こうして私はスタンフォード大学経営大学院という「スタジアム」で、それから7シーズンにわたって投げることになった。

すばらしいメンターの「人生の教え」

ビルをすばらしい人物だというのは成功者だからではない。あらゆる意味において成功者だったのは間違いない。起業家として成功し、創業した会社はいずれも非上場だが、ビル亡き後も長年にわたって雇用や富を創出しつづけた。教師、学者としても成功し、（教師として最後の職場となった）スタンフォード大学法科大学院では初代ナンシー&チャールズ・マンガー記念経営学教授の職を授与された。法科大学院の学生たちに多大な影響を与えたことから、学生たちは院生用レジデンスの中庭を「ラジアー・コートヤード」と名づけて敬意を表した。グリンネル大学の理事長を6年にわたって務めるなどさまざまな社会事業に時間とお金を費やすなど、社会奉仕の分野でも活躍した。

だがそれ以上に重要なのは、メンターとしての顔だ。ビルは私だけでなく、何百人という若者のメンターだった。だから経営にフォーカスした話に移る前に、私がビルから学んだ人生の教えをここでいくつか紹介しておこう。本書の冒頭にまさにふさわしい内容だ。というのも「どう生きるか」という面で成功しなければ真の成功はありえないことを、ビル自身が示しているからだ。

与えたい気持ちにフタをするな

ある日、わが家に大きな木箱が2つ届いた。差出人はビルだった。妻のジョアンナと箱を開けてみると、フランス、イタリア、カリフォルニア産のびっくりするほど高級なワインが何十本と入っていた。私はビルに電話をかけ、このすばらしいプレゼントのわけを尋ねた。「わが家のワインセラーがいっぱいでね。新しいワインを入れるために、少しスペースを開けたかった。君たちにちょっと引き取ってもらえたらありがたいと思ってね」。ビルは惜しみなく周囲に分け与え、しかもどういうわけか好意を受けるのは自分のほうであるかのように相手に思わせてしまう不思議な才能があった。自宅には巨大なワインセラーがあったので、収納スペースがなかったというのは疑わしい。しばらく前に夕食に招かれた際、ビルの選ぶワインはいつも本当に美味しいと、私とジョアンナが褒めたことがあった。当時の私たちにはそんなすばらしいワインをストックしておく余裕はなかった。そこでビルは自らのコレクションをおすそ分けしようと思ってくれたのだろう。おかげで私たちは狭い地下室のちっぽけなワインラックにどうやって数十本のワインを収納しようかという贅沢な悩みを抱えることになった。

誰もが知る偉大なビジネスリーダーのなかで、ビルはヒューレット・パッカード（HP）の共同創業者ウィリアム・R・ヒューレットに近いと思う。会社は自らとかかわりのあるすべての人に対して責任を負う、そして会社が成功するために努力したすべての人が、そこから生み出された利益の配分を受ける権利があるとヒューレットは考えていた。時代のはるか先を行き、1940年代にはこうした価値観を体現していた。アメリカ社会でこうした手法が広まるずっと昔のことだ。HPはテクノロジー企業として初めて、長期勤続者を対象に大規模な利益分配制度や持ち株制度を取り入れた。またヒューレットは個人として、テクノロジー経営者の先陣を切って財産の大半を寄付した。[1] 自らの会社を築き上げるなかで、そして自らの人生においても、ヒューレットはシンプルなモットーを貫いた。「与えたい気持ちにフタをするな」だ。[2]

ビルと私はともにヒューレットに感銘を受け、ビルは分け与える心を真摯に実践した。アメリカンドリームとは単に自分が成功することではなく、有意義な仕事をして、他の人に多くを与える機会を得ることだとビルは信じていた。与えるのはお金でもいいし、時間でもいい。何らかの目的や国に奉仕すること、次の世代を教え導くこと、信じるもののために自らの身を危険にさらすことでもいい。ビルはこのすべてをとことん実践した。分け与えることでビル自身のエネルギーが消耗することはなかった。むしろその逆で、ビルが他の人々に多くを与えるほど、それはビルにはね返ってきた。それによってさらにビルの感謝の気持ちが高まり、再び分け与え、ますますエネルギーが高まっていく。そんな具合に「分け与えることとエネルギーの弾み車」が回り、ビルの人生を通じてその勢いは増す一方だった。

後戻りできないジャンプのタイミングを見きわめる

ビルは一流会計事務所の公認会計士としてキャリアのスタートを切った。順調に出世し、まもなくパートナーに指名されることがわかった。

そこでビルはどうしたか。

事務所を辞めたのだ。

そのときのことを、私にこう語った。「私にはずっと、起業家に転身して自分の会社を興すという大きな夢があった。社会的地位が高く居心地も良いパートナーになってしまうと、その立場を手放せなくなって、転身が難しくなると思ったんだ」

だから事務所からパートナーに指名される直前に、自らを縛りそうな居心地の良さや安定を捨てて、ビルは起業家という夢に向かってジャンプしたのだ。

改めて指摘しておくと、これは今とは違う時代、誰もが社会的地位やアッパーミドルクラスの安定した生活を手に入れたいと思っていた頃の話だ。当時、起業家はとんでもなくリスク選好の高い者しか選ばない風変りなキャリアパスだと思われており、結婚してまもない小さな子供のいる社会人が成功が約束された道を捨て、リスクと不確実性を選ぶことなどまずなかった。しかし実現不可能に近い夢を叶えようとすれば、退路を断ち、全身全霊で取り組まなければならないときが来る。ほとんどの人が大胆な野心を遂げられないのは、決定的タイミングですべてを捨てて取り組まないからだ、とビルは考えていた。

もちろんビルはよく考えもせず、思いつきで新たな道に飛び込むことを奨励していたわけではない。自身は慎重に検討した末に、大胆な後戻りできない決断をくだした。それでもビルのメッセージの本質は変わらない。確かにすべてを捨てて実現可能性の低い夢に飛び込むのはリスクの高い行動だが、**決定的なタイミングにすべてを捨てて飛び込まなければ、夢を実現できる可能性は低いどころかゼロになる。**

ビルには会計事務所にとどまるのは、塗り絵のような人生に思えた。やるべきことは決まっていて、線をはみ出さないかぎり最終的に見栄えの良い絵が仕上がる。選択肢はもうひとつあった。こぎれいな、他の人と大して変わらない絵が確実に出来上がる人生を諦め、まっさらなキャンバスと向き合うのだ。もしかしたら傑作が生まれるかもしれない。ビルは後者を選んだ。

その後、私自身にも決定的タイミングが訪れた。教壇に立つようになって5年が過ぎた頃、人生を左右する決断を迫られたのだ。博士号を取得し、何年もかけて教授としてテニュア（終身在職権）を手に入れるべく階段を昇っていくという、多くの人が選ぶ道を歩むこともできた。一方、学術界を離れ、自分の研究と執筆の能力だけを頼みに、自ら道を切り拓くという選択肢もあった。

教員をしていて、学生から「起業論の教授」という立場の本質的矛盾を指摘されたことが幾度もあった。大学教授という安定した安全な世界にいて、リスクと曖昧さに満ちた起業家の世界の何がわかるのか、と。そこで私は考えた。「『起業論の教授』から『起業家の教授』になったらどうか」と。

「教授として独立する。自営業者になって、自分のためにポストをつくり、終生働ける立場を手に入れる」という意思をビルに伝えると、奇抜で実現性のなさそうなアイデアだと思うと言われた。ビルは教師、研究者、作家、大学教授が私の天職だと考えており、当初は学者として従来型の安定した基盤をつくるよう勧めていた。私が自分は今でも教師、研究者、作家、大学教授を目指しており、単に所属する大学がなくなるだけだと説明しても、この根拠のない大胆な提案に懐疑的だった。

そこで私は、ビルが全身全霊で夢に賭けると決め、パートナーに昇進する直前に会計事務所を退所したときの話を持ち出した。「あなたが起業家の道を歩むためにパートナーになる機会を捨てると言ったとき、『やめておけ』という人の意見を聞いていたら、どんな人生を歩んでいたと思いますか？」。ビルは一瞬笑みを浮かべたが、私の問いには答えなかった。今から思うとビルは、「自営の教授」というアイデアを貫き通すだけの信念が私にあるのか、試していたのだろう。そして私を大切に思うからこそ、私の考えに異を唱えてくれたのだ。

結局ジョアンナと私は後戻りできない決断を下し、決して振り返らなかった。私たち夫婦にとっての『テルマ&ルイーズ』的局面だった（映画のラストシーンではテルマとルイーズは手をつなぎ、コンバーチブルのアクセルを目いっぱい踏み込んで峡谷に突っ込んでいったが、私たちはなんとか反対側に着地するつもりだった）。もうだめかもしれない、と思ったこともあった。貯金が底をつきかけたときには、このまま谷底に激突するのだと思った。だがスタンフォード大学という居心地の良い職場に戻るという選択肢を残していたら、私の行動は違っていただろうし、真剣さが欠けていたかもしれない。そうすれば成功の確率はゼロになっていたはずだ。

いつでも安全な道に戻れる選択肢を残しておこうとすると、一生選択しないままで終わる。

信頼という賭けに出る

スタンフォード大学という世俗から離れた居心地の良い文化から独立した後、私は何度も人の判断を誤った。信頼する相手を間違えたのだ。私はその経験をビルに話し、こう尋ねた。「あなたも信頼した相手に裏切られたことがありますか？」

「もちろんあるさ。生きていれば、よくあることだ」

「自分を守るために、他人を疑ってかかるようになりましたか？　こういう経験をすると、もっと用心深くならなくては、と思いますよ」

「ジム、君は人生の大きな分かれ道に立っているんだ。ひとつはまず相手を信頼できると考え、絶対に信頼できないというエビデンスが出てくるまで信じ続ける道。もうひとつはまず相手を信頼できないと考え、相手が信頼できることを証明するまで疑い続ける道だ。どちらか選び、その道を歩み続けなければならない」

ビルは信じる道を選んだようなので、私はこう尋ねた。「でも世の中は信頼できる人ばかりではないでしょう?」

「私は相手をすばらしい人間だと信じる道を選んだ。そしてときにはがっかりすることもある、という事実を受け入れたんだ」

「要するに、あまり痛い目に遭ったことがないんですね」と私は畳みかけた。

「もちろん痛い目に遭ったことはあるさ。それも少なからぬ数だ。でも信頼に応えようとする人のほうがはるかに多いんだ。信頼すると、相手はその信頼に応えなければという責任を感じる。自分が信頼することで、相手がより信頼に足る人間になる手助けができる、と考えたことはないかい?」

「でもなかには信頼を悪用するだけの人もいる。それでは自分が傷つくことになります」と私は抵抗した。

するとビルはある人物に信頼を悪用され、「金銭的にも大きな痛手を被った」エピソードを話してくれた。立ち直れないほどの痛手ではなかった(「自分が立ち直れないほどの痛手を被るリスクを放置してはならない。キャッシュフローから目を離すな」とビルは繰り返し語っていた)。しかし相手が長年の知り合いだったために、ことのほか傷ついたという。

そこでビルは「アップサイド（上振れ）」と「ダウンサイド（下振れ）」という考え方を持ち出した。あなたが誰かを信頼し、相手がその信頼に応えてくれた場合、アップサイドはとても大きくなる。信頼できる人は、信頼されることによって認められたと感じ、モチベーションを抱く。では読みが外れた場合のダウンサイドは何か。許容できないほどの損失を被らないかぎり、裏切られた痛みと失望を感じるだろう。では逆のケースを考えてみよう。あなたが誰かを信頼しなかった場合のアップサイドは何か。実際に裏切られた場合、痛みと失望は抑えられるだろう。ではダウンサイドはどうか。これが決定的要因だとビルは説明した。相手をはなから信頼できないと思えば、優秀な人材ほど意欲を失い、去っていく。ビルが「信頼するほうに賭ける」のはこのためだ。相手を信頼するほうがアップサイドは大きく、ダウンサイドは小さい、というのがビルの信念だった。

「では相手が本当に信頼を裏切ったとわかったときは、どうするのですか？」と私は尋ねた。

「まず、それが単なる誤解、あるいは無能のためではないことを確かめる必要がある」

「無能？」

「信頼を失うというのには2種類ある。ひとつは相手の能力への信頼を失うことだ。相手が無能なだけで、善意の人物であるというケースだ。もうひとつは相手の人格を信頼できなくなることだ。無能な人が有能になるよう手助けすることはできる。だが意図的に、しかも繰り返し信頼を裏切る人のことを、もう一度心から信頼することはできない」

ビルの他者への信頼は、磁石のように作用した。信頼された人はビルをがっかりさせまいと、パフォーマンスの面でも人格の面でもより高いレベルに成長した。失望することがあっても、ビルは他者を信頼することをやめなかった。何度も何度も、誰かの可能性に賭けた。そしてビルに賭けてもらい、見事に能力を証明した者たちは、将来にわたってビルのために身を捧げた。

人間関係を育み、人生を有意義にする

「人生は取引の連続と見ることもできるし、人間関係を構築するプロセスと見ることもできる。取引によって成功を手にすることはできるが、すばらしい人生をもたらすのは人間関係だけだ」。あるときビルにこんなことを言われた。

「すばらしい人間関係を見分ける方法はあるのですか」と私は尋ねた。ビルはしばし考えて、こう答えた。「2人に『この関係でどちらのほうが得をしているのか』と聞いて、両方が『自分』と答えるかどうかだ」

困惑した私は尋ねた。「それはちょっと利己的では?」

「そんなことはない。それぞれが多くを与え合うので、どちらも豊かになった気がするんだ」とビルは説明した。「ではジム、聞くがね、私たちの関係でどちらのほうが得をしていると思うかい?」

「それは言うまでもない、もちろん僕だ。あなたから本当に多くを受け取っているのだから」

「私が言わんとしたのはそういうことだよ。私も同じ質問に対して、私だと答えるだろう」。そう言ってビルは微笑んだ。ビルのやり方がうまくいくのは、両方が何かを「得る」ためではなく、与えるために、その関係に力を注ぐときだけだ。

ビルはまれにみる寛大なメンターだった。人生の最後の4分の1を、ビルは数百人の若者のメンターとして過ごした。ビルがメンターとなる相手や、メンタリングを続ける相手をどう選ぶのか、私は興味を持って見ていた。ビルが手塩にかけたのは、メンタリングは「人脈をつくる」「ネットワーキングをする」あるいは「メンターに扉を開いてもらう」ためではないと理解している者だった。メンターあるいはメンティ（メンタリングの受け手）となることは「関係性」であって取引ではない。

ビルは私との長年にわたる友情から多くを得たと言ってくれたが、私はいつもビルのメンタリングから得るものが多すぎて、とても返しきれないと感じていた。ビルの他のメンティからも、同じような言葉を聞いた。ただ口には出さなかったが、ビルが私たち全員に求めていたことがある。自分のメンティには、次の世代のメンターとなり、その人たちがまた次の世代のメンターになるという好循環を生み出すことを期待していた。そうすることでメンター関係はメンターとメンティという2人の関係にとどまらず、両者が亡くなった後もずっと続いていくような広がりのある関係性のネットワークになる。

価値観から始まり、常に価値観に立ち戻る

ビルが好んで教材として使ったのは、アウトドアブランド「エルエルビーン」のケースだ。とりわけその創業者であるレオン・ビーンについて、またビーンが成長や利益を最大化することより、

常にコアバリュー（中核となる価値観）にもとづく意思決定をしていたことについて、学生と話すのを楽しんでいた。たくさん稼ぐことを目標とする一般的なＭＢＡのマインドセットに反して、レオン・ビーンは金儲けより顧客を友人のように扱うこと、誇りの持てる文化を醸成すること、アウトドアで時間を過ごすことを優先した。起業家の成功は基本的に「何をするか」ではなく「何者であるか」によって決まる、とビルは考えていた。優れた絵画や楽曲が芸術家の内なる価値観を反映するのと同じように、優れた会社にも起業家の価値観が表れる、と。

ビーンを議論の糸口として、ビルは学生たちにお金に振り回されるのではなく、人生の指針となる明確な哲学を持て、と説いていた。ビルが好んで引用したのは、周囲からもっと稼ぐために成長速度を上げるべきだ、と言われたときのレオン・ビーンの反応だ（本書でものちほど紹介する）。「僕はすでに1日3食食べている。4食目はとても無理だ」

ビルにとってお金は人生の成功を測る基準ではなかった。人生最後の20年を自分の会社を成功させることに費やしていたら、もっと（はるかに）多くの富を築けたはずだ。だがビルは教えることを選んだ。そして言葉と生き様を通じて、私にとても大切なことを教えてくれた。自らの成功をお金で測ると、必ず敗者になる、と。人生における成功の真の評価基準は、どれだけ有意義な人間関係を築くことができたか、そして自分のコアバリューにどれだけ忠実に生きることができたかによって決まる。つまり目標、戦略、戦術、製品、市場の選択、資金調達、事業計画、意思決定よりも、価値観のほうが重要ということだ。企業が最初にまとめるべきは事業計画ではなく、「われわれは以下の事実を自明のことと信じる」で始まるアメリカ独立宣言のような、価値観の宣言であることを私はビルから学んだ。事業、キャリア、そして人生において、もっとも大切なのは価値観であり、他のすべてはそれによって決まる。コアバリューは「甘っちょろいもの」ではない、とビルは教えていた。コアバリューに忠実に生きるのは、大変なことだ。

ビルが私に植えつけたコアバリューのひとつが、「コミットメント（約束）」を絶対に破ってはならないということだ。「何かにコミットするときは、とにかく慎重になるべきだ。自由意志でコミットしたことを守れないのは、どうにもみっともない」とビルはアドバイスしてくれた。

2005年10月25日、私はフロリダ州フォートローダーデールの近くで開かれるカンファレンスで、締めくくりのプレゼンをする約束をしていた。前日に現地入りする予定だったが、ちょうどこの日、ハリケーン・ウィルマがフロリダ州南部を襲った。600万人の電気が止まり、空港は閉鎖され、格納庫の扉は暴風でひしゃげてしまった。私は主催者が電話をかけてきて、約束をキャンセルしてくれるのではないかと期待した。しかしカンファレンスはハリケーン襲来前にすでに始まっており、しかもそのときは主催者の引退記念イベントも兼ねていた。相手はなんとか南フロリダに来て、足止めを食らっている参加者のために講演をしてほしいと言う。

どうしたものか。

私はチームのメンバーと、予定をキャンセルすべきか話し合った。そこで私はビルにならって、こう自問してみた。「約束を守ることは絶対に不可能だろうか」

実は、わずかながらフロリダ入りできる道はあった。オーランド空港はまだ到着便を受け入れていたので、まず24日深夜にオーランドに飛ぶ。道路が通行可能であれば、という条件付きだが、そこから真夜中に倒れた送電線や倒木、折れ曲がった道路標識などを避けながら車を4〜5時間走らせると、早朝にフォートローダーデールに到着するはずだ。私はこの可能性に賭けることにした。午前0時近くにオーランドに到着するフライトを手配し、まったく人気のない高速道路を走らせ、電力が止まり、住民が水や食料を求めてスーパー前に行列をつくるなか、非常用電源を使ったカンファレンス会場で予定時刻きっかりにプレゼンを始めたのだ。

コアバリューに忠実に生きようとすると、不便なことも多く、ときとしてコストがかかる。そして常に多大な努力を求められる。ビルの言うとおり、大変なことだ。今でも私は常に自分のコアバリューを守れるわけではない。だがビルの教えや模範のおかげで、比較的それに忠実でいられる。海上で星座を頼りに航海する船のように、常に自らの方向を正していかなければならないと、私はビルから学んだ。ときに少し方向がそれることはあっても、価値観に改めて視線を合わせ、正しい航路に戻るのだ。良く生きるとは、それを生涯にわたって続けることだ。

ワッフルにはバターをのせる

1991年に『ビヨンド・アントレプレナーシップ』の原稿を書きはじめた頃、なんとか意味のある文章をまとめようと日々苦闘するのは、先の見えない絶望的な旅のようだ、とビルに愚痴を言った。本1冊分の原稿を書くのは私にとって初めての経験で、自分にはおよそそんな能力はないと感じていた。毎朝、前日に書いた原稿を読むと「このゴミ箱行きの原稿を書くのに6時間も費やしてしまった」と、ますます不安になった。

ビルには、マラソンの最後の数キロメートルを走りぬけるマラソンランナーのように自制心を発揮して苦しみを乗り越えろ、とお説教されるだろうと思っていた。モノを書くことの苦しみを、私はようやく理解しはじめていた。モノを書くのは、ランニングと似ている。自分のベストを尽くして走るのは、常に苦しいものだ。いつまでたっても楽にはならない。ただ速くなるだけだ。

だが説教の代わりに、ビルは楽しむことの大切さを説いた。「ジム、書くことが楽しくないのであれば、本当に上達するまで続けられないだろう。楽しくないことを続けるには、人生は短すぎる。**僕らが執筆を楽しめないなら、この本を書くのはやめるべきだ**」

『ビヨンド・アントレプレナーシップ』の原稿を出版社に渡した翌日、ビルは心臓発作を起こし、バイパス手術を受けた。手術の数カ月後のある土曜日、ビルと私はいつものようにパロアルトの「ペニンシュラ・クリーマリー」に朝食に行った。注文したワッフルが出てくると、ビルはバターをたっぷり載せた。

「ビル、ダメじゃないか！　心臓に悪いからバターは禁止と医者に言われているだろう」と、私は思わず声をあげた。

ビルは平然と温かいシロップをワッフルにかけ、バターとシロップが溶け合って糖分と脂肪分の極上のミックスができあがっていく様子を見つめた。

「あの日担架に乗せられて手術室に入っていくとき、私はきっと笑顔を浮かべていただろう。これで人生が終わるならそれでいい、と思った。ドロシーと私はすばらしい人生を送ってきた。手術室に入る瞬間に最高の人生を送ってきたと心から感じるなんて、最高の人生だと思った」とビルは説明した。

「それがワッフルにバターをのせるのと、何の関係があるんだ」と私は尋ねた。

「すでに最高の人生を送ってきた。これから後のことは、すべて追加のボーナスだ。だからワッフルにバターをのせるのさ」

ビルは最高の人生と長い人生を明確に区別していた。あの日ビルと別れて、こう思った。人生の長さは自分では決められない。人の寿命は短く、いつなんどき病気や事故で死んでしまうかわからない。40年、50年、60年、100年、たとえ110年生きられたとしても、大いなる時の流れのなかではわずかな時間だ。

しかも時間は加速する。ある日、ビルと一緒に車でキャンパスに向かいながら、歳を重ねると時間が過ぎるのが速くなっている気がしないか、と尋ねてみた。

「どういう意味だい？」とビルは聞き直した。

「毎週のゴミ収集日に道路際にゴミバケツを出すのだけど、その間隔がどんどん短くなっている気がするんだ。昔と同じ7日なのに、まちがいなく10年前より短く感じられるんだ」

「なるほどね」とビルは笑った。「私の歳になれば、毎年のクリスマスがゴミ収集日と同じ速さでまわってくるよ」

つまり、たとえ100年生きようとも人生は短いのだ。重要なのは、どうやってできるだけ長く生きるかではなく、どうやって最後まで充実した人生を送るか、いつ終わりが来ても最高だったと思えるような人生を生きるかだ。

ここで言わんとしているのは、ワッフルにバターをのせる是非ではない（特にあなたがバターが嫌いならなおさらだ）。自分のしていることを心から楽しみ、愛すること、今後何十年も生きるかもしれないし、明日死ぬかもしれないという矛盾を抱えながら生きることの大切さだ。この教訓を、私自身がもっと意識できればいいのだが。

2004年12月23日、ビルは昼寝から目覚め、部屋から出ようとしたところで倒れた。鬱血性心不全だった。顔には人生に満足したとでも言いたげな笑みが浮かんでいたと、後からドロシーに聞いた。私が知らせを受けたのは、その数時間後だった。電話を切ると、ジョアンナを振り返って「ビルが亡くなった」と言った。実の父が亡くなったときは、自分が一度も手に入れられなかったものを思って泣いた。ビルが亡くなったとき、私は自分が失ったものの大きさに泣いた。

スタンフォード大学のメモリアル教会で開かれたビルの葬儀には、1000人以上が列席した。ほとんどがビルの生き様や教えによって、より良い人生を歩めるようになった人々だ。私には一人ひとりが時空を超えて移動するベクトルのように思えた。みなビルの影響で価値観や選択が変わり、まったく新しい軌道を進むようになったのだ。良い人生の指標が、どれだけ多くの人生を良い方向に変えたかであるならば、ビル以上の人生はなかなかないだろう。

本書の新しい視点

第2章

最高の人材がいなければ最高のビジョンに意味はない

GREAT VISION WITHOUT
GREAT PEOPLE IS IRRELEVANT

最高の人材を20人失ったら、マイクロソフトは凡庸な会社になるだろう。

——ビル・ゲイツ[1]

2007年10月、私はスティーブ・ジョブズから電話を受けた。アップル・ユニバーシティを創設する計画を温めているという。アップルを永続する偉大な企業にする、自分がいなくなってもすばらしい成果をあげ、誰にもまねのできないインパクトを与えつづける企業にするための取り組みだ。創業者がいなくなったとたんに惨めな衰退に陥る多くの「元・成功企業」の轍を踏まず、世界にとってあってもなくても変わらない凡庸な大企業のひとつになりさがらず、アップルにはさらなる高みに到達してほしい。ジョブズはそう願っていた。

話をしていて、1997年にアップルを救うために復帰した頃の暗黒の日々がどのようなものであったか、どうしても聞きたくなった。当時はアップルが再び偉大な企業になるどころか、独立企業として存続することすら危ぶまれていた。iPod、iPhone、iPad、iTunesはまだ存在していなかった。世界を変えることになるこうした製品はいずれもアイデアとして存在していたかもしれないが、実際に製品化されたのは何年も後のことだ（アップルがiPhoneを発売したのは、ジョブズがCEOに復帰して10年近く経ってからだ）[2]。パソコンの標準をめぐる戦いでは、マイクロソフトの「ウィンドウズ」がほぼ勝利を収めていた。史上最高のスタートアップのひとつであったアップルは、1997年には無意味な存在になりかけていた[3]。そこで私は尋ねた。「暗黒の日々から抜け出すための拠りどころは何だったのか。アップルのどこに希望を見出したのか」と。

相手は時代を代表する製品を世に送り出してきたビジョナリー経営者だ。だから私は、オブジェクト指向のオペレーティングシステム、マッキントッシュ・コンピュータの可能性、あるいは当時頭の中にあった「めちゃめちゃ最高の」製品のアイデアといった答えを予想していた。だがジョブズの答えはまるで違っていた。
「人」だ。社内のあちこちに、ともに再建に挑むのにふさわしい人材が潜んでいることに気づいたという。初期のアップルが掲げた「世界を変える」というビジョンへの熱い情熱を持ち、最高に美しい製品をつくることへのジョブズのこだわりを共有し、個人のクリエイティビティを刺激する「精神のための自転車」をつくりたいという夢を持つ人材だ。さながら帝国の追跡を逃れ、時機が来たら立ち上がろうと身を隠すジェダイの生き残りのような彼らの中に、アップルの価値観は生きつづけていた。姿を隠し、萎縮し、眠っているようではあったが、確かに生きていた。ジョブズの再建は、アップルの価値観への情熱を持った正しい人材を探し出すところから始まった。

私たちはアップルのみごとな復活を、iPodやiPhoneと結びつけて考えがちだ。もちろんジョブズは、優れた製品開発への情熱を失ってはいなかった。ただ最高の製品を生み出しつづける、時代を超える偉大な企業をつくる唯一の方法は、正しい文化の下で正しい人材が働く状態を生み出すことだと学んだのだ。草創期のアップルを「ひとりの天才を1000人が支える」型のリーダーシップで率いたビジョナリーな経営者は、アップルを自分がいなくてもビジョンを実現できる会社にすることに情熱を傾けた。ジョブズが経営者として復帰した後、アップルはアメリカ企業として初めて時価総額1兆ドルを達成した。このうち実に6000億ドル以上が、ジョブズが病を患ってCEOを退いた後に増えた分だ。[4]

『ビヨンド・アントレプレナーシップ』を本書にアップグレードしようと考えたとき、私はこう自問した。「ビルと私がオリジナル版に含めなかった内容で、新たな章を設けるべき重要なテーマがあるだろうか」と。答えは「イエス」だ。それは人材に関する意思決定であり、しかも一番初めに議論すべきテーマだった。偉大な企業を動かす要因について四半世紀以上にわたって徹底的に研究するなかで、わかったことがある。なによりも大切で、絶対に失敗してはならないのが「最初に人を選ぶ」原則だ。あらゆる事業活動のなかで正しい人材をバスに乗せること以上に重要なものはない。私が研究チームとともに「最初に人を選ぶ」原則（最初に誰をバスに乗せるかを決め、それから目的地を決める）を発見したのは、『ビジョナリー・カンパニー② 飛躍の法則』（日経BP）を執筆していたときだ。本書のために書き下ろした本章で、同じ内容を繰り返すつもりはない。むしろこの概念を発展させ、『ビジョナリー・カンパニー②』以降に「最初に人を選ぶ」の原則について私が学んできた事柄を共有したい。それは本書の読者に特に有益だと思うからだ。

正しい事業のアイデアより、正しい人材のほうがはるかに重要だ。特定の事業アイデアは失敗に終わる可能性が高いのだから、なおさらだ。あなたが今考えているアイデア、あるいは事業戦略にしか適性のない人材ばかり集めたら、そのアイデアが失敗し、別のアイデアに挑戦しなければならなくなったときどうするのか。反対に最初のアイデアが成功し、さらにスケールの大きい優れたアイデアが見つかったら、どう対処するのか（アップルがパソコンから出発してiPodやiPhoneに事業を広げていったように）。特定の戦略だけに適した人材を採用するのは、最初から失敗の確率を高めるようなものだ。あなたがスティーブ・ジョブズ並みのスーパー・ビジョナリーだとしても、ここは変わらない。偉大な企業をつくるためのもっとも重要なスキルは、人材について優れた意思決定をする能力だ。はっきり言っておこう。正しい人材なくして偉大な企業はつくれない。

ピクサー・アニメーション・スタジオの共同創業者で、ジョブズの右腕であったエド・キャットムルは、正しい人材さえいれば最初のアイデアが間違っていても最高の結果を出すことができる、と考えていた。「初期段階ではピクサーの作品はすべて駄作だった」と、『ピクサー流創造するちから』（ダイヤモンド社）に書いている（この本は強くお薦めする）。さらにこうも書いている。「今は傑作だと思っている作品も、ある時点まではひどいものだった」。最初のコンセプトを完全にボツにしなければならなかったケースもあった。たとえば『モンスターズインク』は当初、次々と登場するモンスターにつきまとわれる男の物語だった。どのモンスターも男の内なる不安を表しているという設定だったが、どうにもうまくいかない。そこで監督以下の制作チームはストーリーを何度も何度も練り直し、ようやく正しいアプローチを見つけた。ピクサーの土台にあるのは「社運を賭けるべき最高のストーリーは何か」ではなく、「社運を賭けるべき最高の人材は誰か」から出発するという発想だ。最高のアイデアを間違った人材に任せると駄作になる。だが間違ったアイデアを最高の人材に与えれば傑作に仕上がることを、キャットムルは理解していた。ピクサー作品のほとんどが制作段階で何らかの危機に直面しているにもかかわらず、「最初に人を選ぶ」という戦略は14作品連続でナンバーワンヒットという成果につながっている。[5]

「歴史とはサプライズの研究である」という歴史学者エドワード・T・オドーネルの言葉は、私たちの生きる世界の本質をよくとらえている。[6] 私たちは歴史を、すなわちサプライズに次ぐサプライズを生きている。こんなサプライズは当分起こらないだろうと思っていると、さらに大きなものが来たりする。21世紀最初の20年から私たちが何かを学ぶとすれば、それは不確実性がなくなることはなく、不安定さはいつまでも続き、破壊は日常的に起こるということだ。しかも何が起こるか予測し、コントロールすることは不可能だ。「ニューノーマル（新常態）」など存在しない。「非ノーマル」な出来事が次々と起こり、たいていの人はそれが起こるまで予測することも予見することもできない。だからこそ「最初に人を選ぶ」という原則をこれまで以上に徹底する必要がある。これまで誰も登ったことのない巨大な恐ろしい山にアタックするなら、ロープの反対側に正しいパートナーがいること、山で何が起ころうとも対応できる人材を選ぶことが、予想外の危機への最大のヘッジとなる。どれほど先見性のある経営者でも、どのアイデアがうまくいくかを常に正しく予想することはできない。そして未来に何が起こるかを正確に予測できる者はいない。間近に迫った未来ですら、それは不可能だ。

一番重要な指標を追跡する

週次、月次、あるいは四半期ごとの経営陣のミーティングで確認すべきもっとも重要な経営指標はなんだろう。売上高、利益率、キャッシュフローだろうか。それとも製品やサービスのレベル、あるいはそれ以外の指標だろうか。あなたの回答が何であれ、重要性において他のあらゆる指標を圧倒するものがひとつある。徹底的に追跡すべき指標、偉大な企業になれるかどうかのカギを握る指標だ。だが皮肉なことに、まずこの指標から議論する会社はほとんどない。そもそも議論すらしないところも多い。しかし真に偉大で永続性のある会社を築くには、この指標をトップに据えなければならない。

その指標とは**バスの重要な座席のうち、そこにふさわしい人材で埋まっている割合**だ。ここでしばし考えてみよう。あなたの会社の主要なポストのうち、そこにふさわしい人物で埋まっている割合はどれくらいか。答えが90％未満なら、あなたの会社の最重要課題が判明したことになる。真に偉大な企業をつくるには、常に重要ポストの90％がふさわしい人材で埋まっているように努力しなければならない。

なぜ100％を目指さないのか。それはどの時点でも、少なくとも一部の重要ポストが一時的に空席になっている可能性が高いからだ。誰かを重要ポストに異動させたばかりで、どれくらいうまくやれるかまだわからないというケースもある。あるいはあるポストの重要性が急激に高まってしまい、現任者の能力が追いついていないというケースもある。

そもそも重要ポストとは何か。次の3つの条件の「いずれかひとつ」を満たしていれば、重要ポストといえる。

1 人材にかかわる重要な意思決定をする権限がある。

2 この職務での失敗は、会社全体に重大なリスクあるいは大惨事を引き起こす可能性がある。

3 この職務での成功は、会社の成功にきわめて大きな影響を与える可能性がある。

一度バスに乗せた人を簡単には降ろせない場合、重要ポストに誰を配置するかはきわめて大きな問題になる。たとえば親族、終身雇用を約束した社員、社内政治の有力者、あるいは創業期に多大な貢献をした忠実な社員などを辞めさせるのは難しいこともある。ただどんな事情や制約があろうと、重要なポストにはふさわしい人材を配置しなければならない。

「育成」から「交代」に転換するタイミング

次のシナリオを考えてみよう。ある重要ポストに就いている人の仕事ぶりが、悪くはないが理想的ではない。あなたはこの人物のことが好きで、なんとか成功してほしいと思っている。だからこの人物のために相当な時間とエネルギーを割いてきた。しかしこのポストに期待されるAランクの成果はあげられていない。こんな状況に直面したとき、あなたはどちらを選ぶだろうか。この人物の「育成」のためにさらに時間やエネルギーを投資するか。あるいは決然と「交代」させるか（交代は必ずしもバスから降ろすという意味ではない。別の席に移すという選択肢もある）。

唯一の正解があるわけではない。私たちが研究してきた最高のリーダーたちを見ても、育成を選ぶ人と交代を選ぶ人の割合はほぼ半々だ。たとえば歴史に残る名経営者10人を挙げよう。このうち5人は重要ポストで最高の成果をあげられていない人材がいた場合に育成を選ぶタイプ、残る5人は交代を選ぶタイプだった。

育成を選ぶタイプ

アン・マルケイヒー（ゼロックス）
ビル・ヒューレット（HP）
ハーブ・ケラハー（サウスウエスト航空）
J・W・マリオット（マリオット）
ウィリアム・マックナイト（スリーエム）

交代を選ぶタイプ

キャサリン・グラハム（ワシントンポスト）
アンディ・グローブ（インテル）
ケネス・アイバーソン（ニューコア）
ピーター・ルイス（プログレッシブ保険）
ジョージ・ラスマン（アムジェン）

ただ育成タイプの経営者にも境界線はあった。重要ポストに就いている誰かを交代させなければならない、という残酷な事実に向き合うタイミングだ。私は経営者の集まるさまざまな会合で次の質問を投げかけた。「次の2種類の失敗のうち、あなたはどちらが多かったか。①振り返ってみると、重要ポストに就いている人物を交代させるのが遅すぎた。②振り返ってみると、重要ポストに就いている人を拙速に異動させすぎた。もう少し辛抱すべきだった」。しばし考えてみよう。あなたはどちらの失敗のほうが多いだろうか。この質問をすると、大多数の参加者が①決然と行動するのが遅すぎたというほうを選ぶ。

もちろん②の失敗をしたときより、①の失敗をしたときのほうがわかりやすい。とりわけ②の対象者が会社を辞めてしまった場合はそうだ。いずれにせよ、重要ポストにいる人の育成に努めるべきか、交代させるべきかという葛藤をあらゆる組織が抱えている。そして毎回必ず正しい答えを出せるリーダーはいない。ときには育成に固執しすぎることもあれば、拙速に交代させてしまうこともある。正解を出してくれるアルゴリズムもなければ、フローチャートも方程式もない。優れた経営者は社員のことを心から大切に思うので、決断に時間をかけすぎることが多い。それでも時間とともに判断力は向上していく。

そこで重要なのが、次の問いだ。「境界線を越えたかどうか、育成から交代へシフトするタイミングをどうやって見きわめるべきなのか」。私の導き出した最適なアプローチは、適切な問いを投げかけ、それに沿って答えを導き出すというものだ。熟慮の結果完成させたのが、次の7つの質問だ。みなさんが「育成か交代か」という難問に直面したとき、参考にしてほしい。誤解のないように言っておくと、この質問を使えば必ず正解が出るというわけではない。懸念材料がひとつしか出てこなくても交代させるという判断になることもあれば、懸念が6つ出てきても育成を続けようという判断になることもある。

1 **この人物を重要ポストにとどめているために、他の人材が会社を去りはじめていないか。**優秀な人材は優秀な人材と働きたいと思うものだ。彼らは重要ポストにいる人の凡庸な仕事ぶりがいつまでも許容されていると感じると、退社することで意思表示をするかもしれない。さらにまずいのは、高い成果はあげ、会社のコアバリューに反する行動をする人を許容することだ。そうすると本当にコアバリューを支持している人は失望し、会社を去ることもあるだろう。重要ポストにパフォーマンスの悪い人や会社のコアバリューを無視する人をとどめておくほど、優れた文化を毀損《きそん》することはない。

2 **価値観の問題か、意思の問題か、あるいは能力の問題か。**重要ポストにある者が一貫して、あるいは甚だしく企業のコアバリューに反する行動をとる場合、優れたリーダーは交代させる。会社のコアバリューを心から支持し、また何としても自分の職務に必要な能力を身につけようという不屈の意思がある者なら、交代を決断する前に辛抱強く待ってもいい。もっとも判断が難しいのは「意思」の問題だ。対象者にはそのポストのニーズを満たそうと努力する意思が欠如しているのか（あるいは失ったのか）。欠如はしていない場合、意思に火をともすことはできるだろうか。偉大なリーダーは人の成長する力を決して過小評価しないが、成長できるか否かは謙虚さと強い向上心の有無にかかっていることを理解している（価値観と意思と能力という枠組みを私に教えてくれた、ヒューイット・アソシエーツの故デール・ギフォードに感謝する）。

3 **「窓」と「鏡」をどう使うか。**重要ポストにふさわしい人は、窓と鏡を上手に使いこなす。物事がうまくいっているときには窓を指し、自分以外の要因のおかげだと考える。成功に貢献した他の人に光を当て、自分の手柄にはしない。一方、物事がうまくいかなくなったときには、挫折や失敗を状況や周囲のせいにしない。鏡を指し、「これは自分の責任だ」と言う。鏡を指し、常に「どうすればもっとうまくできただろう。どこが間違っていたのか」と自問する人は、成長できる。常に窓を指し、言い訳をしたり問題を他人のせいにしたりする人の成長は止まる。

4 **仕事を「業務」と見るか「責任」と見るか。**重要ポストにふさわしい人は、自分が与えられているのは「業務」ではなく「責任」だと理解している。担当業務のリストと真の責任の違いをわきまえている。偉大な医者は、単に手術をするといった「業務」を遂行するだけでなく、患者の健康に対する責任を引き受ける。偉大なコーチは単にトレーニングを準備するという「業務」をこなすのではなく、選手をよりよい人間に育てる責任を果たそうとする。偉大な教師は単に午前8時から午後3時まで授業をするという「業務」をするのではなく、一人ひとりの子供の学びに責任を負う。重要ポストに就く者は例外なく、業務リストではなく広範な責任を担う。そこにふさわしい人材は広範な責任をまっとうできなかったときに、「業務は済ませた」という言い訳はしない。

5 **ここ1年で、この人物に対するあなたの信頼は高まったか、下がったか。**会社の成長力や業績に対する投資家の信頼度に応じて株価が上下するように、成長や成果によって、その人への信頼は上下する。重要なのはその信頼の「軌道」だ。その人が「任せて」と言ったとき、あなたの安心感は高まるだろうか、それともフォローアップしなければという気持ちが高まるだろうか。

6 **バスの問題なのか、座席の問題なのか。**ときにはバスにふさわしい人材を間違った座席に座らせていることもある。その人物の能力や性格に合わない席に配置してしまったかもしれない。あるいは（急成長企業によくあることだが）座席に求められる任務が、そこに座っている人の能力を超えてしまうこともある。

7　この人物が退社したら、あなたはどう感じるか。もし内心ほっとするのであれば、すでにバスにふさわしくない人物だという結論は出ている。心底がっかりするのであれば、まだバスにふさわしい人物と考えているのだろう。

境界線に達したと判断し、重要ポストにいる人物を交代させると決めたら、「厳格であれ、非情になるな」と自分自身に言い聞かせてほしい。両者の違いを区別することはとても大切だ。厳格さとは自分に正直になり、重要ポストの誰かを交代させる必要性と正面から向き合うことだ。しかし厳格に意思決定をすることと、その変更を非情なやり方で実施することはイコールではない。厳格でありつつ非情にならないためには、勇気と思いやりを併せ持つことが必要だ。勇気とは、当たり障りのない理由を考えるのではなく、交代の理由を直接はっきりと伝えること、そしてその辛い役目を他の人に押し付けないことだ。自ら決断し、その知らせを伝える責任を引き受ける胆力がないのなら、あなたに会社を率いる資格はない。思いやりは声の調子や相手への敬意に表れる。その人の来年以降の誕生日に、わだかまりなくお祝いの電話を掛けられるような方法で交代を伝えられるだろうか。相手もあなたからの電話をうれしいと思うだろうか。

社員に成長してほしければ、まず自分が成長する

アン・ベイカーは29歳という若さで自分がテレケアのCEOになるとは思ってもいなかった。父親が病気治療の副作用で亡くなったとき、父親が共同創業者として立ち上げた小さな精神医療サービス会社をどうするか、判断を迫られた。私がベイカーと出会ったのは、ビルとともに『ビヨンド・アントレプレナーシップ』のオリジナル版の原稿をまとめていたときだ。「私は父を心から愛していた。だから父のつくりあげたテレケアを守り、永続する偉大な企業にしたいと思った」と言うベイカーに、私たちは原稿のコピーを渡した。ベイカーはテレケアを偉大な企業にする基礎を据えるため、24人の社員をバークレーのクレアモントホテルに集めた。そして『ビヨンド・アントレプレナーシップ』のビジョンの章（本書の第4章にそのまま再掲）に出てくるビジョン・フレームワークを使って、会社のコアバリューを考え、変わらない目的を定めた。「精神疾患を抱える人たちが、潜在能力を最大限発揮できるよう支援する」だ。

医療と精神疾患という広大な市場の片隅で活動する、若きCEO率いる小さな会社にとって、かなり野心的な目標だ。だが精神疾患を患う人々にはすばらしい回復の可能性がある、という父の信念を知っていたベイカーには情熱があった。かつて勤務していたモンゴメリー証券で、企業を深く分析し、投資判断を下す仕事をしていたベイカーには、戦略的センスもあった。そのうえ現実的エビデンスにもとづいて、慎重に選択した大きな賭けに出る勇気もあった。

それでもテレケアを偉大な企業に育てるためには、ベイカー自身が会社の成長や規模に合わせて

能力を伸ばし、偉大なリーダーに成長する必要があった。聡明で戦略的で若い情熱に支えられた「アン・ベイカー1・0」には、テレケアを正しい方向へ導いていくリーダーシップ本能はあった。だがそれだけではまるで足りなかった。「アン・ベイカー2・0」「アン・ベイカー3・0」に成長しなければならなかった。

そこでベイカーは最高の人材を採用し、団結したチームにまとめる方法を「学んだ」。文化は戦略を支えるだけでなく、文化こそが戦略であると「学んだ」。採用する際には優秀さや経験だけでなく、価値観や性格を重視することを「学んだ」。仕事を任せる方法とタイミング、任せてはいけないタイミングを「学んだ」。現場に企業文化を浸透させる責任をユニットリーダーに課すことを「学んだ」。短期的利益を犠牲にしても、長期的に偉大な企業へと近づくための賢明な意思決定をする方法を「学んだ」。問題が起きたとき、冷静さを保ち、社員をコントロールしようとする衝動を抑えるすべを「学んだ」。会社の存亡にかかわる危機に直面したときには、会社外に知的および感情的に多くを学べるメンターを求めることを「学んだ」。「会社が危機に陥ったとき、私は内にこもらず外に出て、できるだけ多くの専門家から最良のアドバイスを得ようとした」とのちに振り返っている。「不確実で混沌とした状況では、人は衝動的に内にこもろうとするものだが、意識的にその逆をした。それが私の学習と成長に大きな意味があった」。しかもベイカーの成長は止まらない。現在は「アン・ベイカー3・0」に取り組んでいる。その次には「アン・ベイカー4・0」があるのだろう。ベイカーの強みは、テレケアが必要とするリーダーに一歩ずつ成長するという揺るぎない決意だ。

２０１５年にテレケアは創業50周年を迎えた。ベイカーの指揮の下、８つの州で85のプログラムを提供し、数万人の患者に役立っている。この間、ＥＳＯＰ（社員持ち株制度）〔訳注　企業が費用を全額拠出して自社株を買い付け、社員に退職金・年金として分配する制度〕の価値は、Ｓ＆Ｐ５００指数を大幅に上回る伸びを見せた。２０１７年にはベイカーはサンフランシスコ・ベイエリアの経営者の殿堂入りを果たした。[7] これまでの対象者がシスコ、セールスフォース、インテル、アップル、ＨＰ、チャールズ・シュワブといった企業の創業者、ＣＥＯ、会長であったことを思えば異例の栄誉だ。

偉大なリーダーのほとんどは、最初から偉大なリーダーだったわけではない。もちろん変わり種というか、珍種の虫のように誰もが魅了される天性のリーダーシップを持ち合わせている人もいる。だがこういう例はあまり参考にはならない。珍種の虫タイプに生まれつくかどうかは、自分ではどうにもならないからだ。それ以上に重要なのは、傑出したリーダーのほとんどは努力してそうした能力を身につけたという事実だ。それも偉大なリーダーになりたかったからではなく、社員にふさわしいリーダーになろうと努力した結果だ。あなたがともに働く人々により高いパフォーマンスを望むなら、まずは自分自身のパフォーマンスを高めよう。周囲により幅広い能力を身につけてほしいなら、まずあなたの能力を広げよう。

１９３６年の初めの頃、ドワイト・アイゼンハワーは何をしていたか。それほどぱっとしない少佐で、フィリピンでダグラス・マッカーサー大将の補佐として働いていた。だが、その8年後には、連合軍最高司令官になっていた。ウエストポイント（陸軍士官学校）時代は凡庸な学生で、「あれが未来の偉大なアイゼンハワー司令官で、いずれアイゼンハワーホールが建つぞ」などと言う者はいなかった。つまり初めから、今日の私たちが知るアイゼンハワーではなく、成長したのだ。もちろん陸軍参謀総長のジョージ・C・マーシャル大将がアイゼンハワーの才能を見抜き、責任ある立場へと抜擢したのは大きい。[8] あなたが自らの会社を大きくしていくときには、「わが社の隠れたアイゼンハワーは誰だろう」と常に意識したほうがいい。

20代の頃のスティーブ・ジョブズには、2000年代初頭のアップルの復活を率いることはできなかっただろう。若い頃のジョブズは気分屋で、すぐにキレて相手を侮辱することで有名で、自らのユニークなビジョンに賛同しない者を一切許容しない未熟な天才と見られていた。しかしジョブズは未熟な起業家のままでは終わらなかった。若きリーダーには、ジョブズの遍歴と成長を描いたブレント・シュレンダーとリック・テッツェリの共著『Becoming Steve Jobs』（日本経済新聞出版）が大いに参考になるだろう。20代のジョブズのふるまいと、50代のリーダーとしての優秀さは別物だ。「1000人の手下に支えられた天才」と、自分がいなくても存続できる偉大な企業をつくろうとした意欲的で思慮深い経営者は別人だ。スティーブ・ジョブズ1・0とスティーブ・ジョブズ2・0は別物だ。スティーブ・ジョブズの人生は成功物語ではなく、成長の物語だ。[9]

会社を創業した起業家や中小企業のリーダーは、やがて必ず経営能力の限界に達し、会社を成長させるには「本物の」CEOと交代させる必要がある、という悪しき誤解がある。スティーブ・ジョブズ1・0がこの考えに従った結果、アップルは潰れかけた。それを救ったのがスティーブ・ジョブズ2・0だ。もし誰かがあなたにこの誤解を押しつけようとしたら、こう聞いてみよう。「それが事実だとすれば、歴史に残る偉大な企業の多くを育てたのがその創業者だという否定しがたい現実をどう説明するのか」と。

自ら創業した会社を偉大な企業に成長させるために、それにふさわしいリーダーに成長した創業者や共同創業者の（ごく）一部を挙げよう。ウェンディ・コップ（ティーチ・フォー・アメリカ）、ゴードン・ムーアとロバート・ノイス（インテル）、ジョージ・ラスマン（アムジェン）、ビル・ゲイツ（マイクロソフト）、ジェフ・ベゾス（アマゾン）、ウォルト・ディズニー（ディズニー）、ビル・ヒューレットとデビッド・パッカード（HP）、ロバート・W・ジョンソン（ジョンソン＆ジョンソン）、J・W・マリオット（マリオット）、ハーブ・ケラハー（サウスウエスト航空）、サム・ウォルトン（ウォルマート）、エド・キャットムル（ピクサー）、フレッド・スミス（フェデラルエクスプレス）、フィル・ナイト（ナイキ）。あなたが起業家として会社を興したのなら、創業者は会社を成長させられないという誤った見解を受け入れてはならない。私たちの研究では、時代を超える偉大な企業を育てた経営者の平均在職期間は3年ではなく30年に近い。[10]

テレケアのアン・ベイカーのように親族経営の会社を引き継いだリーダーにも同じことがいえる。統計的に見れば、2世経営者、3世経営者の大半は失敗する。しかし創業者の子供や孫は成功しないという通念を完全に打ち砕くような例も存在する。プログレッシブ保険のピーター・ルイスは、32歳の若さで家業を継いだ。そして同社を地域の小規模な保険会社から、アメリカ有数の自動車保険会社へと成長させた。[11] J・W・マリオット・ジュニアが継いだのは父親が経営していた「ホットショップ」という小規模なレストランチェーンだったが、それを世界的なホテルとリゾート企業に発展させた。[12]

夫の自殺という思いがけない出来事を受けて、一族の経営する新聞社のトップに就任したキャサリン・グラハムは、20世紀を代表する偉大なCEOのひとりになった。私は「フォーチュン」誌から「史上最高のCEO10人」という特集記事の執筆を依頼された際、グラハムをそのひとりに選んだ。そこで次のように描写している。

ショックと悲しみに加えて、グラハムはもうひとつ重荷を負うことになった。グラハムの父はいずれグラハム夫妻の子供たちに継がせるつもりで、亡くなった夫にワシントンポストを任せていた。それをどうするか。グラハムはすぐに決断し、取締役会にこう伝えた。「会社は売却しない。私が管財人を引き受ける」と。

ただグラハムは自分の新しい役割を、単なる「管財人」とはとらえなかった。当時の「ワシントンポスト」は平凡な地方紙に過ぎなかった。グラハムは同紙を「ニューヨーク・タイムズ」に比肩する存在にしたいと考えた。そんななか1971年、「ペンタゴンペーパーズ」への対応をめぐり重要な判断を迫られた。アメリカ政府がベトナム戦争について嘘をついていたことを明らかにする国防総省の文書がリークされたのだ。ニューヨーク・タイムズはすでに文書の一部を掲載しようとして、裁判所から差し止め命令を受けていた。ワシントンポストが記事を掲載すれば、スパイ法違反で処分されるリスクがあった。そうなれば間近に迫った株式公開（IPO）や、大きな収入が見込めるテレビ局の免許をふいにする恐れがあった。「この判断には会社の命運がかかっていた」と、自伝『キャサリン・グラハムわが人生』（TBSブリタニカ）で振り返っている。

しかし存続のために会社の魂を売るぐらいなら、存続しないほうがましだ、とグラハムは決断した。結局ワシントンポストは記事を掲載した。最終的に最高裁判所は掲載を正当と認めた。自伝に「心底縮みあがっていた」「ブーツのなかで足が震えていた」とたびたび書くような生来の不安症で、たまたまCEOになった人物にしては、すばらしい判断だった。だが、またすぐに途方もない不安に襲われる。ワシントンポスト記者のボブ・ウッドワードとカール・バーンスタインが粘り強い取材の末に、ウォーターゲート事件をつかんだのだ。今では事件の結末は当然のように思われている。しかし当時、事件を追いかけていたのはワシントンポストだけだった。グラハムは記事を掲載し、その結果ワシントンポストは偉大な新聞になった。IPOは過去四半世紀のトップ50位に入る成功を収め、ウォーレン・バフェットが株式を保有するという名誉にも恵まれた。グラハムは「私にはあまり選択肢はなかった」と言い、ウォーターゲート事件を自らの手柄だとは考えていない。だが言うまでもなく、グラハムは重要な選択をした。勇気とは恐れを感じないことではなく、恐れを感じながらも行動する能力だ、と言われる。この定義に従えば、特集に登場するCEOのなかでもっとも勇気があるのはキャサリン・グラハムかもしれない。[13]

「金持ち3代続かず」という言い習わしは、統計的には正しいかもしれないが、絶対的な自然法則ではない。ビルと私がスタンフォード大学の講義で好んで使ったのは、エルエルビーンのケースだった。創業者の孫であるレオン・ゴーマンがまもなくCEOに就任するという設定で、学生たちにレオンはCEOとして正しい選択かを考えさせた。まだ30代になったばかりで、大学ではリベラルアーツの学位を修め、海軍でしばらく勤務した。MBAは持っていなかった。多くの学生の答えは「ノー」で、スタンフォード大学やハーバード大学のMBAを持ち、有力ブランドや会社を育てた経験が豊富な「本物の」経営者を連れてくるべきだと主張した。

ゴーマンは自伝『L.L.Bean（エルエルビーン）』に、社長になる前から常に小さな黒い手帳を持ち歩き、事業を改善するための具体的なアイデアを書き留めていたと書いている。その数は最終的に400個以上になった。社長になると、リストに書いたアイデアを次々と実行に移しはじめた。ゴーマンの下でエルエルビーンの売上高はインフレ調整済みの金額ベースで40倍以上に増えた。[14]「金持ち3代続かず」どころの話ではない。

こうした議論を踏まえて、どのような階層かを問わず、リーダーの仕事を与えられたすべての人に聞きたい。あなたには自分のユニット、組織、企業、目的の実現に求められるリーダーに成長するために、あらゆる努力する覚悟はあるだろうか。会社の規模が2倍、5倍、10倍に増えていくのに合わせて、リーダーシップ能力を2倍、5倍、10倍に高めていく意思はあるか。自らのリーダーシップをバージョン1・0から2・0、3・0へと成熟させていく意思はあるか。単に良いリーダーのままで終わるのか、それともアン・ベイカー、ドワイト・アイゼンハワー、スティーブ・ジョブズ、キャサリン・グラハム、レオン・ゴーマンのように偉大なリーダーに向かって成長しつづける意思はあるか。リーダーの立場は特権ではなく責任だ。偶然ではなく決断、遺伝ではなく意思を持った行動の結果だ。学びつづけることで偉大なリーダーに成長するかどうかは、詰まるところ選択の問題だ。

「幸運な出会い」を活かす

「幸運」と聞くと、たいていの人は「幸運な出来事」を思い浮かべる。予想外の重大な出来事とは、たとえば宝くじに当選する、嵐によって飛行機が遅れて重要な会合に遅刻する、珍しい病気にかかるといったことだ。しかし私はもうひとつの、もっと影響力の大きな幸運に注目するようになった。それは「幸運な出会い」だ。

あなた自身の人生の「幸運な出会い」を思い浮かべてみよう。人生を変えてくれたメンターとの偶然の出会い。最高の友達、理想的な人生のパートナー、あるいはすばらしい上司やチームメートの出会い。たまたま同じバスに乗り合わせた人が、信じられないほどすてきな人だったという出会いもある。

私は研究チームのベストメンバーのひとりを、ボールダーの行きつけのハンバーガー・レストランで見つけた。妻のジョアンナとその店を訪れた際、何回か連続して同じウエイターがテーブルについてくれた。いつも感じがよく、手際よく仕事をしていた。そこである晩、私はウエイターに話しかけてみた。

「テレンス、君はボールダー出身かい？」

「いえ、ニュージャージーです」

「へえ、なぜここで働いているんだい？」

「コロラド大学に通っているんです」

「大学は休学中かな。僕らがいつ来ても働いているみたいだし」

「いえ、フルタイムの学生です。自分で稼いだお金で大学に通っているので」

「どれくらい働いているの？」

「週40～50時間です」

「大学に通いながら？」

「そうです」

「専攻は？」

「経済学とファイナンスのダブル専攻です」

「成績はどう？」

「オールAですね」

店からの帰り道、ジョアンナと私はなんて優秀な若者だろう、と話し合った。とても感心したので、数日後、今度は採用活動のために店に向かった。どうしてもこの若者に自分のチームに加わってもらいたかったのだ。

「本当にハンバーガーがお好きなんですね」と、テレンスは私たちのテーブルにやってきた。

「今日はハンバーガーを食べに来たんじゃない。目的は君さ。夏休みの間、私の研究チームで働いてほしいんだ」

結局テレンスは研究チームに加わり、卒業するまでの数年間、私をそばで支えてくれた。貴重な戦力となり、『ビジョナリー・カンパニー 特別編』『ビジョナリー・カンパニー③ 衰退の五段階』『ビジョナリー・カンパニー④ 自分の意志で偉大になる』の3冊のベースとなった研究で貢献してくれた。テレンスがチームにいてくれたおかげで、作品の質は明らかに高まった。

「幸運な出会い」を求めるとは、常に自分は採用活動をしているのだという意識を持ち、どこにいても周囲にすばらしい才能の持ち主が潜んでいるのではないかと目を光らせることだ。「幸運な出会い」はいつ訪れるかわからないが、人生に何度も起こることは確かだ。あらゆることを「幸運な出会い」というレンズでとらえなおすと、つまり幸運な「出来事」を「出会い」という視点で見直すと、幸運な出会いに気づきやすくなる。

私はこれまでの人生ですばらしい幸運に恵まれてきたが、そのなかでも特にすばらしいものは幸運な出会いを認識し、活かしたときに訪れた。大学でジョアンナと出会い、初デートの4日後に婚約したのは幸運だった。ビル・ラジアーが初めて受け持った起業論の授業を履修したのは幸運だった。スタンフォード大学のジェリー・ポラスが共同プロジェクトを持ちかけてくれて、その成果が『ビジョナリー・カンパニー 時代を超える生存の原則』という古典的作品に結実したのも幸運だった。人生最初の60年を振り返ると、それに決定的な影響を与えてきたのは「出来事」ではなく「人」だとわかる。メンター、教師、友人、同僚、パートナーとの「幸運な出会い」が、私の人生を変え、進むべき道を示してくれた。今はテレンスのような若者と出会うたびに、そのなかの何人かにとって私が「幸運な出会い」になれればと思う。

私たちは「何を(What)」を重視する文化に身を置いている。選挙の候補者には(教育、外交政策、予算などについて）「何を」するつもりなのか、と尋ねる。野心あふれる起業家には、「何を」成し遂げたいのか、と聞く。若者には仕事として「何を」選ぶかを聞く。メンターには「何を」仕事にすべきかと聞く。喫緊の課題を解決するためには「何を」すべきかと考える。もちろんいずれも悪い質問ではないが、まず考えるべきは「誰を（Ｗｈｏ）」だ。外交の責任者に正しい人を据えれば、正しい政策ができる。創業チームに正しい人を入れれば、優れたアイデアが生まれ、うまくいく可能性は高まる。正しいメンターと出会えば、キャリアを正しく選択できるだろう。正しい上司を選べば、働くことが楽しくなる。問題を正しい人に委ねれば、自分で取り組むより良い解決策が生まれるだろう。

偉大な企業を動かす要因を研究するなかでさまざまな気づきを得てきたが、とりわけ私の生き方を大きく変えたのが「まず目的を選ぶ」から「まず人を選ぶ」への発想の転換だ。何かを成し遂げること自体にそれほど意味はなく、満足感は長続きしない。だが正しい仲間と協力しながら何かを成し遂げようと努力する過程には、途方もない満足感がある。あなたがやりがいのある仕事に打ち込み、成果を挙げているのなら、とても恵まれている。やりがいのある仕事に大切な仲間とともに打ち込んでいるのなら、それ以上の幸運はなかなか望めない。

自分のキャリアではなく部隊に集中し、部下を大切にせよ

ウエストポイント（米陸軍士官学校）で2年間にわたってリーダーシップ研究に従事した経験から

私が学んだのは、「ユニット・リーダーシップ」がいかに重要であるかだ。真に偉大な組織は例外なく、優れたリーダーの率いるユニット（部隊）で構成されている。すばらしい成果はそこで生まれるからだ。ユニットレベルで傑出したリーダーシップが発揮されなければ、組織のトップにどれほど優れたリーダーがいても意味はない。真に偉大な企業や慈善組織をつくりたいなら、担当チームをまとめあげ、野心的目標に挑んでくれるユニットリーダーを大勢育成しなければならない。企業文化を広めたいなら、あるいは偉大な企業から「時代を超える」偉大な企業への脱皮を目指すのであれば、優れたユニットリーダーを輩出する仕組みづくりに投資しなければならない。

優れたユニットリーダーとは、担当するユニットを最優先に考える人物だ。自らのキャリアがどうなるかなど気にせず、偉大さという輝かしくも狭き門を目指してわき目も降らずに部隊というミニバスを走らせていく人物だ。若い人から「キャリアのアドバイス」を求められると、私はこんなふうに答える。「すばらしいキャリアを築きたいなら、一番良いのはキャリアのことばかり考えるのをやめることだ」。それからアン・マルケイヒーとロイド・オースティン3世陸軍大将の話をする。

アン・マルケイヒーはゼロックスのCEOを目指していたわけではない。2000年代初頭、株価は92%下落し、社債はジャンク債に格付けされるなど、同社は破綻の危機に直面していた。取締役会は会社を救えるのは誰か、必死に模索していた。外部から「変革者」を連れてくるという方法はすでに試したが、うまくいかなかった[15]。

そこでゼロックスの取締役会は、アメリカ産業界には珍しい英断を下した。再び外部から救世主を連れてくるのではなく、社内から実績のあるリーダーを探すことにしたのだ。誰ならば社員はついていくのか。誰ならば信じるのか。誰のためならこれまでの2倍がんばろうと思うのか。誰ならば信頼するのか。これまで確固たる実績をあげてきたのは誰か。キャリアの各段階で最高の成果をあげてきたのは誰か。そこで浮かび上がってきた名前がアン・マルケイヒーだった。取締役会から会社を率いる重責を託されたマルケイヒーは、近年の産業史に残る劇的な企業再生を成し遂げた。[16]ゼロックスを破綻の瀬戸際から救い、収益率を大幅に改善し、財務を立て直し、アメリカ産業史を代表する偉大な企業の座を取り戻す機会を与えた。

史上最高のＣＥＯの多くは、そもそもどのようにしてＣＥＯになったのか。とりわけ自分から売り込もうとしなかった人たちは、どうしてＣＥＯになったのか。彼らはみなマルケイヒーと同じように、キャリアの一つひとつのステップで、自らの率いるミニバスを傑出した成果へと導こうとした。成果が大きなものになるにつれて、より大きな責任を負うことを求められた。大小にかかわらず目の前の課題に集中し、自らのミニバスを輝かしい偉大な成果へと走らせた。マルケイヒーはゼロックスのコアバリューを実践し、部下を大切にしながら、任されたユニットで成果を出すことに集中した。マルケイヒーが部下を信じたから、部下もマルケイヒーを信じた。マルケイヒーが私利私欲を優先しなかったので、部下はマルケイヒーについていった。取締役会からゼロックスの救済を求められたときも、マルケイヒーは自らのリーダーシップ・スタイルを変えなかった。動かすのがミニバスからバス全体に変わっただけだ。

ロイド・オースティン3世は１９７５年にウエストポイントを卒業し、陸軍大将までのぼり詰めた。軍隊での輝かしい経歴の終盤には陸軍副参謀長、続いて米中央軍司令官を歴任し、シリア、イラク、アフガニスタンを含むエジプトからパキスタンまで中東地域でのアメリカの軍事活動を統括した。[17]

ウエストポイントを卒業して数年経つと、オースティンは自分の昇進のスピードが気になりはじめた。「そんなある日、目が覚めたときにこう決めたんだ。自分のキャリアについて思い悩むのはやめよう。その代わりに部下のために尽くそう、と。それによってすべてが変わった。部下たちが、全力で私を支えてくれるようになったんだ」

オースティン大将を訪ねたとき、大将が主催したビジネス界、政界、軍関係者が集まる少人数のディナーに参加した。大物ゲストのそろったディナーの途中で、オースティン大将は静粛を求めた。そして「ここで少しお時間をいただいて、大切なことをお伝えしたい」と言った。キッチンからその日の食事を準備した3人の軍人が出てきた。オースティン大将はゲストに彼らをきちんと紹介した。それぞれの職務と個人的バックグラウンドを説明し、参加者がすばらしい食事のお礼を言う時間を設けた。オースティン大将は部下にスポットライトを当てる機会を決して逃さない。また声を荒げるのを見たことは一度もない。穏やかで物静かで、威厳のある存在感を放ちつつ、謙虚さと意思の強さを感じさせた。国家、与えられたミッション、そして縁あって率いることになった人々に奉仕する気持ちを持ってリーダーを務めていた。

自らのキャリアではなく、部下を大切にする。アン・マルケイヒーとオースティン大将が身をもって示すこの教訓を、誰もができるだけ早く身につけたほうがいい。あなたに与えられたすべての職務、運転することになったミニバス、率いることになったユニットが、どれほど小さいものでも最高の成果をあげよう。そうすれば機会がなさすぎて餓えるより、機会が多すぎて消化不良を起こす可能性のほうが高くなる。

採用の逆回転で成長マシンをつくる

私は世界有数の起業家であるブラジルのジョルジ・パウロ・レマンのリーダーシップを、間近で観察する機会に恵まれた。レマンとそのパートナーであるマルセル・ヘルマン・テレスとカルロス・アルベルト・シクピラは、小さな証券会社から出発し、ラテンアメリカ有数の投資銀行を築いた[18]。3人のパートナーは資産運用に秀でていただけではない。自分たちには能力主義にもとづき、ハングリーで情熱的な人材の集まる企業文化を生み出す特別な才能があることに気づいた。文化の醸成があまりにうまくいったので、企業をまるごと買収し、自分たちの文化というオペレーティングシステムの上で動かすというアイデアを思いついた。そうすれば未来永劫、成長しつづけることができる。「自分たちのすばらしい文化に賭けるべきだ」と考えたのだ。

そこで小売業のロジャス・アメリカナスと、ビール会社のブラーマを買収した。レマンたちの仮説は正しかった。正しい文化的DNAを持った正しい人材を買収先に送り込む戦略は大成功した。3人は「人材マシン」の構築に集中した。積極的で野心的な若いリーダーを大量に採用し、現場に送り込むために訓練する仕組みだ。究極の「戦略」は、情熱的で意欲のある若者を見つけ、徹底的な能力主義の文化に放り込み、困難で野心的な目標を与え、最終的な成果の一部を還元するというものだ。3人はこれを「ドリーム・ピープル・カルチャー」と呼んだ。若者たちは最終的にどんな事業を任されるのかわかっていなかったが、それは些末な問題だった。何より重要なのは、正しい文化的DNAを身につけた人材をたっぷり確保し、途方もない機会を与えることだ。機会は次々と現れ、しかもどんどん大きくなっていった。レマンたちはビール事業をベルギーのインターブリューと合併させ、インベブを創った。

インベブの取締役会は2000年代初頭から毎年、コロラド州ボールダーの私のマネジメント研究所にやってきて、2日間にわたって集中的にソクラテス的対話をする。柱となるのは、たったひとつの大きな問いだ。「永続する偉大な企業をつくるために、次にやるべきことは何か」だ。ある年のミーティングで、取締役会はアンホイザー・ブッシュの買収を真剣に検討しはじめた。

休憩のとき、レマンが私にこう言った。「ジム、とんでもない話になったと心配しているみたいだな」

「そのとおり。君たちが大きな賭けによって成長してきたのはわかっているが、これは途方もない賭けだ。取締役会が傲慢になっていないか、規律ある意思決定をしているのか注意する必要がある」

「それはわかる。でも君は僕の根本的問題がわかっていないね」。レマンはそういって、わざと間《ま》をとった。「わが社にはすばらしい若手リーダーがごまんといる。彼らに大きな仕事を与えなければならない。会社の成長力を維持することの大切さを軽く見ないでほしいんだ」

レマン、テレス、シクピラがどうやってこれほど勢いのあるマシンを生み出したのか、私はようやく理解した。まだちっぽけなスタートアップ企業だったころから、3人は最高の人材を見つけること、獲得すること、育てることに全力で取り組んできた。特定のスキルがあるから、空席があるから、特定の目標があるから、あるいは市場機会があるから、といった理由で人材を採用することはなかった。3人は順序を逆転させた。とてつもなく意欲のある人材で企業というマシンをいっぱいにすれば、成長の好循環が始まると信じて行動したのだ。まず最高の人材を集める。それから何か大きな仕事を与える。大きな仕事を選ぶほど、さらに最高の人材が必要になる。するとさらに大きな仕事が必要になり、さらに多くの最高の人材を獲得する。今度はそれ以上無理というぐらい大きな仕事が必要になる。それを何度も何度も繰り返す。成長力の魔法がとけないように、決して止まらず、決してスピードを緩めない。

あなたも「ジョルジ・パウロのジレンマ」を感じているだろうか。若く優秀で有能なリーダーが多すぎる、野心的で能力と意欲の高い人材が多すぎる、という悩みだ。社内にこの「問題」が生じたら、次の大きな夢を追わざるを得なくなる。さもなければ一番優秀な者からよそへ行ってしまうだろう。

金銭的インセンティブが必要なのは採用が間違っているから

私たちの研究では、経営幹部の報酬と、良い企業から偉大な企業へと飛躍するプロセスに明確な相関は見られなかった。[19] つまり金銭的インセンティブは偉大な企業になる要因ではない。そもそも要因にはなり得ない。理由は簡単で、**お金で間違った人材を正しい人材に変えることはできない**からだ。金銭的インセンティブがなければ最高の成果をあげられない人には、偉大な仕事を成し遂げるのに必要な、強烈な内発的意欲や動機づけが欠けているのだ。

私はこれまで幸運にも、世界最高レベルのパフォーマンスを発揮する組織を研究する、あるいは内部に入って仕事をする機会に恵まれてきた。営利企業だけでなく、軍の精鋭部隊、教育機関、プロスポーツチーム、病院、社会的事業に取り組む団体もあった。そこですばらしいリーダーシップやパフォーマンスを目の当たりにしてきたが、特別な金銭的インセンティブは存在しないことが多かった。

本章の執筆中、私の研究チームは幼稚園から高校までの教育機関を調査していた。対象となったのは、きわめて困難な条件下で教育的成果を大幅に高めてきた学校のユニットリーダー（校長）だ。正しいユニットリーダーがいる学校では、教員に最高の教育を促す「パフォーマンス文化」が醸成されるという仮説を検証したのだ。研究対象となった学校長のなかに、成果を出すための重要な手段として金銭的インセンティブを使っていた者はひとりもいなかった。ひとりもだ。

クリーブランド・クリニックは、同じ目的を持つ優秀な医師とともに働きたいと願う優秀な医師を集めることで、世界でもっとも尊敬される医療機関のひとつになった。同じ目的とは「患者にとって最善のことをする」だ。「正しい人材を獲得する」というこだわりは実を結び、自己強化型の好循環が生まれた。まず正しい人材が協力的文化の下で働くことで患者の治療成果が改善する。すると世界中から患者が集まるようになり、評判が高まり、研究や医療設備に投資する資金が集まる。それによってさらに優秀な医療プロフェッショナルが就職を希望するようになる。クリーブランド・クリニックはこうした成果をシンプルな報酬制度で実現した。[20]医師の報酬には、患者数や手術数にもとづく成果報酬型のインセンティブが一切ない。

私はクリーブランド・クリニックのCEOに招かれ、心臓切開手術の現場を含めて、病院の個性的な文化を実際に観察する機会を得た。手術室では全員が完璧な振り付けに沿って動いているように見えた。執刀医が手を差し出す。相手を見ず、何も言わない。助手は医師が求めるツールをすでに準備している。医師が手を開くと、ツールがその上に置かれる。医師は手を閉じ、回転させて胸の空洞に戻す。すべてがシームレスだ。人工心肺装置の担当者（心臓血管灌流《かんりゅう》技師）は医師から指示が出たらすぐに肺に空気を送れるようタイミングを計っている。

その場にいた全員が、全体の流れに自らの動きをシンクロさせていた。まるでバレエの舞台を見ているようで、緻密な計画と完璧な遂行がそこにはあった。どのような金銭的インセンティブを用意したところで、手術室にあふれるプロ意識をあれ以上高めることはできなかったはずだ。手術の後、そして訪問中を通じて、私はクリーブランドの医療従事者になぜオハイオ州のこの病院を選んだのかと繰り返し尋ねた。答えは常に同じだった。「この分野で最高の人材と、最高の仕事をしたかったからだ」と。

軍の精鋭部隊のケースを考えてみよう。国家的重要性を持つ危険な秘密作戦を遂行する特殊部隊を率いるには、途方もない責任感、訓練、能力、判断力が求められる。だが特殊部隊のリーダーの給料はミドルクラス並みで、利益分配制度やストックオプションの類は一切ない。[21] ネイビー・シールズ（海軍特殊部隊）の元隊員、マーカス・ラトレルの著書『アフガン、たった一人の生還』（亜紀書房）を読むと、「よし、この困難で危険なミッションを遂行すれば、年度末にたっぷりボーナスがもらえるぞ」という世界ではないことがわかる。シールズの文化にインセンティブがないわけではないが、金銭的インセンティブはほとんどない。

多額のボーナスよりもはるかに強力なインセンティブは、仲間のシールズ隊員からの敬意だ。シールズ関係者から高く評価されている、かつて中隊長を務めたディック・カウチの著書『The Sherriff of Ramadi（ラマディのシェリフ）』に、それが簡潔にまとめられている。[22]「シールズのチームでは評判がすべてだ。隊員の評判は訓練部隊にいるとき、部隊に配属されるとき、作戦に参加するときなど常についてまわる。狭い世界なので、誰もが知り合い、あるいは知り合いの知り合いだからだ」。隊員は命がけで仲間の隊員を守る。それはお金のためではない。お互いへの神聖な約束を守るためだ。自分が置き去りにされることは絶対にないと、100％信じられる文化に身を置くことを想像してみよう。90％でも、95％でも、99％でもなく、100％確実にそう信じられる世界だ。シールズのメンバーに「仲間を置き去りにしたら100万ドル払う」とオファーしたらどうなるか。運が良ければ、まず「何を言ってるんだ」という顔をされ、すぐに嫌悪感を示される。たいていはひどい目に遭わされるだろう。

アメリカ軍のトップ、星章がいくつも並ぶ高官であっても、収入は一般的な企業経営者よりはるかに少ない。[23] 5分の1、10分の1、あるいは20分の1かもしれない。企業の取締役会で「一流のリーダーをトップに招くには、数千万ドルの報酬を払う必要がある」といった発言を聞くと、私は困難な国家目標を実現するために、数千人の命を預かり、途方もなく大きな戦略的リスクを背負う軍の高官を思い浮かべる。金銭的インセンティブがそれほど有効なものなら、世界最高のリーダーの何人もがアメリカ軍にいるという事実はどう説明するのか。そのようなリーダーは学校にも、医療機関にもいる。理想に燃える何千人という若者が支持する社会運動にもいる。

もちろん金銭的インセンティブにまったく効果がないと言うつもりはない。経済学のエビデンスは、人は確かにインセンティブに反応することを明確に示している（一流の人材にとって、モチベーションを高める最大の要因ではないが）。インセンティブの影響を無視するのは、人間の本能を無視するのに等しい。だからこそ認識しておくべき重要な事実がある。「誤ったインセンティブは有害なだけでなく、きわめて危険である」。あなたが揺るぎない価値観に支えられた偉大な企業を育てようとしているなら、コアバリューに矛盾する行動を助長するようなインセンティブ、あるいは誤った人々の行動を助長し、正しい人々を幻滅させるようなインセンティブを看過してはならない。「誤った」インセンティブ・システムは、社員に誤った行動を促し、ときには会社を危機に陥れることもある。

大手銀行ウェルズ・ファーゴのケースを見てみよう。1980年代から90年代にかけて同社を率いたディック・クーリーとカール・ライヒャルトは、良い企業から偉大な企業への転換を成し遂げた。ライヒャルトが優れたリーダーシップを発揮していた時期には、ウォーレン・バフェットの投資会社バークシャー・ハザウェイが投資したほどだ。「ウェルズ・ファーゴへの投資によって、金融業界最高の経営者を手に入れることができた」とバフェットは1991年に書いている。バフェットはウェルズ・ファーゴの投資リターンに満足し、その後さらに株を買い増した[24]。

しかし2017年、ウェルズ・ファーゴのブランドは地に堕ちた。良い会社から偉大な企業への転換につながった原則を捨ててしまったという見方もあった。クーリーとライヒャルトが体現していたリーダーシップ精神、そして過去数十年にわたって顧客からの信頼を得てきたサービスへの姿勢に反して、（会長自身の言葉を引用すると）「リテールバンキングのお客様の一部に、依頼されていない、場合によってはお客様自身が知らない口座を開設し、信頼を損なった[25]」。スキャンダルのさなかにCEOに就任したティモシー・J・スローンは、株主への手紙にこう書いている。「お客様の同意なしに開設された可能性が否定できない約13万口座に対し、320万ドル以上の請求額や手数料を返金した[26]」

13万口座というのは、とんでもない数字だ。クーリーとライヒャルトの時代には真に偉大な企業だったウェルズ・ファーゴが、なぜこんなことになったのか。その一因は「攻め」の営業文化に転換し、それと同時に社員にコアバリューに反する行動を促すインセンティブ制度を取り入れたことだ。独立取締役がまとめた報告書は複数の原因を挙げつつ、根本原因を次のように指摘している。「地域の銀行であったウェルズ・ファーゴの営業文化と業績管理システムが歪められ、厳しい営業管理が行われるようになった。この結果、社員に顧客の望まない、不要なプロダクトを販売し、ときには顧客が承認していない口座を開くような圧力がかかるようになった[27]」。問題を解決するため、ウェルズ・ファーゴは経営陣を交代させ、インセンティブと報酬制度を改革した。

不適切なインセンティブがあり、バスの主要な座席に不適切な人材が座っていると、どんな会社でも衰退の悪循環に陥るリスクがある。どれほど偉大な企業でも、それは変わらない。悪循環は会社のコアバリューに反する行動をとり、文化を毀損する誤った人材をバスに乗せてしまうところから始まる。こうした人材の一部が権限を持つと、コアバリューに反するインセンティブを設定するようになる。それは誤った人々の行動を助長し、正しい人々は会社に失望するようになる。誤った人々が文化を支配するようになり、正しい人々にとっては徐々に居心地が悪くなる。正しい人々はどんどんバスを降りていき、誤った人の割合がクリティカルマス（臨界量）に達する。そうしてある日気づくと、あなたが丹精込めてつくりあげてきた文化が破壊されている。

金銭的インセンティブを設けるべきではない、と言っているわけではない。事実、私たちが研究した偉大な企業のほとんどが昔ながらの固定給ではなく、インセンティブ制度を採用していた。しかしそうした制度がうまく機能するのは、それが会社のコアバリューと合致し、報酬の基本的機能を果たすときだけだ。基本的機能とは何か。真に偉大な組織をつくるには、報酬制度は（どのような設計にするかにかかわらず）正しい人材、すなわち会社のコアバリューを支持する意欲的で自律的な人材を引き寄せ、つなぎとめるという基本的機能を果たすものでなければならない。正しい人々の「意欲」を高めるものにしてはならない。結局すべては「最初に人を選ぶ」という原則に行きつく。正しい人をバスに乗せ、誤った人をバスから降ろし、正しい人々を重要な座席に座らせなければならない。

もちろん正しい人材にはその分野の基準に照らして十分な報酬を払うべきだ。また報酬制度は彼らが公平だと感じられるものでなければならない。あなたが偉大な企業をつくるのに貢献している社員と、会社の利益をもっと分け合うべきだろうかと悩んでいるのなら、ビル・ヒューレットのモットーが参考になる。「与えたい気持ちにフタをするな」

頼り合う文化をつくる

20世紀を代表する伝記作家で歴史学者のウィリアム・マンチェスターは、ジョン・F・ケネディやダグラス・マッカーサーの評伝、そしてウィンストン・チャーチルを描いたベストセラー『ラストライオン』で知られる。私がこれまでに読んだ伝記文学のなかで、『The Last Lion（ラストライオン第二巻）』の序文をしのぐ名文はない。ただマンチェスターの手がけた伝記や歴史書はいずれもすばらしいが、私がもっとも心を打たれたのは自伝『回想太平洋戦争』（コンパニオン出版）だ。『回想太平洋戦争』では評伝作家としての才能を遺憾なく発揮して、自らを悩ませてきた人生の謎と向き合っている。マンチェスターは海兵隊員として第二次世界大戦に従軍した。1945年6月2日に部隊が参加した沖縄の戦闘で、マンチェスターは重傷を負った。戦線を離脱し、パープルハート勲章（名誉負傷章）を授与されるほどの傷だったが、いずれ回復し、通常の生活が送れそうだった。だが母国に送還されるのを待つ病床で、マンチェスターは命令に背くことを決意した。野戦病院を無断で飛び出すと、敵陣の背後にいた所属部隊に戻った。数日後、部隊は迫撃砲の直撃を受けた。今度のマンチェスターの傷は重く、衛生兵がまだ息があると気づくまで仲間には死んだと思われていた。そしてついに本国に送還された。

それから数十年が経ち、マンチェスターは同じ悪夢を繰り返し見るようになった。丘の上で下士官姿の若い自分が、中年になった自分と対峙している。「若いころの自分と折り合いのつけられない自分」がそこにいた。悪夢を無意識下に押し込めることができなかったので、3つの物語をひとつにまとめて本にすることにした。太平洋戦争の物語、そこに若き海兵隊員として参加した自分の物語、そして中年になって太平洋戦争の島々を再び訪れる自分の物語だ。3つの物語は10日間の戦闘で7000人の海兵隊員が犠牲になった沖縄の戦場「シュガーローフの丘」で交差する。

底流にあったのは、安全な母国に名誉の帰還を遂げることができたのに、「なぜ」自分は敢えて軍令に背いて野戦病院を脱走し、殺されるリスクを冒してまで部隊に戻ったのかという謎を明らかにしたいという思いだった。みなさんにはぜひ本を読んでいただきたいが、マンチェスターはその答えを仲間の海兵隊員への愛情だったと語っている。[28]「彼らは決して私を裏切らなかった。だから私も彼らを裏切れなかった。彼らが戦死したら、私がいれば助けられたかもしれないという思いを抱えて一生生きていくことになる。そう考えたら彼らと行動をともにするしかなかった」

ここで言わんとしているのは、企業や組織で働くのも戦場に出るのと同じだ、ということではない。企業を営むこと、たとえばコンピュータを製造したり新薬を開発したり、小売店を経営したり、航空会社をつくったり、あるいは崇高な目標を掲げる慈善事業を起こしたりすることを、シュガーローフの戦いと同列に論じることはある種の冒瀆《ぼうとく》だ。そうではなく、ここで伝えたいのは、仲間が自分の助けを必要としていること、そして仲間をがっかりさせてはいけないことを、誰もが理解している文化を醸成することの大切さだ。

私はあるとき海兵隊総司令官から、100人ほどの幹部への講演を頼まれたことがある。講演前の昼食の席で、私は総司令官にこう尋ねた。「(新兵訓練の)ブートキャンプの目的は何ですか?なぜあれほど苛酷な訓練をまだ続けているのです?」と。総司令官はこう説明した。ブートキャンプの目的はもっとも強靭《きょうじん》な隊員を見つけることだと誤解されがちだが、実際は違う。本当の目的は最強の隊員を見つけることではなく、極度のプレッシャーにさらされたときに周囲を助けるより自分のことを優先するような人材を排除することだ、と。

フレッド・スミスが信頼性のある翌日配送サービスを思い立ち、イエール大学の経営学の講座でレポートとして提出したとき、評価はCだった。実現性がない、と教授が判断したからだ。卒業後の1966年、当時のイエール大卒業生には珍しい行動に出た。海兵隊に入隊したのだ。戦闘地域に配属された経験(勇敢な行動に贈られる銀星章と、2つのパープルハート章を受章している)から学んだことは、フェデラルエクスプレスをアイデアから現実のビジネスへ、そしてふつうの会社から偉大な企業へと転換させる原動力となった。マンチェスターと同じようにスミスは、人は約束を果たすためなら理屈では説明できない行動をとることを知った。壮大な理想やインセンティブ、上司やヒエラルキーや評価のためではない。人はお互いのためにとんでもないことをやってのける。

スミスがベトナム戦争への従軍経験を通じて学んだのは、こういうことだ。まず自分が社員を信頼する。そして信頼の証として、彼らを仲間のために絶対に失敗できない状況に送り込む。そうすれば誰もが与えられた使命を果たすために死に物狂いになるだろう。すべてのトラックや飛行機が約束の時間に積み替え拠点に着くように、完璧に調整する。そうしなければ後の工程に影響が出て、ブランドの信頼が「一夜にして崩れる」。そんなビジネスを成立させるには、資金力、システム、航空機やトラックがあるだけではダメなのだ。[29]

フェデラルエクスプレスはいまや私たちの生活の一部となった。だが創業期には破綻の瀬戸際に追い込まれた。[30]スミスがラスベガスでギャンブルによって2万7000ドルを稼ぎ、なんとか航空機の燃料費を払い、システムを動かしつづけたこともあるという。真偽は定かではないが、この逸話が今も産業界で語り継がれているのは、今日の巨大企業もかつては存続に苦しむ小さなスタートアップであったという真理を映し出しているからだ。しかしフェデラルエクスプレスが創業期の苦難を乗り越えられるか、オッズを決めたのはラスベガスの賭場ではない。本当の決め手は、スミスが信頼と敬意と愛に根差した文化、人と人が頼り合う文化を醸成していたことだ。お互いの約束を守る文化が真のブレイクスルーであったという見解は、P・R・ナヤックとJ・M・ケタリンガムの『ブレイクスルー』(ダイヤモンド社)で示されている(困難な状況から企業を成功に導いたイノベーターの本として最高傑作のひとつだ[31])。

ビル・ラジアーがスタンフォード大経営大学院の学長にかけあい、私が教壇に立つ機会をつくってくれたとき、失敗すればビルを失望させることになるという思いが、私にとって必死に努力する原動力になっていた。もちろん高邁《こうまい》な理想と野心的目標を組み合わせれば、努力を引き出すことはできる。だが突き詰めると、私たちが最大限の力を出し切ろうとするのは、仲間を成功させるには自分が成功しなければならない、仲間をがっかりさせたくないと思うときだ。

私たちの生きる世界に成功はあふれているが、生きがいは驚くほど不足している。生きがいもなく、やみくもに働き続けるだけの人生は不幸で残酷だ。ふつうの人が日々の生活のなかで、マンチェスターが海軍の仲間に感じたような深い愛を感じることはないだろう。だが人と人が頼り合う文化では、そうした愛に近づくことはできる。このような文化を醸成する過程で、あなたは社員に「やりがいのある仕事」というはかり知れない価値のあるものを与えることができる。それは紛れもなく偉大なことだ。

第3章

リーダーシップ・スタイル

LEADERSHIP STYLE

リーダーの影響力を左右するのは誠実さだ。感情で国民を動かす前に、自分が感情に動かされなければならない。国民に涙させる前に、まず自分が涙を流さなければならない。国民を説得する前に、自分が信じなければならない。

——ウィンストン・チャーチル[1]

私たちが「Mシンドローム」と名づけた現象がある。Mは私たちの研究対象だったきわめて無能な経営者のイニシャルであると同時に、「malaise（停滞）」の頭文字だ。MのIQは150を超え、MBAと博士号も持っていた。業界での職務経験は20年、有力者とはファーストネームで呼び合う関係だった。週80時間は働いた。しかも年率30％以上のペースで成長する市場に身を置いていた。

それにもかかわらずMの会社は創業当初こそ成功したものの伸び悩み、やがて下方スパイラルに陥り、覇気のない停滞した凡庸な企業になった。なぜか。原因はMのリーダーシップ・スタイルだ。あまりに抑圧的で効果がなく、それが組織全体を冷たい霧のように覆っていた。社員を暗い気持ちにさせ、自信を蝕み、徐々にエネルギーとインスピレーションを奪っていった。Mのリーダーシップが日を追うごとに、週を追うごとに、会社の息の根を止めていったのだ。

Mのやり方のどこが誤っていたのか。

●社員には「仲間をリスペクトせよ」と説いたが（HPがリスペクトの重要性を説いていたことを知識として知っていたからだ）、自分は決して仲間をリスペクトしなかった。チームワークを説いたが、Mにとってチームプレーとは自分への盲従を意味した。

●おそろしく優柔不断だった。重要な判断に直面すると、延々と分析し、行動を先送りした。そのために会社は大きな機会を逃し、小さな問題は重大な危機に発展していった。

●明確な優先順位を決めなかった。部下には常に10～20のアクションを指示し、「すべて最優先でやれ」と言い切った。

●勤務時間のほとんどは、執務室の分厚い扉を締めて閉じこもっていた。社内を歩き回ったり、足を止めて部下の様子を見たりすることはめったになかった。
●常に部下を批判する一方、ポジティブな励ましの言葉は一度もかけたことがなかった。一度でも失敗すると、それを忘れなかった。部下が失敗から何を学んだか証明する機会を、決して与えなかった。
●会社のビジョンをきちんと伝えなかった。このため社員は、目的地もなく嵐のなかを漂う船に乗っているような気がした。
●話すときも物を書くときも、むやみに専門用語を使った。社員の意欲を高めるどころか、退屈させ、困惑させた。
●会社の成長が頭打ちになっても（売上高1500万ドル、社員数75人ほどのころ）、リスクをともなう新しい大胆な挑戦を拒んだ。会社は停滞し、野心的人材は会社を去った。

Mの例からわかるように、偉大な企業への道を阻むのは往々にして無能なリーダーだ。どれほど最先端のテクノロジーがあっても、優れた戦略があっても、そして業務の遂行力があっても、リーダーシップ・スタイルがお粗末であればどうにもならない。これはあらゆる企業に言えることだが、とりわけ中小企業はその傾向が強い。というのも中小企業ではトップリーダーが日々与える影響が非常に大きく、また偉大な企業の基礎を据える役割を果たすからだ。

要するに、破壊的リーダーシップ・スタイルの持ち主に、偉大な企業をつくることは不可能だ。

乗数効果

あなたが組織のトップなら、あなたのリーダーシップ・スタイルによって組織全体のトーンが決まる。つまり、良くも悪くも乗数効果が働く。トップのふるまいが、会社全体の行動パターンに影響を与える。あなたのスタイルが効果的なものならば、偉大な企業をつくる強力な推進力となる。一方、効果がない、あるいはネガティブなものならば、ぐっしょり濡れた重たい毛布のように会社を覆い、成長を阻むだろう。

さまざまなスタイル

誰もが同じリーダーシップ・スタイルを身につけるべきだろうか。もちろん、そんなことはない。リーダーシップ・スタイルは、人それぞれの性格的な特徴で決まる。効果的なスタイルはたくさんある。有能なリーダーの中には物静かで内気で控えめな人もいれば、陽気で社交的な人もいる。とにかく活発で衝動的な人もいれば、慎重な人もいる。年配で賢明で経験豊かな人もいれば、若く勢いがあって向こう見ずな人もいる。人前で話すのが得意な人もいれば、あがり症の人もいる。カリスマ的な人もいれば、そうではない人もいる（**リーダーシップとカリスマ性を混同してはいけない。両者は別物だ。** きわめて有能でもカリスマ的ではないリーダーもいる）。

マハトマ・ガンジー（きゃしゃで穏やか）、エイブラハム・リンカーン（物憂げで思慮深い）、ウィンストン・チャーチル（激しさと不屈の精神力）、マーガレット・サッチャー（厳格で粘り強い「鉄の女」）、マーティン・ルーサー・キング・ジュニア（情熱的で雄弁）など、世界史に残るリーダーを振り返ると、そのスタイルは実に多様だ。だが、誰もがリーダーとしてきわめて有能だった。

あなたらしいリーダーシップ・スタイルを身につけよう。別の誰かになろうとしたり、あなたにそぐわないスタイルを身につけたりする必要はない。ガンジーのように腰布を巻いて、聞き取れないほど静かな声で話すウィンストン・チャーチルを想像できるだろうか。反対に、ガンジーが葉巻をくわえて「神に与えられた力を振り絞って陸海空で戦う。それがわれわれの方針だ」と言い放つ姿を想像できるだろうか。いずれもばかげている。あなたが他の誰かのスタイルをまねようとするのも、同じぐらいばかげている。効果的なスタイルはあなたの内にある、あなただけのものだ。あなたとまったく同じスタイルの持ち主は2人といない。

効果的なリーダーシップ　機能＋スタイル

企業での効果的なリーダーシップは、2つの要素で成り立っている。「機能」と「スタイル」だ。リーダーシップの機能、すなわちリーダーのもっとも重要な責任とは、会社共通のビジョンを明確にし、実現に向けて揺るぎない決意と熱心な取り組みを促すことだ。これはリーダーシップの普遍的要件であり、どのようなスタイルを選ぶかにかかわらず、必ず果たすべき機能だ（ビジョンと

図3-1　企業で有効なリーダーシップ

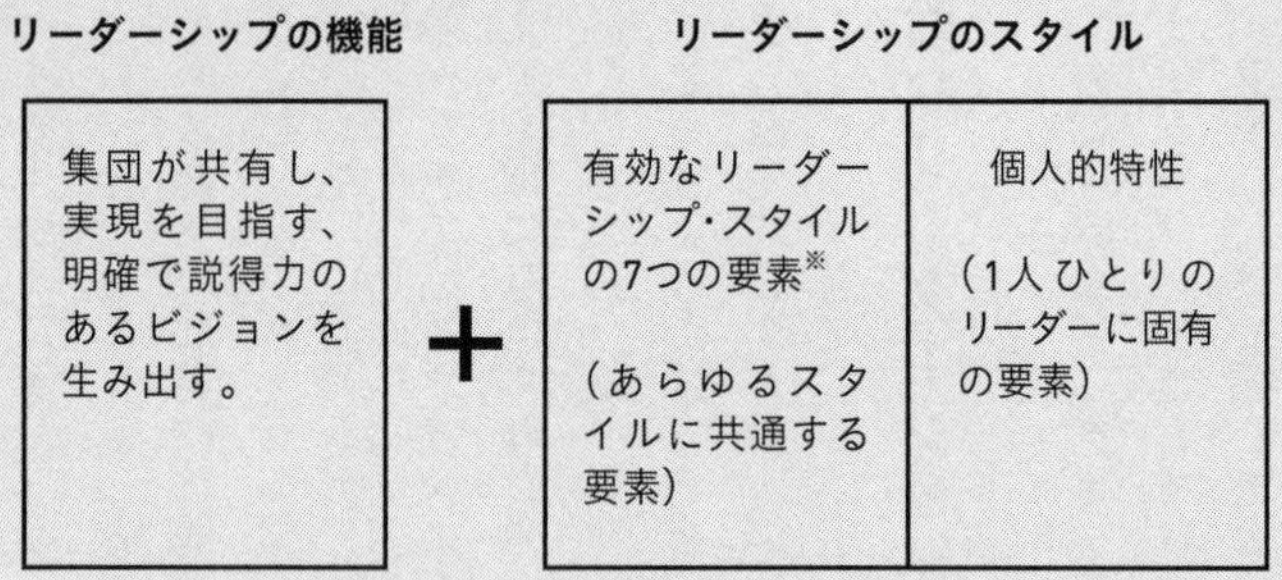

※ 誠実さ、決断力、集中力、人間味、対人スキル、コミュニケーション能力、常に前進する姿勢

は何か、どのように設定すべきかは第4章で見ていく)。

一方、リーダーシップのスタイルは一人ひとりに固有のものだ。リーダーシップの機能を遂行するためのスタイルには、さまざまな選択肢がある。ただ、ひとつ厄介な矛盾がある。あなたのスタイルはあなたらしいものでなければならないし、有効なスタイルはたくさんある。一方、偉大な企業への進化を阻む「Mシンドローム」は避けなければならない。この矛盾をどう解決すればいいのだろう。あらゆるリーダーは独自のスタイルを追求すべきだが、有効性には差が出るということだろうか。

この矛盾を解決するため、私たちは企業でもっとも有効なリーダーシップ・スタイルの構成要素を抽出した。あらゆるリーダーには固有のスタイルがあるものの、さまざまな有効なスタイルに共通する要素がいくつかある。図3-1を見てみよう。

わかりやすいたとえで説明しよう。偉大な作家には、それぞれ独自のスタイルがある。ウィリアム・

フォークナーのスタイルは、アーネスト・ヘミングウェイとはまったく違う。バーバラ・タックマンとウィリアム・マンチェスターのスタイルも違う。ただスタイルはそれぞれの作家固有であっても、偉大な作家全員に共通する要素がいくつかある。作品の冒頭から読者を引き込む、細部の細やかな描写によって想像力をかきたてる、言葉遣いが巧みであり、物語の始まりと終わりが魅力的である、といったことだ。

本書の新しい視点

そもそも「リーダーシップ」とは何か

リーダーシップというテーマを探究しつづけるなかで私にとって、もっとも重要な経験となったのは、2012年から13年の2年間にわたり、ウエストポイント（陸軍士官学校）でリーダーシップ研究に取り組む栄誉を与えられたことだ。ウエストポイントは優れた人格を持つリーダーの育成に取り組む、世界有数のリーダーシップ教育機関だ。この間、私は幾度も現地に足を運び、士官候補生や教員との交流を通じてリーダーシップの本質、どうすればリーダーを育成できるのか、どうすれば「良い」リーダーを「偉大な」リーダーにできるのかを研究した。

そこで目標としたことのひとつは「リーダーシップとは何か」という一見単純な問いについて、

のなのか。

徹底的に理解することだった。リーダーシップという言葉はよく使われるが、そもそもどういうも

まずはっきりさせておきたいのは、「リーダーらしい人格」というものはない、ということだ。今は有名人を崇《あが》めたて、人格をことさら重視する時代だが、人格とリーダーシップを混同するのは危険だ。

教育NPO「ティーチ・フォー・アメリカ（TFA）」の創設者ウェンディ・コップは、まれに見る影響力と進取の気性を持ち、私が心から尊敬するリーダーのひとりだ。ウエストポイントでの小規模なグループセミナーに、コップを特別ゲストとして招いたことがある。参加した士官候補生がまず気づいたのは、コップが内気で控えめで、注目を浴びるのが苦手なことだ。セミナー会場は30人がやっと入れるほどの小さな会議室だったが、近隣の工事現場から聞こえてくる重機の音にかき消されてしまいそうなコップの声を聞き逃すまいと、参加者は必死に耳をそばだてた。

コップは大学4年生のとき、将来何をしたいかわからず、不安を抱いていたと語った。実存的悩みを抱えていても卒業論文は書かなければならない。そこで教育について書くことにした。2つの重要な目的を実現したい、という情熱が芽生えはじめていたからだ。ひとつはどのような家庭、どのような地域に生まれたかにかかわらず、すべての子供にしっかりとした教育を受けさせること。もうひとつは一流大学を卒業した若者たちに、ミシシッピ・デルタ地域やハーレム、ブロンクスなどアメリカのもっとも恵まれない地域で最低2年間教師として働く機会を与えることだ。自分の人生を賭けて取り組みたいことはそれだと気づいたコップは、TFAを立ち上げた。

ＴＦＡの創設以来、プログラムに応募した若者は50万人を超える。[2] ＴＦＡはこのうち6万人以上を教室に送り込んできた。２００９年、私は雑誌「インク」の編集長から、創刊30周年記念号のためにインタビューを受けた。そこで史上最高の起業家は誰かという話になり、私はここ10年で最高の起業家としてコップの名を挙げた。[3]

ウェンディ・コップのリーダーシップの優れた点のひとつは、本能的に正しい人材を次々と引き寄せ、崇高なミッションに全員を巻き込んでいく力にある。ＴＦＡを立ち上げた当初は組織の理念に魅力を感じる有能な人材を集め、教師や教育のリーダーとして現場に解き放つことに集中した。その後、ＴＦＡからティーチ・フォー・オール（世界中の同じような組織のネットワーク）へと活動が発展していくなかで、コップは全員参加型リーダーシップというビジョンを持つようになった。生徒、保護者、教師、校長、学区の教育長、政策当局者、産業界の人々、医療従事者など、あらゆる立場の人が共通の目標に向かって協力するのだ。子供にかかわるエコシステム全体を活用することで、組織内外の何千人という人材を動員できる。こうして、いつの日か「あらゆる国」の「あらゆる子供」に最高の教育を受ける機会を与えるという夢に向かって邁進《まいしん》できるようになった。

あの日ウエストポイントの会議室で、ウェンディ・コップは士官候補生にリーダーシップの重要な真実を伝えた。人を動かし、偉業を成し遂げるのに力強いカリスマ的人格は必要ない。権力も要らない。コップには組織的な権限もなければ、社会のヒエラルキーの上位にいたわけでもなく、高貴な肩書があったわけでもなく、議決権や政府のお墨付きがあったわけでもない。金銭的報酬によって人材を集める力もなかった。ＴＦＡのプログラムに参加した者の多くは、他の仕事に就けばもっと多くの収入を得ることができただろう。ジェームズ・マクレガー・バーンズが名著『Leadership（リーダーシップ）』に書いたとおり、腕力とリーダーシップを混同してはならない。[4]

真のリーダーシップとは、従わない自由があるにもかかわらず、人々が付いてくることだ。単に権力を行使しているだけなのに、自分にはリーダーシップがあると思っているリーダーは多い。権力がなければ誰も自分について来ないことに気づくと愕然とする。地位、肩書、立場、金銭、インセンティブ、名声など、何らかの権力に頼って仕事を進めるのは、リーダーシップを放棄することに他ならない。権限が与えられているからといって気まぐれに命令を出すのは、リーダーシップの対極にある行為だ。コリン・パウエル元陸軍大将は著書『リーダーを目指す人の心得』（飛鳥新社）にこう書いている。「私は軍隊にいた35年間で、誰かに『これは命令だ』と言ったことは一度もない」。「できるだけ丁寧に指示を伝える」ほうが、はるかに良いことを知っていたからだ。[5]

ではリーダーシップが人格、権力、地位、立場、肩書などではないなら、いったい何なのか。ウエストポイントでアイゼンハワー大将の言葉や考えに触れることで、私はようやくそれまで研究し、観察してきたことに合致するリーダーシップの簡潔な定義をまとめることができた。[6]「リーダーシップとは、部下にやらなければならないことをやりたいと思わせる技術である」

この定義には重要な点が3つある。第1に、**やらなければならないことを見きわめるのはリーダーの役目だ。** 自らの洞察力や本能に頼ることもあるが、正しい人々との対話や議論を通じて見きわめることのほうが多いだろう。ただどのようなやり方を採るにせよ、明確な答えを出す必要がある。第2に、**重要なのはやらなければいけないことをやらせることではなく、やりたいと思わせること**

だ。第3に、**リーダーシップとは「サイエンス（理屈）」ではなく「アート（技能）」だ。**

私はこの「アート」という言葉を気に入っている。アイゼンハワーの使った表現をそのまま引用している。『ビヨンド・アントレプレナーシップ』のリーダーシップの章を執筆していた際に、私とビルが伝えようとしていたのは、まさにそういうことだ。誰もが自分らしいスタイルを発見し、身につけなければならない。やらなければならないことを成し遂げるために、正しい人々がともに意欲的に働いてくれるようにする自分らしいリーダーシップのアートだ。

もしかしたらあなたにもウェンディ・コップのように、魅力的なビジョンを明確かつ簡潔に表現する才能があるかもしれない。コップのように不可能な夢を実現できると思わせる才能、他の人々が不可能と思うようなアイデア（あらゆる国のあらゆる子供に最高の教育を！）を進むべき道だと思わせる力があるかもしれない。コップのように多種多様な正しい人材を集め、協力的雰囲気を醸成し、真実が語られる文化を生み出し、最高のアイデアが選ばれる組織をつくる才能があるかもしれない。高邁な理想をスケール化（規模拡大）が可能なシステムに落とし込める、情熱的で優秀で実務能力の高い人材を見つける才能があるかもしれない。

あるいはコップとはまったく違う才能があるかもしれない。アン・マルケイイヒーのような、感動的なスピーチで人々の心をつかむ才能。サウスウエスト航空のハーブ・ケラハーのような、遊び心を忘れず、社員に尊重され大切にされていると感じさせる才能。キャサリン・グラハムのような不屈の精神と強い意志を持ち、それによって周囲を安心させる才能。ビル・ゲイツのような複雑な世界を単純化し、エネルギッシュな人々が自信と確信を持って仕事に取り組めるようにする才能。

重要なのは、あなた自身のリーダーとしての特別な才能を見つけ、ウェンディ・コップのようにそれを磨き続けることだ。さながら偉大な画家、作曲家、俳優、建築家がひたすら自らのアートにこだわり、何十年もかけて上達しつづけるように。

『ビヨンド・アントレプレナーシップ』でビルとともに提示した、リーダーシップの機能とスタイルを切り離すというシンプルな枠組みを振り返ると、私たちがリーダーシップの核心をかなり的確にとらえていたことに改めて驚かされる。その後もずっと、カリスマを崇拝する風潮への私の疑問は深まるばかりだった。偉大な企業を動かす要因について研究を続けるなかで、歴史に残る偉大なビジネスリーダーには、カリスマ性など一切持ち合わせていない人物が何人もいることがわかってきた。

しかも歴史に残る企業の衰退例あるいは失敗例を振り返ると、華やかなカリスマ的リーダーの在任中に起きたケースがいくつもある（『ビジョナリー・カンパニー③ 衰退の五段階』を参照）。カリスマ性などなくても正しい人材を過酷な現実と対峙させるリーダーのほうが、魅力的な人格で従順な信奉者を破滅へと導くリーダーよりよほど良い。あなたがカリスマ的リーダーなら、永続する偉大な企業をつくれる可能性はある。ただあなた個人のカリスマ性で引っ張らないと最高の成果が上がらないようであれば、まだ偉大な企業とは言えないことを頭に入れておこう。

リーダーシップ・スタイルの7つの要素

本章では有能なリーダーに共通して見られる、リーダーシップの7つの要素を見ていこう。

1 誠実さ
2 決断力
3 集中力
4 人間味
5 対人スキル
6 コミュニケーション能力
7 常に前進する姿勢

リーダーシップ・スタイルの要素1　誠実さ

有効なリーダーシップのもっとも重要な要素は、会社のビジョンを誠実に実践することだ。価値観や目標はリーダーが「何を言うか」ではなく、「何をするか」を通じて社内に浸透していく。

健全な会社では、リーダーの語る言葉と心の中で抱いている思いに矛盾がない。価値観はリーダーの体からにじみ出て、日々の活動を通じて組織に刷り込まれていく。いわばパン生地をこねるイメージで、リーダーは価値観を組織の奥までもみ込んでいくのだ。

もちろん有能な企業経営者は、価値観がもたらす経営上のメリットを理解している。だが、たとえそのようなメリットがなかったとしても、価値観に沿うふるまいをするだろう。彼らがリーダーとして成功し、有能であるのはまさにそのためだ。

ビル・ヒューレットとデイブ・パッカードはＨＰを創業したとき、「一番カネになる価値観はどんなものか」と話し合ったわけではない。敬意を持って社員に接するべきだと心から信じ、その信念にもとづいて常に行動した。彼らにとって、それは息を吸うぐらい自然なことだった。

信念を伝える

有能な企業経営者は自分の価値観、信念、願望をどこまでも熱く語る。価値観への思い入れを臆せず語り、ときには感情的になることもある。ジロスポーツ・デザイン創業者のジム・ジェンテスは、ジロの製品によって命が救われた話やアスリートが夢を叶えた話を語るとき、かなり感情的になることで知られる。ナイキＣＥＯのフィル・ナイトは内気な男だ。明るいチアリーダータイプではない。だが１９９０年の全社会議では、感情をあらわに自分が社員のことをどれほど誇りに思っているかを語った。圧倒的に成功している会社の創業者で、成果、競争、勝利にこだわることで知られるナイトだが、この日は涙を見せ、スピーチを最後まで続けることができなかった。それがナイトの「本心」であることが伝わったからこそ、社員は心を動かされたのだ。

最高のロールモデルになる

誠実に「語る」だけでは不十分だ。誠実に「行動」しなければならない。一つひとつの意思決定や行動があなたの理念と一致し、それ自体がコアバリューの表現になっていなければならない。

あなたの会社で働く人は、あなたの行動に驚くほど影響を受ける。会社のリーダーは親や教師のようなものなので、社員はあなたが示す模範に従おうとする。

あなたの行動が社員の行動にどれほど影響を与えるか、過小評価してはならない。話し方、意思決定のスタイル、ふるまいなどの特徴を、社員がまねするようになる。たとえばジョン・F・ケネディが大統領に就任してほんの数週間後には、ホワイトハウスの職員はケネディのような歯切れ良い口調で話し、ケネディと同じようなしぐさをするようになった。[7]

それが権力への自然な反応だ。社員は必ずあなたを模倣するようになる。あなたの会社にヒエラルキーがなくても、あなたはやはり権力者と見られ、周囲はそんな反応をするだろう。

だから**あなたは理想とする文化のロールモデルにならなければいけない。**

ウォルマートの創業者で、同社がたったひとつの店からディスカウントストアチェーンとして成功するまで経営トップを務めたサム・ウォルトンは、ウォルマートで自分が完璧なロールモデルになることの重要性を理解していた。[8] ヴァンス・トリンブルの著書『サム・ウォルトン』（NTT出版）には、ウォルマートには質素倹約の文化が必要だとウォルトンは考えていた、と書かれている。極端にリーンで効率的な組織であることが、圧倒的な強みになると考えていたのだ。

こうした理念のロールモデルとして、ウォルトンは出張でもサブコンパクトカーより高いグレードの車は絶対に借りなかった。飛行機はエコノミークラスに乗った。取締役会のランチにはでき合いのサンドイッチとポテトチップスを出し、コーラが飲みたいという取締役には自分で買わせた。コーヒーは社員と同じようにロビーの自動販売機で買った。いつもボロボロのピックアップトラックを運転し、イギリスから要人を迎えたときもそれは変わらなかった（相手はご立腹だったが）。ウォルトンの地元の銀行家であるバートン・ステーシーは「サム・ウォルトンは社員に認めている以上の経費を使う姿を絶対に見せなかった。社員より高級なホテルには宿泊せず、高級なレストランで食事をせず、高級な車を乗り回さなかった」。ウォルマート元取締役のジャック・ステファンズは「サム・ウォルトンは効率性の権化だった」と話す。

有能な経営者の御多分に漏れず、ウォルトンは100％本物だった。借りものや見せかけだけの要素は一切なかった。

対照的だったのが、潤沢すぎるほどの資金に恵まれ、市場参入のタイミングも早かったにもかかわらず、1980年代に潰れたコンピュータ・ベンチャー、フォーチュン・システムズだ。同社の幹部は「わが社は全員がワンチームだ。平等主義に立脚し、同じ目標に向かって努力している。ステータスシンボルには目もくれず、目の前の仕事に集中している」と言った。

しかしこの発言とは裏腹に、フォーチュン・システムズの幹部は特別フロアで執務し、CEOには専用の駐車スペースが用意されていた。私たちはこの言行不一致を目の当たりにして、フォーチュンは凡庸な会社止まりだろうと思ったが、そこにすら到達できなかった。

ウォルトンのように、あなたが掲げる企業理念は、あなたの心の奥底にある価値観や信念を反映したものでなければならない。それはあなたの一部であり、心の中核を成すものだ。どんな状況でも、本能的に理念に沿う行動をとるようでなければならない。考える前に身体が動くはずだ。そして誰かがこうした価値観に反する行動をとったときには心が痛むはずだ。

会社にとって重要な戦略的決定を下す際にも、誠実さを貫くことが大切だ。あなた自身が日々の行動を通じて価値観や信念を体現するのと同じように、会社も主要な意思決定を通じて理念を体現しなければならない。

事例紹介

理想を具体化したイヴォン・シュイナードとパタゴニアの親会社

ロスト・アロー・コーポレーション（パタゴニアの親会社）のイヴォン・シュイナードは、自分たちの会社には自然環境保護で果たすべき役割がある、という強い信念を持っていた。この信念にもとづいて、毎年税引き前利益の10％を環境保護の取り組みに寄付し、コストが高くても環境にやさしい製造方法を実践する会社から原材料を調達した。

それ以上にすばらしいのは、この信念にもとづく経営をどれほど長く続けてきたかだ。シュイナードは1970年代初頭（環境にやさしい経営がトレンドになる何十年も前）、ロッククライマーの安全装備を根本から変えようと思い立った。岩を傷つけない装備を使ってもらいたい、と思ったのだ。そのために開発したのが、「チョック」あるいは「ナット」と呼ばれる岩を傷つけない保護具だ。当時は多くの人がばかげた試みだと思った。ピトン（岩に打ち込む金属製のクギ。岩を恒久的に傷つけてしまう）からチョックへ切り替えようとするクライマーは少なく、シュイナードは勝ち目のない闘いに挑んでいると囁かれた。だがシュイナードはひるまず、新たなギアを売り出し、クライマーに熱心に転換を説いた。

そして成功を収めた。1975年にはピトンを使う人はほぼいなくなり、岩は未来の世代にほぼ無傷で残るようになった。シュイナードが推進したこうした取り組みは、熱意ある忠実な人材を引き寄せた。口先だけで「環境への懸念」を表明する会社と違い、シュイナードは本気で環境を守ろうとしているのがわかったからだ。それが会社の磁力になった。

言行一致

自らの言葉を行動で裏づけない経営者には、誰も共感しない。もちろん完璧な人間などいない。誰もが100％理想どおりには生きられない。しかし理想の25％も実践しない経営者もいる。彼らの言葉は飾りにすぎない。その不誠実さを見ると吐き気がする。リーダーとなる資格はない。そして当然ながら、このような経営者に偉大な企業はつくれない。

言行一致、有言実行あるのみだ。

本書の新しい視点

あなたの大義は何か

ウエストポイントでリーダーシップの研究を率いていたとき、そこで出会う士官候補生の多くがスタンフォード大学で教えたMBAの学生より幸せそうであることに驚いた。大きな理由は、ウエストポイントでの生活は奉仕の精神、すなわち自分という存在を超える大義へのコミットメントによって支えられていたためだと思う。しかもただの奉仕ではない。「究極の」奉仕だ。候補生たちはその過程で命を落とす可能性さえあることを知っていたのだから。

ゼロックスのアン・マルケイヒー、インテルのゴードン・ムーア、TFAのウェンディ・コップ、アメリカ陸軍のジョージ・C・マーシャルの共通点は何だろう。それは全員が、個人の存在を超える大義に奉仕する気持ちで組織を率いていたことだ。マルケイヒーにとって大義とは、愛するゼロックスという会社を救うこと、社員がワクワクするような未来を創ることだった。ムーアにとっては、マイクロエレクトロニクスの威力を活かし、インテルを文明のあり方に革命を起こす推進力にすることだった。コップにとっては、あらゆる国のあらゆる子供が最高の教育を受けられるようにするという壮大な目標に身を捧げることだった。マーシャルにとっては母国に尽くし、他国を侵略して自由な人々を抑圧する悪しき体制を倒すことが大義だった。彼らは大義のために、自らの野心や自我を犠牲にすることができた。

マーシャルの例を見てみよう。アメリカ陸軍参謀総長として、第二次世界大戦で連合国を勝利に導いた立役者だ。1944年に軍の最高幹部のひとりだったマーシャルには、自分が連合軍のヨーロッパ上陸作戦「Dデイ」の司令官になれるよう手をまわすこともできたはずだ。そうすれば生きている間は英雄の地位を、亡くなってからは永遠の名誉を手に入れられたはずだ。しかし軍事歴史家でマーシャルの伝記も書いているマーク・ストーラー教授は『懐疑論者によるアメリカ史案内』と題した講座で、マーシャルはルーズベルト大統領に「自分は国と戦争のために最善のことであれば、なんでもする」とはっきり伝えたと語っている。それに対してルーズベルトは、マーシャルがワシントンにとどまり、側近として支えてくれないと、自分は夜も眠れないと言ったという。こうしてアイゼンハワーが司令官として現地に赴き、マーシャルは裏方で采配を振るった。マーシャルが史上最高の軍人のひとりに数えられるのは、大義への揺るがぬ忠誠と、大義のために個人的栄誉を進んで犠牲にする姿勢のためだ。

『ビジョナリー・カンパニー②　飛躍の法則』(ビルとともに『ビヨンド・アントレプレナーシップ』を執筆した10年後に出版)の土台となった研究のなかで、私の研究チームは「良い」から「偉大」への飛躍を実現するリーダーシップの「Xファクター」を発見した。第5水準の原則だ。第5水準とは、第1水準(個人的スキル)から第2水準(チームワークのスキル)、第3水準(管理スキル)、第4水準(リーダーシップスキル)と徐々に高まっていく能力のヒエラルキーの最上位にあたる。第5水準のリーダーは第1水準から第4水準までのすべてのスキルを駆使して、個人を超越する大義のために尽くす。そして謙虚さと不屈の意思という矛盾するような性質を併せ持っている。第5水準のリーダーは野心的だ。一心不乱に、とりつかれたように、それ以外は何も目に入らないかのように、たゆみなく全精力を注ぐ。ただその野心は自分を利するためのものではなく、なによりまず大義のため、会社のため、目的のために向けられる。

アン・マルケイヒー、ゴードン・ムーア、ウェンディ・コップ、ジョージ・マーシャルは、第5水準のリーダーシップの模範だ。テレケアのアン・ベイカー、ロイド・オースティン3世大将、フェデラルエクスプレスのフレッド・スミス、ワシントンポストのキャサリン・グラハムなど本書に登場する他の多くのリーダーもそうだ。ジョブズ1・0から2・0へ進化を遂げ、アップルを自分が亡くなった後も輝きつづける偉大な企業にするためにクリエイティブな才能を注ぎ込んだ晩年のスティーブ・ジョブズも然りだ。

第5水準のリーダーとは努力してなれるものなのか、そうだとすればどうすればよいのか、とよく聞かれる。答えは「イエス」で、そのための最適な手段は、シンプルだが難しい次の問いと向き合うことだ。「あなたの大義はなにか」。どんな大義のためなら、犠牲を払い、苦しむことも厭わないだろうか。自分や周囲を困難な目に遭わせるとわかっていても、必要な判断を下せるだろうか。どのような大義なら、あなたの人生に意義を与えてくれるだろうか。それは壮大で耳目を引くような大義のこともあれば、もっと密やかで目立たないもののこともある。重要なのは、自分自身のためではなく、大義のために組織を率いることだ。

リーダーシップ・スタイルの要素2　決断力

ジョージ・C・マーシャルは、リーダーにとってもっとも大切なのは意思決定能力だと指摘している。[10] 慢性的に優柔不断な経営者が多いことを考えると、マーシャルは正しかったのだろう。

偉大な企業をつくるリーダーは、優柔不断に陥ることがない。完璧な情報がなくても（完璧な情報がそろっていることはまずない）決断する。困難を乗り越えて意思決定をする能力は、優れたチームやリーダー個人に欠かせない資質だ。

分析しすぎて決断できなくなる

分析結果なら「たぶん」という言い回しも許されるが、リアルな経営の世界（とりわけ中小企業やスタートアップ）で「たぶん」は許されない。

物事をじっくり分析するのは良いことだが、「分析マヒ」の状態に陥るのは禁物だ。あらゆるリスクを排除できるほど、あるいは迷いなく判断を下せるほど十分な情報やデータが集まることはめったにない。それに加えて、あらゆる経営分析は前提をどう置くかによって結果がまるで変わってくる。まったく同じファクトを分析しても、人によってまったく異なる結論に達することも多い。それぞれがまったく異なる前提にもとづいてファクトを見ているからだ。

こんな実験をしてみるといい。複数の社員に新しい製品の可能性を評価し、「やる」か「やらない」かを判断させるのだ。情報はこれでもか、というぐらい提供する。全員が優秀で、まったく同じ研修を受けてきた人材だ。それでも半分は「やる」、もう半分は「やらない」という判断を下すだろう。それは分析をする際にそれぞれが前提を考え、それが答えに影響するからだ。

たいていの事業判断はそういうものだ。分析をしようと思えばきりがないが、断定的結果が出ることはまれだ。それでも決断を下さなければならない。

無分別な行動や、思いつきでやみくもに動くことを勧めているわけではない。データ、分析、可能性の評価はいずれも意思決定に必要だ。ただあくまでも目的は分析を尽くすことではなく、「意思決定を下すこと」だと頭に入れておこう。

もう十分データを集め、分析したと判断するセンスを磨く必要がある。そのうえで問題を解決するのだ。スタンフォード大学の初代学長であるデイビッド・スター・ジョーダンは、自らの意思決定方法をこう表現している。「すべてのエビデンスが出そろったと思ったら、イエスかノーか決断し、あとは一か八か賭けてみる」[11]

直感に従う

ジョーダンの方法を聞いても、まだ解消されない疑問がある。不完全な情報しかないときに、どうやって最終的に選択するのか。本能あるいは直感に従う、というのがひとつの答えだ。

もちろん直感的に判断することに抵抗を感じる人もいる。非科学的で不合理に思える。直感に従うことに慣れていない人には、やりにくさもある。しかし**意思決定が上手な人は、たいてい冷静な分析と直感の両方を組み合わせている。**

レイケム・コーポレーションの創業者で、成長の牽引役であったポール・クックが好例だ。ある講演でこう語っている。

不思議なことだが、わが社が犯した2、3の大失敗は、いずれも私が直感に忠実に従っていたら起こらなかったはずのものだ。もう二度と同じ過ちを繰り返すつもりはない。私は直感を信じることを学んだ。心底その大切さを学んだ。それが大きな違いを生んでいる。[12]

クックだけではない。ポール・ギャルビン（モトローラ創業者）、ウィリアム・マックナイト（スリーエムの中興の祖）、サム・ウォルトン（ウォルマート創業者）、クリスティン・マクディビット（パタゴニアのCEOを17年務めた）をはじめ、多くの企業経営者が直感を信じ、上手に使いこなしている。

直感が働かない人というのは存在しない。直感は誰にでもある。難しいのはそれを認識し、活用することだ。どうすれば直感を効果的に活かすことができるのか。いくつかアドバイスがある。

●初めから問題あるいは判断の核心を見る。さまざまなデータ、分析、意見、確率に圧倒され、優柔不断に陥ってはならない。

●枝葉末節を整理する。メリットとデメリットの長々としたリストは捨て、中核的問いに集中する。問題に直面したら、こう自問してみよう。「問題の本質は何か。細かいことはどうでもいい、重要な点は何だ」と。問題のさまざまな特徴や複雑性にいつまでもこだわっていてはならない。余計な部分は削ぎ落し、問題の本質的要素をあぶりだそう。

●有効なテクニックは、意思決定を核心まで絞り込み、次のシンプルな問いと向き合うことだ。「直感はイエスと言っているのか、ノーと言っているのか」

時間が経つにつれて、直感は何と言っているのか、理解するセンスが磨かれていく。この「センス」はあなただけのもので、理由は説明できないが、何かが正しいときにそうだとわかる。「センス」を磨く有効な方法が、自分の判断に対する内なる反応をじっくり観察してみることだ。たとえばメリットとデメリットの延々と続くリストを抱え、にっちもさっちもいかなくなったとき、適当に結論を選択し、それに自分がどう反応するか観察するのだ。ほっとしたら、それはおそらく正しい判断なのだろう。一方、不安や緊張感がある、何か「嫌な感じ」がするなら、おそらく誤った判断だ。決断を下してから、誰にもいわず24時間寝かせておくのもいい。そうすれば公表する前に、その決断について自分がどう感じるか、じっくり観察できる。

恐れが直感に与える影響には注意が必要だ。人は恐れているとき、自分で自分を欺《あざむ》くことがある。直感的判断に思えたものが、実は恐れに突き動かされた判断だったということもある。恐れに突き動かされた判断とは、リスクがあるために、心の中では正しいと思っている行動をとることに不安を感じるケースだ。恐れに突き動かされた判断が直感的判断と混同されやすいのは、恐れが和らぐことでニセの安堵感が生まれるからだ（ニセの安堵感は長続きせず、本能的な「嫌な感じ」がいずれ戻ってくる）。

「これが正しい行動だと思うが、○○という不安がある」というときは、直感に反して危険な判断を下そうとしているサインだ。直感を効果的に生かすには、リスクにかかわらず、正しいと思うことを実行する勇気が必要だ。

このような行動ができるリーダーとして有名なのが、ハリー・トルーマンだ。アメリカ大統領のなかでも特に決断力が高く、1951年には周囲の反対を押し切ってマッカーサー大将を解任するという決断を下した。トルーマンの政治的立場という面だけでなく、急激に深刻化する朝鮮半島での軍事対立の面でも、非常に大きなリスクを伴う決断だった。しかしトルーマンはマッカーサー解任を断行した。ずっと後になり、当時をこう振り返っている。

> 私がマッカーサーの1件から唯一学んだのは、本能的にやらなければならないとわかっていることは、早くやってしまったほうが全員のためになるということだ。[13]

判断は「誤る」ほうが「しない」よりましなことが多い

あなたがどれだけ優秀であっても、判断で打率10割を達成するのは不可能だ。あなたの下す判断の相当な割合がベストなものではないだろう。人生とはそういうものだ。何かを選択するとき、絶対の確信が持てるまで先延ばししたら、ほぼ確実に優柔不断の泥沼にはまる。

何もしないのは安心に思えるかもしれない。すぐにリスクに直面するわけではないからだ。しかし足を止めることが許されない中小企業の世界では、それは大失敗につながることが多い。**差し迫**

った問題があるなら、決断を下し、なんとかやっていくしかない。

判断をしないことは往々にして、誤った判断を下すより悪い結果につながる。問題と正面から向き合おう。コーナーに追い詰められて選択肢がなくなる前に攻撃に出よう。判断を誤ったら、仕方ない。結果はすぐにはね返ってくる。頭をゴツンと殴られたら、すぐに解決に向けて動き出せる。

残念ながら、たいていの人は間違えることを恐れるので、このアドバイスになかなか従えない。バカにされること、責められること、批判されること、笑われることを、多くの人が心底恐れている。要するに、失敗による「心理的」悪影響のほうが、実際の悪影響よりも厳しいものに思えるのだ。失敗するのではないか(「どうしよう!」)という恐怖から、判断を躊躇《ちゅうちょ》することも多い。

私たちは、これから失敗を犯すであろうこと、しかもたくさん失敗してそこから学ぶという事実を受け入れなければならない。失敗は強さの源だ。失敗するのは、アスリートの筋トレのようなものだ。考えてみてほしい。アスリートはどうやって体を鍛えるのか。失敗するまで負荷をかけ続けるのだ。懸垂を3回した後、4回目で失敗する。体はそれに適応し、強くなる。次に挑戦したら4回懸垂ができ、5回目で失敗する。その次は5回成功し、6度目で失敗する、といった具合に。

意思決定をして、そのうち何度かは「失敗」し、そこから学習するプロセスは、「筋肉を鍛える」ためのものだ。ひとつも失敗しなければ、いつまでたっても懸垂は3回しかできない。

時折失敗したら、それを誇りに思おう。失敗を恐れるあまり、人生において何ひとつ価値のあることをしない臆病者ではないことの証だ。モトローラを創業し、その基礎を築いたポール・ギャルビンもこう語っている。「失敗を恐れるな。知恵はたいてい失敗から生まれるのだから」[14]

決断力を持ちつつ、頑固にはならない

決断力があるというのは、柔軟性に欠ける、あるいは頑固であることと同義ではない。もちろん意思決定をしたら、断固として実行すべきだ。しかし新たな情報や状況に適応し、必要な調整をする姿勢も大切だ。判断を変える必要があるならば、変えればいい。頑なに悪い判断に固執したり、そもそも決断を先延ばししたりするのと比べればはるかにましだ。長期的に見れば、意思を曲げないことより、正しいほうがずっといい。

集団による意思決定

意思決定をするときには、どれくらい周囲を巻き込むべきだろうか。デビッド・ブラッドフォードとアラン・コーエンは著書『Managing for Excellence（エクセレンスを目指す経営）』で、意思決定のスタイルを連続体としてとらえている。[15] 一方の極にあるのは「委譲型意思決定」だ。リーダーは部下に「君たちが意思決定をしなさい」と言って任せる。次は「純粋なコンセンサスによる意思決定」だ。リーダーが仕切り役となり、集団的プロセスを通じて判断し、グループが意思決定を下す。リーダーは自分の解決策を押しつけず、グループ全体の「一般的合意」を得た選択肢を選ぼうとする。リーダーに求められるスキルは、問いを投げかけ、状況を観察し、インプットを提供し、判断を促すことだ。有能なコンセンサス型リーダーは、ちょうどよいタイミングで議論を締めくくる。拙速にプロセスを打ち切ることもなければ、非生産的議論をいつまでも続けさせることもない。

コンセンサスとは全員一致ではない。あまりに多くのマネージャーが、コンセンサスとは100%の意見の一致だと誤解している。全員の合意がコンセンサスの条件ではない。全体としての合意が必要なだけだ。全体としての合意とは、51%よりはかなり高いが、100%の全会一致には届かない。コンセンサスとは数値化するものでなく感じ取るものだ。コンセンサスがまとまれば、議論のプロセスで反対した人はそれを受け入れるか、組織を離れるしかない。

連続体の少し先にあるのが「参加型意思決定」だ。リーダーは社員からアイデア、提案、代替案の評価、解決策を求める。しかし純粋なコンセンサス型と異なり、最終的に選択するのは（集団ではなく）リーダーだ（キューバミサイル危機を描いたロバート・F・ケネディの著書『13日間』（中央公論新社）は、参加型意思決定のすばらしいケーススタディだ）。

参加型意思決定のメリットは、多様な視点や活発な議論の恩恵を享受しつつ、スピーディな意思決定ができる点だ。集中的に問題を議論したら、リーダーは迅速に、そしてきっぱりと「これが私たちの進むべき道だ」と言い切ることができる。

そして連続体のもう一方の極にあるのが「独裁的意思決定」だ。このタイプのリーダーは、周囲に情報だけを求める（提案や解決策は受け付けない）。他者を意思決定プロセスに巻き込んだり、グループで代替案を検討したりしない。意思決定プロセス全体をリーダーが掌握する。

組織の長期的な健全性と成功にもっとも効果的なスタイルはどれか。唯一の明確な答えがあるわけではないが、観察からわかったことがいくつかある。

きわめて有能なリーダーは一般的に、参加型意思決定をよく使う傾向がある。最善の意思決定は、ある程度の数の参加者がいるときに生まれる。あらゆる問題の答えを持ち合わせているほど優秀な人、あるいは経験豊富な人はひとりもいない。ひとりも、だ。

非常に有能なリーダーであるMIPSコンピュータCEOのボブ・ミラーは、こう語っている。

> 最善の判断は、とびきり優秀な人を集めてアイデアや提案を募ったときに生まれる。周囲をとびきり優秀な人材で固めて、意思決定に参加させれば、正しい判断に行きつく可能性は高まる。[16]

参加者の数は、主に意思決定の重要度によって決まる。ささいな問題を含めてあらゆる意思決定に大勢参加させようとすれば、社員は会議に追われることになる。だが一般的に問題の重要性が高まるほど、より多くの人を議論に巻き込んだほうがプラスだ。

人は上から押し付けられた判断より、自分が決定にかかわった判断のほうが真剣に取り組む。もちろん集団的プロセス（参加型かコンセンサス型かにかかわらず）のほうが時間はかかるが、決まったことはより迅速に、そしてきちんと遂行されるだろう。そして最終的に重要なのは意思決定そのものではなく、そこから生まれる行動だ。意思決定を事後的に受け入れさせるほうが、最初からプロセスに関与させるより時間がかかることも頭に入れておこう。

集団的プロセスはメンバーのあいだに意見の相違を生まないか。お互いにバツの悪い思いをして、溝を乗り越えられず、ときには意見の相違が生じる。そしてそれは望ましいことだ。

もう一度言おう。意思決定のプロセスで意見の相違が生じるのは好ましいことだ。重要な判断を下すときには、建設的な議論をして、異なる視点を戦わせたほうがいい。問題が明確になり、解決策がしっかり検討されることになる。異論がなければ、おそらく問題を完全に理解することもできないだろう。

ロバート・ケネディはキューバミサイル危機を引き合いに出し、最善の判断を導き出すうえでの意見の相違の重要性を説いている。

> われわれが話し合い、議論し、論争し、反論し、さらに議論することができたという事実は、最終的方針を選択するうえできわめて重要だった。(中略)さまざまな意見、そして事実そのものについて最善の判断を下すのにも、意見対立や論争が役に立つ。全員の意見が一致するときには、何か重要な要素が見過ごされているものだ。[17]

偉大な企業のリーダーは、委譲型意思決定もよく使う傾向がある。偉大な企業、すなわち組織のあらゆる階層に有能なリーダーがいる会社をつくるには、トップが多くの意思決定から身を引き、社員に自分の足で立つことを求めなければならない。もちろんトップが関与すべき意思決定もたくさんあるが、トップが必要不可欠ではない判断も多い。それに加えて、飛びぬけてイノベーティブな会社というのは、意思決定をできるだけ組織の下の階層へ委ねる傾向がある。それによってあらゆる階層の社員に速く動き、自身のクリエイティビティを活かし、知性を発揮し、責任を引き受ける機会を与えるのだ。

意思決定を委譲するというのは、無関心でいること、あるいは船が岩にぶつかりそうになっているときに手をこまねいていることではない。社員に担当分野に影響を与える意思決定を下す権限を与える、というだけのことだ。それは社員に自分を試し、意思決定の「筋肉」を鍛える機会となる。

どのスタイルもすべての状況に適しているわけではない。さまざまな方法を使いこなすスキルを身につけておくのが有効だと頭に入れておこう。集団的意思決定について、ざっくりとしたガイドラインを示しておく。

1 意思決定はできるかぎり下の階層に委譲しよう。社員に意思決定の筋力を鍛える機会を与えるのだ。どの意思決定を委譲したかをどこまでも明確にし、委譲された社員に責任を持たせる。

2 実行するのに幅広い社員のコミットメントが必要となる重要な決定では、参加型あるいはコンセンサス型の集団的意思決定を選ぼう。プロセスを始める前に自分の意見は持つべきだが、他の人の意見にも積極的に耳を傾ける。最終決定をするのは集団かトップであるあなた自身か、明確にしておこう。

3 意思決定プロセスでの意見の相違を歓迎しよう。

4 独裁的意思決定は、社員を参加させる時間がないとき（船が岩に激突しそうになっているときなど）、些末な問題、トップの価値観を強調するために象徴的なメッセージを送りたいとき、そしてあなた自身の専権事項にすべきだと判断した事柄だけにとどめる。

5 どのスタイルを採るか、最初から明確にしておこう。すでにあなた自身が下した決定に「賛同」を得るためだけに、参加型あるいはコンセンサス型のプロセスをとるふりをするのは、組織にとってきわめて有害だ。そんな欺瞞《ぎまん》に満ちた行為を社員は見抜き、軽蔑し、利用されたと感じる。冷めた態度をとり、コミットしなくなる。独裁的意思決定をするつもりなら、それを正直に伝えるべきだ。

責任はあなたが引き受け、成果は共有する

判断を誤った場合にはあなたが全責任を引き受ける一方、優れた判断については社員と成果を共有する意識を持とう。その逆をした場合、つまり優れた判断の成果を独占し、失敗はすべて部下のせいにしたら、あっという間に社員の尊敬を失う。

物事がうまくいかなくなったとき、「これは私の責任だ」と言うのは勇気が要る。だが社員から揺るぎない尊敬とコミットメントを得たいなら、そう言わなければならない。判断を誤ったとき「考えは正しかったが、他の人のせいで遂行できなかった」と言い訳する経営者もいる。そのとおりだったのかもしれない。しかし有能なリーダーはそれでも責任を引き受ける。

一方、物事がうまくいったら、栄誉と手柄はチームに渡そう。あなたが優れたリーダーなら、センターステージに出ていってチームの努力の成果を独り占めする必要はないはずだ。あなたの貢献は誰の目にも明らかだからだ。だから栄誉は手放そう。中国の思想家、老子は2500年前にこう言っている。「人々がすばらしい成果をあげられるように鼓舞し、成功したら『これは自分たちがやったのだ』と誇りを持って言えるようにするのが真のリーダーだ」

本書の新しい視点

優れた意思決定、正しい時間軸

インテルは起業家精神あふれるスタートアップから偉大な企業へと成長する過程で、「建設的対立」と呼ばれる意思決定のメカニズムを生み出した。インテルの全社員には重要な問題を解決するために議論、論争、異議を唱える義務がある。駆け出しエンジニアであろうと、現場のマーケティング担当者であろうと関係ない。[18] 会議で他の社員、場合によってはCEOが提案する案より自分の考えや事実のほうが問題解決に適していると思ったら、それを主張しなければならない。

インテルの建設的対立（「反論にコミットする」とも言われる）の文化は、私たちの研究から浮かび上がった第5水準のリーダーが目指す意思決定パターンそのものだ。第5水準のリーダーは対話、討論、異論を最高の意思決定に欠かせない要素と考え、促していた。さらにエビデンス、ロジック、ファクトが人格、権力、社内政治より優先される文化も生み出していた。第5水準のチームのメンバーは、対話に加わる機会を得るだけでなく、そうする「責任」がある。主張すべきことを主張せず、会議室でもっとも立場の強い人におもねり、確固たるロジックとエビデンスを持って議論に参加せず、問題ではなく個人を攻撃したら、責任を果たしていないことになる。

議論、論争、対話、異論を促すのは時間がかかる。単純に社長命令を出すより意思決定プロセスは遅くなる。だが賢明な行動を選択できる可能性も高まる。もちろん討論ばかりしていられないし、あらゆる意思決定に徹底的な議論が必要なわけではない。それでも本当に重要で大きな意思決定、とりわけ失敗したら重大な悪影響が生じる大きな賭けを選択する際には、全員の意見が一致したという安堵感を得ることを目標にしてはならない。「優れた判断を下し、それをきちんと遂行すること」を目標とすべきだ。

ピーター・ドラッカーは意思決定のもっとも大切なルールとして、「反対意見が出なければ決断しないこと」を挙げている。著書『経営者の条件』（ダイヤモンド社）には、ゼネラルモーターズのCEOだったアルフレッド・P・スローンが重要な判断を迫られたときの様子を描いている。「この判断については、みんなの意見が一致している、ということでいいかな」とスローンはチームに尋ねたという。全員がうなずいた。「ではこの件についてさらに議論するのは、次の会議まで待つことにしよう。それまでに反対意見を考えておいてくれ。そうすればこの判断の本質がより深く理解できるかもしれない」[19]

偉大なリーダーは明確な意思決定を下すが、常に迅速とは限らない。ロン・チャーナウの傑作『Washington（ワシントン）』には、政治と軍の両方でリーダーとして活躍した数少ない人物のひとりであるジョージ・ワシントンは、意思決定に時間をかけるが、決めるときは決然と決め、後から疑念を抱くことはまずなかったと書かれている。ワシントンの右腕であったアレクサンダー・ハミルトンはワシントンについて「大勢に相談し、たっぷり考えた。ゆっくりと、そして確信を持って決断した」と書いている。トーマス・ジェファーソンは「ワシントンの人格の際立った特徴は思慮深さだ。すべての状況、検討材料をしっかり検討するまでは動かなかった。疑問があるときは我慢した。しかしひとたび決断したら、どんな障害があろうとも目的に向かって突き進んだ」。ワシントンは率直な議論の文化を醸成した。[20] 自らを律して沈黙を守り、周囲からさまざまな意見を引き出し、傾聴し、問題を探り、それからようやく行動する決断をした。

優れた判断の重要な構成要素のひとつは、時間軸を理解することだ。ときには良い判断を下すのに何カ月もかけられることもあれば、ほとんど時間をかけられないこともある。1962年のキューバミサイル危機の際には、ケネディ大統領は判断を誤れば核戦争が始まりかねない状況で決断を迫られた。しかもタイムリミットは数日あるいは数時間だ。そのような状況にもかかわらず、ケネディは主要なアドバイザーの意見や議論を聞き、鋭い質問を投げかけて問題を明確にし、理解しようとした。[21]

アーネスト・R・メイとフィリップ・D・ゼリコウは著書『The Kennedy Tapes（ケネディの録音テープ）』で、ミサイル危機についてケネディと側近チームが議論する様子を書き起こしている。私は議論と意思決定のパターンを理解したいと考え、研究チームにテープ起こしを体系的に分析してもらった。分析の一環として、危機の13日間にケネディが発した「質問」と「意見」の割合を測った。意見に対して質問の割合がもっとも高かったのは危機の初日だった。時間が経つにつれて、質問の割合は低下していった。当初質問の割合が高かったのは、ケネディが拙速に大統領令を発令するより対話や議論を促そうとしていたこと、それによって最高の答えを導き出そうとしていたことの表れだ。

ロバート・F・ケネディは『13日間』（中央公論新社）に、大統領は自分の存在がアドバイザーに過度な影響を与えないように、意識的に議論の場から何度か席を外したと書いている。世界の運命が危険にさらされている以上、なんとしても危機を乗り越えるためにもっとも賢明な現実的解決策を導き出さなければならない。ケネディ大統領はもっとも優れた意見が選ばれるような状況を生み出したのだ。一方、ケネディがひとたび次に打つべき最善の手を決定すると、チームは（それまでどれほど激しく対立していても）一丸となって支えた。できるだけ優れた事実を集め、対話、議論、反論というパターンを繰り返したことで、大統領は次々と正しい意思決定を下し、核戦争から世界を救うことができた。[22]

もちろん迅速な判断が求められ、じっくり検討する余裕がないという状況もある。2001年9月11日の朝、アメリカ連邦航空局（FAA）の全米オペレーション・マネージャーだったベン・スリニーには、重大な決断をするために何カ月、何日、あるいは何時間もかける余裕はなかった。スリニーが直面したのは1分1秒を争う事態だった。あの日、もうすぐ午前8時半というときに、スリニーはボストンを出発したアメリカン航空11便がハイジャックされたという知らせを受けた。その直後、朝会に出ていたスリニーのところへスーパーバイザーが「乗務員が刺された」という情報を持ってきた。8時46分には航空機がワールドトレードセンターの北棟に衝突した。指令センターに集まっていたスリニーのチームは、小型機が北棟に衝突したという報告が何を意味するのか、理解しようと努めていた。そんななかCNNの映像で巨大な空洞から煙が上がる様子を見て、チームは「小型機じゃない」と気づいた。[23] 午前9時3分、ユナイテッド航空175便が南棟に突っ込んだ。この瞬間、スリニーはアメリカがなんらかの組織的攻撃を受けていることを理解した。同時に意思決定の時計の針が動きはじめた。

「航空管制施設にいた私は、40人ほどのA型人間に囲まれ、何とかしろとせっつかれていた。絶えず議論や情報交換をしながら、大至急何か効果的な手を打たなければという切迫感があった。大勢のスタッフがいて、求めてもいないアドバイスが山ほど来た」とスリニーは振り返る。[24] 本部に情報を求めたが、必要な回答は来ない。そんななか午前9時25分、スリニーは全米で航空機の離陸を停止することを決断した。

午前9時37分にはアメリカン航空機が国防総省に墜落し、スリニーは明確に何をしなければならないかを悟った。アメリカの全空域を封鎖するのだ。アメリカ航空史上、一度も取られたことのない措置だ。ユナイテッド175便が南棟に衝突してから39分後の午前9時42分、FAAはすべての航空機を目的地にかかわらず最寄りの空港に着陸させるというスリニーの命令を発した。誰もがこの決定に従い、完璧に遂行した。飛行中だった4556機がアメリカ全土の大小さまざまな空港に着陸したのだ。[25]

『ビジョナリー・カンパニー④　自分の意志で偉大になる』で、モートン・ハンセンと私は経営者の意思決定の速度を体系的に分析した。特に注目したのが、変化の激しい環境で偉大な企業を率いるリーダーたちだ。その結果、優れた意思決定のなかには迅速に下されたものもある一方、時間のかかったものもあった。こうして、あらゆる状況に置いてリーダーが検討すべき重要な問いが浮かび上がった。[26]「リスクが変化するまで、どれくらい時間があるのか」だ。

意思決定に時間をかけても、リスク（大惨事や大きなチャンスを逃すなど）があまり増えないケースもある。一方、決断を遅らせるとリスクが劇的に高まるケースもある。カギとなるのはそのとき自分が置かれているのはどちらの状況か見きわめることだ。「常に迅速に」あるいは「常にじっくりと」意思決定をするのではなく、どちらのスキルも身につける必要がある。正しい判断でも時間軸を誤れば誤った判断になる。

私たちの研究から明らかになった重要な意思決定の基本的な流れは次のとおりだ。

1 意思決定にどれくらいの時間をかけられるか判断する。数分、数時間、数日、数カ月、あるいは数年なのか。
2 最善の選択肢を見きわめるため、ファクトやエビデンスにもとづく対話や議論を促す。
3 何をすべきかが明確になったら、あるいは検討時間がなくなったら、一切の曖昧さを排した明確な意思決定を下す。合意が形成されるまで先送りしてはならない。
4 意思決定の下に団結し、規律を持って遂行する。

私たちの研究では、偉大な企業をつくったリーダーはみな、意思決定の後、すなわちどれほどの決意と熱意を持って決定を遂行するかが、少なくとも決定そのものと同じぐらい重要であることを理解していた。誰もが自分自身の利益よりも会社とその理念の成功を優先させる第5水準のリーダーシップ文化では、ひとたび決定が下されれば全員が団結してそれを遂行する。後から「あの判断を下したのはCEOで、自分は賛成していなかった」などと言って批判するのは、大罪と見なされる。偉大な企業を動かす要因についての私たちの研究では、重大な意思決定のほとんどは反対意見が存在するなかで下されている。それでもひとたび決定が下れば、他の選択肢を熱心に推していた人も含めて誰もがその実行に全力をあげる。

意見の相違がなければ、問題を完全に理解できないかもしれない。全員が決定にコミットしなければ、遂行はほぼ確実に失敗する。真に偉大な企業になるには、優れた判断を完璧に遂行し、それを長期間にわたって積み重ねていく必要がある。

もちろんこれが可能かどうかは、正しい人材がそろっているかで決まる。必要なのは、会社を成功させたいという一途な思いから意見を述べ、議論に参加する者、自分のためではなく組織やその理念のために最善の判断を導き出そうとする者だ。自分の主張が通ってチームが負けることより、自分の主張が負けてもチームが勝つことを望む者、意見だけではなくファクトやエビデンスを持って対話に参加する者だ。自分が反対した決定であっても、その成功に全力を傾ける責任を受け入れる者、決定を受け入れがたいと思うならば、自らバスを降りる責任を引き受けられる者だ。要するに、あなたの事業を永続する真に偉大な企業に育てたいのであれば、第5水準の文化の下で、第5水準のチームで活動できる、第5水準のリーダーたちが必要だ。

リーダーシップ・スタイルの要素3　集中力

「最初にやるべきことをやり、2番目以降は一切やるな。さもなければ何もできずに終わる」

――ピーター・ドラッカー[27]

有能なリーダーは集中する。優先課題を最小限に絞り、脇目もふらずに専念する。すべてをやれる人間はいない。偉大な企業を目指す組織も同じことだ。

一度にひとつずつ

優先事項の短いリストを作成しよう。短いというところがミソだ。優先事項は一時期にひとつに絞るのが有効というリーダーもいる。ひとつに決めたら、片が付くまでそれに集中するのだ。どうしても複数になる場合でも、3つを超えないようにしよう。それ以上になるのは優先順位を決められないことを認めるのに等しい。

これを実践していたのが、シカゴマラソンを主催するスポーツイベント会社のエグゼクティブ・ディレクター、ボブ・ブライトだ。ブライトのトップ在任中に、シカゴマラソンは地域的な二流イベントから、世界記録が生まれる一流の国際イベントに成長した。成功の秘訣を問われたブライトの答えはシンプルだった。「ライフルをオートマチック・モードにしないことだ」[28]

詳しい説明を求めると、ブライトはベトナム戦争に海兵隊員として8年間従軍した経験を語ってくれた。その間、多くの戦闘に参加した。おとり部隊を率いて、敵陣に攻め込んだこともある。そこで人生でもっとも大切な教訓のひとつを学んだという。

味方が数人しかおらず、周りを敵に囲まれたときにはこう言うんだ。「おまえはここからここまで、おまえはここからここまでをカバーしろ。銃はオートマチック・モードにするな。一度に一発ずつ撃て。パニックになるな」

同じことがビジネスにも言える。これは本当に重要なことだ。一度にひとつに集中すること。そうしなければ、さまざまな問題を抱えることになる。

戦場で部隊を率いることと企業経営を同列に論じるつもりはない。それでも一度にひとつのことに集中し、パニックにならないという基本は、生き馬の目を抜くベンチャー企業経営にも応用できる。これは「やることリスト」にひとつの項目しか書けないということだろうか。答えはイエスであり、ノーでもある。企業経営者として「やるべきこと」がひとつだけということは実質的にあり得ない。しかし時間の大部分は最優先事項につぎ込み、それが完了するまでは集中すべきだ。

仕事ではなく時間を管理する

あなたの会社でもっとも不足している資源は、あなたの時間だ。ほかの資源はたいていどうにかして調達したり内製したりできるが、あなたの時間を調達あるいは内製することはできない。1日24時間しかないのだ。

アッチテイ・エンターテインメント・インターナショナル社長のケネス・アッチテイは、時間管理と仕事の管理には重要な違いがあると説く。仕事は無限で、時間は有限だ。時間があればあるだけ仕事は増えていく。このため生産的になるほど、仕事ではなく時間を管理しなければならない。もっとも重要な問いは「私は何をすべきか」ではなく「私はどのように時間を使うべきか」だ。順番がおかしいと思うかもしれない。だがよく考えれば、理にかなっている。あなたが組織のリーダーなら、やらなければならない仕事の量は無限に増えていく。すべてをやることは純粋に不可能だ。アッチテイは著書『Writer's Time（物書きの時間）』で、それを見事に説明している。

あなたの仕事がうまくいけば、仕事はさらに増える。つまり「仕事を完了する」という概念そのものが甚《はなは》だしい自己矛盾であり、誤った思考や習慣を助長してノイローゼを引き起こす危険がある。[29]

やるべきことをすべてやるのに十分な時間がない、と感じたことがないだろうか。ここではっきり言っておこう。やるべきことをすべてやるのに十分な時間がある人はひとりもいない（これからそうなる見込みもひとつもない）。私たちはこれからもずっと、日々やりかけの仕事を抱えたまま床に就くのだ。生産的な人生を送っている人は、やりかけの仕事を抱えたまま死ぬだろう。それでも（ここが重要なところだが）有効に使える時間は、本当はもっとたくさんあるのだ。時間を賢く管理すれば、毎日にまだ活用されていない生産的時間がたっぷりあることを「発見」するだろう。

その第一歩は、あなたが実際何に時間を使っているか調べることだ。定期的にスケジュールをチェックし、どこに時間を割いているか分析しよう。最優先事項にきちんと時間を使っているだろうか。重要ではない活動に気を取られ、そちらに時間を取られていないだろうか。あなたのビジョンを強化するような活動、あるいは戦略の推進に直結する活動に主に時間を使っているだろうか。そうでなければ、十分集中していないことになる。

自分を何かに強制的に集中させたいとき、効果的な手段がある。働く時間を減らすのだ。マリオット・コーポレーション創業者のJ・ウィラード・マリオットが、たった1店舗のレストランを大企業に成長させる際に役に立った哲学がある。「懸命に働け。1分1秒を無駄にするな。そして働く時間を減らせ。勤務時間の半分を無駄にしている者もいるのだから」[30]

ウィンストン・チャーチルは史上まれに見る多産な人生を送ったとされる。絵を描き、レンガを積み、動物を育て、社交にいそしんだ。一方、仕事中（たいてい仕事を始めるのは午後11時以降だった）はもっとも重要なことだけに集中した。[31]

困難な選択　やはり重要なのは決断力

優先事項を決めるには、本当に重要なことは何かという困難な選択と向き合わなければならない。集中できない人が多い理由のひとつは、決断できない人が多いからだ。優先事項のリストからどの項目を削るか、決めることに二の足を踏む。しかしリストから積極的に項目を削る姿勢が必要だ。

あるCEOは優先事項を選択できず、側近をやきもきさせていた。CEOはすべてをやりたがった。残念ながら、結局なにひとつうまくいかなかった。部下には20個もの「優先事項」を与えたが、実現するわけがない。あるマネージャーは、至極まっとうな不満を語った。

20もの優先事項に「集中せよ」と言われた。だがそんなことは不可能だ。そこでCEOのところへ行って「このなかで一番重要なのはどれですか、すべてに取り組むことはできないので」と伝えると、黙り込んでしまった。困難な選択がどうにもできなかったからだ。

このCEOはどうしてもリストから項目を「削る」ことができなかった。それには決断が求められたからだ。しかし、それこそ会社が必要としていたものだった。当然というべきか、この会社は先のインタビューからほどなくして重大な危機に直面した。

リーダーシップ・スタイルの要素4　人間味

偉大な企業を育てるリーダーは「現場型」だ。ビジネスに人間味を加えようとする。他者に冷淡で、距離を置き、よそよそしく、関わろうとしない態度は許されない。

人間関係を育む

偉大な企業には、すばらしい人間関係がある。顧客との関係、サプライヤーとの関係、投資家との関係、社員との関係、そして社会全体と良好な関係を築く。あらゆる場面で長期的で建設的関係

を生み出し、育むことを重視する。（注）

偉大な企業では、社員と会社との関係は「仕事と引き換えにお金をもらっている」といった従来型メンタリティとは大きく異なる。退社した後ですら社員は会社とのつながりを感じている。退社した後でも社員が「うちの会社」と呼ぶような会社を、あなたも知っているかもしれない。

偉大な企業と顧客との関係も、「お金と引き換えに製品を買っている」というありきたりな交流よりはるかに親密だ。顧客は会社と個人的につながっていると感じる。「サタデーイブニング・ポスト」紙の記事から、レオン・ビーンはエルエルビーンを通じてどんな関係性を築いていたかがわかる。[32]「ビーンの顧客の一人ひとりが『エルエルビーン』の魅力を本当にわかっているのは自分だけだという幻想を抱き、親友のような気持ちを抱いているようだった」

このような親密な関係が育まれるのは、企業のリーダーが自ら関係づくりに時間をかけるからだ。ジョアン・アーンストは7年にわたってアスリートとしてナイキと契約していた。この間、ナイキのリーダー層はアーンストと長期的関係を築くために努力した。アーンストの元にはフィル・ナイト会長から手書きの短い手紙やクリスマスカードが届いた。

このようにナイト自身がアーンストとの関係に投資したことで、アーンストの側にナイキに対する強い忠誠心と責任感が芽生えた。その結果、ナイキの広報担当として力を尽くすようになった。契約上求められる内容をはるかに超えて、「必要」と思う役割を果たすために驚くような努力をした。アーンストはこう説明する。

ナイキとの関係は純粋なビジネス上の取引ではなかった。私は常にナイキのスピリットに共感していた。競争心やスポーツの魔法を大切にするスピリットだ。それだけではない。私がひどい結果を出したら、大切な友人をがっかりさせるような気がした。それが私のナイキに対する正直な気持ちだった。スポーツを引退し、ナイキとの正式な関係が終了した後も、まだナイキファミリーの一員である気がしている。これからもずっとだ。

一つひとつの人とのかかわりを、長期的な関係を構築し、発展させる機会ととらえよう。それは人間味がなければできないことだ。平凡で堅苦しいメモを渡しても、社員との関係は深まらない。もっと個人的に関与することで、初めて関係を構築できる。

執務室を出て、社員に話しかけてみよう。社内を歩き回ってみよう。ランチルームに座り、あらゆる階層の社員と食事をしよう。できるだけ大勢の社員のファーストネームを覚えよう（パタゴニアのクリスティン・マクディビットなど、全社員の名前を覚える経営者もいる）。相手をファーストネームで呼んで挨拶しよう。

やってはいけない例をひとつ紹介しよう。あるコンピュータ会社のゼネラルマネージャーは「人間味とやらを少しばかり実践してみよう」と思い立った。MBWA（Management By Walking Around、

（注）これは「社員対応」や「顧客対応」に熱心なふりをするのとは根本的に異なる。多くの企業では「社員対応」は関係を構築するためではなく、不満を和らげるためのものだ。ここで言わんとしている関係性は、まったく違うものだ。

歩き回るマネジメントの略称）を聞きかじっていたので、秘書に命じて自分の執務室で社員とのミーティングをセッティングさせた。こうして実際に執務室を出て歩き回る手間を省いたのだ。

本当の話だろうかと訝《いぶか》しく思っているかもしれない。正真正銘、実話である。これは極端な例だが、類例は多い。言い訳の立たない行為だ。執務室を出て、ざっくばらんに社員と交流しない正当な理由などない。

父親から受け継いだジョアン・ファブリックス・コーポレーションの再生に成功したラリー・アンサンは、私たちにこう語った。

自席を離れ、社内で何が起きているのか自分の目で見なければいけない。現場に行って社員と話すべきだ。社員の話に耳を傾け、姿を見せよう。業務連絡のメモを一方的に送り付けるなど、社員との間に壁をつくってはならない。

自分の執務室でＭＢＷＡを実践しようと「予定を組んだ」ゼネラルマネージャーより、アンサンのほうが偉大な企業をつくるのにはるかに長けていた。

手軽なコミュニケーションを活用する

人間味あるリーダーシップを実践するのに効果的なのは、手短で手軽なコミュニケーションだ。とりわけ有効なのが、便箋《せん》を常に携帯することだ。それを使って社員に手書きの短いメッセージを渡す。その絶大な効果に、きっと驚くはずだ。しかもほとんど時間はかからない。個人的メッセージは1分もあれば書ける。絶大な効果を考えれば、60秒などわずかな投資だ。それはあなたが社員の存在や仕事内容を知っており、大切に思っていることを伝える手段だ。

ビル・ラジアーは、この方法は自分とスタンフォード大学との関係を大きく変えたという。


ある学期に講義の負担が重く、私は疲れ切っていた。進めているプロジェクトの多くがそれほどうまくいっておらず、少し落ち込んでいた。意気消沈してオフィスに戻ると、デスクの上に山積みになった手紙に目を通した。学内連絡用の封筒があったので開けてみると、驚いたことに学長からの手書きのメッセージが入っていた。講座をがんばってくれてありがとう、という内容だった。学長がこの1枚の手紙を書くのに30秒もかからなかったはずだが、私にとってはスタンフォード大学への思い入れを深め、士気を高める効果があった。

近づきやすく、話しかけやすい存在であれ

堅苦しい秩序にはなんの意味もない。近づきやすい雰囲気を身にまとおう。社員とはファーストネームで呼び合おう。「立場による壁」は最低限に抑える。専用駐車場や豪華な執務室、目に余る「幹部専用」の特典は、なるべく排除し、目立たないようにすべきだ。幹部のステータスシンボルは一般社員との距離を広げる。

どうすれば自分が社員にとって近づきやすい存在になるか、考えてみよう。社員があなたの周囲

は濠《ほり》で固められている（しかも濠には不愛想な秘書というサメまで放たれている）と感じているなら、間違いなくあなたは人間味のない存在になっている。あらゆる階層の社員に、会社の最高幹部と直接話ができるという意識を持たせるべきだ。

大企業についても同じことが言えるだろうか。近づきやすさ、直接話し合う機会、人間味といったものは、会社が一定の規模を超えても維持できるのだろうか。

答えはイエスだ。実例としてIBMを見れば十分だろう。トーマス・J・ワトソン・ジュニアは父の跡を継いだ後も（IBMはすでに年商10億ドルを超えていた）、有名な「オープンドア・ポリシー」を堅持した。ワトソン・ジュニアは著書『先駆の才』（ダイヤモンド社）にこう書いている。

> オープンドア・ポリシーは父が1920年代初頭から実践していた活動だ。何か不満のある社員は、まずそれを直属の管理職に伝えることになっている。それでも納得できなければ、直接私に伝える権利がある。（中略）たったひとりの抗議がIBMのビジネスのあり方を根本的に変えるような改革につながったことが、少なくとも一度はある。[33]

会社の成長に伴い、ワトソンの執務室には毎年200〜300件もの不満が持ち込まれるようになった。そうした状況を管理するため、ワトソンは有望な若手管理職をアシスタントに登用した。社員が10万人を超えた後も、ワトソンは社員の不満の一部を直接処理していた。「トップがまだ一般社員の話に耳を傾けているという噂が社内に広がるように」という思いからだ。

IBMでワトソン親子が社員にとって直接話せる相手であり続け、人間味を失わずにいられたのなら、「そんなことをするには会社が大きくなりすぎた」という言い訳は通用しない。

何が起きているか把握する

会社が大きくなったら、トップは現場で起きていることに直接かかわらない、という常識は捨てよう。もちろん権限委譲は必要だ。そしてもちろん、あらゆる意思決定に首を突っ込みたくなる衝動を抑えるすべを身につけるべきだ。たしかにあなたの時間は限られ、「ハイレベルな」会議で埋まってしまうようになるだろう。

しかし、それでも会社のリズムや活動を直接把握する時間を確保すべきだ。そのためには自分の目で現場を見て、自分の耳で聞くしかない。どんな問題が起きているのか、何がうまくいっているのか、社員がどんな気持ちでいるかを、直接確かめるのだ。

たとえばサム・ウォルトンは常に自分の指で会社の脈をとる方法を模索していた。[34] ときには1日に10店舗を抜き打ちで訪れることもあった。夜中の2時半に目が覚めた日には、ドーナツをひと箱買って会社の物流倉庫に持っていき、社員と一緒に食べながら業務を改善する方法を話し合った。またあるときには思い立ってウォルマートのセミトラックの運転台に乗り込み、運転手と160キロ相乗りしながら自社の物流システムを体験したこともある。

こうしたふるまいは、並外れて優秀な企業経営者のあいだでは決して珍しくはない。現場に足を運び、自分の目で状況を見るのには確かに時間がかかる。とりわけ会社が大きくなれば負担は大きい。しかし不可能ではない。最高のリーダーはそのために時間を「つくる」。店舗、現場、あるいは研究室で働く社員の意見は、他の幹部のそれと同じくらい重要だと理解しているからだ。

細部へのこだわりを象徴する行為によって価値観を浸透させる

偉大な企業をつくる経営者によく見られる矛盾がある。ハイレベルなビジョンと戦略に集中しつつ、一見取るに足らないディテール（細部）にこだわるのだ。ディテールは重要だ。並外れて優秀なリーダーは、ビジョンとディテールの両方に徹底的にこだわる。ディテールを完璧にすることに心血を注ぐ。

ディテールへの対処の仕方が、ハイレベルな意思表明になることもある。会社のコアバリューに関する意思表明だ。ある種のディテールに関与すると、非常に強力なメッセージを発信できる。

事例紹介　行動で大切なことを伝えたデビー・フィールズ

ミセス・フィールズ・クッキーズの創業者デビー・フィールズは、著書『One Smart Cookie（ワン・スマート・クッキー）』に、ある店を抜き打ち訪問したときのエピソードを書いている。そこで「とてもできの悪いクッキー」がずらりと店頭に並んでいる」のを目にした。

クッキーはぺちゃんこで焼きすぎだった。完璧な「ミセス・フィールズ・クッキー」の厚さは

1・2センチのはずなのに、並んでいたものは6ミリしかなかった。完璧なクッキーは直径7・6センチのはずなのに、並んでいたものは8・3センチほどあった。焼き色も本来の姿より少し濃かった。[36]

並んでいたクッキーの厚さや直径は、ほんの6、7ミリ規定を外れていたにすぎない。数ミリの話だ。しかしディテールの大切さを伝え、ミセス・フィールズの企業理念を強化するうえで重要なのは、デビー・フィールズの行動だ。

その場で店長を解雇することもできたが、そんなことはしなかった。社内に正確なクッキーの大きさや色を改めて周知するメッセージを送ることもできたが、それもしなかった。フィールズのとった行動は、それよりはるかに強力で象徴的なものだった。

私は隣にいた若い男性社員にこう言った。「このクッキー、あなたはどう思う?」

「そうですね、問題ないと思います」

私はうなずいた。すでに自分のなかで答えは出ていたからだ。私はトレイを1枚ずつショーケースから取り出し、500~600ドル分のクッキーをそっとゴミ箱に捨てていった。それから男性社員にこう言った。「覚えておいて。問題ないっていうのは問題なのよ」

価値観を強化するというのは、パン生地をこねるのと似ている。特定のディテールにあなた自身が反応するのは、生地をこねるプロセスの一環だ。デビー・フィールズが600ドル分のクッキーを廃棄したのと同じように、一見どうということのないディテールへの経営者自身の反応がとてつもない重みを持ち、企業理念の鮮やかな象徴として社員の脳裏に刻み込まれることもある。

私たちはHPと緊密に協力している。その過程で、「ビルとデイブの逸話」を山ほど耳にしてきた。どれもヒューレットやパッカードが会社の草創期の出来事にどのように対応したかを鮮やかに伝えている。

HPの伝説となっているエピソードは、ビル・ヒューレットがとある部門をぶらついていたときに、ちょっとしたディテールに目を留めたところから始まる。倉庫が鎖と南京錠で開かないようになっていたのだ。激怒したヒューレットはボルトカッターを持ってきて鎖を壊し、その残骸を部門長のデスクに置いた。「わが社ではこういうやり方はしない。われわれは社員を信じる。ビル・ヒューレット」というメモを添えて。

このエピソードが実話か本人に尋ねたところ、ヒューレットは「そんなこともあったかな」とだけ答えた。創業期には同じようなことがたくさんあり、すべてを覚えていないという。

人間味ある対応とマイクロマネジメントの違い

人間味ある対応とマイクロマネジメントを混同してはいけない。両者は別物だ。マイクロマネジメントはおそろしく有害で、次に紹介するあるCEOの行為はまさにその典型だ。

わが社のCEOはありとあらゆるディテールをコントロールし、指示を出そうとする。だから私たちは自分に能力があり、信頼されていると思えず、常に「見張られている」気がする。CEOはあらゆることに細かくケチをつけ、社員をいら立たせる。CEOのふるまいにやる気をなくし、優秀な人材が何人も他社へ移籍していった。「木を見て森を見ず」という言葉があるが、CEOは木に埋もれすぎて松葉1本のサイズまでコントロールしようとしているようだ。

このCEOのやり方は明らかに抑圧的だが、人間味のある現場型の経営者と何が違うのか。私たちは矛盾した主張をしているのだろうか。「現場で何が起きているかを知るべきだ」「具体的なディテールを通じて価値観を強化せよ」と訴えておきながら、「マイクロマネジメントはやめろ」と説く。ここにどんな整合性があるのか。

両者の違いを簡単に説明すると、こうなる。マイクロマネージャーは社員を信頼せず、ありとあらゆるディテールや意思決定を「コントロール」しようとする。最終的に正しい判断をできるのは自分だけだと考えているのだ。一方、人間味あるリーダーは社員が基本的に正しい判断をすると信頼する。社員の能力を尊重する。

マイクロマネージャーは社員の能力を信用しない。社員は息が詰まりそうになる。20歳になっても就寝時間を親に決められるような感覚だ。マイクロマネジメントを受けたことがある人は、それがいかに意欲を削ぐものであるかわかるだろう。

マイクロマネジメントは社員の成長も妨げる。抑圧的なマイクロマネージャーは目標やロールモデルになるどころか、社員をコントロールしようとする。最終的に社内は「ご主人様が私のためにすべて考えてくれるのだから、自分の頭で考える力を身につけなくてもよいのではないか」と考える、萎縮した人材ばかりになる。

もちろんディテールを完璧にすることに徹底的にこだわるべきだ。ディテールに関する象徴的行動によって会社の価値観を形づくることができる。しかしすべてのディテールに首を突っ込むべきではない。象徴的行動の目的は道を示すこと、模範を示すことにある。社員にいつまでも忘れない強烈な印象を与えることだ。それによって社員は自発的にコアバリューに沿って行動するようになり、細かいコントロールは不要になる。

社員に息苦しさを感じさせなくても、現場主義を実践できる。社員を窒息させなくても、自らの指で組織の脈をとれる。コントロールを目的としない人間味のある対応は、彼らを鼓舞し、自分ではできると思っていなかったような成果を出すようなレベルに引き上げることができる。これは次のリーダーシップ・スタイルの要素と密接につながっている。

本書の新しい視点

エンパワーメントと無関心を混同しない

ジョルジ・パウロ・レマンを初めて職場に訪ねたときの衝撃を、私はきっと忘れないだろう。1990年代初頭のことで、企業幹部の執務室はそのステータス（とされるもの）に応じたプライバシーと広さを提供するのが主流になっていた。このためブラジルのサンパオロにあるレマンの会社では、豪華な執務室に案内されるものと思い込んでいた。しかしそんなスペースは存在しなかった。案内されたのは、ごちゃごちゃと机の並んだ巨大な部屋だ。そこかしこに社員が集まり、派手な身ぶり手ぶりを交えて夢中で仕事をしていて、誰も私のことなど気にも留めなかった。レマンはその喧噪の真っただ中で、何の変哲もないシンプルなテーブルに座っていた。その物静かなたたずまいは、ニューヨークシティのタイムズスクエアの真ん中に座り、周囲の喧騒にも心を乱されず黙想する禅僧を思わせた。レマンはそんな具合に社員の様子を見守り、話を聞き、会話をし、誰もが容易に話しかけられる状態で1日の大半を過ごすのだという。

私がこれまで出会い、研究の対象としてきた文化を生み出す達人がみなそうであったように、レマンもエンパワーメントと無関心を混同することはなかった。リーダーは優秀な社員の邪魔にならないようにして、彼らの能力を存分に発揮させるべきだと心から信じていた。ただマイクロマネジメントはしないものの、尊大で無関心な態度とも無縁だった。

尊大で無関心、あるいは調子に乗って注意散漫になっている経営者は、衰退期に突入しようとする元・偉大な企業の共通項だ。なぜか「経営者然」としなければならないと思いはじめるようで、社員に質問する代わりに指示を出すようになる。現場で何が起きているか自分の目で確かめに行く代わりに、報告を求めるようになる。現場にもっとも近い社員からブリーフィングを聞く代わりに、中間管理職からフィルタリングされた情報を得ようとする。「私が把握しておくべき重要なディテールは何か」と尋ねる代わりに、「私は全体を見ることに集中すべきだ」と言い出す。最前線に立つ社員から情報を聞いてメモを取る代わりに、最前線の社員に読ませる訓示を書くようになる。

　ウィンストン・チャーチルは現場の詳しい情報を、できるだけ直接取りに行こうとした。ありのままの現実を把握するために、通常の指揮命令系統から独立した部門をつくり、厳しい事実を報告させた。[36] 第二次世界大戦中にイギリス国王とチャーチルがそれぞれ不安を抱き、意見が対立した数少ない場面のひとつが「Dデイ」前夜だ。チャーチルは攻撃の現場に立ち会い、戦艦から戦闘の様子を見守るのが自分の義務だと感じていた。一方、自国の首相が戦艦もろともイギリス海峡に沈むリスクにおののいたジョージ6世は、チャーチルに行かないでほしいと懇願した。行くべきだと考えるチャーチルと、なんとか引き留めようとする国王の間を何度も使者が往復した。最終的にチャーチルが譲り、「陛下のお望みというよりご命令に背くわけにはまいりません」と書き送った。それでもDデイの数日後には現場を自分の目で見るためにイギリス海峡を渡った。前夜に爆撃を受けた城を訪れ、「そこら中に被弾した跡があった」と振り返っている。モンゴメリー将軍に「われわれのランチをドイツ軍がぶち壊しに来るかもしれないな」と声をかけたところ、「おそらく来ないでしょう」という答えが返ってきた。実際にモンゴメリーの見立てどおりだったのは、人類史にとって幸運というべきだろう。[37]

戦略的に本当に重要なことであれば、あなた自身が直接関与する必要がある。あなた自身が直接関与するほどの価値がないなら、そもそも戦略的重要事項ではない。

1987年7月の朝、ジョージ・ラスマンは創業したばかりのアムジェン社の存亡にかかわる衝撃的知らせを受け取った。ライバルのジェネティクス・インスティテュート（GI）が、エリスロポエチン（EPO、赤血球生成促進因子）の製造に関するアムジェンの技術的独占を覆す特許を獲得したのだ。GIが取得したのは、人間の尿から抽出するいわゆる天然EPOに関する特許だった。この「天然」EPOの実用性は皆無だった。[38]ひとりの患者の1年分のEPOを製造するには、600万ガロン（2300万リットル）もの人間の尿が必要だからだ。

アムジェンの画期的技術は、EPOという最終目的地に到達するための唯一の現実的ルートだった。だがGIの新しい特許によって、アムジェンはこの画期的技術を最大限活用できなくなった。科学誌「ネイチャー」はこう解説している。「EPOの量産にはアムジェンの遺伝子組み換え細胞が不可欠だ。このため両社の対立は不可避である。GIは最終目的地の権利を、アムジェンはそこに到達する唯一のルートへの権利を持っていた[39]」

大方のCEOはこのような複雑な法廷闘争に巻き込まれると、弁護士に対応を委ねる。クロスライセンスによって恩恵を共有するといった和解の道を探らせるのだ。しかし怒りに燃えるラスマンは自ら法廷闘争の調整役を引き受け、陣頭指揮を執った。アムジェンは長い闘いを耐え抜いた。そして最終的に完全勝利を収め、真の偉大なバイオテック企業への道を歩み出すことになった。[40]

ラスマンが示したリーダーシップ能力は、その後はるかに成長したアムジェンのトップとなったケビン・シェーラー（2000〜2012年のCEO）にも受け継がれた。シェーラーはそれを「臨機応変に高度を変更する能力」と表現する。「ハーバード・ビジネス・レビュー」誌のインタビューには、シェーラーの典型的な1日が描かれている。まず午前中の幹部会議では、アムジェンの海外戦略を左右する、重要な1億ドル規模の投資案件が議論された。すぐ後には経営幹部の人事評価をして、後継者について思いを巡らせた。それに続いて、取締役会のための会議テーブルのモックアップ（模型）を見ながら、取締役会のグループダイナミクスにどのような影響が生じるか議論した。[41] 最初は高度3万フィート（約9000メートル）、次が3000フィート（約900メートル）、そして30フィート（約9メートル）の議論だ。

では起業家的リーダーは成長のどの段階で「手放す」ことを学び、あらゆるディテールを完璧にしようと悩みつづけるのをやめるべきなのか。「直接手を下す」スタイルから「手を放す」スタイルに、いつ切り替えるべきなのか。創業者が戦術や業務の遂行を部下に任せて、ビジョンや戦略だけに集中する体制にシフトすべきタイミングはいつか。

ここに挙げた問いは、いずれも的外れだ。

直接手を下すか、手を放すかの選択の問題ではない。私たちの研究では、創業した企業を歴史に残る偉大な企業へと育てた起業家は、たいてい現場主義とエンパワーメント型の両方のスタイルを実践していた。会社の規模がどれほど大きくなっても、社員との強い絆を保ち、現場で何が起きているかを常に意識し、戦略的課題には直接関与した。戦術的な細々とした問題への飽くなき好奇心を失い、社員やその気持ちへの興味を失い、居心地のよい幹部専用の執務室にこもるようになったら、気づいたら会社が衰退と自滅への悪循環に陥っているかもしれない。

ただそうは言っても、最強の起業家たちは自ら手を下すリーダーシップがいつの間にか社員の精神を蝕むようなマイクロマネジメントになったり、「ひとりの天才を1000人が支える」病理に陥ったりしないように注意していた。『ビジョナリー・カンパニー② 飛躍の法則』で偉大な企業との比較対象になった企業には、「ひとりの天才を1000人が支える」モデルを採っているところがいくつもあった。このモデルではとびきり優秀な個人、すなわち天才型リーダーが、自分の偉大なアイデアを実行に移す子分を主要なポストに配置する。「ひとりの天才を1000人が支える」モデルは、天才が事業に夢中になっているかぎり（そして天才でありつづけるかぎり）、短期的には非常にうまくいくケースもある。しかし長期的にはこのモデルでは永続する偉大な企業にはなれない。支配者である偉大な天才に誰もが依存して、大小あらゆる意思決定を委ねる状態になれば、創業者が退任したとたんに無気力で凡庸な企業として漂流するようになる。

当然ながら、現場主義とエンパワーメント型のリーダーシップのバランスをとること自体が目的ではない。文化を形づくり、人を育てることによって、あなたが亡くなった後も何十年と偉大な企業として存続できるようにすることが究極の目的だ。あなたと同じぐらい重要なディテールにこだわる人材を見つけ、戦術レベルで一貫して高い成果を達成するシステムを構築し、率いていく「方法」を教え、彼らがあなたの在任中をはるかにしのぐ成果をあげるようになれば、本当の意味で永続する偉大な企業の基礎を据えたといえる。

リーダーシップ・スタイルの要素5　対人スキル

偉大な企業をつくるリーダーは、硬軟の使い分けに習熟している。社員におそろしく高い水準のパフォーマンスを求める（硬）一方、社員の自信を育み、自分自身と自らの能力を肯定できるようあらゆる手を尽くす（軟）。

フィードバックの重要性

企業での有効なリーダーシップの要素のうち、もっとも活用されていないものをひとつ選ぶなら、フィードバックだ。それも「ポジティブ（肯定的）な」フィードバックだ。

ポジティブな自己イメージがあるとパフォーマンスが良くなるのが人間だ。心理学のさまざまな実験では、パフォーマンス（客観的に測定されたもの）はどのようなフィードバックを受けるかによって改善したり低下したりすることがわかっている[42][43]。ポジティブなフィードバックはパフォーマンスを改善する一方、ネガティブなフィードバックはパフォーマンスを低下させる傾向がある。

しかしポジティブかネガティブかにかかわらず、企業のリーダーは社員にほとんどフィードバックをしないことがあまりに多い。フィードバックをしないのは「われわれはあなたのことなど大切に思っていない」というメッセージに等しい。大切に思われていないと感じると、社員は最善を尽くさなくなる。当たり前の話だ。

スポーツ界の偉大なコーチ、選手から最高のパフォーマンスを引き出す技術を身につけたコーチは、選手にフィードバックを与え、大切に思っていることを伝える重要性を理解している。ロサンゼルス・ドジャースの監督を務め、リーグ優勝4回、ワールドシリーズ優勝2回の実績を持つトミー・ラソーダは、「フォーチュン」誌のインタビューでこう語っている。

幸せな気分のとき、パフォーマンスは良くなる。私は選手に、彼らの活躍に感謝していることを伝えたいと思っている。だから選手をハグすることが大切だ。背中を叩いてやることが大切だ。「年俸を150万ドルももらっている選手のモチベーションをわざわざ高めてやる必要があるのか」と聞かれるが、「もちろんだ」と答える。相手がアメリカ大統領だろうと控室の選手だろうと、みんなモチベーションを高めてもらいたいと思っている。[44]

大学バスケットボールコーチとして史上もっとも成功したジョン・ウッデン（UCLAのヘッドコーチとして米国大学体育協会選手権大会で12年間に10回優勝）は、常に選手を褒める方法を探しつつ、もっと良いパフォーマンスができるはずだと発破をかけていた。ウッデンにはシンプルな信念があった。「選手に必要なのは批判ではなく模範だ」。ウッデンは自分にこんなルールを課していた。「練習を楽しい雰囲気で終わらせること。練習中に批判したら、少し褒めることでバランスをとる」[45]

同じく偉大なコーチだったビル・ウォルシュ（サンフランシスコ・フォーティナイナーズのヘッドコーチとしてスーパーボウルで3回優勝）は、選手一人ひとりにポジティブな言葉掛けをすることの大切さを語っていた。[46] 試合前には必ず一人ひとりの選手と握手し、それぞれにポジティブな励ましの言葉をかけていた。またアシスタントコーチには一人ひとりの選手の存在を認め、握手をし、役に立つようなアイデアを伝えるよう求めていた。

ここに挙げたコーチは、ビジネスリーダーにも優れたロールモデルとなる。最高レベルの成果を出し、私情を交えず選手を客観的に評価する。その一方でポジティブな働きかけを欠かさない。もちろんここで暗黙の前提となっているのは、自分の組織で働く人々を心から大切に思い、彼らに対して愛情と共感と敬意を抱いていることだ。これはまさに有能なリーダーの必須要件だ。社員を大切に思わず敬意も持たないトップが率いる組織が、永続する偉大な企業になる可能性は低い。

ジョン・ウッデンが目覚ましい成功を収めた大きな理由は、一人ひとりの選手を心から気にかけていたことだと私たちは考えている。「私は若者たちといるのが大好きだった。それがはるかに実入りの良い仕事を断ってコーチを続けた最大の理由だ」と書いている。[47]

ではネガティブな、あるいは批判的フィードバックはどうだろう。企業経営をしていて、ポジティブなフィードバックしか与えないというのは不可能だ。批判的フィードバックが必要な場面もあるのは明らかだ。そして当然ながら、「正直な」フィードバックをしてはならない。誰かを安心させるためだけに偽りのポジティブなフィードバックをしたら、信頼を失うことになる。それにパフォーマンスが期待にまったく及ばないときなど、批判的に評価しなければならない場面もある。

ビル・ウォルシュは著書『NFL王者の哲学』(タッチダウン)にこう書いている。

かっこよくて親切で、おおらかで親しみやすい「選手に寄りそうコーチ」では、やるべきことの80％しかできない。残る20％をやり遂げるには、困難な決断を下し、高いレベルのパフォーマンスを要求し、期待に応え、細部への注意を怠らず、必要なときは「しっかりしろ」と選手を叱咤する能力が必要だ。[48]

ただ私たちの見るかぎり、「ダメな」リーダーは批判的フィードバックが多すぎ、ポジティブなフィードバックが少なすぎる傾向がある。社員が失敗したときだけフィードバックを受け、成功したときは必ず評価されるようになっていない企業はあまりに多い。

それ以上に重要なこととして、最高のリーダーは常に社員が成果を出せるような仕事に配置しようとする。一人ひとりがポジティブなフィードバックに値する成果を出せるように工夫するのだ。社員を批判するより、褒める方法を常に探している。

成果のあがっていない社員がいたら、まずこう自問しよう。「この社員は適切な職務に就いているだろうか」と。ある仕事で落ちこぼれていた社員が、別の仕事で大活躍するのは珍しくない。たとえば優秀な技術者や営業担当者が、管理職になって成果をあげられなくなるケースは多い。

最後に、仕事がうまくいっていないときに批判するのは控えたほうがいい。うまくいっていないことを自覚している社員を叱責すると、逆効果なこともある。厳しい状況に置かれている人は、少しばかりの励ましとサポートを必要としていることが多い。

事例紹介

厳しいときこそ励ましたラッセル・S・レイノルズ

おもしろい事例として、経営コンサルティング会社ラッセル・レイノルズ・アソシエイツ創業者のラッセル・レイノルズが、業績不振の拠点を訪問したときのエピソードを紹介しよう。レイノルズがやってくるというので、拠点の社員は戦々恐々としていた。叱責され、何人かはクビになるのではないか。拠点のディレクターが「ラッセルは成果をあげられない者はお払い箱にして、新しい人材を雇うだろう」と発言したこともあり、全員がピリピリしていた。

約束の時間が来て、社員は最悪の事態を覚悟しながら大会議室に集まった。レイノルズは気楽なおしゃべりでミーティングを開始した。30分ほど経ったところで、ディレクターは目の前の深刻な事態について議論を始めようとした。だがラッセルは再び明るい前向きな話に引き戻した。とうとうディレクターはしびれを切らし、こう尋ねた。「そろそろ本題に入りませんか。この拠点の問題への対処について話し合うつもりはないのですか」

「ないね」とレイノルズは答えた。「みなさんが全力でがんばっているのはよくわかる。この調子で努力すれば、いずれ何らかのきっかけで業績は好転すると確信している。みなさんは優秀だし、私は心から信頼している。このままがんばってくれればいい」

まさに文句なしの対応だった。このとき社員が必要としたのは叱責ではなく評価であることをレイノルズはわかっていたのだ。拠点の社員は「この人は私たちを信じている。がっかりさせることなんてできない」と思った。レイノルズの信頼は報われ、この拠点の業績は回復し、トップクラスの仲間入りを果たした。

リーダーが教師になる

批判的フィードバックの実践方法としてとりわけ効果的なのが、リーダーが教師になるというものだ。部下に対して修正的あるいはネガティブな指導をしなければならないときは、自分は批判する立場、あるいは上司であるという考えすら捨てて、ガイド、メンター、あるいは教師だと考えてみよう。批判のプロセスを、相手の成長につながる教育的経験にしなければならない。

事例紹介　対人スキルの達人！　アービング・グロウスベック

コンチネンタル・ケーブルビジョンの共同創業者兼社長のアービング・グロウスベックは、硬軟織り交ぜたとても効果的な対人スキルを身につけている。私たちとの会話のなかで、グロウスベックは自らの理念と手法を説明してくれた。

私はずっと「経営者は教師である」という考えにもとづいて行動してきた。どうすれば失敗を社員の能力向上に活かせるか、いつも考えている。

まずとても大切なこととして、相手を批判してはならない。批判ではなく、「何が起きたのか分析する」のだ。これは正しい子育てにも通じる。「おまえは片づけられない子だ」と叱るのではなく、「クローゼットが片づいていない」という問題を解決するのだ。

経営者の仕事でも同じことが言える。私はいつも相手には問題がどう見えているかを尋ねる。まず具体的に何が起きたかを語ってもらう。それから他にどのような選択肢を検討したかを尋ね、さらに私から他の選択肢を示し、それも検討したか確認する。提案を質問のかたちで示すのだ。

このような手順を踏むことで、教育と成長のプロセスになる。私たちは仲間で、相手の人間性に問題があるわけではなく、また私たちの関係には何の問題もないことをはっきりと伝える。失敗は誰にでもあることを伝え、具体例として私自身のこれまでの失敗を挙げることもある。

ただ、問題へのより良い対応はどのようなものだったかを学習し、次はもっと上手に対応してほしい、という気持ちもはっきりと伝える。そうすることで相手の能力はどんどん高まっていき、会社全体にとってプラスになる。


グロウスベックの修正的フィードバックの伝え方は穏やかだ。だが自分自身にも周囲にも、きわめて高い基準を明確に求める。そしてたいてい周囲はその期待に応えてくれる。

高い基準を設ける効果

社員を褒め、失敗から学べるようサポートすることが重要とは言っても、それは質の低い、あるいは無責任なパフォーマンスを許容するということではない。ポジティブなフィードバックは、高い基準と組み合わせる必要がある。

社員に困難な課題を与え、高い期待を示すと、ポジティブなフィードバックと同じようにパフォーマンスの改善につながりやすい。優秀な教師は、生徒はたいてい困難な課題に挑戦したい、高い期待に応えたいという意欲を持っていることをわかっている。あなた自身の学生時代を振り返り、最高の先生を思い浮かべてほしい。おそらく生徒に求める基準はとても高かっただろう。同じことが有能な経営者にも当てはまる。

優れた教師と同じように、優れたリーダーは職業や経歴にかかわらず誰にでも質の高い仕事をする能力があり、心のなかではそうしたいと思っていると考える。優れたリーダーは高いパフォーマンスを「要求」しない（要求するのは、社員は基本的に怠け者で、努力は歯を抜くように無理やり引っ張り出すものという認識の表れだ）。

優れたリーダーは社員に、能力を試し、成長し、ベストを尽くす機会を与える。

誇りの持てる仕事をしたいと思っている人はたくさんいる。一方、社員が奮い立つような困難な課題と高い基準を与え、平凡な人々でも非凡な成果を出す力があるという揺るぎない信頼を見せるリーダーは、圧倒的に不足している。

高い基準を満たさなければならない状況に社員を置き、期待に応えてくれると信頼していると伝えよう。参考になるのが、不動産開発会社を創業したトラメル・クロウの経営手法だ。クロウは社員の可能性に賭け、彼らを信じた。ロバート・ソベルの著書『Trammell Crow（トラメル・クロウ）』

には、若手社員がクロウについて語る場面が出てくる。

クロウが請負業者や銀行関係者が集まる会議に私を連れていき、全員の前で紹介してくれたときのことは忘れられない。クロウは私がはるかにすばらしい人間であるかのように褒めそやした。私の能力を信頼してくれているのだ、と感じた。当時の私のような若く未熟な人間に、あれほどの責任を任せてくれたことが信じられなかった。[49]

押しと引き、陰と陽、硬と軟、高い基準とポジティブなフィードバックを組み合わせることが、社員に全力を発揮させる要諦《ようてい》だ。今の水準にかかわらず（どんな集団でもメンバーの能力には幅がある）、一人ひとりが自分の能力を最大限発揮できるように支援することで、会社全体に途方もなく高いバーを飛び越える力が生まれる。

リーダーシップ・スタイルの要素6　コミュニケーション能力

コミュニケーションの必要性を強調すると、当たり前じゃないかと思われるのはわかっているし、当たり前だといいのにと思っている。残念ながら、多くの企業経営者はコミュニケーションが不得手だ。コミュニケーションができないのではない。しないのだ。

偉大な企業はコミュニケーションを糧《かて》に成長する。有能なリーダーはあらゆる場面でコミュニケーションをとろうとする。組織の上下左右、ときには集団、個人、あるいは全社に、書面や口頭で、公式あるいは非公式に、メッセージを伝える。常に組織のなかでコミュニケーションが行われている状態を生み出そうとする。

ビジョンと戦略を伝える

次章では、会社の明確なビジョンと戦略を策定することの重要性について述べる。ただ策定するだけでは不十分だ。ビジョンと戦略は伝えなければ意味がない。

効果的なコミュニケーションに、巧みな弁舌や表現豊かな文章力が必要なわけではない。会社の方向性をどう伝えようかと悩むことはない。ただ口に出せばいい。何度も何度も。語る。書く。図にする。そしてまた語る。ビジョンを常に社員の目に入るようにし、常に話題にしよう。

たとえばジム・バークはジョンソン・エンド・ジョンソンのCEOだったころ、職務時間の40%(書き間違いではない、40%だ)をJ&Jの「我が信条(会社のコアバリューと理念)」を社員に伝えることに費やしたという。[50]

パーソナルCADシステムズの元CEO、ダグ・ストーンが社内を歩き回る様子を観察していたとき、私たちはストーンが執務スペースや会議室のフリップチャートに、しょっちゅう会社の戦略図を描くことに気づいた。ほぼすべてのミーティングで、気がつくと戦略の図を描いていた。しかも書きつけた図を、そこら中に残していった。紙切れに、社員のノートに、フリップチャートに、ホワイトボードに、掲示板に、食堂のナプキンに。尋ねると、ストーンはこう答えた。

戦略の図をあちこちに置いていくのは、意図的なんだ。組織全体に会社がどこへ向かっているか理解させるのはとても難しい。だから常にメッセージを伝え続けなければならない。図をそこら中に残していくのは、頻繁に社員の目に留まり、ミーティングなどで話題になればいいと思っているからだ。ある意味、サブリミナル効果を狙っているんだ。

アナロジーとイメージを活用する

会社が何を成し遂げようとしているかを、鮮やかなイメージで伝えよう。ビジョンの実現に向けて着実な歩みを進めているのか、具体例を使って説明しよう。組織の価値観や精神を体現するエピソードを語ろう。比喩、たとえ話、象徴を使った生き生きとした描写は、強力なコミュニケーションツールだ。ぜひ活用してほしい。

1940年、フランクリン・ルーズベルトは「武器貸与（第二次世界大戦初期に、窮地に陥ったイギリスにアメリカが軍事物資を供給する仕組み）」という概念とその必要性を、国民に効果的に伝える必要に迫られた。複雑な財政上の仕組みを説明するという選択肢もあったが、それでは国民の想像力に訴えることはできなかっただろう。代わりにルーズベルトが選んだのは、次のようなたとえ話だ。

隣の家が火事になり、私の手元には庭の水まき用ホースがあったとしましょう。隣人にホースを貸し、隣人宅の水道につなげば、火を消すのに貢献できる。そのとき私はどうするでしょうか。ホースを渡す前に「いいかい、このホースは15ドルするんだ。払ってくれないと渡さないよ」とは言わない。15ドルなんていらない。火事が収まったあと、ホースを返してもらえれば十分だ。[51]

ビジネス界での私のお気に入りの例は、スティーブ・ジョブズがアップルのビジョンを伝えるのに使ったたとえだ。1980年に（まだマッキントッシュが生まれる前）、ジョブズはスタンフォード大学での講演でこう語った。

ひとり1台コンピュータが使えるという状況は、10人1台とは根本的に違う。それがアップルの基本的思想だ。10人1台は列車に設備投資をするようなものだ。同じコストでフォルクスワーゲンが1000台買える。もちろん列車ほど乗り心地はよくないし、スピードも出ないが、1000人が行きたいときに行きたいところへ行ける。僕らの業界が目指しているのは、そういうことだ。

わかりやすい例で話そう。人間が自転車に乗ると、動物界で一番効率が高いコンドルのさらに2倍の効率で移動できる。人間は生まれ持った能力を増強する道具をつくれる。コンピュータがまさにそうだ。コンピュータは自転車なんだ。[52]

文字にこだわるのはやめよう。絵にしよう。物語を語ろう。たとえ話は必ずしも厳密でなくてもいい。鮮やかに描写しよう。たとえ話が論理的に正確か否かを気にする必要はない。重要なのは効果的に伝えることであり、論理的な正確さではない。

無機質なコミュニケーションに人間味を加える

会社の文書のほとんどは、退屈で難解で無味乾燥だ。そこには魂も輝きもない。個性もない。ビジネスライクに、あるいは社長らしくしようとするあまり、効果的にコミュニケーションをする可能性を完全に封じてしまう経営者もいる。

優れた作家は、読者と1対1で会話しているような感覚を抱かせると思ったことはないだろうか。優れた話し手に引き込まれ、まわりにたくさんの（ときには数千人の）聴衆がいるのに、2人だけの世界にいるような気になったことはないか。これこそあなたが生み出すべき効果だ。

この効果を生み出す方法は、主に2つある。

- ひとつは、あなた自身をさらけ出すことだ。臆することなく自分の経験や観察したことを語ろう。自分自身について、あるいは自分の経験や世界に対する独特のモノの見方を語ると、たとえ個人的つながりのない相手であっても、聞き手とのあいだに親しみが生まれる。
- もうひとつは率直に、自分らしく、気取らないかたちで伝えることだ。「一般的に」といった顔の見えない誰かではなく、「私たち」「あなた」「私」を主語に語ろう。「友達」や「仲間」といった温かみのある言葉を使い、目の前に相手がいるかのように語りかけよう。文章は短く、生き生きと。明確な表現、わかりやすい単語を選ぼう。

「労使関係への対応に、何らかの不満があるのは明らかだ」ではなく、「みなさんがこれまでの扱いに怒っているのはよくわかる」

「モルト飲料製品のバリューチェーンと品質を最大化するのが私たちの方針だ」ではなく、「われわれは最高のビールをつくる」

「目の前の問題は、法務にまつわる経済的影響による財務リソースの減少だ」ではなく、「訴訟の費用負担が重い」

アヒルはアヒル。問題を率直に語り、隠さない

不都合な問題が生じたとき、体裁を取り繕うのは大きな間違いだ。それ以上に大きな間違いは、不都合な事実を伝える責任から逃れようとすることだ。正直に、率直に向き合うほうがはるかに良い。たとえば次のメールを見てみよう。

To：人事部長
From：CEO
件名：雇用調整

売り上げが減っているので経費を削減すべきだ。雇用調整をしなければならない。60日以内に解雇すべき社員のリストを添付した。それぞれの管理職と話し合ってほしい。

これはレイオフ（業績悪化を理由とする一時的解雇）ではないことを強調してほしい。社員には、成果をあげられない者を解雇するだけだと伝えること。

当社初の雇用調整なので、慎重に事を進めてほしい。混乱を最小限に抑えることを期待している。

少し考えてみてほしい。このメールのどこが問題だろうか。問題は少なくとも4つある。

1 アヒルのような姿で、アヒルのように鳴き、アヒルのようにヨタヨタ歩く鳥は、おそらくアヒルだろう。どのような言い方をしようと、CEOの言う「雇用調整」はレイオフだ。そうと気づかないのはよほど鈍い人だけだろう。

2 CEOは逃げ隠れしている。自らつらい決定を発表する責任を引き受けず、人事部長にその役回りを押しつけている。

3 レイオフが直接かつオープンに実施されないため、社員の情報源は噂話になる。社員の恐怖心は高まり、不安になる。「何人クビを切られるのだろう。自分はそこに含まれているのか。いつまで続くのか。転職を考えたほうがいいのだろうか」と。さらに憤りも感じるだろう。「私たちをバカだと思っているのだろうか。なぜCEOは直接話してくれないのか。私たちへのリスペクトがないのか？」

4 結果はだいたい予想がつく。一番優秀な人材、すなわち会社がもっとも引き留めたいと思っている人から辞めていく。残った者も生産的に仕事をするどころか、自分はどうなるのかと何時間も思い悩み、消耗してしまう。

嘘をつかれるのは誰だって嫌いだ。バカにされるのも嫌いだ。リーダーが自分たちに誠実に、まっすぐ向き合ってくれないと思えば、あっというまに敬意を失う。

ではCEOはどうすべきだったのか。このようなつらい決定は、自ら伝えるべきだ。有能なリーダーなら、次のような文章を出すだろう。

私の大切な友人とパートナーのみなさん、

私はこれまでずっと、良いことも悪いこともお互いに伝え合うこと、そして会社に影響を及ぼす事柄について可能なかぎり正直かつ率直に話すことが大切だと考えてきました。この信念にもとづき、みなさんに会社が始まって以来もっとも困難な決断をお伝えしなければなりません。

ご存じのとおり、当社は売上高の急激な減少に直面しています。その結果、私たちは人件費を含めてあらゆる分野で支出を削減しなければならない状況にあります。このため社員の10%をレイオフすることを決めました。

これがみなさんにとってショックであることは、よくわかっています。当社では一度も経験のないことですから。そしてもう二度としなくて済むことを、私は心から願っています。しかし今は会社の存続がかかっており、生き残るためにはこのつらい措置が必要だという判断に至りました。

私たちがレイオフは一気に実施すると決めたことを、ぜひみなさんに知っていただきたい。経営陣はレイオフを今回だけにするつもりであると、みなさんにお約束します。今後レイオフを実施する計画はありません。苦しみや不確実な状態を長引かせるより、苦い薬はひと息に飲むべきだと考えるからです。

どう伝えようと、レイオフの報告は厳しいものだ。とりわけ不幸にも仕事を失う社員にはつらい。しかし率直に伝えたほうが混乱は抑えられ、最初の方法より社員から敬意を払われるだろう。アヒルをアヒルだとはっきり言うことは、コミュニケーション方法として優れているだけでなく、社員への敬意を伝える効果もある。どの階層の社員でも嘘への嗅覚は非常に高い。そして困難なときに矢面に立ち、率直かつ誠実に事実を伝える責務を引き受けるリーダーのほうが好ましいと感じるのも、みな同じである。

周囲にもコミュニケーションを促す

コミュニケーションは上から下への一方通行ではいけない。組織のあらゆる階層で、あらゆる方向に情報が流れるべきだ。トップであるあなた自身のコミュニケーション・スタイルが他の人々のコミュニケーションを阻害することもあれば、反対に最高のコミュニケーションを促すこともあると心得ておこう。全体の基調を決めるのはあなただ。

組織全体でコミュニケーションを活性化するために、検討すべき方法をいくつか挙げておこう。

- 社員にたくさんの質問を投げかけ、相手に答える時間を与える。

●社員にスタッフミーティング（定期的に開催すること）に出席するときは少なくともひとつ、全員と共有すべき情報を持ってくるよう求める。
●社員にスタッフミーティングに出席するときには少なくともひとつ、質問を考えてくるよう求める。気になる質問は何でも口にするよう奨励する。質問に答えるときは「良い質問だ。聞いてくれてありがとう」と言い添える。質問などしなければよかったと思わせるほど、コミュニケーションを阻害することはない。
●社員に正式な会議でも気楽なミーティングでも「常に本音を語る」よう求める。
●多数派とは見解が異なる人がいた場合、必ずその意見をきちんと聞く。
●自発的姿勢を促す。社員には何かあったらすぐに集まり、問題に取り組むことを奨励する。自然発生的で形式ばらないミーティングは、コミュニケーション手段としてきわめて有効だ。
●堅苦しい形式主義は排除する。社員にくつろいだ気持ちで仕事に取り組んでもらおう。ワイシャツの一番上のボタンをはずし、ネクタイを緩めよう。腕まくりをして、靴は脱いでしまおう。
●社内に派閥や緊張関係があるときには、「橋渡し役」になろうなどと考えてはいけない。橋渡しをする代わりに、すべての派閥を一室に集め、問題を直接話し合ってもらうべきだ。どんな会社にも、自分で直接問題を解決しようとせず、不満があると母親か父親のところに走ってくる子供のような態度をとる社員はいる。そのような行動を助長してはならない。
●社員には意見だけでなく、率直な気持ちを語ってもらおう。私たちはみな、さまざまなことについて強い感情を持っている。感情を押し殺したままでは、真のコミュニケーションは不可能だ。

仕事に感情を持ち込むことに疑問を感じるかもしれないが、それは当たり前のことだ。仕事をするのは結局人間であり、人間には感情がある。

- ひとりか2人の社員に、あらゆる話し合いを仕切らせてはいけない。チームで一番控えめなメンバーに意見を求め、議論に引っ張り込もう。
- 重要な問題を指摘してくれた社員には、それがたとえ不愉快なものであっても感謝する。

コミュニケーションについて、くどくど述べる必要はないと思うかもしれない。しかしコミュニケーションはとてつもなく重要であり、しかも恐ろしく不得手な経営者があまりに多い。どうせ失敗するなら、やらないよりやりすぎのほうがいい。

リーダーシップ・スタイルの要素7　常に前進する姿勢

最後にもうひとつ、有効なリーダーシップ・スタイルの要素を挙げておこう。「常に前進する」メンタリティだ。偉大な企業のリーダーは、個人として常に前進、つまり向上している（個人的成長）。さらに常に前進する精神を会社にも浸透させる。こうしたリーダーはエネルギーレベルが高く、決して慢心しない。

勤勉さ

勤勉さが必要であることは否定しない。それは所与の条件であり、CEOという役割に必然的に付いてくる。

ただ勤勉であることと、仕事中毒はまったく違う。勤勉に働くのは、仕事を成し遂げるためだ。一方、仕事中毒は強迫観念、つまりある種の恐怖のために働く。仕事中毒は不健康で有害だ。勤勉に働くのは健康的で爽快で、死ぬまで続けられるが、仕事中毒は燃え尽き症候群につながる。

有能なリーダーのなかには、週40~50時間しか働かないが、それでもきわめて勤勉な人もいる。仕事中のエネルギーと集中力が信じられないほど高いのだ。反対に週90時間働くものの、平たく言えば無能な仕事中毒の経営者もいる。長時間労働が必ずしも成果につながるわけではない。

日々向上する

今よりもっと有能なリーダーになる努力をやめてはいけない。向上の余地は常にある。自らに求める基準はどこまででも高くすることができる。スキルを学び、伸ばすことを止めてはならない。常に高い基準を目指すという揺るぎない決意を持とう。日々、昨日より上を目指そう。

自分の弱みや欠点に注意を払おう。あなたの弱点はどこか、何を努力すべきなのか、手厳しいフィードバックを求めよう。側近や部下からあなたのリーダーシップ・スタイルについて率直な批判を求めよう。とことん客観的な第三者に、あなたのリーダーシップ・スタイルを観察し、コメントしてもらおう（私たちは多くのCEOのためにこの役割を引き受けた。誰もがとても有益だと思う反面、きつい経験だと感じたようだ）。客観的で正直な第三者を社外取締役として迎えよう。

自分の欠点を指摘されてうれしい人間はいない。誰だって傷つく。だから自分の欠点を浮き彫りにするようなフィードバックを受け取るのを避けようとする。しかし「良薬は口に苦し」と言うように、こうしたフィードバックは必要だ。真に傑出したリーダーになるためには、たゆみない自己研鑽にコミットしなければならない。

常にエネルギッシュで

あなたが生気を失ったら、あなたの会社も生気を失う。仕事に魅力を感じなくなり、エネルギッシュに取り組まなくなった瞬間に、あなたは有能なリーダーではなくなる。偉大な企業をつくるリーダーは、トップ在任中はエネルギッシュであり続ける。引退して「名誉職」に就くなどありえない。生涯引退しない者もいる。人生でもっとも知恵にあふれる時期を、弱々しく非生産的なご隠居として過ごすことなど想像できないのだ。

自分の体と心と精神を大切にしよう。十分な睡眠をとり、健康を維持しよう。運動し、気晴らしをし、読書をし、おもしろい人たちと会話しよう。新しいアイデアに触れよう。ひとりきりで心がすっきりする活動をしてみよう。自分に新しい課題を与えよう。あなた自身がひとりの人間として生気にあふれ、ワクワクし、成長し、元気はつらつとしているために、必要なことはなんでもやってみよう。

また自分のしていることが好きである、というのは必須だ。小規模な会社の有能なリーダーで、自分の仕事を楽しんでいないという人は、まずお目にかかったことがない。楽しくないことをしていると、いずれエネルギーレベルが下がり、燃え尽きてしまう。

最後に、高いエネルギーレベルを維持する最高の方法のひとつが、常に「変化」することだ。新しいことを試し、新しいプロジェクトに首を突っ込み、仕事のやり方を変え、実験してみよう。常に新鮮な気持ちでいられるように、できることはなんでもやってみよう。変化すると、エネルギーを消耗してしまうと思う人もいるだろう。これまでどおりのやり方をしているほうが楽ではないか、と。ここで非常に重要な真実を指摘しておこう。確かに変化はエネルギーを消耗する。しかしそれ以上のエネルギーを生み出すのだ。

新しいオフィスあるいは新たな家に移ったとき、ワクワクしてエネルギーレベルが上がったことがないだろうか。引っ越しは面倒だと文句を言うかもしれないが、それでも新鮮な環境は刺激的で元気になる。同じことが仕事についても言える。

楽観主義と粘り強さ

心理学の研究では、生産性が高く幸福な人ほど、基本的に未来に対して楽観的であることが明らかになっている。私たちは企業について同じことがいえると考えている。

もちろん直面すべき困難、挫折、痛み、失敗する可能性を甘く見てはいけない。バラ色のレンズで世界を見るのは危険でもある。しかし会社が今よりもっと良くなる、未来はもっと明るくなることに疑問を抱いてはならない。あなたが会社とその未来を信じなければ、誰が信じるのか。

ただ楽観的なだけでは不十分だ。不屈の精神、粘り強さとセットでなければならない。

ボブ・ミラーは１９８７年に（破産しかけていた）ＭＩＰＳコンピュータのＣＥＯに就任し、見事に「暗黒の時代」から救い出した。私たちは初めてミラーと会ったとき、その物静かなたたずまいに驚いた。一見地味で、話し方は物柔らかだ。いったいどうやってMIPSを活性化し、立て直したのだろうと不思議に思った。

だがものの数分でその理由がわかってきた。ミラーの話を聞いていると、MIPSがコンピュータ産業を変革する可能性があるという揺るぎない確信が伝わってきた。それと同時に、自分がトップにいるかぎり絶対に諦めないという明確で断固とした意志もうかがえた。MIPSの事業を崇高な使命のように考え、どんな障害があろうとも粘り強く前進していくつもりだと語った。

会社とともに「前に進み続ける」

モトローラ創業者のポール・ガルヴィンは常にこう言っていた。「動きつづければ、前に進んでさえいれば、きっとすべてうまくいく」[53]。スリーエムの草創期を支えたウィリアム・マックナイトは、同社の製品の多くは偶然の発見から生まれたが、「偶然何かを見つけられるのは、動いているときだけだ」とよく語っていた。[54]

ナイトと同じく偉大な企業をつくった経営者、たとえばIBMのワトソン一族、エルエルビーンのレオン・ビーンとその孫のレオン・ゴーマン、ウォルマートのサム・ウォルトン、HPのビル・ヒューレット、ソニーの盛田昭夫、P&Gのウィリアム・プロクター、ウォルト・ディズニー、ヘンリー・フォードといった人々は、会社が「前に進みつづけること」の重要性を理解していた。

偉大な企業の顕著な特徴のひとつが、変化し、改善し、新しいことに挑戦するのを決してやめないことだ。偉大な企業は決してゴールに到着しない。もうこれで十分、とは決して思わない。偉大な企業という目的地があるわけではない。それはひたすら成長と改善を積み重ねていく、長く困難で苦しい道のりだ。偉大な企業はいったん高みに上り詰めると、新たな課題、リスク、冒険、さらに高い基準を探す。成功すれば祝い、味わい、楽しむが、それも終わることのない長い旅路の、束の間の休息に過ぎない。

前に進み続けよう。ひとつの試みが失敗したら、別のことに挑戦しよう。修正し、試し、実行に移す。調整し、動き、行動する。ヘンリー・フォードも言っている。「やるべきことをやり、前に進みつづけなければならない[55]」

魂にふれる

すでに述べたとおり、リーダーシップの本質とは、明確なビジョンを示し、集団と共有し、行動を促すことだ。しかしもうひとつ、それに加えるべき要素がある。社員の魂に触れるのだ。

誰にでも精神的な一面がある。皮肉っぽい硬い殻に覆われている人もいれば、すぐ触れられるところにある人もいる。いずれにせよ、それがあるのは確かだ。

魂といっても、必ずしも宗教的なものではない。ここでは私たちの心のなかの気高い部分という意味でこの言葉を使っている。とうてい勝てそうもない誰かが勝利したときにぐっとくる。善人に勝ってほしいという気持ちになる。子供たちのためにより良い世界をつくりたいと思う。店員がうっかりお釣りを多く渡してしまったときに返そうと思う。戦場で仲間をがっかりさせまいとする。

欺瞞や不正に対して憤りを感じる。約束を果たすために深夜までかかって困難な仕事をやり遂げる。溺れている人を助けるために氷のように冷たい川に飛び込む。英雄のようなふるまいをする。それはすべて魂があるからだ。

もちろん、これは私たちの一面に過ぎない。別の面もある。ジョセフ・コンラッドが『闇の奥』(岩波書店)に描いた面だ。約束を破る。仲間をがっかりさせる。余計にもらったお釣りを素知らぬ顔でポケットに入れる。恵まれない者を踏みつけにする。完璧さを追求せずに易きに流れる。自らの言行不一致や弱さに気づかないふりをする。誰にでも両面がある。しかしリーダーは人々の明るい部分に働きかけ、王道を行けと背中を押すものだ。リーダーはあらゆる人が内に秘める優れた資質に訴えかけ、それを発揮するよう迫る。

ここで再び、リーダーが教師になるというアナロジーに戻ろう。あなたの人生を変えた教師を思い出してほしい。おそらくそれは、あなた自身が気づいていなかった可能性に気づかせてくれた人ではないか。あなたのなかの何かに触れ、その結果あなたは新しい自己認識に目覚め、自らへの期待が変化したのではないか。自分自身に対する理想が、新たな次元に高まったのではないか。

そのような教師と同じように、リーダーは社員の理想の姿を思い描き、いずれ彼らがその理想に到達できるという揺るぎない確信を抱く。リーダーは社員の魂をつかみ、表へ引っ張りだし、目覚めさせる。自らの期待する理想像を示すことで、社員に自己認識の変革を迫る。

「私たちは社運を賭けた大胆な目標(BHAG)を達成する。私にはその確信がある。なぜなら**私はあなたたちを信じているからだ**」。これがリーダーの伝えるべきメッセージだ。

第4章

ビジョン

Vision

根本的問いは「あなたが達成しようとしている
ビジョンは何か」だ。

——アブラハム・マズロー（心理学者）[1]

図4-1 ビジネス、戦略、戦術の図

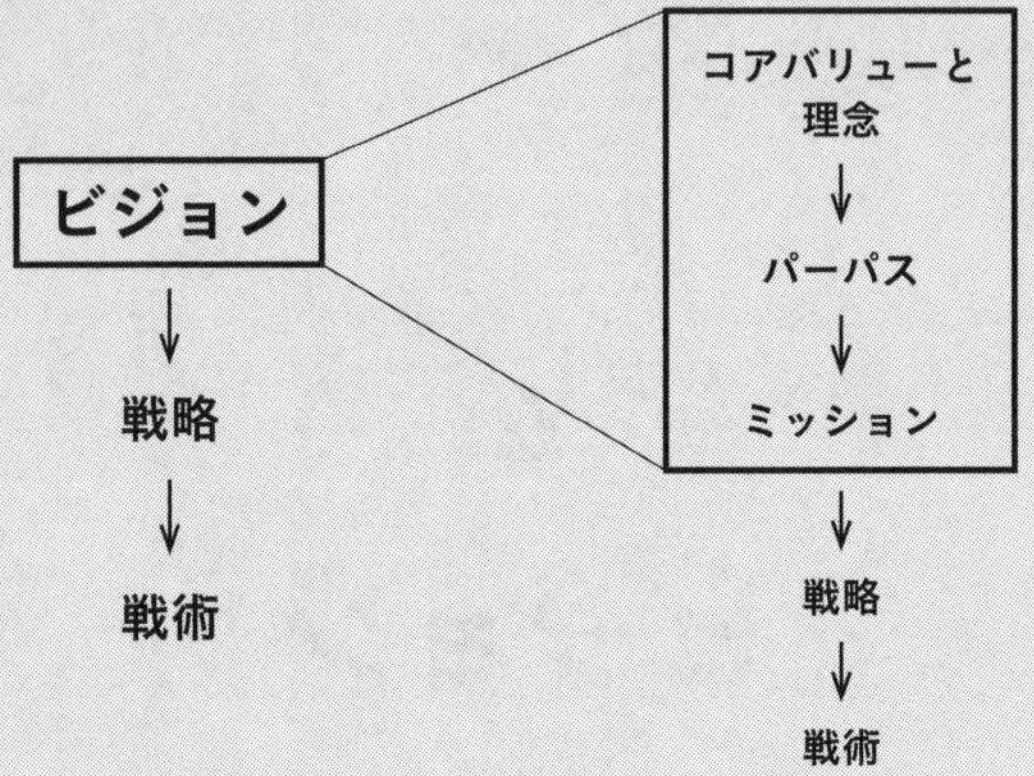

リーダーシップの機能、すなわちリーダーの一番の責任とは、会社の明確なビジョンを生み出し、社員と共有し、そのビジョンへのコミットメントと精力的な取り組みを促すことだ。すでに述べたとおり、これはリーダーシップの普遍的要件だ。どのようなスタイルを選ぶかにかかわらず、この機能は果たさなければならない。

なぜビジョンはそれほど重要なのか。具体的にどんなものか。そしてどのように策定するものなのか。

本章ではこうした問いに答えていく。まずは「ビジョンを生み出し、共有すること」に最優先で取り組もうと、みなさんに思っていただきたい。それから「コリンズ・ポラス式ビジョンのフレームワーク」を提示する。ビジョンというテーマにまつわる曖昧さを排除した実践的な枠組みで、人々を魅了し、意欲をかきたてるビジョンの策定に役立つ。本章を通じて、ビジョンを生み出し共有するプロセスを順を追って説明していく。

ビジョンのメリットについて説明する前に、議論の土台となる全体的な枠組みを簡単に見ていこう。図4―1は基本的な流れを示している。まずビジョンがあり、そこから戦略、さらに戦術が生まれる。それに加えて、ビジョンは「コアバリューと理念」「パーパス」「ミッション」という3つの基本要素で成り立っていることを示している。

本章の後半では、3つの構成要素をひとつずつ説明し、たくさんの事例も示す。ただその前に、ビジョンを策定するという困難な作業がなぜ必要なのか説明しよう。

偉大な企業にビジョンは不可欠

「あらゆる偉大な企業、長きにわたって存続する企業を見ると、そのレジリエンスは魅力ある理念に支えられていることがわかる。（中略）組織の成功を左右するのは資金力、組織、イノベーション、タイミングではなく、基本理念、精神、意欲だ」

——IBM元CEO、トーマス・J・ワトソン・ジュニア[2]

永続的なビジョンを会社に植えつけるのは、とても困難な作業だ。ある経営者にこう言われたことがある。「私にこんな仕事をさせるなんて、あなたがたの設定するハードルはおそろしく高いんだな」。実際そのとおりだ。確かに困難だ。それを否定するつもりはない。

それでも偉大な企業になるには、ビジョンは必要不可欠だ。冒頭の発言で、トム・ワトソンは

「あらゆる企業」とは言わなかった。「あらゆる偉大な企業」の話をしているのだ。

金儲けのためにビジョンは要らない。ビジョンがなくても儲かる企業は間違いなくつくれる。説得力のあるビジョンがなくても、大金持ちになった人はたくさんいる。**だがあなたが金儲けだけが目的ではない、時代を超えて存続する偉大な企業をつくりたいなら、ビジョンが必要だ。**

IBM、エルエルビーン、HP、メルク、ハーマンミラー、スリーエム、マッキンゼー&カンパニー、ソニー、マクドナルド、ナイキ、ウォルマート、ディズニー、マリオット、プロクター&ギャンブル、ボーイング、ジョンソン・エンド・ジョンソン、モトローラ、フェデラルエクスプレス、ラッセル・レイノルズ・アソシエイツ、ゼネラル・エレクトリック、ペプシコ、パイオニア・ハイブレッドをはじめ、偉大な企業の歴史をじっくり分析してみると、まだ規模が比較的小さかった頃にリーダーが組織に説得力のあるビジョンを植えつけたことがわかる。

フェデラルエクスプレスのように、創業者が会社を立ち上げるときにビジョンを設定したケースもある。一方、創業者が特定のニーズ（自分の会社を興したい、特定の製品を市場に送り出したい、など）を満たすために会社を興し、何年か経ってからようやく全体的ビジョンを設定したケースもある。たとえばミネソタ・マイニング&マニュファクチャリング・カンパニーは、ミネソタ州の小さな湖でエメラルドに似たコランダムという鉱物を採掘するために設立された会社だった。このスリーエム（3M）でCEOのウィリアム・マックナイトが包括的ビジョンと世界に与えるべき影響を明確に示したのは、当初の事業が行き詰まり、数年にわたって存続の道を模索した後だった。[3]

ただ創業時か数年後かにかかわらず、偉大な企業では例外なく、主要なリーダーが会社のために共通のビジョンを生み出し、明確化している。

4つの偉大な事例

IBM

1956年から71年にかけてIBMのCEOを務めたトーマス・J・ワトソン・ジュニアは、1914年に破産の危機に瀕していた小さな会社が、危なっかしい成長期を経て、史上もっとも尊敬され、長期にわたって成功を続ける会社となった最重要な要因は、ビジョンだったと考えていた。この思いはきわめて強く、ビジョンというテーマだけで本を出したほどだ。『IBMを世界的企業にしたワトソンJr.の言葉』（英治出版）にこうある。

あらゆる組織は生き残り、成功を収めるために、すべての方針や行動の前提となる確固たる理念を持つべきだ。企業の成功でもっとも重要な要因は、この理念を忠実に守ることだと私は考えている。組織はあらゆる変化を進んで受け入れなければならないが、この理念だけ《ヽヽ》は別である。[4]

ワトソンの父でIBM中興の祖であったトム・ワトソン・シニアは、ビジョンを非常に重視していた。[5] 1936年には息子に宛てた手紙に、リーダーが蓄えるべきもっとも重要な資産は「ビジョンだ」と書いている。

（「ミッション」「ビジョン」「パーパス」「バリュー」「目標」「理念」「文化」「哲学」といった言葉が同義で使われるケース、また書き手や経営者によって厳密さに欠けると思われるケースもあるだろう。ミッションという言葉をよく使う人、ビジョンという言葉を好む人、パーパス、目標、全体目標、目的、文化などを好む人もいる。ここでは言葉遣いにとらわれず、ビジョンとミッションとバリューの違いを調べるのに時間をかけたりしないでほしい。本章の後段「コリンズ・ポラス式ビジョンのフレームワーク」でそれぞれ明確に説明する）。

ジョンソン・エンド・ジョンソン（J&J）

ロバート・W・ジョンソン・ジュニアは父からJ&JのCEOの職を引き継ぐと、会社の理念を明確な言葉に落とし込むことに膨大なエネルギーを注いだ。その後「我が信条（クレド）」と呼ばれるようになったこの文書は、同社のすべての将来計画や意思決定の土台となった。[6]

マッキンゼー&カンパニー

世界でもっとも成功している経営コンサルティング会社マッキンゼー&カンパニーを創ったマービン・バウワーは、創業初期から共通ビジョンを策定し、社員に伝えることを非常に重視していた。[7]まだ拠点が2つしかない小さな会社だった1937年には（1990年時点では世界48拠点）、膨大な時間と労力をかけてマッキンゼーのビジョンを明文化した。1953年の年次全社会議では「当社の基本となる人格特性」を公表、その後「マッキンゼー・アプローチ」の青写真として長年にわたって使われることになった。のちに執筆したマッキンゼーについての本では、ビジョンを特に強調し、「私たちの理念」「私たちのアプローチ」「ビジョンにもとづく思考」「私たちの信念」「私たちの原則」といった言葉が文中や章のタイトルに繰り返し出てくる。

HP

1950年代半ば、まだ創業から15年しか経っておらず、比較的小さな会社だった頃、ビル・ヒューレットとデイブ・パッカードは経営チームのメンバーと、ワインの名産地であるカリフォルニア州ソノマでオフサイト・ミーティングを開いた。HPの基本方針と永続的な目標を明文化するためだ。のちに「ソノマ会議」と呼ばれるこのオフサイトで、HPの土台となる指針が固まった。

ここまで読んで、こう思うかもしれない。「でも私の会社はまだ小さい。ビジョンの話は本当に私たちに当てはまるのだろうか。HP、IBM、J&J、マッキンゼーのような会社と違って、生き残るだけで精一杯なのに」

もっともな主張だ。だがここに挙がった会社もかつては生き残るだけで精一杯な小さな会社だったこと、それでも**どの会社もまだ規模が小さかったころにビジョンを設定していた**ことを指摘しておこう。大企業だからビジョンうんぬんといった悠長なことを言っていられるわけではない。そもそもこうした企業が偉大になったのは、ビジョンがあったおかげだ。偉大さより先にビジョンがあるのであって、その逆ではない。

ひとつ断っておきたい。ビジョンは会社を大きくしたい場合のみ必要だというわけではない。小さな会社のままでいたいという人もいるだろう。それでもやはりビジョンは必要だ。なぜか。それはあなたが優秀な経営者なら、成長する機会が必ず巡ってくるからだ。(あなたの望みどおり)小さな会社でありつづけるためには、そもそもどのような会社をつくりたいのか、明確なビジョンを持っていなければならない。たとえば私たちが関わった小さな会社は、明確なビジョンがなかったために重大な危機に陥っていた。オーナーは当時をこう振り返る。

私たちは困難に満ちた新製品開発の最終段階にあった。この製品にはとほうもない可能性があった。当時は社員10人ほどの会社だったが、新製品が成功すれば少なくとも3倍から4倍の規模にはなるはずだった。良い話だ、とふつうは思うだろう。

でも私にとっては人生最悪の経験だった。製品が完成に近づくと、大量の注文に対応するため、誰もが頭を切り落とされたニワトリのようにわけもわからず走り回るようになった。私は内心ずっと、何かがおかしい、こんなことを望んではいないという気持ちを抱えていた。

だがそれでも私たちは、会社を未来永劫変えてしまうであろう製品の発売に向けて突き進んでいった。まともな人間なら、こんなすばらしい機会に背を向けたりしない。成長、利益、目もくらむような成功と周囲からの尊敬のまなざしが待っている。それでも私の気持ちはどんどん沈んでいき、完全に燃え尽きてしまった。

そのとき気づいた。今やっていることは私が自分自身、家族、会社に望むことの正反対だ、と。問題は、私がどのような会社をつくりたいか明確に示したことがなく、社内でも話し合ったことが一度もなかったことだ。ただひたすら、目の前に現れる機会を追いかけているだけだった。成長すること、あっという間に成功して大企業になることを目指すのが当然だという社会規範に振り回されていた。だがそれは私たちのビジョンではなく、私たちが望む人生ではなかった。ついに社内のストレスが耐えきれない水準に達したところで、私たちは製品開発を打ち切り、その結果ずっと幸せになった。

「小さな会社であり続ける」「働く人の私生活も大切にしながら、小さくても収益力のある幸せな会社になる」という明確なビジョンがあったら、そもそもあの製品を手掛けるという判断には至らず、あれほどとんでもない混乱に陥らなかったはずだ。

ビジョンのメリット

ここからは企業がビジョンを設定することの主なメリットを４つ見ていこう。

1 ビジョンは通常では考えられないほどの努力を引き出す。

2 ビジョンは戦略的、戦術的判断を下すコンテクスト（文脈）となる。

3 共通のビジョンは一体感、チームワーク、共同体を生み出す。

4 ビジョンは企業がひとにぎりの中心人物に依存した状態から脱却する基盤となる。

考えられないほどの努力を引き出す

人は価値観、理想、夢、胸躍る挑戦に反応する。それは人間の本能だ。組織、仲間、あるいは社会の理想に共感し、価値を見出しているとき、私たちはその実現のために途方もない努力をする。優れた価値観、健全な信念、説得力のあるミッションにもとづいて組織をつくる経営者は、通常では考えられないほどの努力を引き出すための基礎を整えている。

たいていの人は、家に給料を持ち帰るだけの人生を望んではいない。信念とやりがいを持てる仕事を求めている。誰もがそうではないかもしれないが、偉大な企業をつくるのに多大な貢献をする可能性が高い人は間違いなくそうだ。このやりがいのある仕事への人間の基本的欲求を満たせば、「どうやって社員の意欲を高めるか」という長年多くの経営者を悩ませてきた問題は霧消する。自分が信じる仕事に取り組むとき、意欲は自然と湧いてくる。

モチベーションは自分の仕事を全体の目標とどれくらい結びつけて考えられるかで決まる。定型業務でもそれは変わらない。私たちがジロスポーツ・デザインを訪問したとき、組立ラインの作業員が誇らしげに掲示板を指さした。そこには自転車で大事故を起こしたとき、ジロのヘルメットによって深刻な脳損傷を免れた人たちからの手紙が貼ってあった。あるユーザーはこう書いていた。「ありがたいことに、粉々になったのは私の頭ではなくヘルメットだった。ジロがあってよかった」「私たちはこういう仕事をしているんだ。単にヘルメットをつくっているだけじゃない。多くの人により良い人生を届けている」と作業員は語った。

全体目標を明確に伝え、共有することは、非常に大きな力になり、会社全体のモチベーションの支柱にもなる。1967年、バーバラ・タックマンはイスラエルについてこう書いている。

イスラエルにはさまざまな問題があるが、非常に強力な強みもある。目的意識だ。豊かではなく、テレビもなく、水や穏やかな生活も手に入らないこともある。しかしイスラエル人には、豊かさによって失われがちなもの、すなわち目標がある。[8]

目標を生み出すのが、リーダーであるあなたの役割だ。その方法がビジョン、タックマンの言葉を借りれば「集団の心をひとつにするような魅力的な課題」を提示することだ。

考えてみてほしい。第二次世界大戦ではヒトラーを倒すために、イギリス人が団結し、あらんかぎりの力を尽くした。1960年代中に人類を月に送るために、ＮＡＳＡはあらゆる困難を乗り越えた。革命的な大型ジェット機ボーイング747を商業化するという「不可能な」目標を実現するために、ボーイングの社員は献身的努力を積み重ねた。世界を一変させるコンピュータを世に送り出すために、アップルの技術陣は週80時間労働も厭わなかった。

戦略的、戦術的判断のコンテクスト

会社のビジョンは、あらゆる階層の社員が意思決定をするためのコンテクストとなる。その重要性はどれほど強調しても足りないほどだ。

ビジョンを設定するのは、コンパスと遠く離れた山奥の目的地を持つようなものだ。仲間にコンパスを与え、目的地を示し、自由に目指してほしいと告げれば、おそらくそれぞれ自力でそこに到達する道を見つけるだろう。障害物に道を阻まれたり、回り道をしたり、曲がり角を間違えたり、峡谷に迷い込んだりすることもあるかもしれない。それでも方向性を示すコンパスと明確な最終目標と、目指す価値のある目的地に向かっているのだという信念があれば、おそらく目標に到達する。

対照的に、共通の全体目標がない会社にはコンテクストがない。すると社員は峡谷に迷い込み、果てしなく回り道をすることになる。不変の目標に沿うように主体的に意思決定をするのではなく、ひっきりなしに出動要請のかかる消防隊のように、次々発生する危機や事業機会に振り回される。

事例紹介　ボブ・ミラーはいかにMIPSコンピュータを救ったか

MIPSコンピュータは1980年代半ば、コンピュータ技術の大幅な進歩の波に乗って設立された。ベンチャーキャピタルから1000万ドルを超える資金を集め、最先端の技術を持ち、高性能コンピュータへの急激な需要の高まりという時代の追い風もあった。それでも創業から4年後、同社は破産の瀬戸際にあった。なぜか。

それはMIPSには会社として何を成し遂げようとしているのか、明確な考えがなかったからだ。どのような会社になりたいかという具体的イメージがなかった。この結果、営業部門は「MIPSの目標というコンテクストに照らして、もっとも意味のある収益機会はどのようなものか」と自問することなく、やみくもにあらゆる収益機会を追いかけるようになった。

研究開発部門は「この製品はMIPSのビジョン達成にどう役立つのか」と自問することなく、（莫大な資金を投じて）一貫性のない製品を次々と生み出した。MIPSの経営陣は「海外市場での展開はMIPSのビジョンにおいてどのような意味を持つのか」と自問することなく合弁事業に手を出し、海外での販売機会を大幅に制約してしまった。

そもそもこうした問いを発することさえでき**な**か**っ**たのだ。明確なビジョンがなかったのだから。全員一丸となって取り組むべき中心的課題がなく、組織は徐々にいくつもの派閥に分かれていった。それぞれが危機的状況に陥った責任を他の派閥になすりつけた。士気は下がり、優れた人材は会社を去った。投資家や顧客はMIPSへの信頼を失い、キャッシュフローはマイナスになった。

そんなMIPSを救ったのが、新たにCEOに就任したボブ・ミラーのリーダーシップだ。停滞していたMIPSをどうやって立て直し、RISC（縮小命令セット・コンピューター）技術分野の主要企業に育てたのかと問われ、ミラーはこう答えている。

一番重要な問いは、今から5〜10年後にどんな会社になっていたいか、だ。MIPSはこの問いと向き合い、明確な答えを出したことがなかった。簡単なことに思えるかもしれないが、この問いを投げかけるというのが基本的な解決策だった。そうすることで初めて、優れた戦略的決定を下せるようになる。

ミラーはまずビジョンを設定しなければ、戦略を立てることは不可能だという非常に重要な点を指摘している。

戦略について書かれた経営学の文献は山ほどある。戦略的経営はほとんどのビジネススクールが必修科目にしている。「戦略的ソリューション」は大手コンサルティング会社の顧客獲得の切り札だ。それはきわめて理にかなっている。偉大な企業になるには、優れた戦略が不可欠だからだ。

だが、ここで少し「戦略」という言葉について考えてみよう。戦略とは「どのように」好ましい結果を実現するかだ。目的を達成するための「手段」である。つまり終点を明確にしておかないと、有効な戦略を策定することはどうにも不可能なのだ。戦略とはビジョンに到達するための「ルート」だ。「目的地」を説明できなければ、そこに到達する方法などわかるはずもない。

ほとんどの会社は危機や目先の問題、戦術的決定にもとづいて動く（私たちはほとんどの組織には明確なビジョンが欠如していると考えている）。私たちはこれを「戦術が戦略を主導する状態」と呼ぶ。本来はビジョンが戦略を主導し、戦略が戦術を主導すべきであって、その逆ではない。

一見、自明のことだ。なぜくどくどこんな話をするのかと思うかもしれない。だが現実に、これを実践している会社はきわめてまれだ。重大な組織上の問題を抱えている企業ではほぼ例外なく、根本的問題として明確なビジョンが欠如している。この根本的問題が組織にどれほど深刻な事態を引き起こすか目の当たりにして、愕然とさせられることも多い。

国家の一大事においてさえ、明確な全体戦略が欠如しているために、戦術的には成功しても、全体としては失敗するという現象が起こる。

事例紹介

成功したのに敗北したベトナム戦争中のアメリカ

「いいか、われわれは戦場で一度も負けていないんだ」（アメリカ軍の大佐。1975年、ハノイ）

「そうかもしれない。だがそれに何の意味がある？」（北ベトナム軍の大佐の返答[10]）

ハリー・G・サマーズは著書『On Strategy（戦略について）』で、ベトナム戦争でのアメリカ軍は、戦術と兵站《へいたん》の面では成功していた、と指摘している[11]。毎年100万人を超える兵士がアメリカとベトナムの間を行き来し、戦場では歴史上のどんな軍隊よりも優れた働きをした。戦術がモノをいう戦闘の場では、アメリカ陸軍は驚異的な成功率を誇り、戦闘のたびに敵の勢力は甚大な損失を被った。それにもかかわらず、最終的に勝者となったのは北ベトナム軍だ。なぜアメリカ軍はこれほどの成功を収めながら、惨めな敗北に終わったのか。

この問題については、さまざまな書き手が驚くほどシンプルな結論に達している。「アメリカ軍は具体的に何を実現しようとしているかわかっておらず、そのために効果的な戦略を策定することは不可能だった」。1974年に実施された、ベトナム戦争で指揮官の立場にあった陸軍将校への意識調査では、ほぼ70%が国家の目標をわかっていなかったと回答している。「目標が不明確だったことは、（アメリカの）戦争遂行能力に致命的な影響を及ぼした」とサマーズは結論づけている[12]。

『ベスト&ブライテスト』（朝日新聞社）の著者デビッド・ハルバースタムはこう書いている。「国の上層部は戦争の目的や規模を一度も明確に決定しなかった。今から思うと信じがたいことだが事実である。このため戦略がどのようなものか、明確に示されることもなかった」[13]

明確な目標が欠如した状態では、そもそも戦略を設定すること自体がどうにも不可能であることを、ハルバースタムは指摘しているのかもしれない。

誤解しないでほしいのは、(アメリカがベトナム戦争で遂行したような)優れた戦術が重要ではないと言っているわけではない。戦術もきわめて重要だが、それは明確なビジョンというコンテクストの下で設定すべきものだ。まずビジョンがあり、それにもとづく戦略、そして戦術という順序だ。

一体感、チームワーク、共同体

UCLAブルーインズのコーチ、ジョン・ウッデンはこう指摘している。コーチは一人ひとりの選手のガード、センター、フォワードとしての才能を最大限伸ばさなければならないが、それ以上に重要なのはチームとその目標に対する誇りと信念を育むことだ、と。ウッデンのような優れたコーチは、チームをひとつにするための共通の目標と、基本的ルールや価値観を明確にすることで、2つを両立させる。

共通のビジョンがなければ、組織は容易に派閥に分裂してしまう。それぞれが異なる目的を持ち、縄張り争い、権力拡張、つまらない駆け引きが頻発するようになる。共通の目的や組織全体を強くするために努力するのではなく、破滅的な社内抗争によって社員のエネルギーが削がれてしまう。前向きな強い共同体意識を保つことは不可能になる。

たいていの企業は、明確でワクワクするような目的意識を持って設立される。だが時間を重ねるなかで派閥ができ、小競り合いが始まる。それぞれが正当性を主張し、縄張り争いが起き、創業当初の目的意識や輝きが失われていく。

私たちはある会社で、幹部トップ10人に個別にインタビューをした。「この会社のもっとも重要な目的は何か、どのような会社を目指しているのか」と。10人の答えは見事にバラバラだった。ひとりはこう言った。「この会社の実態は、それぞれ異なる考えを持つ10人の寄り合い所帯だ。みなそれぞれ別の方向に進もうとしている。問題山積なのも当然だ」

社内抗争が次々と起こり、他のプレーヤーを追い落とすために主要プレーヤー同士が密約を結ぶような有様だった。最終的に（安値で）大企業に身売りした。バイスプレジデントのひとりがのちにこう振り返った。

私たちにはすばらしい可能性があったのに、潰してしまった。ひとたび共通の目的意識が失われると、市場で勝つことより、社内での足の引っ張り合いに創造的エネルギーを注ぐようになった。残念なことだ。

反対に、崩壊の瀬戸際にあった企業が、共通の目的を持つことで逆境を乗り越えるケースもある。

たとえば連邦破産法第11条の適用を申請したラムテックだ。CEOとして乗り込んだジム・スワンソンが復活させた（破産法第11条を申請した企業の多くが手術台の上で息絶える）。

「われわれのミッションは破産手続きを完了させることだった。非常に困難な作業だったので社内がまとまり、一丸となって努力することで逆境を克服できた」

破産手続きを完了してまもなく、スワンソンは経営陣をオフサイト・ミーティングに連れ出し、新しいミッションを設定した。「われわれは途方もない課題に挑み、成し遂げた。ここで新しい課題を設定しなければチームスピリットが失われてしまうと思った」

イノベーションをテーマとする第8章では、分権化と自律性の大切さに触れる。個人のクリエイティビティを解き放ちつつ、全員で同じ方向を目指すにはどうすればよいのか、という矛盾は常にある。両者を結びつけるのがビジョンだ。社内の誰もが同じ案内星（共通のビジョン）を見つめるようになれば、何百という別の船に乗り込んでも同じ方向に向かって漕いでいけるだろう。

ひとにぎりの中心人物に依存した状態から脱却する

創業期には会社を立ち上げたリーダーたちがビジョンを示す。会社のビジョンは、彼ら個人のビジョンとほぼ重なる。しかし偉大な企業になるためには、ひとりあるいは数人の中心人物に過度に依存した状態から脱却する必要がある。ビジョンは「共同体として共有する」もので、会社を運営する特定の個人ではなく、組織に帰属すべきだ。ビジョンは創業者を超越しなければならない。

それがどういうことか説明するために、アメリカ合衆国の建国とその後の発展という歴史的事例を振り返ってみよう。建国の父たち（ワシントン、ジェファーソン、アダムズなど）は、自分たちが未来永劫指導者としてとどまることを前提とする国を造るのではなく、自分たちの死後も何世紀にもわたって国家の指針となる基本原則を定めた。

つまり独立宣言と合衆国憲法というかたちで、国家のビジョンを明文化した。そうすることで未来のアメリカが自分たちの理想とする国に近づくように、またそれと並ぶ重要な点として、自分たちがいなくても大丈夫なようにしたのだ。

1787年にフィラデルフィアに集まった人々は賢明だった。憲法という永続的原則を設定することで、共通の敵や「偉大な独裁者」がいなくても国家がひとつにまとまるような「接着剤」をつくったのだ。歴史を学んだことがあれば、これがきわめて珍しいケースだとわかるだろう。（注）

1956年に父からIBMの経営を引き継いだトム・ワトソン・ジュニアが合衆国憲法を念頭に、幹部とオフサイト・ミーティングを開いて「ウィリアムズバーグ計画」をつくった、という興味深いエピソードを紹介しよう。そのときのことを『先駆の才』にこう書いている。

私が（バージニア州）ウィリアムズバーグを選んだのは、そこが歴史的な場所だったからだ。

（注）私たちは合衆国憲法が完璧なものではないことを理解している。この事例を示した目的は、憲法を神聖視することではない。特定のリーダーに依存せず、永続的原則をつくる重要性を示すことだ。

このオフサイト・ミーティングも、ＩＢＭにとっての憲法制定会議のような意味を持つはずだった。[14]

対照的な例として、ダンカン・サイムとバーモントキャスティングス社の事例を紹介しよう。[15] サイムには世界最高の薪ストーブをつくる、というビジョンがあった。このビジョンへの思い入れは深く、自ら製造ラインの脇に立ち、一つひとつの製品が自身の厳格な基準を満たしているか確認していたほどだ。１９７０年代にはバーモントキャスティングスは薪ストーブ業界きっての成長企業となり、売上高は２９００万ドル、利益率は60％にも達した。

その後１９８０年代にサイムは経営の第一線から退き、会社をプロ経営者に任せた（経営管理は得意ではなかった、とサイム自身も認めている）。

しかしひとつ重大な問題があった。サイムのビジョンが本人とともに引退してしまったのだ。サイムが去った後、会社の品質基準は低下し、薪ストーブへの集中は薄れ、カスタマーサービスは低下し、会社は創業当初のビジョンから遠ざかっていった。売り上げと利益の成長は頭打ちになり、革新的製品は生まれなくなり、かつての偉大さを失った会社と見られるようになった。

１９８６年に経営に復帰したサイムは、自らのビジョンを改めて徹底し、最高の薪ストーブメーカーとしての地位を取り戻し、会社を立て直した。

ただこのときは引退前とはまったく違うアプローチを採った、と「インク」誌に説明している。自らが「バーモントキャスティングス・ウェイ」の守護神になるのではなく、ビジョンの制度化に乗り出したのだ。「バーモントキャスティングスのビジョンと信条」を明文化して、それをあらゆる経営上の意思決定に反映させるように、時間をかけて取り組んでいった。

（たったひとりのビジョンあふれるリーダーに依存する会社ではなく）ビジョンに立脚した会社をつくることが苦手なリーダーもいる。自分自身が「ビジョナリー」になりたい、すべてを取り仕切る英雄、偉大なリーダーでありたいからだ。真のビジョナリーとは、ビジョンを「会社全体」に帰属させ、自分が経営の第一線から退いてもしっかりと残るように組織に植えつける経営者だ。

ビジョンのフレームワーク

ビジョンという言葉は、さまざまなイメージを喚起する。並外れた偉業。社会の構成員を結びつける心の奥深いところにある価値観や理念。人々を駆り立てる野心的で胸躍る目標。組織の存在する本質的理由のような永遠なるもの。私たちの内なる部分に響き、最大の努力を引き出すもの。

これが問題なのだ。ビジョンという言葉には美しい響きがある。ビジョンが偉大な企業に不可欠であることに異を唱える者はいない。だがビジョンとは具体的に何なのか。

コリンズ・ポラス式ビジョンのフレームワーク

私たちは多くのCEOから、ビジョンとはいったい何なのか、どうにもわからないと打ち明けられてきた。ミッション、目的、価値観、戦略的方針などさまざまな言葉を耳にしてきたが、会社の

図4-2　コリンズ・ポラス式ビジョンのフレームワーク

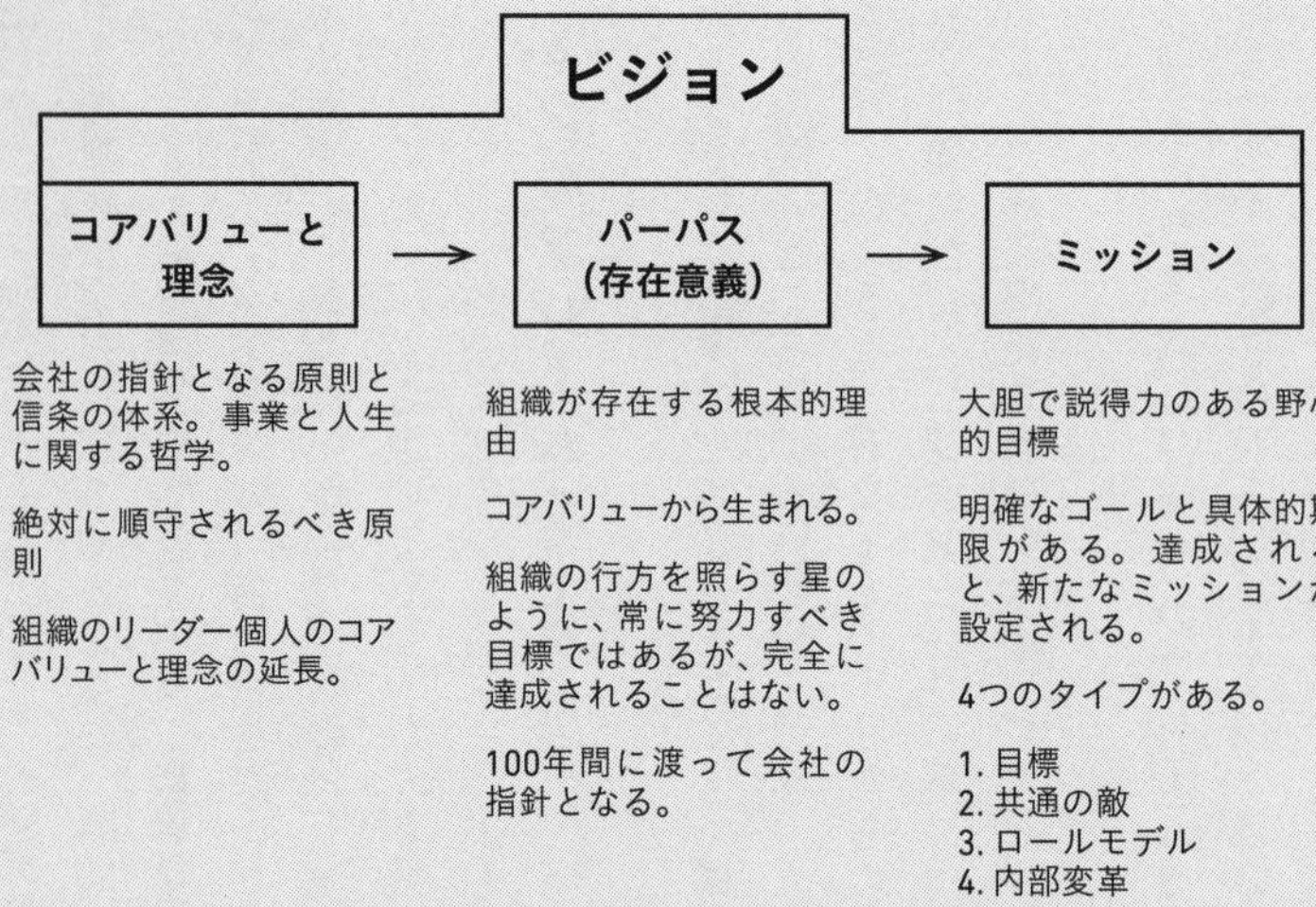
ビジョン
コアバリューと理念
パーパス（存在意義）
ミッション
会社の指針となる原則と信条の体系。事業と人生に関する哲学。
絶対に順守されるべき原則
組織のリーダー個人のコアバリューと理念の延長。
組織が存在する根本的理由
コアバリューから生まれる。
組織の行方を照らす星のように、常に努力すべき目標ではあるが、完全に達成されることはない。
100年間に渡って会社の指針となる。
大胆で説得力のある野心的目標
明確なゴールと具体的期限がある。達成されると、新たなミッションが設定される。
4つのタイプがある。
1. 目標
2. 共通の敵
3. ロールモデル
4. 内部変革

ために一貫性のあるビジョンを策定するためのまっとうな方法を誰も教えてくれない、というのだ。

このフラストレーションから生まれたのが「コリンズ・ポラス式ビジョンのフレームワーク」だ。[16] 本章の内容の大部分はスタンフォード大学での幅広い研究と、論文（“Organizational Vision and Visionary Organizations” California Management Review, Fall 1991）にもとづいている。ここでフレームワークの理論的土台や裏づけとなる研究の詳細に踏み込む必要はないだろう。私たちの基本的考えは、優れたビジョンは次の3つの要素で構成されるというものだ。

1　コアバリューと理念

2　パーパス（存在意義）

3　ミッション

コアバリューと理念という概念は、たいていの人がすぐに理解できる。しかしパーパスとミッションの違いがわかりにくいと思う人が多いようだ。

パーパスとミッションの違いを簡単に説明するために、あなたが星に導かれて山岳地帯を歩いているところを思い浮かべてほしい。「パーパス」はあなたを導く星だ。常にはるかかなたに浮かんでいる。決して手が届くことはないが、あなたを前へ前へと引っ張ってくれる。一方「ミッション」はあなたがその時々に登っている山だ。その山を攻略しているとき、あなたは目の前の上り坂に全神経とエネルギーを集中させる。だが頂上に着くと、再び案内星（パーパス）に視線を戻し、次に登るべき山を選ぶ（次のミッション）。旅路を通じてコアバリューと理念に沿った行動をとることは言うまでもない。

このモデルを念頭に置きながら、これから紹介する事例を参考に、あなたの会社のビジョンを策定し、明文化してみよう。

ビジョンの構成要素1　コアバリューと理念

コアバリューと理念はビジョンの出発点だ。コアバリューと理念は組織の成長のあらゆる段階で、さながら天界を満たすエーテルのように、組織（の意思決定、方針、行動）の隅々まで充満していく。「指針となる哲学」と呼ぶ会社もある。

コアバリューと理念は、組織を動かす根本原則や信条を体系化したものだ。事業と人生で何が重要か、事業をどのように遂行すべきか、その会社の人間観、世界観、社会における自らの役割、絶対に守らなければならないことなどを示す戒律だ。個人にとっての「人生哲学」にあたるものと考えてもいい。コアバリューと理念は生物にとっての「遺伝子コード」のようなもので、常に背後に存在し、生き方に影響を与えつづける。

コアバリューと理念は、あなたの内側から生まれる。組織のリーダーであるあなたが、日々の行動を通じて人生や事業に対する個人的価値観や理念を組織に刷り込んでいくのだ。

コアバリューと理念のきわめて重要な特徴はここにある。両者はあなた自身が内に秘めた「嘘偽りのない」価値観と理念の延長でなければならない。コアバリューとは「つくる」ものではない。「私たちはどのような価値観や理念を持つべきか」という問いは間違っている。正しくは「私たちの心のなかにある価値観や理念とはどのようなものか」と問うべきだ。

詰まるところコアバリューと理念は、あなたが行動を通して組織に植えつけていくものだ。それは言葉ではなく、個別具体的な行動を通じて伝わる。

エルエルビーンはレオン・レオンウッド・ビーンが掲げたコアバリューと理念にもとづいて成長してきた会社だ。１９１１年に同社を創業したとき、ビーンには強い信念があった。「良い製品を手ごろな価格で販売し、お客様を自分の友人のように扱えば、事業は自然と成長する」というシンプルなものだ。[17]

ほっこりする言葉だ。[18] しかしビーンの強さの源泉は、ほっこり感ではない。この言葉が本物であることを示す行動だ。ビーンはお客に「返品理由を問わない」方針を掲げ、絶対的満足を保証した

（あるケースでは、32年前に購入して一度も着なかったというシャツの代金を全額返金した）。また常に店を開けておくと決め、電話注文を24時間３６５日受け付けた。製品は基準どおりに製造し、適正価格で販売することを常に追求した。

「それは価値観じゃない。まっとうな商売というだけじゃないか」と思うかもしれない。そのとおり。まっとうな商売だ。

ただビーンの成功（献身的な社員やどこまでも忠実な顧客基盤）のカギは、その行動が嘘偽りのない価値観に裏づけられていたことだ。ビーンは顧客を友人のように扱うべきだと心から信じていた。それ以外の方法など考えもしなかった。

事例紹介

ここからはハーマンミラー、テレケア、メルク、ヒューレット・パッカード、Ｊ＆Ｊの事例を紹介していこう。コアバリューと理念がどのようなものか示すには、具体例を詳細に示すのが一番だと思うからだ。経営者との対話を書き起こしたものもあれば、文書や彼らの行動を観察した結果をまとめたものもある。各社のコアバリューと理念を、あなたの会社でも取り入れるべきだと勧めているわけではない。あくまでも参考例だ。

ハーマンミラーのコアバリューと理念[19] ※欄外注

私たちはマーケット・ドリブン（市場主導型）ではなく、リサーチ・ドリブン（研究主導型）の会社である。製品、サービス、それを届ける方法を通じて社会に貢献したいと考えている。品質を何より重視する。製品の品質、サービスの品質、関係性の品質、コミュニケーションの品質、そして私たちの交わす約束の品質だ。

私たちはすべての関係者にとって、可能性を実現させる場であるべきだと考えている。

私たちは社会のニーズから孤立して存在することはできない。

私たちは生産性や利益分配における参加型経営を提唱する「スキャンロン・プラン」を強く支持している。

利益は呼吸と同じように、なくてはならないものだ。利益は私たちの唯一の目的ではないが、与えられた機会にふさわしい貢献をすれば、結果として利益が生じるはずだ。

※ ハーマンミラーCEO、マックス・デプリーの著書『Leadership Is an Art』より

テレケアのコアバリューと理念[20]

私たちは真に傑出した仕事をすることが大切だと考える。高い品質が伴わない仕事は絶対にしない。

私たちは社員の成長に長期的責任を負っている。

社会に対して責任があり、私たちのサービスは個人、家族、コミュニティにとってきわめて重要なものである。

私たちには、患者の疾患の度合いにかかわらず、可能なかぎり支援する責務がある。懸命に働くことの大切さとその喜びを信じている。

個人としての成長と、長期的な組織の成長が大切だと考えている。

私たちが存在する目的は利益の最大化ではないが、効率的で生産的で収益力の高い企業でなければならない。そうしなければサービスを提供する能力が制約されるためだ。


ジョンソン・エンド・ジョンソン（J&J）の「我が信条」[21]※欄外注

私たちの第1の責任は、すべての顧客に対するものであると確信する。

私たちの第2の責任は、全社員に対するものである。

私たちの第3の責任は、経営陣に対するものである。

私たちの第4の責任は、私たちが生活し、働いている社会に対するものである。私たちは良き市民でなければならない。

最後となる私たちの第5の責任は、株主に対するものである。企業は健全な利益を生まなければならない。私たちが原則にもとづき経営すれば、株主は正当なリターンを得られるはずだ。

私たちは神のご加護を得て、これらの責務を最大限果たしていく決意である。

※　R・W・ジョンソンが1943年に作成したジョンソン・エンド・ジョンソン「我が信条」を要約

ヒューレット・パッカードのコアバリューと理念※欄外注

デイブ・パッカードの言葉。「HPウェイには『自分が他者にしてもらいたいように他者を扱え』とある。それが一番大切なことだ[22]」

ビル・ヒューレットの言葉「HPウェイとは本質的に個人の尊重だ。誰かにチャンスを与えれば、あなたが思うよりはるかに大きな成果をあげるだろう。だから個人に自由を与えよう。社員だけでなく、顧客、仕事への敬意を持とう[23]」

※　ビル・ヒューレットとデイブ・パッカードへのインタビューより

メルクのコアバリューと理念[24] ※欄外注

私たちは何よりも患者の役に立つ能力を大切にしている。

私たちは最高水準の倫理と誠実さを維持することにコミットしている。

私たちはサービスを提供する顧客、社員、社会に対して責任を負っている（中略）。顧客、取引先、政府、一般市民という社会のすべてのセグメントとのやりとりは、私たちが順守する高い基準を映すものでなければならない。

私たちは科学と人類のニーズを合致させる研究にコミットする。

会社の未来は社員の知識、想像力、技能、チームワーク、誠実さにかかっているため、私たちはこうした資質をなにより重視する。

私たちは利益を求めるが、それは人類に役立つ仕事がもたらす利益である。

※　メルク&カンパニーが公表した1989年の「企業理念」を要約

利益の役割

ここで例に挙げた企業は、利益を事業の究極の目標ではなく、必要なものと考えていることに注目してほしい。これはどういうことだろう。「企業の目的、経営者の基本的な責任は株主価値を最大化することである」という伝統的なビジネススクールの教義と矛盾するのではないか。

偉大な企業を目指すためには、伝統的なビジネススクールの教義とは決別する必要がある。「株主価値の最大化」はわかりやすい経営理論だが、偉大な企業の現実とは合致しない。偉大な企業のほとんどは、創業者の目標をかなえるため、その価値観を表現するために設立されており、それは必ずしも株主価値の最大化ではなかった。こうした企業にとって利益は究極の目的ではなく、単に戦略上必要なものに過ぎなかった。

みなさんにとって、これが衝撃的な見解であることは理解している。しかしこのような結論に達した経営学者は私たちが初めてではない。ピーター・F・ドラッカーは古典的名著『マネジメント』(ダイヤモンド社)で、何年も前に同じ結論に達している。

> 企業を利益という観点から定義すること、説明することはできない。(中略)利益最大化という概念は実のところ、無意味である。(中略)企業を評価する第1の指標は、利益を最大化しているか否かではなく、経済活動のリスクをカバーするのに十分な利益を生み出しているかだ。[25]

私たちも、また私たちが支援あるいは研究対象としてきた企業も、利益が必要不可欠であることは否定していない。厳密に言うと、必要不可欠なのは利益そのものではなく、そこから生まれるキャッシュフローだ。十分なキャッシュフローがなければ企業は存続できず、永続的にキャッシュを生み出し続けるためには収益力が必要だ。

しかし企業活動の究極の目的は、収益力やキャッシュフローではない。利益最大化は、社員が全精力を傾け、魂の一部を差し出すような胸の躍る目標にはなり得ない。利益追求が悪いと言っているわけではない。もちろん利益は必要だ。しかし利益自体に意味はなく、利益がやりがいをもたらすことはない。

オーラルケア用品などを手掛ける高収益企業、トムズ・オブ・メインの創業者であるトム・チャッペルは「インク」誌の取材に、数字だけを追求するのは、ランニングマシンで永遠に走り続けるようなものだと説明している。

定量的目標によって、目的のないプロセスに目的を与えることはできない。何かをただ増やそうとすることは本質的に満足を生まない。あなたが自分のしていることに意味や喜びを見出せない、あるいは意味を見失ってしまったら、進捗を測定しても意味はなく、楽しくもない。パーパスを中心に社員を団結させられれば、それはもっとも強力なリーダーシップと言えるだろう。[26]

ここで再びエルエルビーンの例に戻ろう。[27] レオン・レオンウッド・ビーンにとってのモチベーションの源は、アウトドアへの愛、製品への情熱、そして自分の価値観に沿うかたちで事業を営みたいという願いだ。会社の成長ペースは遅く、社員が160人に達するまでに55年かかった。1966年時点の売上高利益率はわずか2・2%で、改善の余地はたっぷりあった（孫が経営者となってからの劇的な利益率の改善を見ても、それは明らかだ）。

ビーンは間違いなく会社をもっと大きくし、収益力をもっと高めることができたはずだ。だがそれはビーンの目的ではなかった。「すでに1日3食食べているんだ、4食目は食べられないよ」という言葉で、自らの人生が満ち足りたものだと語っていたことからも、それはわかる。

では企業の目的が必ずしも利益最大化ではないとしたら、何が目的なのか。ここで登場するのが、優れたビジョンの2つめの構成要素であるパーパスだ。

ビジョンの構成要素2　パーパス

優れたビジョンの2つめの主要な要素であるパーパスは、コアバリューと理念から湧き出てくるものだ。パーパスはあなたの会社が存在する根本的理由、会社がそこにある究極の意義だ。会社のパーパスは、あなたや会社の他のメンバーが心の奥に秘めた個人的パーパスとぴったり調和し、仕事のやりがいをもたらす。

パーパスのきわめて重要な特徴が、常に実現に向けて努力する目標であるものの、決して完全に実現されることはないという点だ。地平線、あるいは道しるべとなる星を追いかけるようなものだ。

パーパスの永続性をスティーブ・ジョブズが的確に語っている。

私が「もう十分だ」と思うことは未来永劫ない気がしている。この世界にはたくさんの壁があり、生きている間に超えられない壁は常にあるだろう。重要なのは、そこに向かって努力しつづけることだ。[28]

パーパスは個人にとっての生きる目的と同じ役割を果たす。生きる目的のある人は、生きがいのある仕事とは何かと思い悩むことがない。

ミケランジェロ、チャーチル、ルーズベルト、マズローといった傑出した人々は、死の直前まで充実した人生を送っていた。彼らには決して完遂されることのない個人的な目的があった。「もう十分だ」と思うことはなく、悠々自適な引退生活に入って世の中から忘れ去られることもなかった。会社におけるパーパスも同じように、人々の意欲をかき立てる役割を果たす。

パーパス・ステートメント

企業のパーパスは、1〜2文で簡潔に表現すべきものだ。これを「パーパス・ステートメント」と呼ぶ。企業が存在する理由、基本的な人間のニーズをどう満たし、世界にどんな影響を与えようとしているかを簡潔かつ明快に伝える声明文だ。

優れたパーパス・ステートメントはスケールが大きく、本質的で刺激的で永続性がある。少なくとも100年にわたって会社の指針となりうるものだ。

パーパス・ステートメントの実例

メルク

私たちはみな、人々の暮らしを守り、改善することを目的としている。私たちのあらゆる行動は、この目的の実現に資するかという観点から評価しなければならない。[29]

シュラーゲ・ロック・カンパニー

世界をもっと安全にする。[30]

ジロスポーツ・デザイン

ジロは革新的で高品質な製品を通じて、人々により良い暮らしを届けるために存在している。

セルトリックス・ラボラトリーズ

革新的治療法を通じて人々の生活の質(QOL)を改善する。[31]

ロスト・アロー/パタゴニア

社会変革のロールモデルとなり、手段となる。[32]

パイオニア・ハイブレッド・インターナショナル

将来にわたって人類が存続するために重要な役割を果たせる農業科学製品を生み出す。[33]

テレケア・コーポレーション

精神疾患を抱える人たちが、潜在能力を最大限発揮できるよう支援する。[34]

マッキンゼー&カンパニー
主要な企業と政府のさらなる成功を支援する。
メアリー・ケイ・コスメティクス
女性に無限の可能性を与える会社になる。[35]
ケネディ・ジェンクス
私たちのパーパスは環境を保護し、生活の質を高めるソリューションを提供することである。[36]
アドバンスト・デシジョン・システムズ
意思決定能力を向上すること。[37]
スタンフォード大学
人類の向上につながる知識を生み出し、広めていく。

パーパスを見つける「5つのなぜ」

現在の製品ラインや顧客セグメントを書き連ねてもパーパスにはならない。「私たちは知識労働者のためのコンピュータをつくるために存在する」というのは、パーパス・ステートメントにふさわしくない。そこには100年もつだけの説得力も柔軟性もない。特定の会社が今やっていることが書かれているだけだ。次のステートメントのほうがはるかに良い。

私たちのパーパスは、人類の進歩につながるようなすばらしい知的活動のツールを生み出し、社会に貢献することだ。

パーパス・ステートメントでは個別の製品や顧客に触れてはいけない、ということだろうか。答えはイエスであり、ノーでもある。「私たちはXという顧客のためにYという製品をつくる」といった無味乾燥なステートメントは避けるべきだ。ただこれから先100年にわたって特定の製品をつくることがはっきりしているのなら、セルトリックス・ラボラトリーズのようなパーパス・ステートメントを策定してもいいだろう。セルトリックスは「人々を治療するための製品を開発し、製造し、販売する」というパーパスを設定しようとしていた。ただ賢明なCEO、ブルース・ファリスがさらに一歩踏み込み、こう問いかけた。「なぜ私たちはこの事業をやりたいのか」「なぜこの事業に人生の一部を捧げようと思うのか」。その答えを考えた結果、セルトリックスのパーパス・ステートメントは次の1文になった

革新的治療法を通じて人々の生活の質（QOL）を改善する。

「なぜ」という問いを何度か積み重ねていくプロセスは、パーパスの明確化にとても効果的だ。とりわけ有効なのが「なぜ私たちは存在しつづけるのか。私たちが存在しなくなったら、この世界は何を失うのか」という問いだ（注　「なぜ会社が存在するのか」というパーパスの核心に迫れる問いだ）。

もうひとつ有効なのが、「私たちはXという製品をつくっている」という1文から出発し、「なぜ」を5回繰り返すという方法だ。私たちはこのアプローチを「5つのなぜ」と名づけた。5回「なぜ」を繰り返すと、事業の根本的パーパスにたどり着くはずだ。

パタゴニアの製品からパーパスに至る、5つの「なぜ」をたどってみよう。

「私たちはアウトドア衣料をつくる」

「なぜか」

「それが私たちの一番得意なことであり、好きなことだからだ」

「なぜそれが重要なのか」

「得意で好きなことだからこそ、消費者が十分な対価を支払ってくれるような革新的で高品質な製品がつくれるからだ」

「なぜそれが重要なのか」

「消費者が十分な対価を払ってくれれば、持続的に良好な財務を維持できるからだ」

「なぜそれが重要なのか」

「企業として成功しているという信頼感を得るため、そして自分たちが正しいと考える方法で事業を営むためには資金が必要だからだ」

「なぜそれが重要なのか」

「私たちが存在する究極の目的は、社会変革のロールモデルとなり、手段になることだ。それを成し遂げる唯一の方法は、産業界からロールモデルと目されるような財務の健全性と十分な成功を手に入れることだ」

パーパスはすでにある

パーパス・ステートメントはあらゆる会社に必要なものだろうか。

この問いに答える代わりに、ひとつはっきりさせておこう。あらゆる会社にはパーパス、すなわち存在理由がすでにある。ほとんどの会社が正式に言語化していないだけだ。言葉化されていない暗黙のものであっても、必ずどこかに存在する。

たとえばナイキには長らく明文化されたパーパス・ステートメントがなかった。それでも社内全体に浸透する強力なパーパスが、同社の原動力となってきた。「仕事とスポーツの両方で、競争と勝利のための手段となること」だ。簡潔なステートメントのかたちにまとめられてはいなかったものの、創業者フィル・ナイトの競争心から生まれたこの根本的パーパスが、ナイキの中核的な原動力だ（ナイキという社名そのものが、ギリシャ神話の勝利の女神からとられている）。

すでにパーパスがあるとしても、「私たちのパーパスは具体的に何なのか」という問いとじっくり向き合うことには価値がある。その答えを「簡潔で直接的」な文章にすると、会社の究極の目的が明確になる。パーパスが明確になると、あらゆる意思決定を評価するのに役立つ。「この行動は私たちのパーパスに合致するものなのか」と。

パーパスは必ずしもユニークでなくてもいい

本章で挙げたパーパスの例には、多くの企業に当てはまりそうなものもある。パーパスは必ずしも他社との違いを示すものではないので、それで構わない。パーパスは社員のモチベーションを高める要因であって、差別化要因ではない。2社のパーパスがまったく同じということもあり得る。

一方、ミッションは他の会社との違いを明確に示すものだ。

本書の新しい視点

利益よりもパーパス――珍しいが新しくはない

「僕らは刺激と意欲を与えてくれるような、まったく新しいリーダーシップを求めているんです」

若者たちの集まりで、起業家精神とリーダーシップについて考えを尋ねたところ、20歳そこそこの若者がこんな言葉を口にした。

「それはどういう意味だい？」と私は尋ねた。

「まずリーダーには指示を出すだけでなく、その理由も教えてほしい。理由が単なる株主利益の最大化ではダメだ。僕らは単なる金儲けを超えたパーパスの実現に貢献したいのです」

私はしばし考えてからこう言った。「でも、これまで最高の会社をつくってきたリーダーは、みなそうしてきたよ。君は珍しさと新しさを混同しているんじゃないか」

滅多に存在しないすばらしいものを初めて見た若者は、それを「新しい」と感じる。偉大な会社は珍しいものだ。しかし偉大さの中核的要素（単なる金儲けを超えたパーパスによって社員に意欲を与えることなど）は、偉大な企業をつくった経営者たちが世代を超えて実践してきたことだ。**どんな時代でも永続する偉大な企業をつくるためには、とりつかれたようにパーパスを追求することが不可欠だ。**これまでも、今も、それは変わらない。そしてきっと今後も変わることはないだろう。

ビジョンの構成要素3　ミッション

効果的なビジョンの3つめの重要な構成要素はミッションだ。全社員のエネルギーを集中させるべき、明快で説得力のある全体目標を指す。

ミッションの概念を手っ取り早く理解するには、ケネディ大統領が1961年にNASAの有人月探査計画をどう語ったか見るといい。

> わが国はこの1960年代が終わるまでに、人類を月に着陸させ、安全に地球に帰還させるという目標の達成に専念すべきである。[38]

決して実現されることのないパーパスと違い、ミッションは実現可能だ。バリューやパーパスを、有人月探査計画のような人々を勇気づける明確な目標に落とし込んだものがミッションだ。ミッションは簡潔で、明快で、野心的で、気持ちを高揚させる。人々の心に届き、揺さぶる。説明はほとんど要らない。聞けばわかる。ミッションが完遂されたら、再びパーパスに立ち返って新たなミッションを設定する。

山岳地帯で案内星を追いかけるたとえ話を思い出してほしい。パーパスはこの案内星で、常に地平線上に浮かんでいる。決して手の届かないものだが、常に前へ前へと導いてくれる。一方、ミッションはあなたがその時々に登っている山だ。頂上に着いたら、再び案内星に視線を戻し、次に登るべき山を選ぶ。

優れたミッションにはゴールがある。有人月探査計画や山の頂上のように、到達したときにはそうとわかる。優れたミッションはリスクを伴う。理性は「現実的に難しい」と告げる一方、直感は「それでも私たちにはできるはずだ」と告げる、そんなグレーな領域に存在する。ミッションという概念を表現するのにぴったりな言葉がこれだ。

社運を賭けた大胆な目標（BHAG）

最後に（これがとても重要なところだが）、優れたミッションには実現するまでの「具体的時間軸」がある。有人月探査計画は、そのようなミッションの最たる例だ。ワクワクする要素があり、壮大で困難で大胆で、それでも実現可能だ。明確なゴールがあり、時間軸も明確だ。

ありきたりなミッション・ステートメントは捨てよう

私たちのミッションの定義が、大方の企業のそれとは違っていることは理解している。ぜひ標準的アプローチは捨てていただきたい。企業のミッション・ステートメントの多くは、おそろしく不出来だ。たいてい会社の事業を当たり障りなく記述した言葉の羅列で、読んでも「そのとおりだが、だから何？」と言いたくなる。経営者は筋の通った文章をまとめるが、死んだ魚と添い寝するほどの魅力しかない。企業特有の建前のようで、社員の魂を揺さぶることはまずない。

典型的なダメなミッション・ステートメントの例をいくつか挙げよう（現実に使われていたものだ[39]）。

当社は専門性の高い問題に対する革新的エンジニアリング・ソリューションの提供に全力で取り組む。技術力ときめ細かい顧客サービスによって、大量生産のコモディティあるいは受注生産型サービスとの差別化を図る。

こんなものを読んだら、立ち上がって世界を征服しようという気になるのは請け合いだ。

私たちはお客様の信用、投資、安全性、流動性へのニーズに対応するため、リテールバンキング、不動産、金融、コーポレートバンキング・プロダクトを提供する。

ああ、なんと胸の躍る文章だろう。

当社は主にコンピュータ関連のハードウエアと、演算、情報、教育、金融を含むコンピュータ活用サービスという2つの分野で、マイクロエレクトロニクスとコンピュータ技術を活用する。

背筋がゾクゾクする。とてもおとなしく座ってなどいられない。

多少嫌みで辛辣な言い方をしたが、ここに挙げたようなミッション・ステートメントではまったく効果がないことはわかっていただけたと思う。ここで例に挙げた企業の社員はミッション・ステートメントについてこんな感想を漏らした。

ばかばかしい。無駄に長くて、退屈だ。読み終わるころには完全にやる気を失い、会社の上層部への信頼を失ってしまった。だって、こんなものを誰が読みたいと思う？　とにかくつまらない。経営陣がワクワクしていないのなら、他の誰がワクワクするだろう？

ミッションは心を揺さぶり情熱をかきたてる

あなたのミッションが満たすべきもっとも重要な基準は「心を揺さぶる力」だ。最高のミッションからは本物の情熱が伝わってくる。

悪い例
「世界規模でスポーツシューズを製造・販売する」
模範例
リーボックをぶっ潰せ
悪い例
「広範なアプリケーション向けに、高性能な縮小命令セット・コンピュータ（RISC）用マイクロプロセッサを製造する」
模範例
1990年代半ばまでにMIPSアーキテクチャを世界中に浸透させる[40]
悪い例
「消費者ニーズに合致し、株主に十分なリターンをもたらす自動車メーカーになる」
模範例はヘンリー・フォードが1909年に設定したミッションだ。
自動車を庶民のものに[41]
私たちのお気に入りは1940年にウィンストン・チャーチルが掲げたイギリスのミッションだ。

全国民が、そして大英帝国が、ナチスという害毒をヨーロッパから一掃し、新たな暗黒時代から世界を救うというたったひとつの任務に身を捧げると誓った。私たちはヒトラーとヒトライズムを完膚なきまでにたたきのめす。ただそれだけを、ひたすらそれだけを、徹底的にやり遂げる。[42]

これぞミッションだ。たしかにこのイギリスのミッションは、ちっぽけな会社が設定できるようなものではない。だがミッションにはある種の情熱が必要であることが伝わるだろう。

リスク、コミットメント、「不安全地帯」

大胆なミッションを設定すると、リスクがあるのではないか、と思うかもしれない。もちろん、ある。優れたミッションは実現困難なものだ。失敗する可能性と、それを打ち消すような「なんとかやり遂げられる」という信念が同時に存在する。それが本物のミッションの条件だ。

保守的な社風でも偉大な企業になったところはどうなのか。そういう会社は創業まもないベンチャーのように「全財産はたいて」賭けに出るようなことはないではないか、と思うかもしれない。現実には保守的と見られる会社が、きわめてリスクの高いミッションを設定した例はいくつもある。3つ例を紹介しよう。IBM、ボーイング、プロクター&ギャンブル(P&G)だ。

●1960年代初頭、IBMは社運を賭けて大きなミッションに挑んだ。[43]「IBM360」によってコンピュータ産業に革命を起こす、というのがそれだ。民間企業が挑んだ商用プロジェクトとしては史上最大規模であり、人類初の原子爆弾の開発をも上回るリソースを要した。「フォーチュン」誌は「おそらく近年でもっともリスクの高い経営判断」と評している。360の発売時には6億ドル近い仕掛品を在庫として抱え、給与を支払うのにあわや緊急融資が必要かという状況まで追い込まれた。

●ボーイングはリスクの高いミッションによって、幾度も自らを限界まで追い込んできた。[44]そのひとつが1950年代の商業ジェット機の開発だ。自己資本の相当な割合を投じたこの事業が失敗すれば、支払能力が危うくなるはずだった。そして生まれたのが「ボーイング707型機」だ。その10年後には「747型機」開発のため、再び同じような賭けに出ている。

●きわめて保守的な会社として知られるP&Gは、リスクの高い目標に取り組んできた歴史がある。1900年代初頭には、ある社内ミッションを打ち立てた。「季節的な需要変動によって採用と解雇を余儀なくされるのではなく、社員に安定雇用を提供できるようになる」と。

需要変動の原因は、ひとたび大口の注文をすると、満腹になった蛇のようにしばらくは一切注文を出さない卸売会社の存在だった。このミッションを達成するため、P&Gは大胆な行動に出た。[45]卸売会社を通さず小売店に直接販売する営業部隊を立ち上げたのだ。当時の業界の常識に照らせば狂気の沙汰だった。だがリチャード・デュプリーCEOには大胆で野心的行動についてのシンプルな哲学があった。

私たちは非現実的で不可能と思われることに挑戦し、現実的で可能なことだと証明したい。自分が正しいと思ったことをやるべきだ。これだと思ったら、まずやってみる。ピンときたら、社運をかけて全力で立ち向かうのだ。[46]

3つの会社に共通していたのは、①自分たちにはミッションをやり遂げられるという信念と、②挑戦する意欲があったことだ。社運を賭ける意欲は、ビジョンを設定するプロセスに欠かせないものだ。不安全地帯に位置するミッション、確実に成功する保証はないが、心のなかで自分たちならできると思える賭けを選ぶのは、経営者の仕事だ。

ミッションは分析だけを頼りに設定するものではなく、分析に直感を足し合わせて決めるものだ。野心的ミッションが100%実現可能か、事前に証明することはできない。要は実現可能だとあなたが直感的に思えるかどうかだ。そのとき役に立つのが、次のシンプルな事実だ。「ひとたび大胆な挑戦にコミットすると、成功の確率は変化する」

ケネディが最初に有人月探査計画を表明したとき、アドバイザーからは成功の確率は五分五分と言われていた。[47] ケネディはアメリカにはミッションを達成する能力がある、なんとか成功を引き寄せる力があると信じた。国をあげてミッションにコミットすれば、なんとか実現の道筋が見つかるはずだとわかっていたのだ。

こんなふうに考えてみよう。誰かがあなたを険しい登山道に連れていき、安全な退路を示したとする。その場合の登頂に成功する確率を仮に50%としよう。今度は同じ登山道で、退路が断たれたとしよう。登頂に成功しなければ、あなたは死ぬ。すると成功の確率は変わり、100%近くに達する。なぜか。それはコミットしたからだ。あなたは闘い、もがき、工夫し、なんとか頂上にたどり着く方法を見つけようとするだろう。それ以外に選択肢がないからだ。

嘘偽りなく

コアバリューやパーパスと同じく、ミッションも嘘偽りのないものでなければならない。何かを犠牲にすることも厭わないほど、あなた自身が切実に手に入れたいものでなければならない。私たちは、企業のリーダーが本当に達成したいと思っていることとは異なる、耳あたりの良いミッションを口にする場面を幾度も見てきた。そんなミッションがうまくいくことはなく、むしろ逆効果だ。

あるケースでは、CEOは「私たちのミッションは……」とことさらに口にする一方で、裏では会社を売却して自分のストックオプションを現金化しようと画策していた。その結果、ほとんどの社員の支持だけでなく敬意も失った。ある社員はこう語った。「社長が僕らに不誠実なふるまいをしているのに、仕事に熱が入るはずがない。僕らはそんなにバカじゃないさ」

ミッションの4類型

ミッションには基本的に4つの類型がある。

1 目標
2 共通の敵
3 ロールモデル
4 内部変革

ミッションの類型1　目標

目標型ミッションとは読んで字のごとく、明確で定義のはっきりした目標を設定し、実現を目指すことだ。NASAの月探査計画は目標型ミッションだった。「自動車を庶民のものにする」というフォードの目標、MIPSアーキテクチャを「1990年代半ばまでに世界中に浸透させる」というMIPSの目標もそうだ。

もうひとつの方法が、会社の名声、成功、市場支配力、業界におけるポジションなどをまったく新しい次元に引き上げることを目標にするというものだ。いくつか例を挙げよう。

メルク「1980年代のうちに世界で傑出した製薬会社という評価を確立する」（1979年に設定[48]）

クアーズ「1980年代が終わるまでにビール業界第3位になる」（1980年に設定）。「1990年代が終わるまでにビール業界第2位になる」（1990年に設定[49]）

シュラーゲ・ロック「2000年までにアメリカの鍵市場を支配する」（1990年に設定）

みなさんは東京通信工業という会社を聞いたことがあるだろうか。[50]創業から7年しか経っていない、いつ潰れてもおかしくない小さな会社だった1952年、創業者たちはどうやって偉大な企業への道を突き進むかという問いと向き合っていた。そして大胆で野心的なミッションを設定した。

世界的な目を持って考え、物を作り、輸出に全力を注いでいく。

その後世界で初めてシャツのポケットに入るほど小さなラジオを開発し、このミッションを遂行した。今日ではソニーという社名で知られている。

ここに挙げた目標型ミッションのなかで、数字を掲げているものがひとつもないことに気づいたかもしれない。数字目標は有効なミッションになり得るのか。答えは条件つきのイエスだ。

たとえばホーム・デポは1980年代末、次のようなミッションを掲げた。

「1995年までに全国チェーンとして売上高100億ドル、350店舗を目指す」[51]

では私たちはなぜ「条件付きのイエス」と言ったのか。

数字的ミッションは「自動車を庶民のものにする」「業界で傑出した会社になる」といったものと比べて、社員にとって胸躍るものではないことが多いからだ。ただ「私たちのミッションは1995年に年商5000万ドルを達成すること」と言うだけでは、社員は魅力を感じない。数字的ミッションを掲げるなら、誰もが意義を感じられるものと結びつける必要がある。

スプリングフィールド・リマニュファクチャリング・カンパニーのジャック・スタックは、常に数字目標をミッションに盛り込む。そして数字をもっと大きな意義と結びつけている。「インク」誌のインタビューでこう説明している。

常に私たちの目標のベースにあるのは会社の安全だ。雇用を生み、社員が働き続けられるようにすることに意義がある。一つひとつの数字目標は願望ではなく責務だ。私たちは30年、40年、50年続く会社をつくろうとしている。[52]

重要なのは数字目標を立てることではなく、社員の意欲をかき立てるような目標をつくることだと頭に入れておこう。

ミッションの類型2　共通の敵

共通の敵を倒すというのは、創造性には欠けるが、非常に強力なタイプのミッションだ。人々の競争本能に訴える。探し出し、破壊すべき共通の敵を示すことは強烈な一体感を生む。とりわけ勝ち目のなさそうな敵に挑む場合はそうだ。歴史を振り返ると、イギリスが1940年に掲げたミッション（ヒトラーを完膚なきまでに叩きつぶす）がすばらしい例だ。同じ類型のミッションは企業でも設定できる。

ペプシが一時期掲げていたミッションは「コーラを倒せ！」だった。ペプシの幹部はこのミッションを掲げたことのインパクトをこう語っている。

ペプシが永遠の2番手と見られていた1970年代初頭から、私たちはずっと自分たちならできると思っていた。誰もがそれを目標に前進し、決して目をそらさなかった。（中略）こうして私たちはゴリアテを倒すミッションにとりかかった。[53]

史上最高の事例のひとつが、ホンダのミッションだ。ヤマハからオートバイメーカーの世界首位の座を奪うという挑戦を受けたとき、対抗して掲げたものだ。

ヤマハを潰す。[54]

このミッションを設定してからほどなくして、ホンダはヤマハをこっぴどく叩き潰した。ヤマハがホンダに勝つと宣言したことを公式に謝罪したほどだ。

ナイキは共通の敵型ミッションによって長年成功を収めてきた。最初はアメリカ市場でアディダスを倒すことを目標にし、成功した。その後、リーボックが予想外の成長を遂げると、今度は苛烈な「スニーカー戦争」を仕掛けてリーボックを潰すというミッションを掲げた（1988年8月19日にABCのニュース番組「20／20」のインタビューに登場したナイキCEOのフィル・ナイトは、リーボックの社長を知っているかと問われた。ナイトは「知っている」と答えた。司会者が「リーボックの社長は好きか」とさらに畳みかけると、ナイトはこう答えた。「いいや。好きになりたいとも思わない」。ナイキのある取締役は「私たちにとっての完璧な1日とは、朝起きて、ライバル企業に石を投げつける日だ」と答えている）。[55]

共通の敵型ミッションは通常、ナンバーワンの座を目指しつつ、まだそこに到達していない企業が掲げる。それは「ゴリアテに挑戦するダビデ」のようなモチベーションをかき立てる。

共通の敵型ミッションのきわめて強力な効果は、壁際に追い詰められ、生き残るだけで精一杯になっている組織を、「われわれは必ず勝利する」モードに転換させられることだ。「単に生き残る」ことを望む人は少ない。誰もが勝利したいと思っている。共通の敵型ミッションは、この人間の基本的モチベーションに作用する。最たる例がマイクロン・テクノロジーだ。1985年に日本の半導体メーカーによる原価割れの不当廉売によって、ちっぽけな半導体会社だったマイクロンは倒産寸前になった。CEOのジョセフ・パーキンソンは会社がこの「暗黒の日々」を切り抜けるため、外敵の存在を使って社内を団結させた。私たちとのインタビューでこう語っている。[56]

厳しい状況に陥ったとき、私は会社として生き残るために社員の意欲を高めようとした。最初はあまりうまくいかなかったが、あるとき誰もが勝ちたいと思っているという事実に思い当たった。生き残るだけで満足、なんて人がいるわけがない。だから壁際まで追い詰められた状況で、われわれは攻めに転じた。手ごわい敵がいるというのは、とてつもない利点だった。だがそれだけではない。われわれは敵に「勝利する」と誓ったのだ。生き残りモードから「われわれは勝利する」モード、勝ち目のない状態から逆転しようとするモードに転じたことで、組立ラインの作業員からバイスプレジデントまで誰もが団結した。

ひとつ、忠告しておこう。共通の敵型ミッションには明らかな利点があるが、マイナス面もある。人生をひたすら戦争状態で過ごすことは難しい。敵を倒し、ナンバーワンになったらどうするのか。もはやダビデではなく、ゴリアテになったら？　たとえばナイキはアディダスを倒した後、スランプに陥った。そこから立ち直ったのは、リーボックに出し抜かれ、闘争本能に火がついてからだ。

ミッションの類型3　ロールモデル

有効なミッションのもうひとつの類型が、会社のロールモデルを設定するものだ。あなたの会社の目指す姿として憧れる組織をイメージしよう。ロールモデル型ミッションは、前途有望な中小企業にぴったりだ。

たとえばトラメル・クロウは創業当初「不動産業界のＩＢＭになる」というミッションを掲げていた。[57]ジロスポーツのジム・ジェンテスはサイクリング業界において、スポーツシューズ業界のナイキ、コンピュータ業界のアップルのような会社になりたいと口にする。ミネアポリスのノルウエスト・コーポレーションは「銀行業界のウォルマート」を目指している。[58]

ウォルマートと言えば、サム・ウォルトンが老舗小売業のＪＣペニーをロールモデルとしていたという興味深い事実を指摘しておこう。ウォルマートの創業期には、ＪＣペニーの企業経営の７原則をそっくり真似していたほどだ。[59]

ミッションの類型4　内部変革

内部変革型ミッションを掲げる企業はめったにない。たいていは劇的な構造改革を必要としている組織に適している。たとえば１８００年代末のアメリカには、内部変革型ミッションがあった。南北戦争で深手を負った国家の再構築だ。20世紀末にソビエト連邦が自由市場経済を目指したのも、社会としての内部変革型ミッションの例と言える。産業界での優れた例は、ジャック・ウェルチがゼネラル・エレクトリック（GE）で掲げたミッションだ。

私たちは小さな会社の敏感さ、リーンな組織、シンプルさ、俊敏さを身につけることを誓う。[60]

GEのようなサイズの会社にとって、これは間違いなく社運を賭けた大胆な目標だった。内部変革型ミッションは停滞した大企業に最適で、中小企業での優れた例を目にしたことはない。

どれぐらい先を見据えるか

ここまでミッションには具体的な時間軸を設定することが重要だと強調してきた。ではどれくらい先の未来まで射程に入れるべきか。半年以内に達成できるものか。1年先か。3年先か。10年先か。それとも50年先か。

明確な答えはない。達成するのに30年以上かかるミッションもある。1年以内に達成されるものもあるだろう。目安としては10年から25年先、ミッションが特に困難なものである場合はもう少しかかるかもしれない。もちろん10年かからずに達成されるミッションもあるだろうし、期限を短く区切るほうが適切で有効な場合もあるだろう。

どのような時間軸のミッションを設定するにせよ、達成したときにはきちんと認識すること、そして何より重要なこととして新しいミッションを必ず設定することだ。そうしないと「やり遂げたぞシンドローム」と呼ばれる、きわめて危険なワナに陥るリスクがある。

本書の新しい視点

どこもかしこも「ＢＨＡＧ」

ジェリー・ポラスと私が共同研究にもとづいて組織のビジョンを策定するためのフレームワークを概念化しようと考えたとき、（コアバリューとパーパスに続く）３つめの要素を何と呼ぶべきか議論した。当初は多くの企業になじみの深い「ミッション」という言葉を使おうかと考えた。だがそんなある日、スタンフォード大学の講義でこのフレームワークを教えていたとき、私は「ＢＨＡＧ（Big Hairy Audacious Goal の略、社運を賭けた大胆な目標）」という言葉をふいに思いついた。

こうして「ＢＨＡＧ」が生まれた。

当初私たち（ジェリー・ポラス、ビル・ラジアーと私）は、優れたミッションの条件を語るときだけに「ＢＨＡＧ」という言葉を使うつもりだった。こんな突飛な言葉よりも、もっと伝統的な企業用語のほうが経営者に受け入れられやすいだろうと考えていたのだ。

だがほんの1～2年のうちに考えはすっかり変わった。このフレームワークを教えるほど、本質をずばりと提示したほうが聞き手は神髄を理解し、夢中になってくれることがわかってきた。『ビヨンド・アントレプレナーシップ』を出版して数年後には、「社運を賭けた大胆な目標」になんの抵抗もなくなった。ジェリー・ポラスと『ビジョナリー・カンパニー　時代を超える生存の原則』では、「ミッション」という言葉は完全にお払い箱にして、「ＢＨＡＧ」に置き換えた。

BHAGは人口に膾炙《かいしゃ》するようになった。企業経営者だけでなく、政府の指導者や社会起業家、学校長やスポーツコーチ、軍の高官や教会の指導者までがそれぞれのBHAGを語るようになった。「ニューヨーク・タイムズ」誌が、BHAGが「アメリカ中の社長室を席捲している」という特集記事まで出したほどだ。[61] この記事のために私を取材しにきた記者は、少し挑発してみようと思ったようだ。経営学者のなかには、BHAGの概念（「社運を賭けた大胆な目標」という表現こそ使わなかったものの）を最初に提唱したのは自分であり、コリンズらは何も新しいことを発見したわけではないという者もいるが、と尋ねたのだ。

「こうした見方については、どう思います？」

「BHAGという概念を最初に提唱したという主張は、誰にもできないと思う。間違いなく、私たちが生まれるはるか以前から存在していたのだから」

「それなら最初に提唱したのは誰だと思いますか」と記者はさらに聞いてきた。

「うーん、モーゼかな」と私は答えた。

BHAGは歴史上の偉大な指導者を奮い立たせ、彼らが人類の進歩を推し進め、人々を団結させるのに役立ってきた。それを「ミッション」と呼ぼうが「BHAG」と呼ぼうが、あまり重要ではない。重要なのは、BHAGの条件を満たす何かにコミットすることだ。あなたのBHAGについて、次の問いに答えてみよう。

ビジョン - 戦略 - 戦術

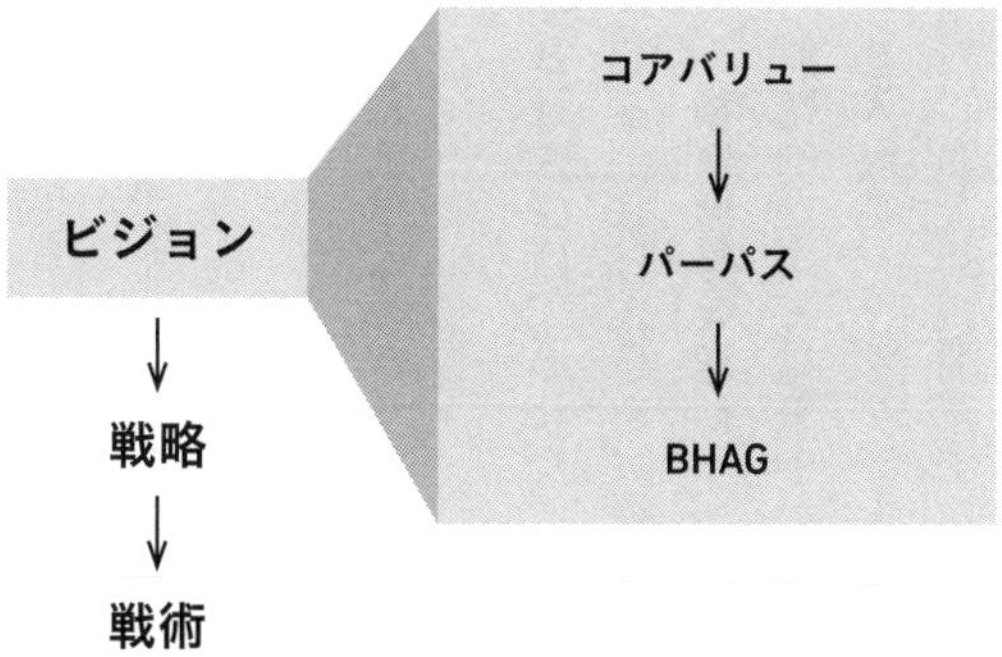

ビジョン		
コアバリュー →	**パーパス** →	**BHAG**
会社の指針となる原則。会社を導く哲学。 会社の特徴を形づくる人々個人のコアバリューを反映する。 高い犠牲を払っても堅持される。慣行や戦略は変わってもコアバリューは不変。 時代を超える。	組織が存在する根本的理由 案内星のように、常に追い求める対象だが、決して手に入らない。 完璧に遂行すると、傑出した世界に2つとない会社になる。 100年間に渡って会社の指針となる。	社運を賭けた大胆な目標 高い山に登るときのようにゴールが明確 成功の確率は100％ではない。能力を大幅に向上させる必要がある。 人々の心を揺さぶり、意欲をかき立てる。容易に理解できる。 理想的な時間軸は10〜25年

●そのBHAGにあなたと社員はワクワクするか。
●明快で、心を揺さぶり、わかりやすいか。
●会社のパーパスと結びついているか。
●そのBHAGは紛れもない目標だろうか。冗長でわかりにくく、複雑で覚えられないような「ミッション・ステートメント」や「ビジョン・ステートメント」の類ではないか。
●達成できる見込みは100%よりは大幅に低いものの、会社が完全にコミットすればやり遂げられると思えるものか。
●達成できたとき、はっきりとわかるか。

理想的なBHAGは、あなたにスケールの大きな考えを促す。長期的発展と短期的勝負の両方に目を向けさせる。BHAGを実現するには、何年にもわたって毎日、毎週、毎月、必死に取り組むしかない。不利な形勢を逆転し、最終的にBHAGを達成するために、今日、明日、そしてその後もひたすら偏執的なまでに集中して取り組むべきことは何か。すべての人のポケットに高性能のコンピュータを入れる、マラリアを撲滅する、すべての子供に幼稚園から高校まで質の高い教育を受けさせる、犯罪率を80%削減する、テロ組織を無力化する、業界でもっとも尊敬される会社を育てるなど、あなたの目指すものがなんであれ、BHAGはおよそ数日、数週間、数カ月では達成できない。最高レベルのBHAGは、10年から25年のたゆまぬ猛烈な努力の末にようやく実現する。

BHAGを目指す人にとっては、長期間にわたる苦難や終わりない探求そのものがある種の喜びになる。ＢＨＡＧにコミットすると、それは生活の一部になる。朝起きると、部屋の隅に目をギラギラ光らせた巨大な怪物のようなＢＨＡＧが座っている。夜、床について明かりを消そうとすると、またしても同じ場所にＢＨＡＧがいる。まるで「ゆっくり寝るがいい。明日もまた私がおまえの1分1秒を支配するのだから」とでも言うかのように。

「やり遂げたぞ」シンドロームに注意

ミッションを達成し、新たなミッションを設定すべきタイミングが、はっきりとわかることはきわめて重要だ。

ミッションが実現すると、メンバーはそれぞれの行く先を決め、集団がバラバラになりがちだ。歴史を振り返ると、典型的な例が第二次世界大戦中にともに戦ったロシア、イギリス、アメリカのその後だ。ヒトラーを倒すという共通のミッションがある間は、三者の足並みは驚くほどそろっていた。だがヒトラーの命運が尽きると、連合国はバラバラになり、世界は冷戦に突入した。

加えて、会社全体を新しい挑戦に向かって駆り立てる新たなミッションも必要だ。個人が目標を達成すると、目指すべきものがなくなり、さまよったり漫然と過ごしたりするのと同じことが組織にも起こる。これを私たちは「やり遂げたぞ」シンドロームと呼ぶ。

ジャン・カールソンはスカンジナビア航空のＣＥＯだった当時、それを嫌というほど思い知った。

図4-3 「やり遂げたぞ」症候群

会社に魅力的なミッションがある
（あまりに魅力的で明白なため、明文化されていないこともある）

↓

一体感、チームワーク、高い成果、熱意

↓

ミッション達成、しかし新たなミッションは設定されない
（「やり遂げたぞ！」）

↓

やりがいのある新たな挑戦がない

↓

停滞、慢心、分裂
「何か」が足りないという感覚

会社が最初のミッションを達成したときの様子をインク誌にこう語っている。

> 　私たちには夢があり、それをかなり短期間で実現してしまった。だが他に長期的目標はなかったので、誰もが勝手に新しい目標を立てはじめた。すべてがあまりに順調に行きすぎたので、逆に不平不満が生まれた。人間の心理とはそういうものだ。ペギー・リーの歌にもあったが、「こんなものなの？」という感覚だ。
>
> 　この経験から私が学んだのは、目標を達成する前に新しいものを用意しておき、社内に伝えるべきということだ。重要なのはゴールそのものではない。そこに到達するための苦闘だ。[62]

やり遂げたぞシンドロームは、アーリース

テージのスタートアップやターンアラウンド（事業再生）に成功した企業で特に多く見られる。社内の総力を結集して存続が危ぶまれる状況を脱したばかりの状態だ。そうした企業では存続というのが圧倒的に重要な目標であるため、あえてミッションに掲げられることは少ない。言わなくても誰もがそれがミッションだとわかっているからだ。

そこに問題がある。明示的ミッションでないために、実現したときも明確にはわからない。古いミッションに置き換わる新しいミッションもない。そして慢心が徐々に広がり、派閥争いが始まる。

事例紹介　成功して停滞したストラテジック・ソフトウエア

1976年に外部のベンチャー資金には一切頼らずに創業したストラテジック・ソフトウエアの創業者たちは、最高のソフトウエア製品、社員と株主のための財務的安定、刺激的な職場の実現に全力を傾けていた。創業から7年間は、社員も経営者も小さく仕切られた自席にこもって1日12時間働いた。「世界を敵にまわして戦っている気分だった。われわれは最高のチームだった」と創業者のひとりは振り返る。

年を重ねるごとに、会社は少しずつ財務的成功を手に入れ（年商は2500万ドルに達し、利益率も高かった）、顧客基盤も安定した。そして1983年に高級オフィスビルに移った。現代的な彫刻が飾られ、芝生は完璧に手入れされ、噴水、分厚い絨毯《じゅうたん》、職人が手作業でつくったサクラ材の調度品、専用駐車場までそろっていた。

そこから凋落が始まった。創業者のひとりはこう語る。

かつてのチームスピリットは完全に失われ、猛烈な派閥争いが始まった。社員は9時から5時までしか働かなくなり、なによりまずいことに勤務態度まで「9時5時的」になった。社内を見渡すと、成功が停滞をもたらしたことは明らかだった。かつてのような闘争心はなくなっていた。そこからは落ちる一方だった。

言うまでもなく、組織は最初の大きなミッションを実現した（組織の存続そのものが危うい状態を脱した）。それ以上目指すべきものがなくなってしまったかのようだった。やり遂げたのだ。組織のリーダーは新たなミッションをつくっておくべきだったが、そうしなかった。その結果、組織は停滞し、最終的に身売り先を探すことになった。

新社屋のリスク

ストラテジック・ソフトウエアのケースではあえて新社屋への移転に触れた。社屋はあまり重要な要素は思えないかもしれないが、実は非常に重要だ。

私たちはこのような例をたくさん見てきた。豪華な美しいビルや社屋に移転してまもなく壁に突き当たる企業は多い。新社屋自体が悪いわけではないが、それは「私たちはやり遂げた。成功した。ゴールに到達したのだ」というシグナルになる。

熟練したターンアラウンドのプロであるグレッグ・ハドレーは、再建を任された会社で新しい社屋が社員の心理に及ぼした影響について語っている。

その社屋は、まるでタージ・マハルのようだった。社員は周囲を見まわして「なんて豪華なんだ！　僕らは有能に違いない。すでに成功を手にしたんだ」と思った。そして仕事よりもゴルフのスコアに注意を向けるようになった。

創業から倒産までに数千万ドルの株主資本を食いつぶしたギャビラン・コンピュータ・カンパニーには、豪華な本社ビルがあった。ある社員は「すでにフォーチュン500企業で働いているような気分だった。おかげで切迫感は薄まってしまった。それまで私が働いてきた他のベンチャー企業と比べてワクワク感はまるでなかった」と語った。

すてきな職場で働いてはいけない、と言っているわけではもちろんない。だが豪華な新社屋が、基準を超えた、やり遂げた、ミッションを完遂した「象徴」となることは認識しておくべきだ。

あなたの会社はこれからたくさんのゴールラインを越え、それを象徴する出来事を経験するだろう（株式公開、新社屋、業界の賞を受けるなど）。こうした象徴が、魅力的なミッションに向けた持続的努力を後押しするように仕向けるのがあなたの役目だ。

ひとつの山の頂《いただき》に着いたら、次に登るべき山を探しはじめよう。新たなミッションを設定しよう。そのまま立ち止まっていたら凍死するだけだ。

すべての要素をまとめる

ここまで優れたビジョンの3つの基本要素を見てきた。コアバリューと理念、パーパス、そしてミッションだ。ビジョンをわかりやすく示すため、この3要素がどのように支え合うのか、ジロスポーツ・デザイン（小さな会社）とメルク（大企業）の例で見ていこう。

ビジョンの例　ジロスポーツ・デザイン

コアバリューと理念

ジロの絶対譲れない基本的価値観と理念は、以下のとおりだ。

最高の製品　私たちが製造する一つひとつの製品は、単なる金儲けの手段ではなく、市場に固有の価値を提供するものでなければならない。「革新的」「高品質」「圧倒的ベスト」でなければならない。

最高のカスタマーサービス　私たちのサービス基準は、製品基準と同じように厳格だ。お客様を親友のように扱わなければならない。

黄金律　取引相手には自分たちがこう接してほしいと思うような態度で接する。
チームワーク　「いなくては困る人」をつくってはならない。「私」ではなく「私たち」を主語に考える。
最善の努力　誰もが引き受けた仕事で最善を尽くさなければならない。Bプラスではなく、Aを目指す。
細部へのこだわり　小さなことは重要だ。神は細部に宿る。
誠実さ　私たちは誠実だ。コミットメントを誇りに思う。私たちには一貫性があり、公平だ。

パーパス
ジロは革新的で高品質な製品を通じて、人々により良い暮らしを届けるために存在している。

ミッション（1990年に設定されたもの）
ジロのミッションは、偉大な企業になることだ。2000年までに世界のサイクリング産業でもっとも敬愛される会社になることを目指す。

ビジョンの例　メルク

コアバリューと理念

私たちは病を患う方々の役に立つ能力をなによりも大切にする。

私たちは最高の倫理観と誠実さにコミットする。

私たちはサービスを提供するお客様、社員、そして社会に対して責任を負う。

社会のあらゆるセグメント（お客様、取引先、政府、一般市民）とのかかわりにおいて、私たちの掲げる高い基準が反映されるようにする。

私たちは科学を人類のニーズと合致させるような研究にコミットする。

会社の未来は社員の知識、想像力、スキル、チームワーク、誠実さにかかっていることから、このような資質をなにより大切にする。

私たちは利益を求めるが、それは人類に役立つ仕事がもたらす利益でなければならない。

パーパス

私たちは人の命を守り、改善する事業に従事している。あらゆる行動は、その実現にどれほど寄与したかによって評価しなければならない。

ミッション（1979年に設定されたもの）
1980年代のうちに世界で傑出した製薬会社という評価を確立する。

文字にする

ビジョンは明文化するのが好ましい。文字にするためは、自分が具体的に何をやり遂げようとしているのか、徹底的に考え抜かなければならない。さらに重要なこととして、明文化はそれをリーダー個人ではなく「組織の」ビジョンにするために欠かせないステップだ。アメリカン・フォト・グループのスティーブ・ボスティックはインク誌の取材でこう述べた。

ビジョンは紙に書き出さなければいけない。これはとても重要だ。ビジョンが社員の目に触れなければ、今はあっても明日にはなくなるようなものであれば、社員が夢中になることはない。ワンマンショーの会社に成し遂げられることなど、たかが知れている。[63]

このように考えているのはボスティックだけではない。R・W・ジョンソンはJ＆Jの未来のリーダーのために「我が信条」をまとめた。トム・ワトソンが『IBMを世界的企業にしたワトソンJr．の言葉』を書いたのは、IBMの基本原則を明文化するためだ。マービン・バウワーは著書

『Perspective on McKinsey（マッキンゼーに関する考察）』で、マッキンゼーのビジョンについて語った。ジロスポーツのビル・ハンネマンは、会社のビジョンが書かれた紙を常に手元に置いている。会社にとって永遠不変の原則を、本当に石に刻んだ会社もある（ストゥ・レオナルズ・デイリー）。

会社が柔軟性を失うのではないか。時代とともに変化できる柔軟性を維持したくないのか。このような「永遠不変の原則」や「100年続くパーパス」は、本当に理にかなったものなのか。原則を石に刻んでしまうと、行動が制約されないか。そんなふうに思う人もいるかもしれない。

変化は好ましいものだ。それは私たちも認める。問題は、何を変えるべきか、そして何を変えないべきかだ。バリューから戦術に至るヒエラルキーのなかに答えの一端がある。

コアバリューと理念：変化することは（ほぼ）ない。
パーパス　　　　　：100年は変化しない。
ミッション　　　　：ひとつのミッションが完了し、新たなミッションを設定するたびに変化する（通常は10～25年ごと）。
戦略　　　　　　　：毎年見直し、新たなミッションが設定されるたびに1からつくり直す。
戦術　　　　　　　：状況変化に対応するため、常に変化する。

生き生きと魅力的に描写する——言葉で絵を描こう

ビジョンを生き生きとした、魅力的で具体的な言葉で伝える能力はとても重要だ。人の感情を揺さぶり、ワクワクさせるような言葉だ。ビジョンを言葉から絵に、社員がいつでも思い浮かべることができるようなイメージに転換すると言ってもいい。要は「言葉で絵を描く」のだ。「2000年までに偉大な企業になる」というミッションを掲げるなら、それを具体的に生き生きと描写し、「私たちのミッションはこの絵を現実にすることだ」と言わなければならない。具体的で鮮明な絵を描こう。たとえばジロスポーツのジム・ジェンテスは、偉大な企業になるという目標をこんな言葉で表現した。

世界の一流ライダーがこぞって、世界トップクラスの大会でジロの製品を使うようになる。ツール・ド・フランスやワールド・チャンピオンシップの優勝者、オリンピックの金メダリストはみな、ジロのヘルメットをかぶって勝利を手にする。会社にはお客様から「ジロが存在していてよかった。ジロのヘルメットのおかげで命を救われた」といった感謝の電話や手紙が舞い込む。社員はジロをこれまで働いたなかで最高の職場だと思う。サイクリング業界で最高の会社を聞かれれば、たいていの人はジロと答える。

ヘンリー・フォードは「自動車を庶民のものにする」というミッションを伝えるために、言葉でこんな絵を描いた。

私は庶民のための自動車をつくる。価格はまともな給料を稼いでいる人なら誰でも買えるくらい安い。それに家族を乗せて、神の創りたもうた広大な大地を何時間も走る喜びを満喫できる。ハイウエイから馬の姿は消える。自動車が当たり前の存在になる。[64]

細やかな描写に注目してほしい。「家族を乗せて、神の創りたもうた広大な大地を何時間も走る喜びを満喫できる」「ハイウエイから馬の姿は消える」。「言葉で絵を描く」とはこういうことだ。私たちのお気に入りの例が、チャーチルの描いた絵だ。歴史上、チャーチルほど巧みにビジョンを伝えたリーダーは数えるほどしかいない。

この島で私たちを倒せなければ戦争に負けることを、ヒトラーはわかっている。私たちが立ち上がり、ヒトラーを止められれば、ヨーロッパは自由になり、世界の歴史は広々とした日の当たる場所へと進んでいくだろう。

だが私たちが敗れれば、アメリカを含む、私たちの知る大切な人々を含む世界全体が新たな暗黒時代の深淵に沈む。それは歪んだ科学によって邪悪なものとなり、長く続くだろう。

だから私たちは自らの責務を引き受け、信じよう。大英帝国とイギリス連邦がこれから1000年続いたとしても「あれがわれわれの栄光のときだった」と誰もが振り返ると。[65]

「チャーチルだからできることだ」と思うかもしれない。「私はチャーチルではないし、あんな伝え方はできない。しかもヒトラーのような敵がいればやりやすいだろうが、そんな状況に置かれることもないだろう」と。

たしかにその通りだ。チャーチルのような伝え方ができる人はほとんどいない。しかしチャーチル、フォードのような人々から「学ぶ」ことはできる。チャーチルは生まれながらの雄弁家ではない。こうした言葉は自然と出てきたわけではなく、努力して紡ぎだしたものだ。チャーチルは演説や原稿の作成に何時間もかけ、ダビデ像やピエタ像を創っていたときのミケランジェロがおそらくそうであったように、精魂込めて一つひとつの文章を磨き上げていったはずだ。チャーチルは細部にこだわった。「広々とした日の当たる場所」や「新たな暗黒時代の深淵」といった、人々の心に焼きつくような具体的で鮮やかなイメージを練った。

チャーチルほど雄弁に語ることはできなくても、ビジョンの伝え方の手本にすることはできる。

本書の新しい視点

すべてをまとめる
――偉大な企業を目指すＤＰＲコンストラクションの「憲法制定会議」

私が最初に気づいたのは、握手する手がどれもごつごつして、ひどく握力が強いことと、威圧的なほど筋肉隆々の腕と日焼けした肌だった。私は創業から1年あまりのＤＰＲコンストラクションの創業者たちと昼食をとっていた。全員がぶっきらぼうで気難しい建設業の男たちだ。

その数週間前、ＤＰＲの経営陣2人がスタンフォード大学の公開講座を聴きに来た。教員が最新の研究成果を発表する場で、私は『ビヨンド・アントレプレナーシップ』の刊行に先立ち、ビジョン・フレームワークを披露した。講義のあと、ＤＰＲのピーター・サルバティから電話を受けた。「私たちと会っていただけませんか。偉大な企業のつくり方について議論させていただきたい」と。

ダグ・ウッズ、ピーター・ノスラー、ロン・ダビドウィスキがＤＰＲを創業したのは、建設業界の伝統に反旗を翻すためだった。業界に存在する階層的で近視眼的な仕事のやり方に反発した彼らは、かつての勤務先から独立した。それから約1年経ち、社員数はまだ20人足らずで、請け負った仕事も数えるほどだった。

「最初にやるべきことは、コアバリューを明確にすることだ」。昼食の席で、私はこう切り出した。

完全な沈黙。

私は続けた。「次に、存在目的であるパーパスを明確にする。数十年、あるいは数百年にわたって地平線上に浮かぶ案内星のように、みなさんの会社を導くものだ」

居心地が悪くなるほどの沈黙。

深呼吸して、私は再び口を開いた。「そして社運を賭けた大胆な目標を設定する。あまりに困難で、登るのが恐ろしくなるほどの山のようなものだ」

ついにウッズが口を開いた。「バリューだって?」

しばし間をおいて、

「パーパス?」

またしばし間を置く。

「そんなものが会社を育てるという現実と、なんの関係があるんだ」。ウッズの言わんとしていることは明白だった。「われわれは哲学者じゃない、実務家だ。ものづくりの会社として、学術的理論ではなく現実と向き合っている。いったい何の話をしに来たんだ?」

失うものは何もないので反論しよう、と私は思った。「みなさんがやろうとしているのは、アメリカ合衆国の建国と同じようなものだ。創業チームのみなさんは、ジェファーソン、フランクリン、アダムズ、ワシントン、マジソンだ。独立宣言や合衆国憲法がなかったら、アメリカはどうなっていただろう。建国の父たちは、単に独立戦争に勝てばいいと思っていたわけじゃない。さまざまな理想を体現する、永続する偉大な国家をつくろうとしていたんだ。リンカーンがゲティスバーグ演説で、キング牧師が『私には夢がある』のスピーチで立ち戻ったのは、常にこの建国時の理想だったことを思い出してほしい」

ウッズの態度がやわらいだ。ウッズも「勝利」を望んでいたが、それは単なる経済的勝利ではなかった。仲間とともに目指していたのは、建設会社の理想像を現実として示し、これまでよりも質の高い経営を実践し、同時に市場で勝利を収めることだ。

そこで創業者チームは「憲法制定会議」に相当するものを開くことを決め、20人近いDPR社員をシリコンバレーとサンフランシスコ湾を見下ろすトーマス・フォガティ・ワイナリーに集めた。『ビヨンド・アントレプレナーシップ』のビジョンの章に出てくるビジョン・フレームワークを使い、何日もかけて、戦略ではなく「私たちは何のために存在するのか」「何を主張したいのか」「何を達成したいのか」という大きな問いと向き合った。

決定的なターニングポイントは、パーパスを議論している最中に訪れた。「世界を変える」「私たちの仕事によって人々の生活を改善する」といった目標は、何か会社にそぐわない気がした。とうとう創業者のひとりがこう言った。「われわれはビルダー（建物を造る者）だ。それは仕事というより、われわれの生き方そのものだ。パーパスにはそういう考えを反映すべきだ」

「つまりパーパスは『何かをつくること』だと？」

「そうだな、何かをつくるというのは正しい表現だ」

「でも、それだけでは十分ではない気がする。何かをつくるというのは特別なことだろうか」

議論が進んでいった末に、ようやく「最高のものをつくる」というフレーズが飛び出した。

「それだ！　われわれは単に何かをつくるためではなく、『最高のもの』をつくるために存在している。最高の建物、最高の文化、最高の顧客関係、最高に協力的チーム、それをすべて足し合わせたものとして最高の、偉大な企業ができる」。こうして「私たちは最高のものをつくるために存在している」というDPRのパーパスが定まった。

「憲法制定会議」を通じて、創業チームは『ビヨンド・アントレプレナーシップ』のフレームワークにもとづき、明確なビジョンをつくりあげた。パーパスに加えて、4つの永続的コアバリューと、「2000年までに真に偉大な建設会社になる」という大胆な目標を掲げ、それを1ダースほどの具体的イメージによって鮮やかに描写し、命を吹き込んだ。「同規模の建設会社のなかで、常に安全上の問題の発生率を最低に抑える」「業界誌で認められるような大きなプロジェクトを手がける」「パイロット・プロジェクトを受注したら、その後は競争入札なしで主要な製造設備の建設を任される」「東海岸の友人からDPRのすばらしさは耳に入っている、と言われる」「最高の会社で働いていると家族から褒められる」「私たちが関心を示したプロジェクトには必ず声をかけてもらえる」「5年連続で、過去のクライアントから仕事を発注される」「経営学の権威に偉大な企業の事例として取り上げてもらう」「顧客や下請会社から、DPRとその取り組みを称賛する手紙を受け取る」「シニアレベルの見積もり担当やプロジェクトマネージャーのポジションに、マイノリティや女性を登用している」「全国的雑誌にDPRとその成功について好意的記事が載る」「こちらから求めなくても、主要なプロジェクトに頻繁に名前が挙がる」

共同創業者のひとりであるダグ・ウッズはのちに、誕生まもないちっぽけな会社には大きすぎる野心ばかりだと思った、と語った。「われわれが『2000年までに真に偉大な企業になる』などと言うのは、3歳児が『10歳までに大学を卒業する』と言うようなものだった[66]」

それでもDPRは真に偉大な建設会社となった。1998年には売上高が10億ドルに達し、その後も勢いは増すばかりだった。創業25周年を迎え、売上高は30億ドル、全米20カ所に拠点を構え、3000人の社員が働いていた[67]。ピクサーやジェネンテック、カリフォルニア大学バークレー校やMDアンダーソン癌センターまで、世界でもっとも目の肥えたクリエイティブな企業を顧客に持つようになった。その間、大胆な目標は一段と大胆になり、新しいミッションが策定された。「2030年までに業種を超えてもっとも尊敬される企業のひとつになる」

創業25周年の会合で、私は熱意あふれる次世代の無骨なビルダーたちと顔を合わせた。継承計画に沿って創業者たちから株式を買い取り、新たなベンチャー精神を持ってオーナーとなった若きリーダーたちだ。彼らにも創業者たちと同じ、最高のものをつくることへの情熱があった。その立ち居振る舞いから、地に足をつけて、漸進しつづける精神が伝わってきた。その2年後、DPRの売上高は45億ドルを超え、さらに伸び続けている[68]。

この原稿を書きあげようとしている2020年現在、DPRはまもなく30周年を迎えようとしている。30年にわたる成功というのは、とてもすばらしいスタートだが、それでもスタートに過ぎない。最高のものをつくる旅路に終わりはない。

DPRコンストラクションのビジョン

コアバリュー

「**誠実さ**」最高水準の誠実さと公平さをもちあらゆる事業を遂行する。私たちは信頼できる会社だ。

「**楽しさ**」仕事は楽しく、本質的に満足できるものであるべきだ。私たちが楽しんでいなければ、どこか間違っている。

「**ユニークさ**」他のあらゆる建設会社と異なる、より先進的な会社でなければならない。私たちには譲れないものがある。

「**常に進み続ける**」自発的に変化、改善、学習、基準の向上を続けることそのものに価値がある。

パーパス

私たちは最高のものをつくるために存在している。

最初のミッション（社運を賭けた大胆な目標）

2000年までに真に偉大な建設会社になる。

次のミッション（社運を賭けた大胆な目標）

DPRは最初の野心的ミッションを実現し、新たなミッションを設定した。2030年までに業種を超えてもっとも尊敬される企業のひとつになる。

明確さと共有

ビジョンが効果を発揮するためには、2つの重要な基準を満たさなければならない。「明確さ」（きちんと理解されている）と「共有」（組織の主要な人材がみな賛同している）だ。

ここから悩ましい問題が生じる。ビジョンはトップ（創業者やCEO）が示すべきか、それとも集団的プロセスで導き出すべきか、だ。トップダウン型ビジョンの欠点は、明確さはあるものの、広く共有されない可能性があることだ。一方、集団的プロセスによって策定すると、明確さも輝きもない「合議制」による退屈な代物になりがちだ。

会社には独自の規範やスタイルといったコンテクストがあるので、答えはそれぞれ導き出す必要がある。このジレンマに対する普遍的な正解はない。

私たちは完全な集団的プロセスによって明確なビジョンが設定され、共有されたケースをいくつも見てきた。合議制がうまくいくか懐疑的な人には、再び合衆国の建国時を思い出してほしい。たしかに強力なリーダーは存在したが（ワシントン、ジェファーソン、マジソン、アダムズ）、アメリカのビジョンは完全な「集団的」プロセスによって設定された。憲法制定会議の間中、ジョージ・ワシントンはほとんど発言しなかったくらいだ。

一方、私たちはひとりのリーダーがビジョンを決めたケースも見てきた。ウォルマートのサム・ウォルトンやヘンリー・フォードが最たる例だ。

つまり集団的プロセスと個人による決定のどちらが良い、と一概には言えない。それは会社の置かれた状況や、リーダーであるあなたの個人的スタイルによって決まる。本当に重要なのは、あなたが先頭に立って会社のために明確なビジョンを策定、共有しようと働きかけ、ビジョンの実現に向けた情熱を社内に育むことだ。それができれば、あなたはリーダーとしての役割を果たしていることになる。

ビジョンはカリスマ的ビジョナリーだけのものではない

ビジョンを示すにはカリスマ的ビジョナリーという神秘的な、あるいは超人的資質が必要だという誤解を、ここではっきりと否定しておきたい。それが事実なら、すべての組織にチャーチルとケネディとマーティン・ルーサー・キング牧師を掛け合わせたようなCEOが必要になる。ビジョンと聞くと「自分には無理だ。典型的なビジョナリータイプではないから」と考える経営者は多い。だがあなたのスタイルや個人的魅力にかかわらず、ビジョンを策定するのはリーダーの仕事だ。ビジョンを設定するうえでのカリスマ性の役割は、あまりに過大評価されている。自分の会社にすばらしいビジョンを浸透させた経営者のなかには、特別なカリスマオーラを持たない人もいる。ナイキのフィル・ナイト、パタゴニアのクリスティン・マクディビット、ジロスポーツのビル・ハンネマン、MIPSのボブ・ミラー、HPのビル・ヒューレット、ディズニーのフランク・ウェルズ、さらに言えばエイブラハム・リンカーンやハリー・トルーマンでさえ、カリスマ的ビジョナリーのステレオタイプには当てはまらない。カリスマを自称する怪しげな人々の仲間である必要はない。あなたはあなたのままでいい。ＣＮＮ創業者のテッド・ターナーもこう言っている。

自分のことをビジョナリーなんて言うものじゃない。ビジョナリーかどうかは他人が決めることだ。私はただのテッド・ターナーだ。[69]

あなたが取り組むべき仕事は、ビジョンを持ったカリスマになることではない。ビジョンある組織をつくることだ。個人はいつか死ぬが、偉大な企業は何世紀にもわたって生きつづけることができる。

第5章

幸運は諦めない者に訪れる

LUCK FAVORS THE PERSISTENT

出発点は岩の底だ。頭上に越えられない何かが見えても、とにかく登り続け、その障害物に触れられるところまで到達する。そこまで近づくと、たいてい抜け道が見つかる。障害物に鼻先が触れるほど近づく前に背を向けるというのは、諦めることだ。

——トム・フロスト[1]

2007年5月15日、私はトミー・コールドウェルとヨセミテ渓谷の岩壁エル・キャピタンの岩棚に腰を下ろしていた。その日はトレーニングに来ていた。私が50歳を迎えるにあたって、高さ1000メートル近いほぼ垂直のこの岩壁を、由緒正しい「ノーズ」ルートから1日で登るという個人的BHAG（大胆な目標）を設定しており、コールドウェルにコーチを頼んだのだ。

「質問があるんだ」。巨大な花崗岩から広がる景色を眺めながら、コールドウェルは言った。「BHAGは実現可能なものでなければいけないのかな」

「なぜそんなことを聞くんだい？」

「登ってみたい壁があるのだが、実現可能かわからないんだ」

私たちが座っていたところから、ドーン《夜明け》・ウォールの石膏のように滑らかな壁面が見えた。朝日が最初に当たることからこの名がついた。コールドウェルは座ったまま、陽光に輝くドーン・ウォールを見つめていた。まるでエル・キャピタンが静かに私たちを見守り、聞き耳を立てているようだった。「実現は可能かもしれない。だが、それを成し遂げるのは僕ではなく、未来の世代かもしれない」とコールドウェルは言った。

「トミー、確実に実現できることなら、それはBHAGとは言わないんだ」と私は答えた。

結局コールドウェルはこのBHAGにコミットした。ドーン・ウォールをフリークライミングで登る、というのだ。（実現すれば）巨大岩壁の登攀《とうはん》として、史上もっとも困難な挑戦になるはずだった（「フリークライミング」とは、指先の力だけを頼りに岩壁を登りきることだ。ロープは落下を防ぐためだけに使い、登るためには使わない）。ドーン・ウォールのどこまでも垂直な壁にあるホールドのなかには、10セント硬貨よりも薄く、日中のまぶしい光の中より、（コントラストが多少明確になる）夜間のヘッドライトを使ったほうが見やすいというものもあった。

それから7年、コールドウェルはドーン・ウォールの攻略に苦闘した。毎年シーズンの大部分を頂上にたどり着くための奇怪な暗号を解読するかのように、絶壁のあちこちに散らばったホールドの位置関係をマスターすることに費やした。カミソリのように薄い縁《へり》を指がつかみそこねたり、足で垂直な花崗岩を抑えきれなくなるたびに、100階建てビルを超える高さから5メートル、10メートル、ときには15メートルも落下した。安全ロープがロックされて壁に身体が打ちつけられると、「うっ！」という声が聞こえた。

だが回を重ねるごとに、コールドウェルは強くなっていった。創意工夫を重ね、靴メーカーとまったく新しいクライミング用シューズまで開発したほどだ。それでも岩壁の中央付近のもっとも難しい部分ではうまくいかず、幾度も挫折を味わった。ある年には岩壁の頂上から巨大な窓ガラスのような氷のシートが滑り落ちてきて、コールドウェルの周囲で砕け散り、撤退を余儀なくされた。別の挑戦のときには、パートナーのケビン・ジョージソンが2・5メートル離れたホールドの間を飛び移ろうとして足首を痛め、シーズンが終わってしまった。2013年にはウォールフックが壊れ、機材一式が60メートル落下してコールドウェルのハーネスを直撃、肋軟骨分離《ろくなんこつ》（肋骨と胸骨が傷つき、呼吸するだけで激痛が走る状態）を起こした。しかもこの間ずっとコールドウェルは左の人差し指を使わずにホールドを渡っていく方法を模索していた。数年前のテーブルソーの事故で、人差し指の一部を失っていたからだ。

これだけの挫折や不運に見舞われながらも、コールドウェルは諦めなかった。他のクライマーがさまざまな成果をあげるなか、ドーン・ウォールで苦しみつづけた。コールドウェルはキャリアのピーク（29～36歳）を非現実的な企てに浪費しているのではないかという声も出はじめた。

2012年秋、私はウエストポイント（陸軍士官学校）でのリーダーシップセミナーに、コールドウェルを特別ゲストとして招いた。コールドウェルがドーン・ウォールで5回目のシーズンに向けた準備を進めていたころだ。ウエストポイントへと向かう道中、私はどうしても聞かずにはいられなかった。「なぜこの登攀《とうはん》に挑みつづけるんだい？　これまでクライマーとしてすばらしい成功を収めてきたのに、この挑戦では失敗に次ぐ失敗を重ねている。なぜそれでもまだ戻るんだい？」

「僕がドーン・ウォールに戻るのは、この挑戦によって技術が向上するから、そして僕自身が強くなれるからだ」とコールドウェルは答えた。**「僕は失敗しているんじゃない、成長しているんだ」。**

それから私たちは失敗についてどう考えるべきか、じっくり話し合った。そして**成功というコインの裏面は失敗ではなく、成長だ**という考えに至った。

「多くの人を見ていて思うのは、成功することに集中するあまり、失敗というプロセスを通じて成長できそうな状況を避けているということだ。でも自分の真の限界を知りたければ、何度も失敗を積み重ねた末に、いつの日かどうにかして成功するという経験をしなければならない。たとえ僕が最終的にドーン・ウォールのフリークライミングに成功しなかったとしても、それを通じて僕ははるかに強くなり、技能も磨かれ、他のクライミングがすべて簡単に思えるようになるはずだ」

2年後、ニュースメディアが「世紀の登攀《とうはん》」と報じ、世界中が釘づけになるなか、コールドウェルとジョージソンは２０１４年12月末から翌１５年１月半ばにかけて、ドーン・ウォールで楽しい19日間を過ごしていた。しかも信じられないほどの幸運に恵まれた。ほぼ全期間にわたって涼しい晴天の日が続き、クライミングに最高のコンディションが整ったのだ。エル・キャピタンの頂上は太陽を浴びて完全に乾き、恐ろしいギロチンのような氷の板が滑り落ちてくるリスクは徐々に消えていった。通常であれば1月のエル・キャピタンの頂上は分厚い雪に覆われているが、２０１５年1月の最初の2週間は違った。乾燥した晴天が続いたので、コールドウェルにはジョージソンがもっとも難しい中央部分を乗り越えるのを数日間待つ余裕があり、チームとしてフィニッシュを迎えることができた。２０１５年1月14日の午後3時過ぎ、2人は頂上に達した。２００７年にコールドウェルがドーン・ウォール攻略というＢＨＡＧは実現可能だろうかと口にしてから、２８０１日後のことだった。

19日に渡ってひとつの不運にも遭わず、すべてがうまく噛み合うという幸運に恵まれなければ、コールドウェルは今でもドーン・ウォール攻略に苦闘していたかもしれない。ピューリツァー賞を受賞したニューヨーク・タイムズ紙の記者がこれはおもしろいネタになると気づき、同紙の一面を何度も飾るという幸運に恵まれなかったら（編集長自身もたまたまロッククライマーだった）、コールドウェルの人生はまた違ったものになっていたかもしれない。さらにパートナーのジョージソンがミドル・ピッチと呼ばれる部分で苦戦し、世界中が固唾をのんで見守るドラマチックな展開にならなければ、最終的な登攀《とうはん》成功をこれほど多くの人が真剣に見届けることはなかっただろう。コールドウェルとジョージソンが最終的に成功したときには、バラク・オバマ大統領がツイッターに、自身がヨセミテの絵の前に立つ写真とともにお祝いの言葉を書き込んだ。[2]

ただそれと同じくらい重要なのが**コールドウェルが挑戦しつづけなかったら、途中で諦めていたら、こうした数々の幸運に恵まれることもなかった**という事実だ。

コールドウェルがドーン・ウォールの頂上で両手を突き上げて勝利を喜ぶ姿を見ながら、私はこう思った。「トミー・コールドウェル、スティーブ・ジョブズに並んだな」。この2人は私の人生に多大な影響を与えた。2人の人生が伝える最大の教訓を思うとき、私は安堵と新たなエネルギーを感じる。「幸運は諦めない者に訪れる」と。

私が初めてジョブズと出会ったのは1980年代末、スタンフォード大学経営大学院で教えていた頃だ。私はまだキャリアをスタートさせたばかりで、学生にこの講義に価値があると示すためには誰かの手を借りる必要があると思った。そこでいきなりジョブズに電話をかけた。「私は小さなベンチャーを偉大な企業に変える方法について、講義を担当しています。一度私と一緒に講義をしていただけませんか」と。

ジョブズは快諾してくれた。約束の日、劇場のように階段状になった教室の真ん中で、学生たちと対面するかたちで足を組んでテーブルに腰かけた。そしてこう言った。「さて、何の話をしようか」。それから私たちは2時間にわたり、人生、リーダーシップ、会社をつくること、技術、そして未来について語り合った。ジョブズからは、仕事に対する情熱、創造することへの情熱、数百万人のクリエイティブな人々の手にコンピュータを届けることが世界を変えるという考えへの情熱があふれ出ていた。

講義の途中でジョブズは「まあ、前の会社からは追い出されてしまったからね」と口にした。その数年前、ジョブズは経営陣の内紛でアップルのトップの座を追われた。不遇のどん底に追い込まれたジョブズに私はすぐに連絡をとったが、なかにはジョブズを見限り、「もう終わった」「時代遅れだ」など陰口を叩く者もいた。ジョブズの妹はニューヨーク・タイムズに掲載された追悼文のなかで、当時の様子を書いている。シリコンバレーのリーダー500人がアメリカ大統領との夕食会に招かれたのに、ジョブズには招待状すら届かなかった。[3] アップル株の一部を売却して得た数百万ドルの資産で悠々自適の生活を送り、理不尽な仕打ちに文句を言っていることもできたが、ジョブズはそうしなかった。

アップルを去った後に創業したネクストは「ネクスト・ビッグ・シング（新たな大成功）」にはならなかった。宿敵ビル・ゲイツが世界を変えるビジョナリーとして注目されるなか、誰もジョブズには目もくれなかった。それでも立ち上がり、来る日も来る日も、何週間、何カ月、何年も働きつづけた。

そして1997年、幸運が巡ってきた。第2章でも触れたが、ジョブズの愛するアップルが凋落し、破綻の危機に陥った。複数の企業への身売り交渉まで行ったが、結局どこととも合意には至らなかった。アップルは新しいオペレーティングシステム（OS）を切実に必要としており、ネクストはたまたまアップルが必要としていたOSを持っていた。こうしてジョブズはセカンドチャンスを手に入れた。OSと抱き合わせで、アップルに復帰したのだ。

いくつもの幸運な出来事が重ならなければ、iPodもiPhoneもiPadもアップルストアも、そしてジョブズが世界的英雄の座を手に入れることもなかっただろう。アップルが1990年から97年にかけて目覚ましい利益成長を遂げていたら、ジョブズに復帰のチャンスは巡ってこなかったはずだ。アップルがどこかに身売りしていたら、再建すべきアップルそのものが消滅していたかもしれない。ネクストが開発したOSが、アップルが切実に必要としているタイプではなかったら、ジョブズの凱旋につながる交渉も始まらなかっただろう。

ではジョブズの凱旋は単に運が良かったという話なのだろうか。アップルの（ひどい企業から）良い企業から偉大な企業への成長も、主に幸運に恵まれたケースだろうか。そして一般論として「成功はどの程度運で説明できるのか」という問いに対して、どう答えるべきだろうか。

学者や人気作家のなかには、極端な成功の要因は個人のスキルや規律あるルールの順守ではなく、幸運や恵まれた状況であると主張する者もいる。大勢の人に7回コインを投げてもらえば、何人かは偶然7回連続で表が出ることもあるのと同じことだという。興味深い主張だが、永続する偉大な企業をつくることにおいては完全な誤りだ。

『ビジョナリー・カンパニー④　自分の意志で偉大になる』でモーテン・ハンセンと私は、20世紀後半のもっとも成功した起業家や経営者を幾人か研究した。分析の一環として幸運という変数を定義し、定量化し、調査した。そこでは「幸運な出来事」を3つの基準を満たすもの、と定義した。①自分が引き起こしたものではない、②（良いか悪いかにかかわらず）重大な結果を引き起こす可能性がある、③意外性がある（その出来事が実際に起こるまで、予測できない部分がある）だ。この定義を使って調べたところ、成功企業の歴史にはたくさんの幸運な出来事があったことを示すエビデンスが得られた。ただ（これが非常に重要な点なのだが）比較対象群として調べた企業も、同じくらいの幸運に恵まれていた。大成功した個人や企業は、同じような立場にあった人や企業と比べて、特別多くの幸運や不運に遭遇したわけでもなければ、幸運の質やタイミングが特別良かったわけでもない。そうではなく**幸運からより多くのリターンを得ていた**のだ。ハンセンと私の結論は「問題は運に恵まれるか否かではない」ということだ。企業を経営していれば、幸運も不運も間違いなく訪れる。それ以上に重要なのは、巡ってきた幸運を「どう活かすか」だ。偉大なリーダーであるかどうかの5割近くは、予想外の出来事にどう対処するかで決まると私は考えている。

エビデンスは、不運な出来事や創業当初に挫折した経験が、永続する偉大な企業に成長する確率を高めることを示唆している。私はジェリー・ポラスとともに、ベンチャーから時代を代表するビジョナリー・カンパニーへと成長した18社を調べた。いずれも数十年にわたって存続し、この世界に色あせない影響を残した企業だ。意外だったのは、こうした企業の多くは比較対象となった凡庸な企業と比べて、創業初期に大きな成功に恵まれていなかったことだ。むしろビジョナリー・カンパニーは創業初期に失敗や敗北、挫折を経験していた。それを乗り越えたことが組織の性質を形づくり、長期的に真に傑出した存在となるのを後押ししていた。よく考えれば理にかなっている。創業初期にあまりに幸運に恵まれてしまうと（時代に合致した「最高のアイデア」をタイミングよく市場に送り出すなど）、怠惰、傲慢になりがちだ。一方、初期に失敗や不運を克服し、その経験から真摯に学べば、持続的成功に必要な能力を身につけられる可能性が高い。長期的に見れば、1回だけメガヒットに恵まれるより、創業初期に失敗を経験し、システマチックにイノベーションを生み出す方法を学んだほうがいい。

それだけで人生の勝敗が決まるような「決定打」を探す人もいれば、「良い手」を連続して打とうとする人もいる。人生がたった一手で決まってしまうと考えれば、あっという間に敗者になるかもしれない。だが人生をいくつもの手の積み重ねと考え、一つひとつの手と全力で向き合えば複合的効果はきわめて大きくなる。不運で会社が潰れることはあるが、幸運で偉大な企業ができることはない。たった一度でゲーム終了になるような途方もない不運に遭遇しないかぎり、本当に大切なのは長期にわたっていかに良い手を積み重ねるかだ。この手をどう打つか、次の手はどうするか、そして配られたすべての札をどう使うのか。

1985年にアップルを追放されたジョブズが「本当に運が悪かった、悪い手を打った、ゲームオーバーだ」と考えていたら、どうなっていただろう。仕事への意欲や情熱を失っていたら？ 傷ついて世を恨み、新たなものを生み出して前へ進もうとしなかったら？ 私はかつて、ジョブズはビジネス界のベートーベンだと思っていた。次々と新たな作品（マッキントッシュはジョブズの交響曲3番、iPodは7番、iPhoneやiPadは9番だ）を生み出す、特別な創造的天才なのだ、と。だがその見方は変わった。今ではビジネス界のウィンストン・チャーチルだと思っている。「絶対に諦めない」というシンプルな信念を貫く、おそろしくレジリエントな人物だ。

1930年代のチャーチルはロマン主義時代の遺物で、新たな世界秩序に取り残された存在と見られていた。まもなく60代を迎えようとしており、田舎に引っ込んで「あいつらには何もわかっていないんだ」とぼやきながら、絵を描いたり、レンガを積んだり、アヒルや白鳥に餌をやったりして余生を過ごしてもおかしくはなかった。だがチャーチルは第一線にとどまった。執筆活動に励み、議会ではナチスの脅威について語り、融和政策に異議を唱えた。そして言うまでもなく、チャーチルの栄光の日々はまだ先にあった。世界で極悪非道を尽くすヒトラーとその取り巻きの侵攻に対し、イギリスを率いて敢然と立ち向かったときだ。チャーチルが不遇の時代に諦めていたら、ヨーロッパが闇に沈んでいたあのとき、指導者の役割はまわってこなかったはずだ。

第二次世界大戦末期、与党が選挙で敗れ、チャーチルは首相の座を追われた。チャーチルはひどく傷つき、のちにこう書いている。「私は未来を形づくる力を奪われた。私が蓄積してきた知識や経験、多くの国から勝ち得た権威や信頼は失われるだろう」。不機嫌な顔で昼食をとる夫を、チャーチルの妻は「これは不幸を装った幸福かもしれない」と慰めた。「かなり上手に装ったものだ」と夫は答えた。[4]

だが70代になっても、チャーチルは第一線を退かなかった。冷戦が始まろうという時期の演説では、「鉄のカーテン」という言葉で自由世界の存在を脅かすソ連の脅威を的確に表現した。この時期に執筆した回顧録『第二次世界大戦』(河出書房新社、5000ページに及ぶリーダーシップ論の傑作)では、ノーベル文学賞を受賞した。そしてもう一度首相に返り咲いた。スティーブ・ジョブズと同じように、意義のある仕事をするという意欲は肉体が滅びるまで変わらなかった。

たいていの人は生きているあいだに、こてんぱんに打ちのめされることがある。地面に叩きつけられ、世界中が自分を見下しているような気になる。それが起きたとき(必ず起こることなので「もし起きたら」とは書かない)どうするか、選択するのは自分自身だ。起き上がるだろうか。それが再び起きたとき、また起き上がるだろうか。その後も、何度も何度も起き上がるだろうか。私は打ちのめされたとき、挫折したとき、あるいは自分の失敗の後始末でへとへとになったとき、いつもスティーブ・ジョブズ、ウィンストン・チャーチル、トミー・コールドウェルのことを思い浮かべる。終わりのない苦しみのなかで嫌々がんばるのではなく、有意義な仕事への情熱に燃え、楽しそうに、そして感謝の気持ちを持って努力を続ける。早々と諦めるには人生は長すぎる。そして自分が情熱を感じること、やるべきことから目をそらしたまま生きるには短すぎる。

本章の締めくくりに、幸運についての忘れられない会話を紹介しよう。不運にも私のフライトがキャンセルされ、代替フライトで3人掛けシートの真ん中の席に押し込められたときのことだ。せっかくだから両隣の乗客から何か学ぼうと、話しかけてみた。

通路側に座っていた60代とおぼしき威厳のある紳士に「どこからいらしたのですか」と尋ねた。

「今はデンバーに住んでいます」

「デンバーのご出身ですか?」というと、相手は笑った。

「いいえ、生まれ育ったところからはずいぶんと離れてしまいました。育ったのは東海岸のある都市の貧困地域ですよ」

「どうしてデンバーに」

「そこでレストランチェーンを経営しているのです」

「ほう、どんな経緯で?」

「私の人生は、すばらしい幸運の連続なのですよ。最初のきっかけは、すばらしい理科の先生との出会いでした。授業の初日、私は大して興味もなく、集中もしていなかった。そこへ先生が入ってきて、教室のまんなかに脚立を置き、その前にクッションを置いて、また教室を出ていった。しばらくすると、今度は走って教室に入ってきて、脚立をよじ登ると、掛け声とともに飛び降りた。それから生徒たちの顔を見渡し、こう言ったのです。『さあ、重力について考えてみよう』。こうして私は科学に興味を持つようになり、大学で物理学を学ぶための奨学金ももらいました」

その後紳士は一流のテクノロジー会社に就職し、投資に成功し（「本当にラッキーでした」）、売却益でレストランチェーンを買ったのだという。「たまたま良いタイミングで、良い場所にいた。それですべてがうまくいったのです」

すると、窓側の席に座っていた若者が会話に加わってきた。

「でも僕には運を信じる余裕はないのです」と。

「それはどういう意味？」

「僕はプロ野球選手を目指していますが、なれる確率はとても低い。それでも自分ならできる、自分が努力してトレーニングすれば、プロになれる、と信じるしかない。それは自分次第だと、信じるしかない。結果がほとんど運で決まると思ったら、とてもこの厳しい闘いに堪えられない。運ではなく、自分を信じるしかないのです」

すると紳士がこう答えた。「私も以前はあなたと同じように考えていましたよ。自分次第だ、自分ならできる、運なんか必要ない、と信じるしかなかった。初めから『結局は運の問題だ』と思っていたら、これまでの努力はできなかった。今の私は過去を振り返り、運が果たした役割に気づくことができる。でも貧しい環境に生まれるという不運によって結果はあらかじめ決まっていると考えていたら、潰れてしまっていたでしょう」

この会話からは、運というものが内包する奇妙なパラドクスが浮かび上がる。偉大な企業をつくる者たちは、自分たちが最終的に何を成し遂げるか、どんな貢献をするかは運が決めるものではない、と考えている。自らの運命に対して完全な責任を引き受けている。ただひとたび並外れた成功を達成すると、その過程で運が果たした役割を認める。自分の成功を自分の優秀さではなく、運に恵まれたおかげと考えられる人は、その後も向上するための努力を続ける。好ましい結果をすべて自分の才能に帰するのは傲慢だ。多少の幸運に恵まれたおかげで、運に恵まれなければ露呈していたはずの能力不足が隠されただけではなかったか。大切なのは、自分ではコントロールや予想ができないことへの備えを固め、それを生き延び、運や機会が巡ってきたら最大限生かす強さを身につけることだ。

人生、経営、成功で重要なのは、特大ホームランを一発かっ飛ばすことだ、特大の幸運をつかむことだと思っている人は、真の偉大さとはどのように生じるものかを理解していない。偉大な企業、偉大なキャリア、偉大な作品群がたった一度の出来事、たった一度のコイン投げ、たったひとつの決まり手によって生まれることはない。もちろん諦めなければ必ず成功が訪れるという保証などない。最高のリーダーは偉大な企業をつくるための長い道のりにおいて、戦略、計画、方法論を変えなければならないこともあると理解している。ただそれに加えて、彼らが理解し、実践しているシンプルな真実がある。「幸運は諦めない者に訪れる」

最後に『ビジョナリー・カンパニー　時代を超える生存の原則』に書いた、諦めないこと、粘り強さに関する重要な注意点をここに改めて載せておきたい。この30年に私が書き綴ったあらゆる文章のなかで、起業家やアーリーステージのベンチャーの経営者にとって一番重要なパラグラフのひとつだ。それをあなたの会社を育てていくうえで、常に心に留めておいてほしい。

ビジョナリー・カンパニーをつくった人々はきわめて粘り強く、「絶対に諦めない」というモットーを貫いた。だがそもそも「何を」諦めてはいけないのか。答えは「会社」である。**アイデアは潰しても、変更しても、発展させてもかまわない。しかし絶対に会社を諦めてはいけない。**会社の成功を特定のアイデアが成功することと同一視すると（多くの経営者がこの過ちを犯す）、そのアイデアが失敗したら会社も諦めてしまう可能性が高い。またそのアイデアがたまたま成功すると、夢中になり、会社として他のことに積極的に取り組むべきタイミングが来てもいつまでもしがみついてしまう。

それに対し、あなたがもっとも重要なものは会社であり、特定のアイデアの実現ではないと考えていれば、個別のアイデアの成否にかかわらず努力を続け、永続する偉大な企業への道を進んでいけるだろう。

第6章

偉大な企業をつくるための「地図」

WHAT MAKES GREAT COMPANIES TICK-THE MAP

「常に変わり続ける社会において成熟していくのは、革新、刷新、再生を次々と生み出すようなシステムや枠組みである」

——ジョン・W・ガードナー[1]

この章では私の数十年にわたる研究を、偉大な企業をつくるためのロードマップにまとめている。「ザ・マップ」と名づけたこの地図の起源は、スタンフォード大学経営大学院の教壇に立つようになったばかりのころにさかのぼる。その日私は、起業論とスタートアップ・中小企業経営の授業のシラバス（授業計画）を作成していた。何かに突き動かされるように書き上げたコースの概要は、学生たちから見ればとんでもなく挑戦的で野心的なものだったはずだ。単に企業を興し、中小企業を経営するための基礎知識を教えるのではなく、**永続する偉大な企業をつくるには何が必要か**という問いとじっくり向き合うようなコースに刷新したのだ。

私はこの問いに夢中になった。教え子がそれぞれの人生で、崇高で野心的なことに取り組むというビジョンにワクワクした。彼らが起業家になるのなら、世界でまれにみる成功を収める会社、他社にはまねのできないポジティブなインパクトを世界に与える会社、尊敬される会社、永続する会社をつくってほしい。ただそれと同時に、私自身にやるべきことが山ほどあることもひしひしと感じていた。「永続する偉大な企業」という言葉を見つめながら、自分に言い聞かせた。「これが何を意味するのか、いまはまったくわからない。だが絶対に突き止めてみせるぞ」と。

こうして私は、偉大な企業を動かす要因を探り、伝えることに没頭するようになった。この好奇心を満たすために四半世紀にわたり研究を続けるとは、当時は夢にも思っていなかった。

このテーマについての最初の著書は、ビル・ラジアーとともに書いた『ビヨンド・アントレプレナーシップ』で、私たちがスタンフォードで教えていた授業で使ったケーススタディや、ビルが実務のなかで学んだ知恵をベースとしていた。その後はリサーチ・メンターとなったジェリー・ポラスの熱心な指導を受け、偉大な企業をその他大勢と分ける不変の法則を発見するため、数十年にわたる研究に没頭した。共同執筆者と組むこともあれば、ひとりで書くこともあり、毎回スタンフォード大学とコロラド大学の学部生と大学院生からなるリサーチチームを組織した。ひとつの研究プロジェクトが完了し、本が仕上がるたびに、答えるべき新しい問い、新しい視点、新しいアングルが見つかった。こうして研究は続き、複数のプロジェクトを通じて合計6000年を超える企業の歴史を調べることになった。一つひとつの研究と本には、それぞれ中核となる問いがある。

- 一部のスタートアップや中小企業が世界を変え、数十年にわたって存続するビジョナリー・カンパニーに成長する一方、他の企業がそのような地位を獲得できないのはなぜか（ジェリー・ポラスとの共著『ビジョナリー・カンパニー　時代を超える生存の原則』）。
- 良い企業から偉大な企業への飛躍を遂げる組織がある一方で、同じような状況にある他の組織がそうならないのはなぜか（『ビジョナリー・カンパニー②　飛躍の法則』）
- 偉大さを獲得した後、失う組織がある一方で（「偉大な企業」から「良い企業」、「凡庸な企業」、「悪い企業」、そして消滅への転落）、偉大さを維持する会社があるのはなぜか（『ビジョナリー・カンパニー③　衰退の五段階』）
- 不確実性、カオスのなかでも成長する企業がある一方で、他の企業が成長できない理由は何か。予測もコントロールもできない重大かつ急激な変化に見舞われたとき、並外れた成果を出す企業と、成果を出せない企業との違いを分けるものは何か（モーテン・ハンセンとの共著『ビジョナリ

一対比較法

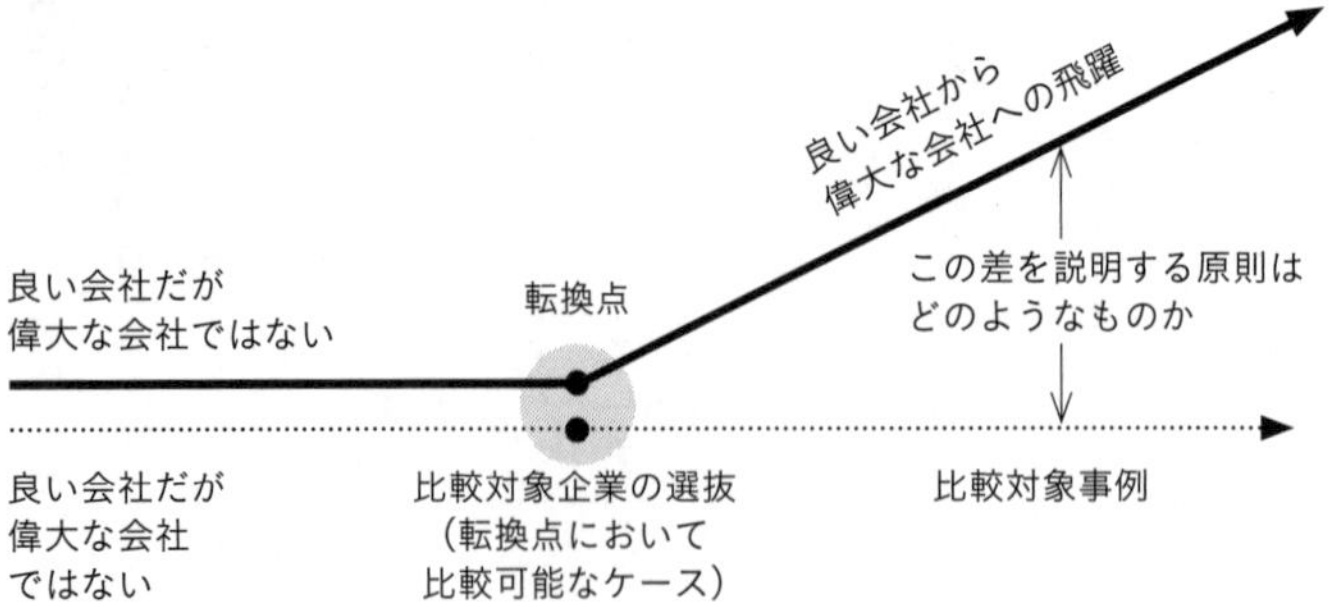

ー・カンパニー④　自分の意志で偉大になる』）

研究対象は成功事例だけではない。成功と失敗、発展と衰退、永続と崩壊、偉大さと凡庸さの「差異」に注目した。すべての研究ではジェリー・ポラスと私が開発した厳格な「一対比較法（マッチトペア法）」を使った。偉大な企業と同じような状況にいながら偉大になれなかった企業を、両者の歴史を創業期からたどりながら比較するのだ。私たちの研究方法の要は対比だった。重要なのは「偉大な企業の共通項は何か」ではなく、「偉大な企業に共通して見られる、比較対象企業との違いは何か」だ。比較対象に選定したのは偉大な企業と同じ、あるいはきわめて近い機会や状況にありながら、成果をあげられなかった企業だ。私たちは両者の歴史を対比させながら、体系的に分析した。「違いが出た原因は何か」と問いつづけながら（研究方法は図「一対比較法」を参照）。

先に進む前に、私たちが研究した偉大な企業について、重要な点を指摘しておきたい。研究したのはその企業の

「現在」の姿ではなく、偉大であった「過去の一時期」である。研究対象のなかには偉大な時期が過ぎた後、数十年にわたって停滞あるいは破綻したケースもある。「なぜこんな会社を取りあげるんだ。いまはまったく偉大ではないのに」と思うケースもあるだろう。私たちの研究を、スポーツチームの絶頂期を調べるようなものと考えてほしい。1960年代から70年代にかけてジョン・ウッデンコーチの下で大学バスケットボール界の雄であったUCLAブルーインズが（12年間に10回の全米大学体育協会全国選手権優勝）、ウッデンコーチが引退後衰退したからといって、絶頂期のブルーインズの研究から得られた知見は無効にはならない[2]。同じように偉大な企業が偉大さを失ったからといって、偉大であった時代が歴史から消えるわけではない。私たちは偉大な時期が少なくとも15年にわたって続いた企業（ほとんどのケースではるかに長かった）に研究の焦点を合わせた。

本書の読者は、こうした研究の成果が小さな会社にも当てはまるのかと疑問に思うかもしれない。私たちの研究で取りあげた企業は、最終的にどこも巨大企業に成長したからだ。答えは単純だ。どの企業もかつてはスタートアップや中小企業であり、私たちはその草創期からの成長の軌跡をたどってきた。その結果、できるだけ早いうちから会社のアーキテクチャ（構造）に偉大さの基礎を埋め込んでおくのがベストであることがわかった。たとえて言えば、幼いころからきちんとしたしつけを受け、健康で成熟した大人になるほうが、幼いころにまともな子育てを受けられず、大人になってから学び直さなければならないよりよほどいいのと同じだ。もちろん劣悪な子育てをされても人生で成功できるし、実際成功する人も多いが、だからといって無責任な子育てが勧められるわけではない。企業も同じで、きちんとしたしつけが必要だ。偉大な企業の多くは創業初期あるいは規模が小さかった段階で、傑出した企業になるための基礎を整えている。凡庸な大企業になってから偉大な企業に転換することも可能だが、最初からきちんとした基礎を据えるほうがはるかに良い。

ひとつの研究が終わるたびに、新しい知見や原則が加わっていった。それぞれの研究は、偉大な企業と良い企業を分ける永続的原則の詰まったブラックボックスに穴を開け、内部を照らす光を通す作業のように思われた。新しい研究を終えるたびに新たなダイナミクスが見つかり、すでに発見していた原則を新しい角度から見られるようになった。私たちが発見した概念が偉大さの「原因」だと主張することはできないが（社会科学で因果関係を主張すること自体が不可能だ）、エビデンスにもとづいて相関性を主張することはできる。みなさんが規律をもって私たちの研究成果を実践すれば、比較対象企業の方法を見習うより永続する偉大な企業を育てられる可能性は高まるだろう。

数十年にわたって研究と出版を重ねるなかで、その成果を体系的に実践したいという人から問い合わせを受けることが増えた。質問の内容は、おおむね次のようなものだ。「経営陣として何から手を付ければいいのか」「複数の本に出てくる概念をどのように統合すればよいのか」「どのような順序で本を読み、そこに出てくる概念を実践するのが一番良いのか」「すべての本に出てくる原則を網羅するマスターマップのようなものはないのか」

こうした問いと向き合うなかで、自分は数十年にわたってたったひとつの大きなリサーチプロジェクトに取り組んできたのかもしれないと思い至った。その答えを分割して、本というかたちで次々と世に送り出してきたのではないか、と。

そこですべての研究からもっとも重要な概念を選りすぐり、もっとも本質的な12の原則に行き着

偉大な会社を動かすもの

ザ・マップ

ジム・コリンズ作成

インプット				アウトプット
第1段階 規律ある人材	**第2段階** 規律ある思考	**第3段階** 規律ある行動	**第4段階** 永続する組織	
第5水準のリーダーシップの醸成	**ANDの才能**を活かす	**弾み車**を回転させて勢いをつける。	**建設的パラノイア**（**衰退の5段階**を回避する）。	卓越した結果
最初に人を選び、その後に目標を選ぶ（正しい人をバスに乗せる）。	**厳しい現実を直視する**（ストックデールの逆説）	**20マイル行進** 規律ある行動でブレークスルーに到達する。	時を告げるのではなく、**時計をつくる。**	唯一無二のインパクト
	ハリネズミの概念を明確にする。	**銃撃に続いて大砲を発射**し、更新と拡張を続ける。	**基本理念を維持し、進歩を促す**（新たなBHAGを実現する）	永続性
10×型企業 **運の利益率**を高める。				

いた。それを適切な順序に並べ直し、全体的枠組みのなかに位置づけ、リーダーが偉大な企業をつくるために歩むべき道筋を示した。目指したのは、偉大な企業についての私の生涯にわたる研究をまとめ、主宰する経営研究所の大きなホワイトボードに収まる1枚の「地図」に落とし込むことだ。

「偉大な企業を動かす要因」という暗号の解読に取り組み始めて30年後、スタートアップ企業を支援するテックスターズに集まったアーリーステージ企業の創業者たちの前で、私はこの「地図」をお披露目した。スタンフォード大学で起業論とスタートアップ・中小企業経営を教えながら、学生たちに永続する偉大な企業をつくれと発破をかけた日々のことを思い出し、思わず笑みを浮かべた。そこから1周まわって、再び新たな世代の起業家やスモールビジネスのリーダーたちに発破をかけることになったのだな、と。ただ今回、私には地図がある。

ここからは「ザ・マップ」の重要な構成要素をひとつずつ見ていこう。マップに登場する一つひとつの原則について、関連性のある章や論文を挙げていく。あなた（のチーム）がフレームワークの流れをじっくり見ていきたいのであれば、各原則に関連する文献を読みながら、マップをたどっていってほしい。

まず注目してほしいのは、マップには「インプット」と「アウトプット」の両方があることだ。インプットは、偉大な企業をつくるための「方法」を示しており、私たちの研究から導き出された基本原則が順番に並んでいる。一方、アウトプットは偉大な企業とは「どのようなものか」であり、そこに至る方法を示すものではない。この区別は重要だ。というのも、この2つは混同されがちだからだ。「正しい人材をバスに乗せる」はインプット（偉大さに至る手段）か、それともアウトプット（偉大さの定義）だろうか。卓越した結果を達成することはインプットか、それともアウトプットか。研究ではインプットとアウトプットを慎重に区別していた。このようにマップとして全体像を示すことで、両者の違いが明確になるだろう。

最初にインプットから見ていこう。まずは規律の役割だ。私たちの研究すべてで明らかなのは、偉大な企業と凡庸な企業を分けるうえでの規律の重要性だ。真の規律には精神的自立が求められる。会社の価値観、パフォーマンス基準、長期的野心に反する言動に従わせようとする圧力を拒絶する力だ。真の規律と呼べるのは自己規律だけだ。困難でも、偉大な成果を生み出すために必要なことをすべてやる、という内なる意思である。規律ある人材がいれば、ヒエラルキーは要らない。規律ある思考ができれば、煩雑なルールや手続きは要らない。規律ある行動ができれば、過剰な統制は不要だ。規律の文化が起業家精神と組み合わされれば、組織は偉大な成果の実現に突き進んでいく。

営利企業か社会事業かにかかわらず、永続する偉大な組織をつくるためには、規律ある思考をし、規律ある行動をとる規律ある人材が必要だ。そのうえで長期間にわたって勢いを持続させる規律が必要だ。これが4段階で構成される枠組みの支柱となる考えだ。

第1段階　規律ある人材
第2段階　規律ある思考
第3段階　規律ある行動
第4段階　永続する組織

第1段階　規律ある人材

すべては人から始まる。第1段階には2つの重要な原則がある。

- 第5水準のリーダーシップを醸成する
- 最初に人を選び、その後に目標を選ぶ（適切な人材をバスに乗せる）

偉大な会社を動かすもの

ザ・マップ

ジム・コリンズ作成

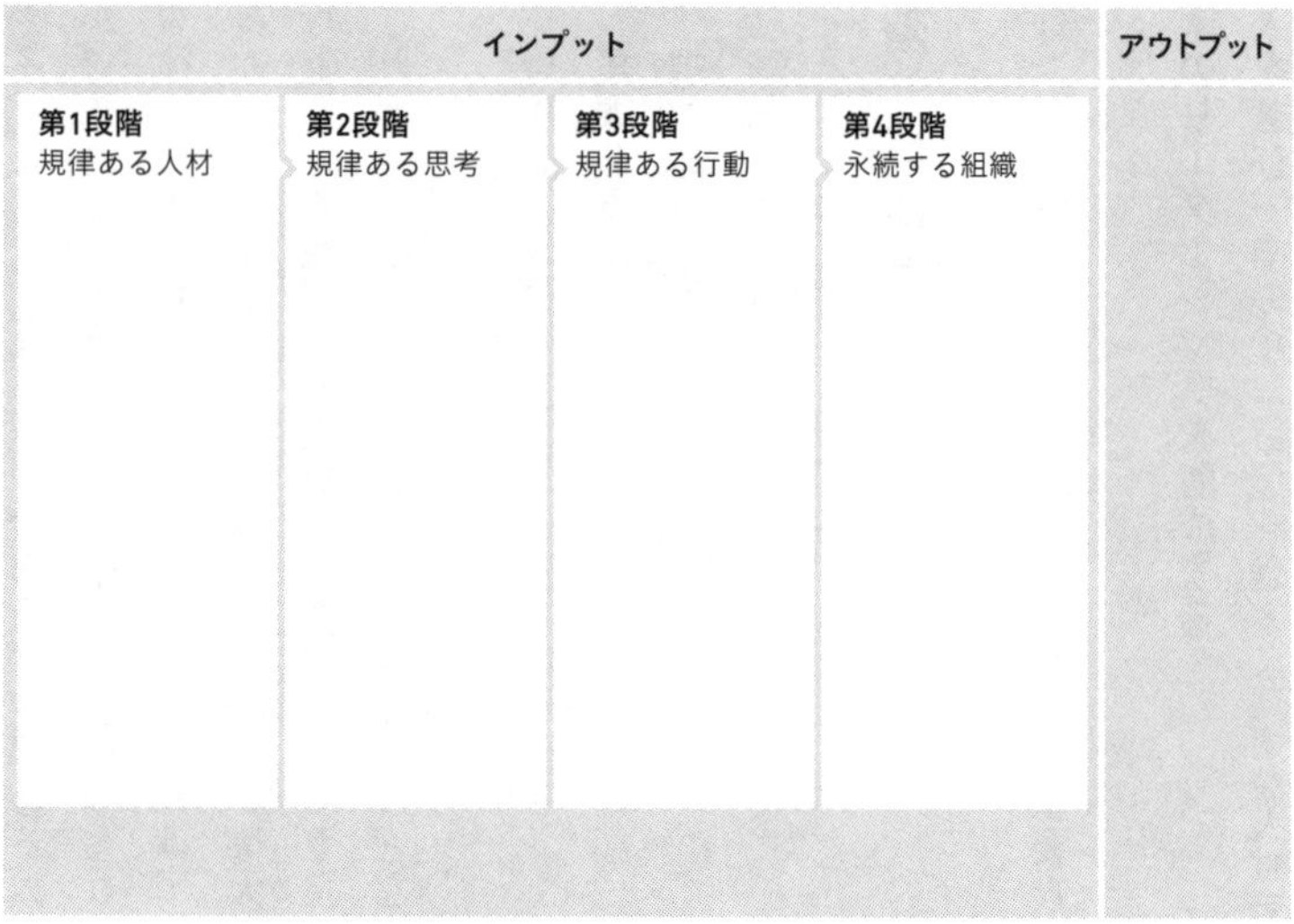

第5水準のリーダーシップの醸成

私たちの研究からは、カリスマ的リーダーの有無は偉大な企業になるか否かの説明要因ではないことが明らかになっている。惨憺《さんたん》たる状況に陥った比較対象企業には、きわめて強力なカリスマ的リーダーの在任中に破綻あるいは凋落が始まったところもある。

むしろ重大な決定要因は第5水準のリーダーシップだ。第5水準のリーダーシップの中核にあるのは、個人的な謙虚さと不屈の精神という一見矛盾した組み合わせだ。ここで言う個人的謙虚さとは、決してうわべだけのものではない。大切な理念のために、個人的エゴを抑えられる強さだ。この謙虚さが、理念のためには（どれほど困難であ

偉大な会社を動かすもの
ザ・マップ
ジム・コリンズ作成

インプット				アウトプット
第1段階 規律ある人材 **第5水準のリーダーシップ**の醸成 **最初に人を選び、その後に目標を選ぶ**（正しい人をバスに乗せる）。	**第2段階** 規律ある思考	**第3段階** 規律ある行動	**第4段階** 永続する組織	

っても）必要なことはすべてやるという不屈の決意と組み合わさっている。第5水準のリーダーは驚くほど野心的だが、その野心は偉大なチームや組織をつくること、そして私利私欲ではなく組織全体のミッションを実現することに向けられている。

　第5水準のリーダーの人柄はさまざまだが、たいていは控えめで、物静かで、無口で、内気ですらある。私たちが研究した「良い」から「偉大」への飛躍をもたらした第5水準のリーダーは、いずれも魅力的な人格ではなく、魅力的な基準によって社員の意欲を引き出していた。10x型企業のリーダーのなかには非常に魅力的な人物もいたものの、リーダーシップと個人の人格を混同していなかった。偉大な企業を

第5水準までの段階

- **第5水準　第5水準の経営者**
  個人としての謙虚さと職業人としての意思の強さという矛盾した性格の組み合わせによって、偉大さを持続できる企業をつくり上げる
- **第4水準　有能な経営者**
  明確で魅力的なビジョンへの支持と、ビジョンの実現に向けた努力を生み出し、これまでより高い水準の業績を達成するよう組織に刺激を与える
- **第3水準　有能な管理者**
  人と資源を組織化し、決められた目標を効率的かつ効果的に追求する
- **第2水準　組織に寄与する個人**
  組織目標の達成のために自分の能力を発揮し、組織のなかで他の人たちとうまく協力する
- **第1水準　有能な個人**
  才能、知識、スキル、勤勉さによって生産的な仕事をする

つくり、自分がいなくなった後も成功しつづける会社にすることに、とことんこだわった。偉大な企業をつくるためには、あなた自身と経営チームが第5水準のリーダーシップを習得しなければならない。偉大な企業が最高の状態にあるときには、第5水準のリーダーを続々と輩出する仕組みがあり、社内に第5水準のユニットリーダーがあふれている。（参考文献：『ビジョナリー・カンパニー②　飛躍の法則』第1章、2章、『ビジョナリー・カンパニー④　自分の意志で偉大になる』第1章、2章、『ビジョナリー・カンパニー特別編』）

最初に人を選び、その後に目標を選ぶ（正しい人をバスに乗せる）

押しも押されもしない偉大で永続性のある企業をつくる第5水準のリーダーは、まず「誰を（人材）」を考え、その後に「何を（目標）」を考える。最初に正しい人材をバスに乗せ（そして誤った人材をバスから降ろし）、それからどこに向かうかを決めるのだ。

混乱、激動、破壊、不確実性のただ中にあり、次に何が起こるか予測できない状況では、何が起ころうとも適応し、最高の成果を出せる規律ある人材をバスいっぱい確保しておくことが最善の「戦略」となる。私たちの研究では「パッカードの法則」（HPの共同創業者にちなんでこう名づけた）を裏づけるエビデンスが得られている。企業の成長ペースや偉大さを獲得できるかは、適切な人材を確保する能力によって決まる、という考えだ。適切な人材を確保する能力を上回る速度で成長しつづければ、いずれ停滞するだけでなく、下降しはじめる。企業が追跡すべきもっとも重要な指標は、売上高や利益、資本収益率やキャッシュフローではない。バスの重要な座席のうち、そこにふさわしい人材で埋まっている割合だ。適切な人材を確保できるかにすべてがかかっている。（参考文献：『ビジョナリー・カンパニー② 飛躍の法則』第3章、本書第2章）

第2段階　規律ある思考

正しい人材が確保できたら、第2段階の規律ある思考に意識を向けよう。第2段階には3つの重要な原則がある。

●ANDの才能を活かす
●厳しい現実を直視する（ストックデールの逆説）
●ハリネズミの概念を明確にする。

ANDの才能を活かす

誤った二項対立で物事をとらえるのは、規律のない思考だ。F・スコット・フィッツジェラルドは「第一級の知性は、2つの対立する概念を同時に内包しつつ、それでもうまくやっていける能力によって測ることができる」と語っている。[3] 偉大な組織を築く人々は、パラドクスに動じない。物事をAかBの二者択一で考える「ORの抑圧」に縛られない。むしろ「ANDの才能」によって自らを解放する。規律のない思考をする人は議論をするとき「ORの抑圧」に流され、白黒はっきりさせようとする。それに対して規律ある思考をする人は、「ANDの才能」を活かして会話を発展させ、新たな解決策を見出そうとする。私たちは「ANDの才能」を活かし、二項対立を二面性としてとらえ直した例をたくさん見てきた。いくつか例を挙げよう。

創造性 AND 規律
革新 AND 実行
謙虚さ AND 大胆さ

偉大な会社を動かすもの

ザ・マップ

ジム・コリンズ作成

インプット				アウトプット
第1段階 規律ある人材	**第2段階** 規律ある思考	**第3段階** 規律ある行動	**第4段階** 永続する組織	
第5水準のリーダーシップの醸成	**ANDの才能**を活かす			
最初に人を選び、その後に目標を選ぶ（正しい人をバスに乗せる）。	**厳しい現実を直視する**（ストックデールの逆説）			
	ハリネズミの概念を明確にする。			

自由ＡＮＤ責任
コストＡＮＤ品質
短期ＡＮＤ長期
堅実さＡＮＤ勇気
分析ＡＮＤ行動
理想主義ＡＮＤ現実主義
継続性ＡＮＤ変革
リアリズムＡＮＤビジョン
価値観ＡＮＤ結果
目的ＡＮＤ利益

とりわけ営利企業にとって興味深い事実を指摘しておこう。ビジョナリー・カンパニーは、事業の唯一の目的は株主価値を高めることだという考えを拒絶する。ビジョナリー・カンパニーは単なる金儲けを超えた中核的目的を追いかけ、さらに（ＡＮＤ）莫大な

富を生み出す。（参考文献：『ビジョナリー・カンパニー　時代を超える生存の原則』第1章、挿話、第3章）

厳しい現実を直視する（ストックデールの逆説）

私たちの研究では、第5水準のリーダーは「ストックデールの逆説」を実践することが明らかになった。ベトナム戦争のさなか、「ハノイ・ヒルトン」と呼ばれた捕虜収容所で最高位のアメリカ軍人だったジム・ストックデール将軍に因んだ概念だ。ストックデールのリーダーシップには、ANDの才能がはっきりと表れている。どれほどの困難にぶつかっても、最後には必ず勝つという確信を失ってはならない。それと同時に自分が置かれている現実のなかでもっとも厳しい事実を直視しなければならない。たとえば捕虜収容所での生活を生き延び、愛する家族と再び会える日が来ると信じなければならないが、それと同時にクリスマスまでに解放されることはなく、来年、再来年のクリスマスも解放されないかもしれないという事実をストイックに受け入れなければならない。現実の出来事によってすぐにぶち壊しにされるような誤った希望を、部下に抱かせるというリーダーシップのワナに陥ってはならない。ただ部下を絶望させ、最終的勝利を信じる気持ちを失わせることも慎まなければならない。スタートアップから偉大な企業へと成長するためには、ストックデールの逆説が必要だ。会社を「良い」から「偉大」へ飛躍させるためには、ストックデールの逆説が必要だ。混乱と破壊を乗り切るためには、ストックデールの逆説が必要だ。衰退の流れを逆転させ、成功企業として復活するためにはストックデールの逆説が必要だ。成功している企業を繰り返し更新し、永続させるためにはストックデールの逆説が必要だ。第5水準のリーダーは、ビジョンや戦略を設定する前に、厳しい現実を直視する。真実に耳を傾けるような空気を社内に醸成する。厳しい現実を直視できないのは、間違いなく破滅的衰退の前兆だ。（参考文献：『ビジョナリー・カンパニー② 飛躍の法則』第4章）

ハリネズミの概念を明確にする

古代ギリシャの寓話に「キツネはたくさんのことを知っているが、ハリネズミはたったひとつ、肝心要《かんじんかなめ》な点を知っている」というものがある。それにもとづいて哲学者のアイザイア・バーリンは、人々の思考パターンを2つの類型に分けた。「キツネ型」と「ハリネズミ型」だ。キツネは世界を複雑なものとしてとらえ、さまざまなアイデアを追いかけ、たったひとつの目標や原則にこだわることはない。一方、ハリネズミは物事を単純化し、あらゆる事柄を単一の原則にもとづいて考える。

私たちの研究では、偉大な企業をつくる人はキツネ型よりハリネズミ型が多いことが明らかになった。さらに規律ある意思決定をするため、はっきりと、あるいは暗黙のうちに「ハリネズミの概念」を使っていることもわかった。ハリネズミの概念は①情熱をもって取り組めるもの、②自社が世界一になれる分野、③経済的競争力を強化するものという3つの円が重なる部分をしっかりと理解することから生まれる、単純明快な自己認識だ。

ハリネズミの概念は、自分たちが夢中になれないこと、一番になれないこと、経済合理性のないことは何か、という厳しい現実を直視できる規律が組織にあることの現れでもある。徹底的な規律をもってこの3つの円に合致した意思決定を重ねていけば、成長の勢いが生まれるだろう。ここには「何をすべきか」だけでなく、「何をしないか」「何をやめるべきか」という規律も含まれる。（参考文献：『ビジョナリー・カンパニー② 飛躍の法則』第5章、6章、7章、『ビジョナリー・カンパニー特別編』）

第3段階　規律ある行動

第3段階では規律ある思考を規律ある行動に転換し、ブレイクスルーに到達し、パフォーマンスを伸ばすための勢いを生み出す。第3段階には重要な原則が3つある。

- 弾み車を回転させて勢いをつける。
- 20マイル行進。規律ある行動でブレイクスルーに到達する。
- 銃撃に続いて大砲を発射し、更新と拡張を続ける。

ハリネズミの概念と3つの円

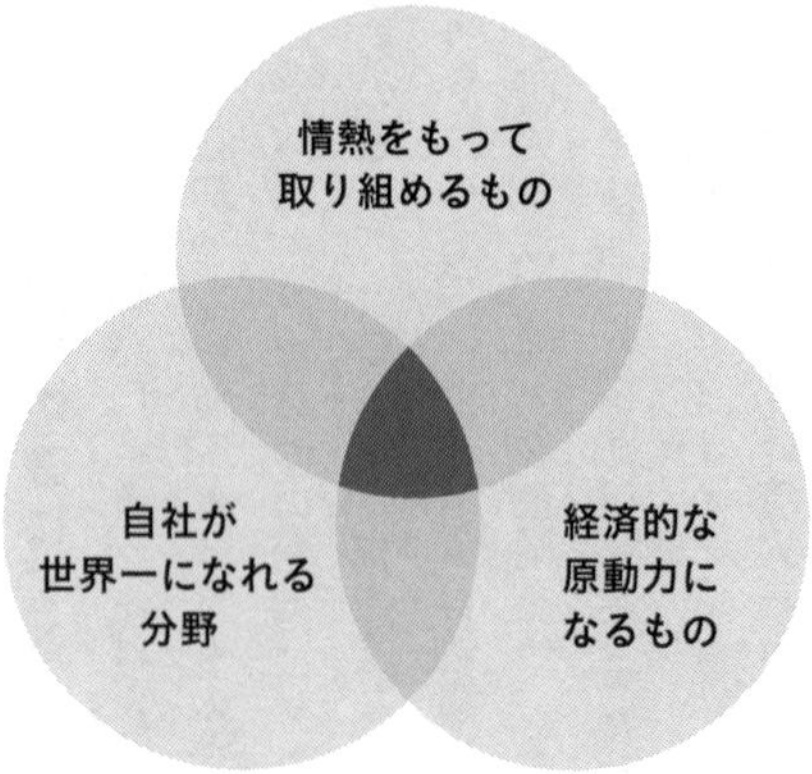

弾み車を回転させて勢いをつける

最終結果がどれほど劇的なものであろうと、偉大な企業への飛躍が一気に成し遂げられることはない。たったひとつの決定的行動、壮大な計画、画期的なイノベーション、幸運、奇跡の瞬間といったものは存在しない。むしろこのプロセスは巨大な重い弾み車をたゆみなく押し続けるのに似ている。何回もまわしているうちに勢いが生まれ、突破段階に達する。力を込めて押し続けると、弾み車は少しずつ前進しはじめる。さらに押し続けると、ぐるりと1回転する。だがそこで手を止めない。押し続ける。弾み車は少し早く動き出す。2回転、4回転、8回転。勢いがついてくる。16回転、32回転、さらに速くなる。1000回転、1万回転、10万回転。するとあるとき、突破段階に到達する。弾み車は飛ぶように、止められないほどの勢いで転がっていく。**あなたの会社を取り巻く固有の環境において弾み車の勢いを高めていく方法を理解し、クリエイティビティと規律をもって実践すれば、戦略的効果が積み重なっていく。**次々と優れた意思決定を積み重ね、完璧に遂行し、積み重ねる。一つひとつの回転は、それまでの努力の上に成り立っている。（参考文献：『ビジョナリー・カンパニー② 飛躍の法則』第8章、『ビジョナリー・カンパニー 弾み車の法則』）

20マイル行進でブレイクスルーに到達する

ブレイクスルーに到達する勢いを手に入れるためには、弾み車のすべての構成要素を徹底した規律をもって遂行しなければならない。『ビジョナリー・カンパニー④ 自分の意志で偉大になる』で、モーテン・ハンセンと私は「20マイル行進」という徹底した規律にかかわるきわめて強力な原

偉大な会社を動かすもの

ザ・マップ

ジム・コリンズ作成

インプット				アウトプット
第1段階 規律ある人材	**第2段階** 規律ある思考	**第3段階** 規律ある行動	**第4段階** 永続する組織	
第5水準のリーダーシップの醸成	**ANDの才能**を活かす	**弾み車**を回転させて勢いをつける。		
最初に人を選び、その後に目標を選ぶ（正しい人をバスに乗せる）。	**厳しい現実を直視する**（ストックデールの逆説）	**20マイル行進** 規律ある行動でブレークスルーに到達する。		
	ハリネズミの概念を明確にする。	**銃撃に続いて大砲を発射**し、更新と拡張を続ける。		

則を示した。20マイル行進を実践するとは、パフォーマンス基準を設定し、それを妥協のない一貫性をもって達成しつづけることだ。それは広大な大陸を日々最低でも20マイル歩き続けることによって横断するようなものだ。どんな悪天候でも、どれほど疲れていても（あるいは舞い上がっているときでも）、どれほど厳しい環境でも、行進を続ける。20マイル行進をするときには自らにこう問いかける。「確実に20マイル歩き続けるために、やるべきこと、避けるべきことはなんだろうか」と。

　私たちの研究では、変化の激しい環境ほど20マイル行進を実践する会社が勝利しやすいことがわかっている。20マイル行進によって無秩序のなかに秩序を、混乱のなかに規律を、不確実性のなかに一貫性が生まれる。重要なのは「継続的な」一貫性だ。つまり20マイルの目標を達成しないことはまずない。研究対象企業のなかには、自らに課した20マイル行進を40年連続で達成したところもある。「継続的に」一貫して20マイル行進を続けることで、すばらしい「ANDの才能」が生まれる。短期的パフォーマンス「と」長期的成功を同時に実現する規律である。何年、何十年にわたって**目の前のサイクル、そしてその後のすべてのサイクルで20マイル歩き続けなければならない。**（参考文献：『ビジョナリー・カンパニー④ 自分の意志で偉大になる』第3章）

銃撃に続いて大砲発射

偉大な企業は「銃撃に続いて大砲発射」の原則に従って、時間の経過とともに弾み車を更新し、拡張していく。どういうことか。敵の戦艦があなたの船を狙っているとしよう。手元にある弾薬は限られている。それをかき集めて、巨大な大砲を撃つ。砲弾は飛んでいって、敵艦に当たらず海に落ちる。弾薬箱を振り向いても、もはや弾薬はない。絶体絶命だ。一方、敵艦を見つけたとき、わずかばかりの弾薬を使って銃を一発撃ったらどうか。標的に対して40度ずれていて当たらなかった。もう1発撃つと、今度は30度ずれていた。3発目では誤差は10度になった。4発目は見事船体に命中した。精度が正しく調整され、実証的有効性が確かめられた。満を持して残りの弾薬をかき集め、精度を合わせて巨大な砲弾を発射すれば、敵艦を撃沈できる。

私たちの研究では、精度を合わせた砲撃は途方もない成果をもたらすことが明らかになった。一方、調整不足の砲弾は大惨事を引き起こす。イノベーションを「スケール（規模拡大）」する能力、すなわち有効性が実証された小さなアイデア（銃弾）を大きな成功（砲弾）に転換する能力があれば、弾み車の勢いを一気に高められる。「銃撃に続いて大砲発射」は、組織がハリネズミの概念の範囲を拡大し、弾み車をまったく新しい分野に広げていくための基本的メカニズムである。（参考文献：『ビジョナリー・カンパニー④　自分の意志で偉大になる』第4章、『ビジョナリー・カンパニー　弾み車の法則』）

第4段階　永続する組織をつくる

第1段階から第3段階までの重要な原則をしっかり実践したら、あなたの会社は大成功を収める可能性が高い。第4段階では、その会社が永続する仕組みをつくる。第4段階には3つの重要な原則がある。

- 建設的パラノイアを実践する（衰退の5段階を回避する）。
- 時を告げるのではなく、時計をつくる。
- 基本理念を維持し、進歩を促す（新たなBHAGを実現する）。

建設的パラノイアを実践する（衰退の5段階を回避する）

永続する組織をつくる最初のステップは「死なないこと」だ。失敗から学ぶことができるのは、その失敗を生き延びられた場合だけだ。あらゆる会社には衰退のリスクがある。圧倒的成功を収めている会社が、トップに君臨しつづけることを定める自然法則などない。どんな会社にも衰退する危険はあり、実際ほとんどの企業がいずれ衰退する。偉大な企業を築く起業家とそうではない起業家の差は、良い時期も悪い時期もとことん警戒を怠らないところにある。激動を乗り切り、衰退のリスクをはねのけるリーダーは、環境は突然、それも劇的に変化しうることを想定している。そして「こんなことが起きたら?」「あんなことが起きたら?」と執拗に問い続ける。良い時期も悪い時期も備えを固め、資金を蓄え、安全余裕度を維持し、リスクを抑え、規律を高めていくことで、破壊的変化が起きたときには強く柔軟な状態で対処できる。建設的パラノイアは組織が弾み車の回転を止め、滅びていく「衰退の5段階」に足を踏み入れるのを防ぐのに役立つ。衰退の5段階とは(1)成功から生まれる傲慢、(2)規律なき拡大路線、(3)リスクと問題の否認、(4)一発逆転策の追求、(5)屈服と凡庸な企業への転落か消滅である。

会社が衰退の5段階のうち最初の3段階にあるあいだは、外から見るとまだ強靭に映る。記録的売り上げや急成長を遂げているケースも多い。だが内部はすでに病魔に侵されている。会社が成功すればするほど、建設的パラノイアを実践しなければならない。(参考文献:『ビジョナリー・カンパニー④ 自分の意志で偉大になる』第5章、『ビジョナリー・カンパニー③ 衰退の五段階』)

時を告げるのではなく、時計をつくる

先見性のあるカリスマ経営者として会社を率いる、すなわち「ひとりの天才を1000人が支え

偉大な会社を動かすもの

ザ・マップ

ジム・コリンズ作成

インプット				アウトプット
第1段階 規律ある人材	**第2段階** 規律ある思考	**第3段階** 規律ある行動	**第4段階** 永続する組織	
第5水準のリーダーシップの醸成	**ANDの才能**を活かす	**弾み車**を回転させて勢いをつける。	**建設的パラノイア（衰退の5段階**を回避する）。	
最初に人を選び、その後に目標を選ぶ（正しい人をバスに乗せる）。	**厳しい現実を直視する**（ストックデールの逆説）	**20マイル行進** 規律ある行動でブレークスルーに到達する。	時を告げるのではなく、**時計をつくる。**	
	ハリネズミの概念を明確にする。	**銃撃に続いて大砲を発射**し、更新と拡張を続ける。	**基本理念を維持し、進歩を促す**（新たなBHAGを実現する）	

る」式の経営は、時を告げることだ。

一方、特定のリーダーがいなくなった後もずっと繁栄の続く文化を醸成するのは、時計をつくることだ。すばらしいアイデアをいくらでも生み出せる組織をつくることも、時計をつくることだ。永続する偉大な企業を育てるリーダーは、時を告げる経営から時計をつくる経営に転換することが、私たちの研究で明らかになっている。時計をつくる経営者は、再現可能なノウハウ、充実した研究プログラム、リーダーシップ開発の仕組み、コアバリューを徹底する具体的メカニズムを生み出す。正しい人材をバスに乗せ、社員ではなくシステムを管理する。真の時計をつくる組織での成功とは、ある指導者の在任中に偉大さを証明するだけではな

衰退の5段階

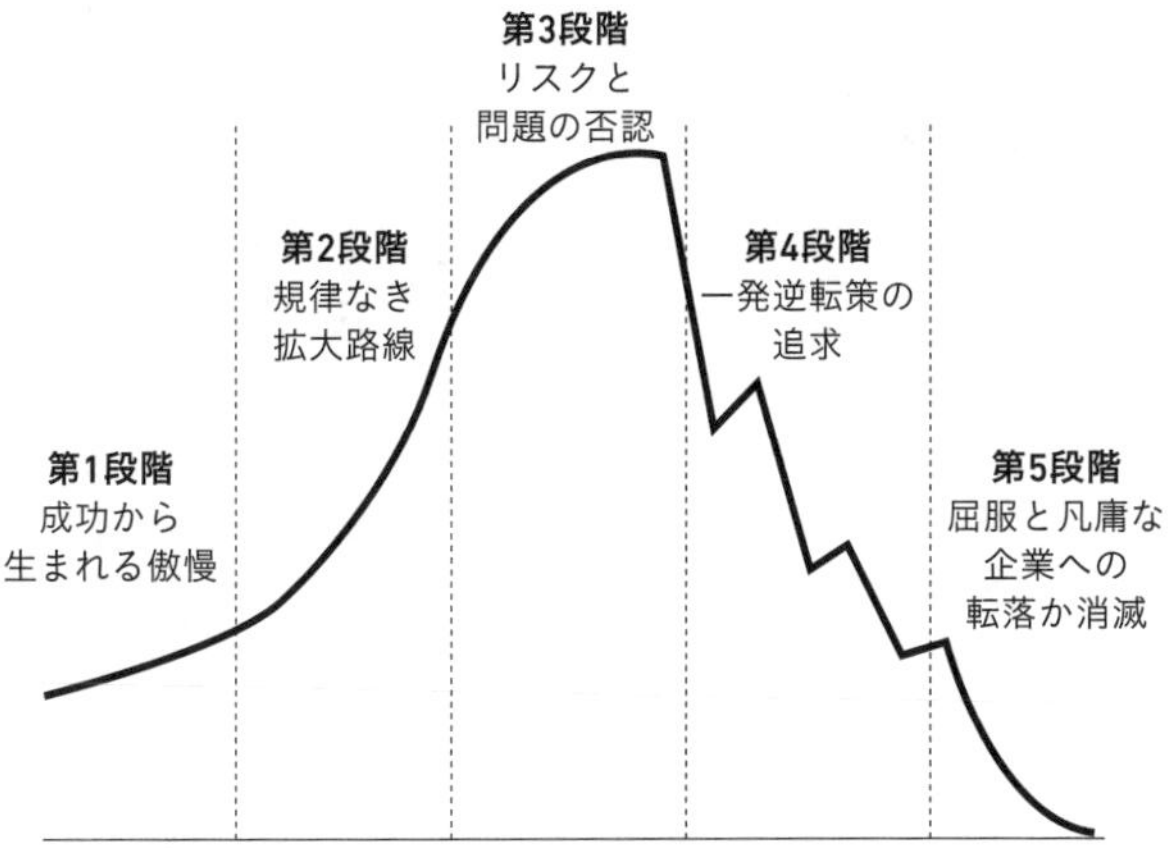

く、「次の」世代のリーダーが弾み車の勢いをさらに増していくことだ。たとえば合衆国憲法を起草する作業は、究極の時計をつくる作業だったといえる。誕生したばかりの国家を、独立戦争に勝利した勇気と才能ある人々が退いた後も永続させるための作業だった。スタートアップ企業を立ち上げるのは独立戦争に勝利するのに通じるところがあり、永続する会社をつくるのは合衆国憲法を制定する作業に似ている。（参考文献：『ビジョナリー・カンパニー　時代を超える生存の原則』第2章、『ビジョナリー・カンパニー④　自分の意志で偉大になる』第6章）

基本理念を維持し、進歩を促す（新しいBHAGを実現する）

ここまでに登場した原則をすべて実現したら、成功し、永続性のある企業ができあがっているはずだ。しかしそれをさらに上回る高い目標がある。

唯一無二のビジョナリーな組織をつくることだ。私たちの研究では、ビジョナリー・カンパニーとなって永続する偉大さを手に入れた企業や組織には、根本的な二面性があることが明らかになった。それは基本理念を維持すると同時に進歩を促すという、きわめて強力な「ANDの才能」だ。道教の陰陽のシンボルを思い浮かべてみよう。「基本理念を維持する」が陰なら、「進歩を促す」が陽だ。ビジョナリー・カンパニーは基本理念を維持するために、時代を超える不変のコアバリューとパーパス（存在意義）を掲げている。そして進歩を促すために、変化、改善、革新、更新をひたすら追求する。永続する偉大な企業は、自らのコアバリュー（半永久的に変わらないもの）と、経営戦略や文化的慣行（変化する世界に絶えず適応していくもの）の違いを理解している。永続するには変化しなければならない。

さらに私たちの研究では、ビジョナリー・カンパニーは進歩を促すためにBHAG（社運を賭けた大胆な目標）を設定する傾向があることも明らかになった。会社の核となるパーパスは案内星のように、常に地平線上に浮かび、常に前へ前へと引っ張ってくれる。それに対してBHAGはその時々に上っている高い山だ。いずれ達成しうる、社運を賭けた大胆な目標である。山道を登っているあいだは目の前の上り坂に全神経とエネルギーを集中させる。だがひとたび頂上に到達したら、再び案内星（パーパス）に目を向け、次に上るべき山（新しいBHAG）を選ばなければならない。そして言うまでもなく、旅路のあいだは常にコアバリューに忠実でなければならない。（参考文献：『ビジョナリー・カンパニー　時代を超える生存の原則』第4章、5章、10章、『ビジョナリー・カンパニー② 飛躍の法則』第9章、本書第4章）

10x型企業　運の利益率

最後に、このフレームワークに出てくるすべての原則の効果を増幅させるインプットがある。「運の利益率」だ。研究を通じて私がずっと気になっていた問いがある。「運はどのような役割を果たすか」だ。結局、偉大な企業は比較対象企業と比べて全般的に運に恵まれていたわけではないことがわかった。ライバルより多くの幸運に恵まれた、特大の幸運に恵まれた、不運が少なかった、運がめぐってくるタイミングが良かった、といった事実はなかった。

偉大な企業の強みは、運の「利益率」にあった。つまり比較対象企業と比べて、めぐってきた幸運からより多くを引き出したのだ。重要なのは「運に恵まれること」ではない。**「恵まれた運をどう活かすか」**だ。幸運な出来事からより多くのメリットを引き出せば、弾み車の勢いを大幅に高めることができる。だが不運に対処する備えがなければ、あるいは不運からもメリットを引き出すことができなければ、弾み車は止まるか壊れるリスクがある。偉大なリーダーになれるかどうかのほぼ半分は、想定外の事態にどう対処するかで決まる。

ザ・マップに登場するすべての原則のなかで私の一番のお気に入りを挙げるとすれば、運の利益率だ。幸運を一定の基準を満たす出来事と定義すると、幸運な出来事はあらゆるところで起きていることがわかる（前章にも書いたとおり、私たちは「幸運な出来事」を3つの基準を満たすものと定義した。①自分が引き起こしたものではない、②良いか悪いかにかかわらず、重大な結果を引き起こす可能性がある、③意外性、すなわち実際に起こるまで予測できない部分がある、だ）。予測や予見のできない出来事を考慮に入れていないフレームワークは不完全だ。そして私自身、運の問題ときちんと向き合うまでは知的にやりきったという気がしない。運の利益率という概念は、幸運は誰にでも起こるものだが、幸運自体が偉大さをもたらすことはないという重要な事実を表している。とんでもない不運によって偉大になりえた会社が潰れることはあっても、幸運によって普通の会社が偉大になることはあり得ない。永続する偉大な企業をつくるのは運ではなく、人である。（参考文献：『ビジョナリー・カンパニー④　自分の意志で偉大になる』第7章、本書第5章）

偉大な組織のアウトプット

ここまで述べてきた原則は、偉大な組織をつくるための「インプット」だ。では偉大な組織を特徴づける「アウトプット」とは何だろう。偉大さの基準は（1）卓越した結果、（2）唯一無二のインパクト、（3）永続性の3つである。

偉大な会社を動かすもの

ザ・マップ

ジム・コリンズ作成

インプット				アウトプット
第1段階 規律ある人材	**第2段階** 規律ある思考	**第3段階** 規律ある行動	**第4段階** 永続する組織	
第5水準のリーダーシップの醸成	**ANDの才能**を活かす	**弾み車**を回転させて勢いをつける。	**建設的パラノイア（衰退の5段階**を回避する）。	
最初に人を選び、その後に目標を選ぶ（正しい人をバスに乗せる）。	**厳しい現実を直視する**（ストックデールの逆説）	**20マイル行進** 規律ある行動でブレークスルーに到達する。	時を告げるのではなく、**時計をつくる。**	
	ハリネズミの概念を明確にする。	**銃撃に続いて大砲を発射**し、更新と拡張を続ける。	**基本理念を維持し、進歩を促す**（新たなBHAGを実現する）	
10×型企業 **運の利益率**を高める。				

卓越した結果

産業界でパフォーマンスは、財務成績（投下資本利益率）と会社のパーパスを達成したかで測られる。社会組織でパフォーマンスは、成果と社会的使命をどれだけ効率的に達成したかで決まる。ただ営利企業か社会組織かにかかわらず、求められるのは最高水準の結果だ。スポーツチームにたとえるなら、トップレベルの大会で優勝することだ。選んだ分野で勝利する方法がわからないようでは、真に偉大な組織とは言えない。

唯一無二のインパクト

真に偉大な組織は、関与したコミュニティにかけがえのない貢献をする。その仕事ぶりは文句なしに卓越してお

偉大な会社を動かすもの

ザ・マップ

ジム・コリンズ作成

インプット				アウトプット
第1段階 規律ある人材	**第2段階** 規律ある思考	**第3段階** 規律ある行動	**第4段階** 永続する組織	
第5水準のリーダーシップの醸成	**ANDの才能**を活かす	**弾み車**を回転させて勢いをつける。	**建設的パラノイア（衰退の5段階**を回避する）。	卓越した結果
最初に人を選び、その後に目標を選ぶ（正しい人をバスに乗せる）。	**厳しい現実を直視する**（ストックデールの逆説）	**20マイル行進** 規律ある行動でブレークスルーに到達する。	時を告げるのではなく、**時計をつくる。**	唯一無二のインパクト
	ハリネズミの概念を明確にする。	**銃撃に続いて大砲を発射し**、更新と拡張を続ける。	**基本理念を維持し、進歩を促す**（新たなBHAGを実現する）	永続性
10×型企業 **運の利益率**を高める。				

り、万一その組織が消滅することがあれば、地球上のほかの組織では容易に埋められない空白が残る。あなたの会社がなくなったら、誰が惜しむだろうか。それはなぜか。必ずしも大きな組織である必要はない。たとえばあなたの住む地域にある、閉店したら誰もが惜しむような小さくてもすばらしいレストランを思い浮かべてほしい。大きい組織だからといって偉大とは限らず、また偉大だからといって大きな組織とは限らない。

永続性

真に偉大な組織は、特定の優れたアイデア、市場機会、技術サイクル、あるいは十分な資金のある事業計画の枠を超え、長期にわたって繁栄する。挫折しても以前よりさらに強くなって復活する方法を見つける。偉大な組織はたったひとりの傑出したリーダーに依存しない。あなたの組織があなたなしには偉大さを維持できないのなら、まだ真に偉大ではないのだ。

地図をたどった先にあるもの

どの研究でも、私たちはコインの両面をじっくりと見てきた。表面は偉大になり、さらにその偉大さを数十年にわたって持続してきた会社だ。裏面は偉大になれなかった会社、あるいは偉大になったものの凋落した会社だ。マップはコインの両面から得た知見にもとづいている。偉大な企業に至る道は狭く、無残な衰退あるいは失敗につながる道はたくさんあることを、私たちは学んだ。

私は「フォーチュン」誌から2008年版「フォーチュン500」〔訳注　アメリカの売上高上位500社のランキング〕に添える記事の執筆を依頼された。準備の過程で、編集者の助けを借りて基本的データを集めてみた。そこで明らかになった事実をいくつか挙げていこう。1955年の第1回目のランキングに登場した500社のうち、2008年のランキングに入っていた企業は15%に満たなかった（1955年のランキングには製造業しか含まれていなかったが、2008年にはサービス企業も含まれていたことも一因だ）。これまでに合計2000社近くがランキングに登場したが、一時は一流と呼ばれた会社を含めて、ほとんどがすでに消滅している。身売りによって独立企業ではなくなったところもあれば、倒産したところもある。身売りか倒産かにかかわらず、大多数が偉大な企業であり続けることができなかったのは厳然たる事実だ。

その一方で、希望の持てる話もある。ほんのひとにぎりではあるが、数十年にわたって偉大さを維持した会社もあった。これが何を意味するかといえば、マップの「終点」にたどり着くことはないということだ。旅に終わりはない。規律ある思考と規律ある行動ができる規律ある人材が不要になることはない。永続するために、自らを刷新しつづける必要がなくなることもない。不運への備えが不要になることも、幸運を最大限活用し、他社よりも多くのリターンを引き出す必要がなくなることもない。偉大さは静的なゴールではなく動的なプロセスだ。

マップは偉大な成果を保証するものではない。だがそこに登場する原則を喜び勇んで熱心に実践すれば、そうしない場合と比べて偉大な企業を育てられる確率は大幅に高くなるはずだ。その過程で図らずも、いわば副産物として、心から敬愛する仲間と有意義な仕事をする喜びを日々実感できるようになるかもしれない。それほど幸せな人生もなかなかない。

第7章

戦略

STRATEGY

戦略は簡単だが、戦術は難しい。それは今日も明日も、今月も来月も、事業運営に不可欠な意思決定を下していくことだ。

——アーサー・ロック[1]

「戦略」という言葉には厳粛で学術的で科学的で重々しい響きがある。

特別感あふれるこの言葉は、戦略家には数学者の知性と一流チェスプレーヤーの感性が必要だとほのめかしているようだ。法外な対価を請求する戦略コンサルタントは、戦略的思考は一流ビジネススクールの成績上位5％だけが持ちうる特殊能力だと、一般人に思い込ませようとしている。経済理論のエキスパートが高層ビルの45階にある豪華オフィスから下界を見下ろし、深奥な意思決定の科学と圧倒的知性を駆使して世界を魅了するような戦略を打ち立てるイメージだ。

実際にこの45階に身を置いたことのある者として、はっきりお伝えしておこう。戦略にまつわるこのようなイメージは誤りだ。

戦略が重要ではないというつもりはない。とても重要だ。戦略コンサルタントが役に立たないというつもりもない。彼らの客観的視点が有用なこともある。

しかし戦略は難しいものではない。戦略の策定も複雑な科学ではない。

本章の目的は戦略というテーマにまつわる誤った認識を正し、戦略策定のためのわかりやすいロードマップを提示することだ。さらに中小企業が直面しがちな、戦略にかかわる4つの重要な問題についても検討する。

- どのような速度で成長すべきか
- 集中か多角化か
- 株式公開の是非

●市場を先導すべきか、追随すべきか

戦略とは

戦略とは会社の現在のミッションを達成するための基本的方法論だ。要するに「私たちはこのようにミッションを遂行しようと考えている」というのが戦略である。わかりにくいところは何もない、簡単な概念だ。

優れた戦略とは、戦略企画部門のスタッフが半年がかりで作成するような、会社の採るべき行動を事細かく記した分厚い計画書ではない。人生と同じように、ビジネスも完全に計画することはできないし、すべきでもない。不確実性や予想もしなかったようなチャンスがたくさんあるからだ。計画を立てるより、ミッションを達成するための明確で堅実でシンプルな方法論を示すほうがいい。さらに言えば、個人の主体性、機会、状況変化、創意工夫、イノベーションが入り込む余地を残すほうがいい。

効果的戦略を策定するための4つの基本原則

戦略を策定するとき、頭に入れておくべき重要な原則は4つある。

1　戦略はあなたのビジョンに直結するものでなければならない。そもそもあなたが何をしようとしているかがはっきりしていなければ、戦略策定は不可能だということを忘れないでほしい。まずはビジョン、戦略はそれからだ。

2 戦略はあなたの会社の強みや固有の能力を活かすものでなければならない。得意なことをやろう。

3 戦略は現実的でなければならない。会社内部の制約や外部要因を考慮する必要がある。たとえ不都合なものであっても現実を直視する。

4 戦略策定には実現のカギを握る人々を参加させるべきだ。

プロセス

戦略策定は、次の基本ステップを踏んでいく。

最初に、会社の**ビジョンを見直す**。まだビジョンを明確にしていないのなら、まずそこからだ。特にはっきりさせる必要があるのは、目の前のミッションだ。第４章でも述べたとおり、ミッション（コアバリューと理念、パーパスに続くビジョンの3番目の構成要素）は、あなたがこれから登る山のようなものだ。

次に**内部評価**として会社の能力をチェックする。これは探検隊の能力や装備の確認だ。

3番目のステップは**外部評価**だ。環境、市場、競合、トレンドなどをチェックする。山の画像を確認する、天気予報を調べる、登頂に役立つ新たな技術トレンドを評価する、あなたより先に登頂に成功しそうな競合に目を光らせるといったことだ。

最後に、内部評価と外部評価を考慮しながら、現在のミッションを達成する方法について**重要な意思決定をする**。これは山の斜面をどのように登っていくか、登頂ルートを計画することだ。

決定された戦略を、事業の主要な要素に分解していこう。それには次のカテゴリーを使うのが効果だ。

- 製品（またはサービス）：製品ライン戦略、製造戦略（あるいはサービスのデリバリー戦略）
- 顧客（または市場セグメント）：あなたの顧客は誰か、どうやって彼らにリーチするのか。
- キャッシュフロー（財務戦略）
- 人材と組織
- インフラ

内部評価

優れた内部評価は、次の3つの構成要素から成り立っている。

- 強みと弱み
- リソース
- イノベーションと新しいアイデア

図7-1　ビジョン、戦略、戦術の図

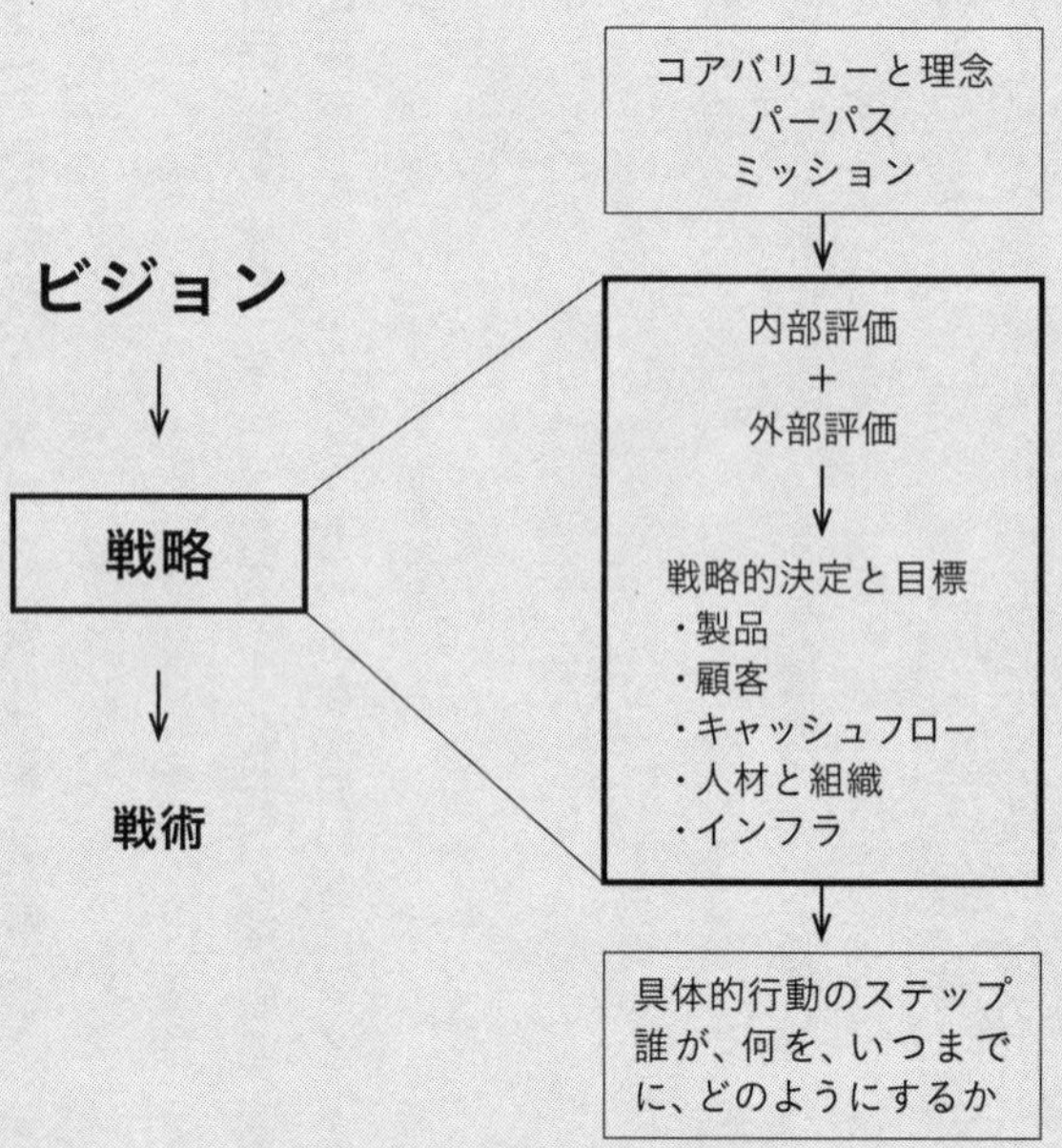

強みと弱み

最初にすべきことは、あなたの会社が本当に得意なことと苦手なことをしっかり評価することだ。戦略とは強みを活かすことだと肝に銘じておこう。

強みと弱みを客観的に把握するために私たちがお勧めするのは、複数の社員と管理職に会社の強みと弱みを上位3つずつ挙げてもらうことだ。率直な答えを引き出すため、匿名で回答してもらうほうが良い場合もある。

これについては外部のインプットを受けるのも有効だ。信頼できるアドバイザー、投資家、取締役に、あなたの会社の強みと弱みをどう見ているか尋ねてみよう。主要顧客に聞いてみるという手もある（それを通じて顧客とより親密な関係を構築できるという副次的効果もある)。

とりわけ効果的な問いは「私たちが誰よりも得意なことは何か、競争優位の源泉となる唯一無二の能力は何か」だ。戦略マネジメントの専門書はこれを「ディスティンクティブ・コンピタンス(独自能力)」という重々しい言葉で呼ぶが、きわめてシンプルな概念だ。同時に重要な概念でもある。簡単に言えば、賢い会社は他社よりもうまくできることに集中する、ということだ。

長距離走の選手が100メートル走で勝負する意味があるだろうか。アメフトのラインバッカーがアイススケートのチャンピオンを目指す理由があるだろうか。エンジニアリングに強い会社が、マーケティングで勝負する理由があるだろうか。高い設計力を武器にハイエンドな製品を生み出す会社が、低価格のコモディティ・セグメントで競争する理由があるだろうか。ディスカウントストアのウォルマートが、百貨店のノードストロームに真っ向勝負を挑む理由があるだろうか。

会社の足を引っ張るような弱みを克服する努力をしなくていい、と言っているわけではない。偉大な企業は弱みを克服する努力を怠らず、改善しようとする。ただ基本戦略は強みを活かすものでなければならない。得意なことをしよう。

リソース

次に自社のリソースを明確に把握しよう。検討すべきリソースの具体的なカテゴリーはキャッシュフロー、外部資本へのアクセス、希少な原材料、製造能力、人材だ。

イノベーションと新しいアイデア

市場が需要を通じて企業のあり方に影響を及ぼすのと同じように、企業もイノベーションを通じて市場のあり方に影響を及ぼせる。それにもかかわらず戦略策定の際にイノベーションは看過されがちだ。

社内で生まれるクリエイティブな成果への感度を高めよう。 製品開発、研究、設計、マーケティング部門でどんなイノベーション、どんな新しいアイデアが生まれようとしているか、目を光らせよう。実を結びそうなイノベーションをもれなくリストアップしよう。イノベーションをどれだけ迅速に製品化できるか、開発を完了するまでにどれほどのリソースが必要か、どれほどのマーケティングが必要か、見積もりを作成しよう。

もっとも避けなければいけないのは、あらかじめ計画していなかったという理由で新しいアイデアやイノベーションが潰される事態だ。偉大なアイデアのほとんどは計画されたものではない。5年前に計画した製品しか市場に出さない企業で、画期的な製品など生まれない。

イノベーションは偉大な企業に欠かせない要素であり、本書では第8章をまるごとこのテーマに割いている。それに加えてイノベーションは戦略の選択肢を大幅に増やすこともある。

たとえば第一次世界大戦が始まった時点で、戦車の開発は連合国の戦略には織り込まれていなかった。[2] だが戦車が発明されたことで戦争末期の連合国の戦略は変わった。司令官らが「われわれの戦略には戦車が必要だ、開発せよ」と命じたわけではない。イギリスの陸軍省のスカンクワークス(特命部隊)が戦車を発明し、司令官に見せたところ「よし、これを活かすように戦略を見直そう」

という話になったのだ。

同じような現象は企業でも起こる。HPの小型計算機市場への参入、ナイキの「ソックレーサー」製品戦略、インテルのアドオン・ボードへの参入、そしてスリーエムの何百という製品戦略がその例だ。戦略がイノベーションを後押しするのと同じように、イノベーションが戦略に影響を与えることを許容すべきだ。偉大な企業ではイノベーションと戦略が表裏一体になっている。

外部評価

優れた外部評価には7つの構成要素がある。

- 業界と市場のトレンド
- 技術のトレンド
- 競合評価
- 社会環境と規制環境
- マクロ経済と人口動態
- 国際的脅威と機会
- 総合的脅威と機会

業界と市場のトレンド

あなたを取り巻く業界のスナップショットを撮ってみよう。

- 市場はどのようなセグメントに分かれているか。あなたはどのセグメントで競争しているのか。
- 現在の製品ラインと、将来の製品の市場セグメントはおおよそどれくらいの規模なのか。
- あなたの製品（またはサービス）の市場セグメントは成長しているのか、安定しているのか、それとも縮小しているのか。その速度はどれくらいか。原因は何か。
- あなたの業界の支配的トレンドはどのようなものか。トレンドの根底にある要因は何か。
- **一番重要なこととしてニーズの変化について顧客からどんな話が出ているだろうか。**自分たちのニーズにあなたの会社がどれくらいきちんと対応していると言っているだろうか。顧客の要望はどのように変化しているのか。顧客からの直接的インプットは戦略策定に欠かせない要素だ。直接的インプットを頻繁に受けるようにしよう。顧客は市場そのものであり、市場で何が起きているかを教えてくれる存在だ。競合についても教えてくれる。戦略策定の一環として、少なくとも年1回は顧客調査をしたほうがいい。
- あなたの業界は今、進化のどの段階にいるのか。それはこれから5年で業界にどのような変化が起きることを示唆しているのか。次の「業界の発展段階」の図は、この分析をするうえで参考になる（戦略マネジメントやマーケティングの文献には、この図のさまざまなパターンが登場する。マイケル・ポーターの『競争の戦略』（ダイヤモンド社）を参照）。（注）[3]

図7-2　業界の発展段階

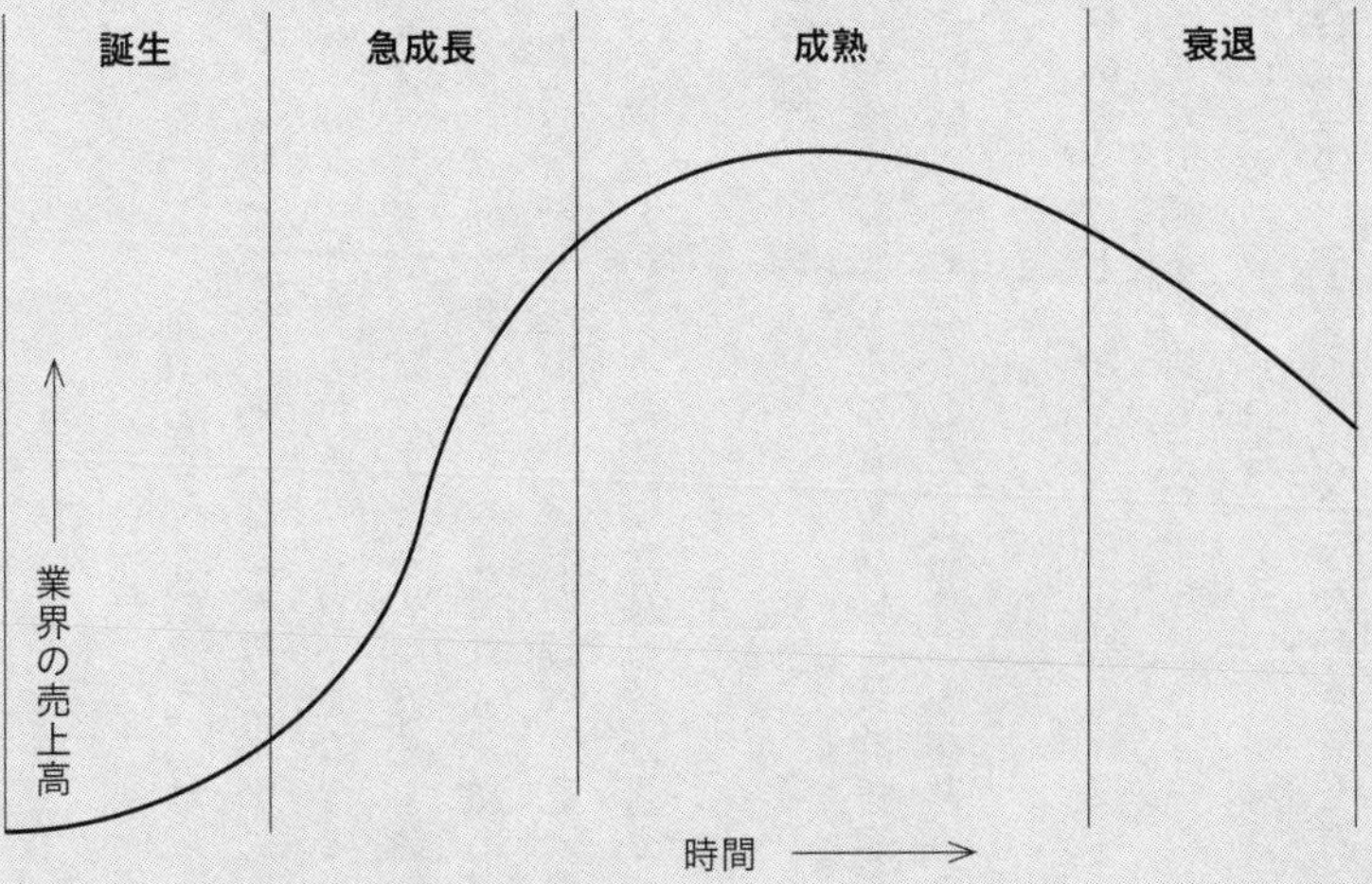

誕生	急成長	成熟	衰退
•新たなイノベーションのアーリーアダプターが主要顧客となる •価格に鈍感な顧客 •高価格 •高利益率 •マーケティングコストは高い：消費者を「教育」する •専用物流チャネル •少量生産：高コスト •初期参入者が迅速に市場シェアを獲得 •競合は少ない •製品デザインは多い：業界標準はない	•アーリーアダプターがより幅広い保守的な顧客層に影響を及ぼす（保守的な顧客層が追随する） •価格は比較的高く、利益率はきわめて高い。マーケティングコストは高いが、売上高に占める割合は低下 •汎用物流チャネルが利用可能に •新たな物流チャネルに食い込もうと、競合が殺到する •先行企業と初期追随企業が市場シェアを奪い合う。通常は初期追随企業が勝利する •競合は多い •マーケティング・スキルの重要性が高まる •急激な製品改良	•マスマーケット •価格は低下 •利益率は低下 •市場のセグメント化 •製品ラインの拡大 •広告とサービスの重要性が高まる •汎用物流チャネルへの移行が継続 •物流チャネルは取り扱う製品ラインの数を絞り込む •大量生産：単価は下落 •支配的プレーヤーが確定する •競合の再編が進む •製品の差異が減少。標準化が進む。製品改良の減少	•目の肥えた顧客 •価格、利益率ともに低下 •業界の供給能力が過剰に •再び専用物流チャネルに戻る •生産ロットが減少、コストは上昇 •競合は減少 •劇的な新しいイノベーションによる業界活性化に最適なタイミングか？

技術トレンド

「ローテク」と呼ばれる業界を含めて、すべての業界の変化には製品あるいはプロセスの技術的要素がかかわっている。あらゆる業界が技術の変化になんらかの影響を受ける。たとえば銀行業は伝統的に「ハイテク」とはみなされてこなかったが、コンピュータ技術によって劇的に変化した。バックオフィスでコンピュータの活用方法をいち早く習得した銀行では、それが主要な戦略上の優位性となった。顧客サービスの面ではＡＴＭの導入が不可欠になった。

あなたの業界の技術トレンドを調べ、それを味方につける最善の方法を考えよう。問題は技術トレンドがあなたの業界に影響を及ぼすか否かではなく、「どのように」影響を及ぼすかだ。

競合評価

競合を過小評価してはならない。戦略策定にかかわるもっとも重大な失敗のひとつは、競合を知らずに戦略を立てることだ。競合をあなどるのはなお悪い。

- 現在の競合はどこか。
- 競合になり得るのはどこか。
- 競合の強み、弱みは何か。
- 競合は今後、市場でどのような動きをしそうか。「競合の」ビジョンと戦略は何か。

●競合と比べて、あなたの会社の強み、弱み、製品ラインはどうか。競合の脆弱な部分はどこか。あなたの会社の脆弱な部分はどこか。

●競合とあなたの会社に明確な違いはあるか。それは何か。

競合企業の情報を入手するのは比較的簡単だ。競合のプレスリリース、出版物、販促資料などが配信されるようにメーリングリストに登録する。業界の展示会に足を運ぶ。自社の営業部隊、取引先、顧客の声に耳を傾ける。技術のトレンドに詳しい技術系社員の話を聞く。業界や競合企業に関する業界紙、ビジネス誌の記事に目を通す。競合企業の地元紙の産業面を読む。

ただ競合の情報を入手する方法については注意が必要だ。情報を入手しなければというプレッシャーを感じて、関係者が不正をすることもある。特に外部のコンサルタントに起こりがちだ。「大学の課題でこの業界のことを調べています」あるいは「内部監査の担当者です」と言って競合に連絡したりする。こうした行為は2つの面から問題だ。ひとつは倫理的側面、もうひとつは訴訟リスクだ。

1980年代初頭に有名な戦略コンサルティング会社とその顧客企業が訴えられ、敗訴したケースがある。若手のリサーチ担当者が競合企業の財務スタッフだと偽って工場に連絡し、コストに関

（注）業界の発展段階分析は非常に有益なツールだが、すべての業界がまったく同じように進化するわけではない。本章最後の「業界の発展段階分析の注意点」を参照してほしい。

する機密情報を引き出したのだ。

社会環境と規制環境

あらゆる企業は社会の一部であり、強力な社会的、規制的、政治的要因の影響を受ける。こうした要因をよく理解し、それが企業にどのような影響を及ぼすか評価しよう。政府の動きや規制機関の決定を的確に予測できれば、途方もないチャンスが拓けることもある。反対にこうした事柄への知識不足が破滅的結果につながることもある。

マクロ経済と人口動態

マクロ経済環境を調べ、経済の動きが会社にどのような影響を及ぼすか評価しよう。とりわけ人口動態のトレンドには注意が必要だ。人口動態の変化は業界そのものに劇的影響を及ぼすこともある。たとえばアメリカの「ベビーブーム」(1945年から60年にかけての出生率の高まり)は、少なくとも2020年までは広範な産業に重大な影響を及ぼしつづけるだろう。これは数多くの人口動態要因のひとつに過ぎない。

アメリカで事業を営む会社には「アメリカン・デモグラフィックス」誌の購読を強くお勧めする。また人口動態トレンドをマクロ的に把握するため、毎年『アメリカ合衆国統計摘要(Statistical Abstract of The United States)』にも目を通しておきたい。

国際的脅威と機会

あなたの会社が今は海外市場で活動していなくても、戦略を考える際には常に国際的要因を考慮すべきだ。国際戦略はあらゆる会社が避けて通れないものだ。規模にかかわらず、どんな会社にも国際舞台に引っ張り出そうとする力は働くだろう。優れた製品を持つ中小企業には、海外の流通業、小売業、あるいは潜在顧客が頻繁に接触してくるだろう。デビッド・バーチによる興味深い、そしてやや意外な調査結果がある。[4] 3万4000社の輸出企業のデータを調べたところ、社員数50〜500人の企業のほうが、もっと規模の大きい企業より輸出事業を営む割合は高かったのだ。

戦略を策定する際には、自分たちが国際市場に参入する可能性は十分あり、しかもその機会は意外なところから生まれることを想定すべきだ。海外の事業機会を活用することは、あなたのビジョンと矛盾するかもしれない。だが国内企業にとどまると決意しているとしても、国際戦略を全体戦略の一部として明確にすべきだ。

あなたに外国で競争する気がなくても、主要な競合に少なくともひとつは外国企業が含まれる可能性は高い。純粋な国内市場というものが完全に過去のものとなった今、競合分析においては国際市場に油断なく目配りする必要がある。

総合的な脅威と機会

戦略策定の準備として、社員、管理職、客観的な社外関係者から何人か選び、会社が直面する外的機会と外的脅威のトップ3をそれぞれ挙げてもらおう。これは外部評価に多様な視点を取り込む、簡単で効率的な方法だ。

内部評価、外部評価のプロセスを通じて、あらゆる手を尽くして現実を直視すること、あなたが見たい現実ではなく、ありのままの現実を見ることが重要だ。

偉大な企業の特徴のひとつが、リーダーや管理職が良い結果になるか悪い結果になるかにかかわらず、ひたすら真実を追求しようとすることだ。だがその逆の企業があまりに多い。

私ジム・コリンズが社会人になりたてのころ、上司がまもなく発売される製品の問題を上層部に報告することを頑として拒んだ。「上層部は悪い知らせなんて聞きたくない。彼らの聞きたい話だけ聞かせておけば、ご機嫌だ。現実をそのまま伝えたら反抗的なやつだと思われるだけだ」というのがその理由だった。

言うまでもないが、このようなアプローチにはリスクがある。なぜなら真実はどういうわけか自然と明らかになるからだ。真実を永遠に隠し通すことはできない。隠そうとすると、たいていのっぴきならない事態に追い込まれる。先に挙げたケースでは、新製品の問題は結局明らかになった。しかも市場に投入された後に。発売前に問題に対処していたら、数百万ドル規模のトラブルは回避できたはずだ（ちなみに私は上司のアドバイスに背いて、この問題を上層部に報告した。ただ結果は上司の予想したとおりだった。上層部は現実に耳をふさぎ、問題のある製品の発売計画をそのまま進めた）。

残念ながら、このようなケースは珍しくない。関係者が不都合な真実を明らかにしたがらない、あるいは恐れるような状況は、みなさんも経験したことがあるだろう。そうした人々を必ずしも責めることはできない。たとえ真実でも嫌なものは見たくない、というのが暗黙のルールになっている会社はあまりに多い。誰もがバラ色のレンズを通して世界を眺めていたいのだ。事実を無視し、問題の言い逃れをし、現実から目を背けても、現実は変わらない。悲惨な結末が待っているだけだ。

ぴったりな例が世界史にある。第二次世界大戦までの10年間だ。1930年代にイギリス、アメリカ、フランスの政府高官は不愉快な事実を突きつけられた。「ドイツがベルサイユ条約に反して軍備を増強している」「ドイツ軍がライン地方に侵攻した」「ヒトラーが徴兵制を敷いた」「ドイツがオーストリアを併合しチェコスロバキアを解体した」。

驚くことに、こうした事実に対して各国は行動を起こさなかった。ヒトラーが本格的な戦争の準備を進めていたにもかかわらず、連合国の政府高官はこの不愉快な（国民にも不人気な）事実を直視しようとしなかった。そしてこうした事実が存在しないかのようにふるまった。

ウィンストン・チャーチルは著書『The Gathering Storm（大英帝国の嵐）』で、1937年から40年にかけてイギリス首相を務めたネビル・チェンバレンは、自分を欺いていたと書いている。

チェンバレンの希望は偉大なる平和の立役者として歴史に名を残すことで、そのためならひたすら事実に抗うつもりだった。私は政府に残酷な真実を理解するよう懇願した。事実が明白になった時点で対応していたら、あれほど多くの血を流さずに戦争を回避できたかもしれない。[5]

イギリス政府が「残酷な事実」を理解した時点ではすでに手遅れで、ヨーロッパは悲惨な戦争にのみ込まれていった。

この世界史の教訓は、企業戦略の策定にも当てはまる。国家でも企業でも、現実を無視すれば必ずしっぺ返しを受ける。あなたの会社がそうならないようにするのがきわめて重要だ。

現実ときちんと向き合うために、できることはいくつもある。

第1に、あなたの周囲にありのままの現実を伝えてくれる人材を置こう。意外に思うかもしれないが、これがなかなか難しい。その一因は、たいていの人は真実を語ることで社内的に不利な立場に置かれるかもしれないと考え、さきほどの例に挙げたジムの元上司のように結果に不安を感じているからだ。

あなたの周囲には少なくとも数人、あなたのことを恐れず、社内政治にも無頓着な人が必要だ。ここでは公平で客観的なアウトサイダー（コンサルタントや社外取締役）の存在が役に立つ。社内にも正直者が必要だ。正直かつ率直すぎて、一緒にいると居心地が悪くなるくらいの人がちょうどいい。あなたが彼らを好きになる必要はない。ただ彼らの話に真摯に耳を傾ければいい。

これを非常に重視していたのがチャーチルだ。重要な課題についてありのままの真実を探り、明らかにすることに特化した専門組織を創ったほどだ。[6] トーマス・J・ワトソン・ジュニアの表現を借りれば、偉大な企業のリーダーは「ありのままの真実を伝え、頭脳明晰で容赦なく厳しいことを言う、嫌なやつといっても過言ではない人物」を積極的に登用する。[7]

第2に、あなた自身が直接、何が起きているかを把握するよう努めよう。情報収集を状況報告や四半期業績会議など、正式な報告ルートだけに依存してはならない。自社製品を使ってみる。あらゆる階層の社員の話を直接聞く。顧客と対話する。製品に関する消費者レポートを読む。あなた自身が顧客の苦情に対応する。要するにあらゆる手を尽くして、あなた自身が現実を肌で感じつづけるようにするのだ。

第3に、真実を語った社員を絶対に罰してはならない。ピョートル大帝が敗戦の知らせをもたらした使者を処刑したのは有名な話だ。

不愉快でがっかりするような現実を見たい者などいない。多かれ少なかれ、誰もがバラ色のメガネで現実を見ようとする。だからといって真実を語る者を罰する理由にはならず、現実逃避は断固避けなければならない。問題や不愉快な事実を指摘した者を罰したり、敵視したりしてはならない。むしろ感謝すべきだ。

社員の不平不満、皮肉な態度、悲観的態度を許容しろと言っているわけではない。そんな無意味なものにつきあう時間はない。ここで言わんとしているのは、有効な戦略的決定を下すには、現実がどれほど厳しいものであっても直視する姿勢が必要ということだ。

本書の新しい視点

戦略の要諦

『ビヨンド・アントレプレナーシップ』のオリジナル版を書いて以来、私はずっと戦略というテーマを考えつづけてきた。偉大な企業を動かす要因についての研究、ボールダーの経営研究所でのさまざまな組織との取り組み、偉大な軍事指導者や思想家からの学びをもとに、私は（明確なビジョンにもとづく）健全な戦略的思考とは、次の3つの問いに対して芯を食った実証的裏づけのある回答を導き出すことだ、と考えるようになった。

1 どこで大きな賭けに出るか
2 どうやって側面を守るか
3 どのように勝利から最大の成果を引き出すか

どこで大きな賭けに出るか

戦略論の起源をさかのぼると、過去の偉大な軍事思想家に行き着く。とりわけカール・フォン・クラウゼヴィッツの著作『新訳戦争論』（ＰＨＰ研究所）は、戦略的思考という分野全般に大きな影響を与えた。クラウゼヴィッツは紛争の重心（軍事的成功と国家目的の遂行にもっとも大きな効果のある戦場）に戦力を集中させるという考えを明確に打ち出した。「**戦力を集中させること以上に重要でシンプルな戦略の法則はない**」と書いている[8]（クラウゼヴィッツの著作を含む軍事戦略論の歴史を簡潔に学びたい人には、ティーチング・カンパニーのアンドリュー・R・ウィルソン米海軍大学教授の講座（『Masters of The War: History's Greatest Strategic Thinkers（戦争の達人　歴史上の偉大な戦略思想家）』をお薦めする。また戦略的原則のビジネス界への応用に詳しいウエストポイント元教授のマイケル・ヘネリー博士の論文もお薦めする）。

もちろん軍事戦略を無分別に企業戦略に応用するのは慎むべきだ。軍事の世界では、明確な国家目標、政治目標というコンテクストのなかで敵を倒し、降伏させるための戦略を策定する。一方ビジネスでは、明確な企業ビジョンというコンテクストのなかで価値のある何かを生み出し、顧客の生活を向上させることによって支持を獲得する。ただそのような違いはあっても、戦力を最適な機会に集中させることで大きな成果を生み出す、という基本方針が優れた戦略的成果に直結するのは同じだ。

私たちが研究した偉大な企業は例外なく、歴史上の要所要所で戦力を集中させて戦略的な賭けを大成功させている。ニューコアは鉄鋼生産のための小型精錬所に賭けた。これが「良い」から「偉大」への転換点となり、関連性の低い事業の寄せ集めに過ぎなかった破産寸前の会社から、アメリカ鉄鋼業界で有数の収益力を誇る会社になった。マイクロソフトはウィンドウズに賭けたことで、コンピュータ言語専門のちっぽけなベンチャーから、世界でもっとも成功したソフトウエア企業のひとつになった。ウォルト・ディズニーはまずアニメ映画に賭けた。その後ディズニーランドという大勝負に出たことが、小さなアニメ映画会社から主要なエンターテインメント会社に飛躍する重要な転換点となった。クローガーは大型スーパーの展開で大勝負に出たが、主要なライバルであったA&Pは同じような賭けを見送った結果、長い衰退に陥り、最終的に消滅した。アップルは「アップルII」や「マッキントッシュ」、iPhoneやiPadなど、社史を通じて何度も大きな賭けに出た。アムジェンは創業初期、組み換えDNA技術を活用したさまざまなアイデアに挑戦し、最終的に赤血球の減少に効果のあるエリスロポエチン（EPO）で大きな賭けに出た。この画期的新薬によって偉大なバイオテック企業の先駆者となった。サウスウエスト航空は、シンプルな低コスト運航モデルと愛情あふれる企業文化を組み合わせることで、それまであまり飛行機を利用したことがなかった層にも市場を広げるという発想に賭けた。その結果、航空機がたった3機しかない金欠のベンチャーから、アメリカでもっとも収益力の高い航空会社へと転換した。[9]

もちろん、重要なのは「正しい」大きな賭けに出ることだ。「誤った」大きな賭けに出ると、どれだけ成功していても大きなダメージを受けたり、潰れてしまうこともある。では正しい賭けと誤った賭けの違いは、どこにあるのか。その答えが「実証的有効性」だ。『ビジョナリー・カンパニー④　自分の意志で偉大になる』に書いた「銃撃に続いて大砲発射」の原則とは、まさにそういうことだ（本書の第6章でも触れている）。

ロバート・ノイスとゴードン・ムーアがフェアチャイルド・セミコンダクタを辞めて創業したインテルは、草創期のシリコンバレーで立ち上がった十指を超える半導体ベンチャーのひとつに過ぎなかった。[10] インテルには具体的な製品はなかったが、「ムーアの法則」の有効性を実証的に証明した。ムーアはひとつの集積回路に最小コストで搭載できるコンポーネントの数は、毎年ほぼ倍増すると気づいた。[11] そこでインテルはこの幾何学的進歩が必然的にもたらす可能性に賭けることにした。

次にノイスとムーアは、具体的にどの製品ラインに賭けるかを決めなければならなかった。どうやって対象を絞り込むか。2人は限られた弾薬を3つの銃弾に配分した。つまり3通りの方法でメモリチップを設計したのだ。レスリー・バーリンが名著『The Man Behind the Microchip（マイクロチップを創った男）』に詳しく書いているが、当初はどの技術で勝負を賭けるべきかわからなかったので、3通りの方法をすべて試してみることにした。アンディ・グローブとレス・バデスの率いるチームが、MOS（金属酸化膜シリコン）技術を使ったメモリチップの開発に取り組んだ。このチームが開発した2番目のチップ「1103」は、従来型のコアメモリと価格面で競争できる初の半導体メモリで、インテルにとって画期的製品となった。当時はまだちっぽけなベンチャーだったが、「1103」とその後続メモリチップで大きな賭けに出ることにした。大砲発射だ。1103は世界中で爆発的に売れ、それに続く「1103ファミリー」と呼ばれる製品群によって、インテルは危ういベンチャーから成功企業に脱皮する土台を築いた。[12] インテルが複数の銃弾を発射していなかったら、誤った賭けに出ていたかもしれない。幸い、インテルの創業者たちには大きな賭けに出る前に複数の選択肢を試し、評価するだけの規律があった。

真の優れた戦略には必ず、慎重に精度を調整してから大きな賭けに出るというプロセスが含まれている。その大きな賭けが、あなたが熱意を感じること、得意なこと、経済的エンジンになるもの（「ハリネズミの概念」）と一致しているか、実証的有効性を確認する必要がある。ある試みを大規模に展開したときにうまくいくか、確認する最善の方法は小さな規模でまず有効性を証明することだ。銃撃に続いて、大砲を発射しよう。

どうやって側面を守るか

歴史を振り返ると、支配的パターンは安定ではなく不安定だ。産業界の支配的パターンは既存勢力の永続的繁栄ではなく、新興勢力による下剋上だ。資本主義の支配的パターンは均衡ではなく、ジョセフ・シュンペーターの言う「創造的破壊の絶え間ない嵐」だ。[13] 脅威と破壊に満ちた危険で変化の激しい世界では「側面防御」が欠かせない。敵に攻撃されたら致命傷を負いかねない弱い部分を把握し、守るのだ。

第二次世界大戦が始まったばかりの1940年5月、ウィンストン・チャーチルは重大な戦略的決断に直面した。ナチスドイツの機甲部隊が空軍の急降下爆撃機でフランスの地方に猛攻撃を仕掛けるなか、イギリス軍は反撃に力を貸すことになった。5月14日にはドイツ軍がフランス軍の戦線を突破し、フランス政府はイギリス空軍飛行隊の増派を懇願してきた。イギリスはフランスがナチスの侵攻を退けるためにできるかぎり協力するつもりだったが、チャーチルはヒトラーがフランスを倒し、怒りの矛先をイギリスに向けるというかなり現実味のあるシナリオにも備える必要があった。チャーチルを中心とする戦時内閣は、困難な戦略の検討を迫られた。フランスが敗北した場合、イギリス本土を守るためにどれだけの戦闘機が必要になるのか。答えは25部隊だった。[14]「私たちはこの戦闘のために、上限（25部隊）までリスクを負うつもりだった。かなり高い基準であり、どのような結果になろうともそれは超えないと決めていた」とチャーチルは書いている。[15]結局フランスは敗北し、ヒトラーはイギリスに狙いを定めた。勝敗のカギを握ったのが制空権だ。ドイツ軍トップのゲーリング元帥は、イギリス空軍を破り、徹底的な爆撃の末にイギリスを降伏させられると確信していた。しかしイギリス空軍には25部隊という国を守るのに十分な戦力があった。最終的にイギリス空軍が勝利を収め、ヒトラーはイギリス侵攻計画を棚上げした。イギリスは抵抗する姿勢を崩さなかった。

すべてが変わったのは1941年12月7日だ。真珠湾攻撃を受けたアメリカが孤立主義と決別し、戦闘に加わった。チャーチルはのちに、真珠湾攻撃の一報を受けたときの心境をこう書き綴っている。「われわれは広間に戻り、起こったばかりの世界的大事件について考えをまとめようとした。あまりに驚くべき出来事で、国家の中枢にいる者でさえ言葉が出なかった。これでイングランドは生き延びられる。大英帝国と連邦諸国も生き残る。戦争がいつまで続くか、どのような終わりを迎えるかは誰にもわからなかったし、そのときの私には興味もなかった。どれほどボロボロになろうと、歴史あるわが国は再び最後には勝利を収めるのだ。消滅することはない。国家の歴史が終わることはない。われわれ個人も生き延びられるかもしれない」[16]

あのとき空軍に25部隊が残されていなかったら、どうなっていただろう。

あなたは理念とともに混乱を生き延びなければならない。会社が死んでしまったら、あるいはノックアウトされてしまったら、その後で運がめぐってきても何もならない。そのためには自分たちにどれだけのバッファーがあるのか、蓄えがあるかを把握し、挫折、攻撃、不運、あるいは自分自身の失策があっても存続する選択肢が残されているように備えておく必要がある。**あなたにとっての「25部隊」は何だろう。**

『ビジョナリー・カンパニー④　自分の意志で偉大になる』ではスタートアップ企業のなかで、変化の激しい混乱した破壊的業界で10x型企業になるところと、そうではないところが分かれる要因を体系的に分析した。そこで明らかになった重要な発見のひとつが、勝者となった企業は建設的パラノイアをとことん実践していたことだ。勝者となった企業は創業初期からの規律ある習慣として、比較対象企業と比べて総資産に対する手元資金の割合が大幅に高かった（堅実な財務は企業における「25部隊」だ）。自分たちを滅ぼしうる予想外の出来事について執拗なまでに思い悩み、外的ショックを生き延びるためにバッファーを厚くした。大惨事を引き起こしかねない無分別なリスクテイクを避けた。

新しい技術によって生み出された新しい産業は、何十、あるいは何百という新たな会社が誕生するカンブリア爆発を経験することが多い。だがその後は再編が進み、初期に市場参入した企業の多くが消滅する。なかには舞い上がって自らの25部隊である手元資金の管理に失敗し、倒産する企業もある。カンブリア爆発を生き延び、成功を収めたら、その後はさらにパラノイアになるべきだ。成功したことで居心地のよい繭《まゆ》に包まれれば、危険な変化が（アンディ・グローブの表現を借りると）「子猫のような足取りで」忍び寄ってくるのに気づけなくなる。[17]

クレイトン・クリステンセンの言う「破壊的イノベーション」に迅速に適応できる企業と、できない企業があるのはなぜなのか、私はずっと不思議に思ってきた。研究で取りあげた企業の事例を踏まえ、きわめてシンプルな理由に行き着いた。**適応できない企業は建設的パラノイアを実践できない**のだ。短期だけでなく、15年以上の長期にわたってパラノイアであり続ける必要がある。企業の経営チームがボールダーの経営研究所に来ると、私はよく次の3つの質問をする。

1 あなたが身を置く世界（社内と外部環境）で、これから15年以内に確実に起こるはずの重大な変化はどのようなものか。

2 そうした変化のうち、あなたの会社にとって重大な、または存在を脅かす脅威になるものはどれか。

3 そうした変化に先手を打つため、今すぐ、緊急に取り組まなければならないことは何か。

モーテン・ハンセンと私は、研究から重要な教訓を学んだ。嵐が来たときにどれくらいうまく乗り切れるかは、嵐が来る前に何をしていたかで決まる。建設的パラノイアを本気で実践する人は、山の上で嵐に巻き込まれてから追加の酸素ボンベを探したりはしない。病的なほど心配性なパラノイアとして、起こらないかもしれない破壊的ショックに備え、先手を打つほうが、日ごろから建設的パラノイアを実践せずに破壊的変化によって潰されてしまうよりずっと良い。

誰でもうまくいきやすい好況期には、偉大な企業と凡庸な企業を見分けるのは難しい。しかし激動期になると、その差は歴然とする。日ごろから建設的パラノイアを実践してきた企業は、弱った凡庸な競合のはるか先を行くようになる。準備不足の競合が破壊的ショックをなんとか生き延びたとしても、おそらく埋められない差がついている。嵐の前に備えをしていた強い企業は、決して振り返らず、常に先を走り続ける。

どのように勝利から最大の成果を引き出すか

1863年7月のゲティスバーグの戦いで、南部連合軍の司令官であったロバート・E・リーは合衆国軍に敗れた。3日間にわたる戦闘が終わるころには兵力の3分の1を失っていた。少なくとも2万3000人が戦死、負傷、あるいは捕虜になっていた。上層部の被害も深刻で、十数人の大将が戦死していた。南北戦争における南部連合の命運はノースバージニアのリー軍の成否にかかっており、それはすなわちリー自身の指揮官としての能力にかかっていた。ティーチング・カンパニー社の講座『ロバート・E・リー、その最高司令部と南北戦争』でバージニア大学教授のゲーリー・ガラハーが語っているように、リーが倒れれば、南部連合もほぼ確実に倒れるはずだった。[18]

だがゲティスバーグで勝利をあげ、ノースバージニア軍の息の根を止める絶好の機会に、合衆国軍はどうしたか。リーがポトマック川を渡って逃亡するのを許してしまったのだ。

リーの逃亡を知ったリンカーンは、ゲティスバーグの合衆国軍を率いたジョージ・ゴードン・ミード少将への手紙に不満をつづった。[19] 結局手紙を出すことはなかったが、そこにはこう書かれていた。「親愛なる少将へ。改めて指摘するが、あなたはリー逃亡という失態の重大性を理解していないと思う。あなたはリーを容易に捕らえられたはずであり、昨今のわが軍の成功を鑑みればリー確保によって戦争を終結させられただろう。だがリーを逃した今、戦争は果てしなく続くことになる。

（中略）あなたが絶好の機会を逃したことに、私は大いに失望している」。それからさらに2年後の1865年4月、アポマトックスの戦いでリーがユリシーズ・S・グラント将軍に降伏するまで、悲惨な戦争は続いた。

クラウゼヴィッツは要所に兵力を集中させた後は、敵を徹底的に追撃せよ、と説いている。戦果を最大化する方法を示していない戦略は不完全であり、不十分だ。「想像しうるあらゆる状況について言えるのは、いかなる勝利も追撃なくして完結しないということだ。戦果の追求をどれほど簡潔に終わらせるにしても、戦闘直後の追撃のみにとどめてはならない」[20]

私は『ビヨンド・アントレプレナーシップ』を刊行して以来、数十年にわたって目覚ましい成功を収めてきた企業の歩みを創業時からさかのぼって体系的に調べてきた。スリーエム、アムジェン、アップル、フォード、IBM、インテル、クローガー、マリオット、メルク、マイクロソフト、ニューコア、プログレッシブ保険、サウスウエスト航空、ストライカー、ウォルマート、ウォルト・ディズニーのような会社が、スタートアップ、中小企業から偉大な企業に成長するまでの主要な戦略的ステップをつぶさに見てきた。その後も私は、アマゾンやバンガードのような持続的に成長する会社から多くを学んできた（ここで改めて強調しておきたいのは、研究対象は最終的に巨大になった企業だが、私たちはベンチャー精神あふれる小さな会社だった時代から調査しているということだ。大企業を研究しているのではなく、「まだ偉大ではない企業」がどのように偉大な企業になるかを調べている）。そこから明らかになったのは、重要な成果は特定のチャンスをつかむことでもたらされるわけではないという事実だ。大きな賭けが成功した後に、そこから最大の成果を引き出そうと執拗に努力しつづけることから生まれる。

弾み車の法則は、まさに勝利から最大の成果を引き出すためにある（弾み車の概念については、前章の地図のところでも少し触れた）。私は弾み車効果を、偉大になる企業となれない企業、偉大さから陥落する企業が存在する理由について研究し、導き出した原則のなかで、もっとも重要なもののひとつと考えるようになった。大きな勝利をつかむのは、弾み車を10回まわしたらすぐに新しい弾み車に乗り換え、10回まわしたらまた乗り換えるといった会社ではない。10回まわしたら、さらに10億回まわし続ける会社だ。裏を返せば、戦略的失敗のなかでもとりわけダメージが大きいのが、勝利から最大限の成果を引き出さないこと、弾み車効果を最大限実現しないことだ。

弾み車をまわすというのは、これまでしてきたことを漫然と続けるという意味ではない。可能性を追求し、拡大し、拡張することだ。変化し、創造することだ。創業初期のマイクロソフトが「ウィンドウズ１」や「ウィンドウズ２」に固執するということではなく、「ウィンドウズ３」「ウィンドウズ95」「ウィンドウズ98」「ウィンドウズＸＰ」「ウィンドウズ７」「ウィンドウズ８」「ウィンドウズ10」、さらにその先へと開発を進めていくことだ。アップルが初代「ｉＰｈｏｎｅ」をつくり続けるのではなく、ひたすらノンストップでｉＰｈｏｎｅラインの変化と刷新を繰り返していくことだ。サウスウエスト航空がテキサスにとどまり、古びた機体を使ってダラス、サンアントニオ、ヒューストンの３拠点をぐるぐるまわり続けるのではなく、常に最新のボーイング７３７を導入し、アメリカ各地で集中展開しながら次々と新市場を征服していくことだ。ベンチャー企業だったアマゾンが本だけではなく、ｅコマースの領域とそれを支える物流システムを拡大し、人類史上もっとも広がりのある網羅的な小売業をつくり上げていくことだ。

『ビジョナリー・カンパニー③　衰退の五段階』では、一時は偉大だった企業がいたずらに自滅していったケースを研究した。明らかになったのは「ネクスト・ビッグ・シング（新たな鉱脈）」に夢中になり、弾み車をおろそかにする、あるいは捨ててしまうことの危険性だ。企業の屋台骨である弾み車に残されている可能性を大切にしないのは傲慢だ（それ以上に問題なのは、弾み車に飽きてしまい、放っておいてもうまくいくだろうと高をくくってネクスト・ビッグ・シングに関心を向けることだ）。弾み車を新しい領域へ拡張することは不可欠だが（そして十分な時間をかければ、まったく新しい弾み車を生み出すこともできるかもしれない）、成功している戦略という既存の弾み車の勢いは高めつづけていかなければならない。新たな鉱脈は、実はあなたがすでに手にしている鉱脈である可能性が高いことを肝に銘じておこう。勝利から最大限の成果を引き出そう。弾み車をまわし続けよう。

忘れてはいけないこと。「まずビジョンありき」

ここまで述べてきた戦略の3つの要素（大きな賭け、側面を守る、勝利から最大の成果を引き出す）は、戦略を考えるうえでの指針となる。だが決して忘れてはならないのは、明確なビジョンなくして、まっとうな戦略は策定できないということだ。曖昧なビジョンからは曖昧な戦略しか生まれない。明確なビジョンからは明確な戦略が生まれる。優れた戦略を立てたければ、まずは自分が何を実現しようとしているかをとことん明確に理解する必要がある。優れた戦略とは、コアバリューに忠実に、そしてパーパスに導かれながら、どのようにBHAG（社運を賭けた大胆な目標）を実現するか

戦略の要諦

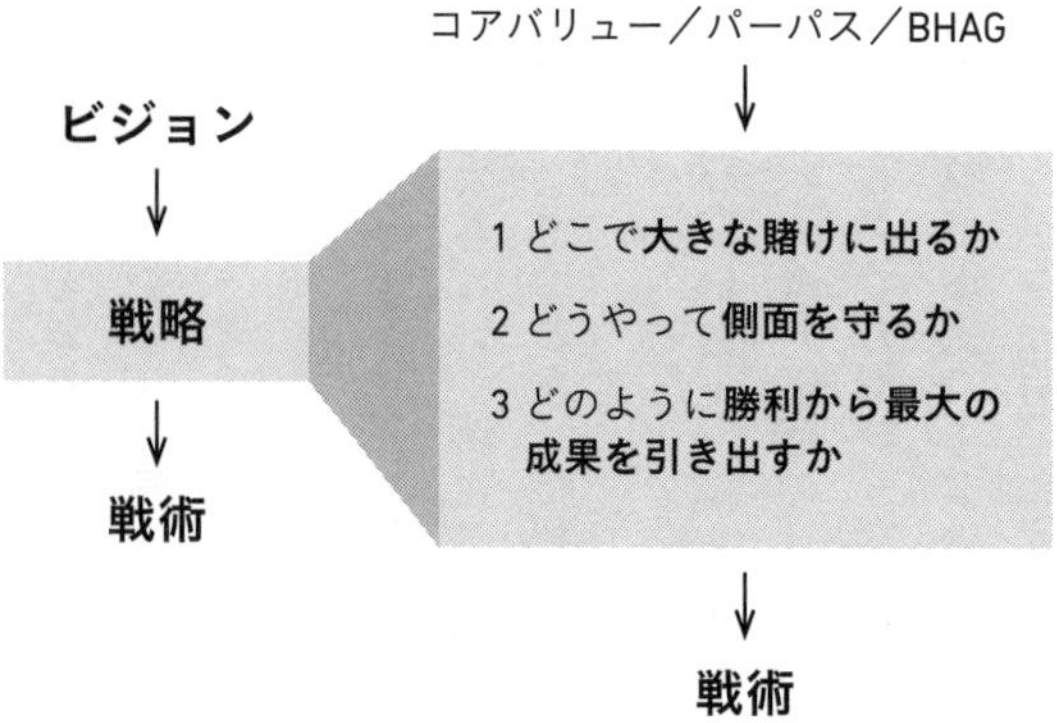

示すものだ。まずビジョンがあり、次に戦略、それから戦術だ。

BHAGはあなたが登ろうとしている高い山だ、という話を思い出してほしい。コアバリューとパーパスを明確にしたら、BHAGを設定し、チームに正しい人材を集め、戦略を策定する。それから登頂のプロセスを「ベースキャンプ」ごとに分ける。これは3〜5年で達成するべき目標で、達成するたびに山頂に近づいていく。続いて、これからの1年の最優先事項を決める。次のベースキャンプにたどり着くために達成しなければならない戦略的目標だ。最初のベースキャンプに着いたら、2つ目のベースキャンプを調整し、明確にする。そこから再び3番目、さらには4番目のベースキャンプを目指して同じ作業を繰り返し、最終的にBHAGに到達する。そこで新しいBHAGを設定する。それを何度も何度も、永遠に繰り返していこう。

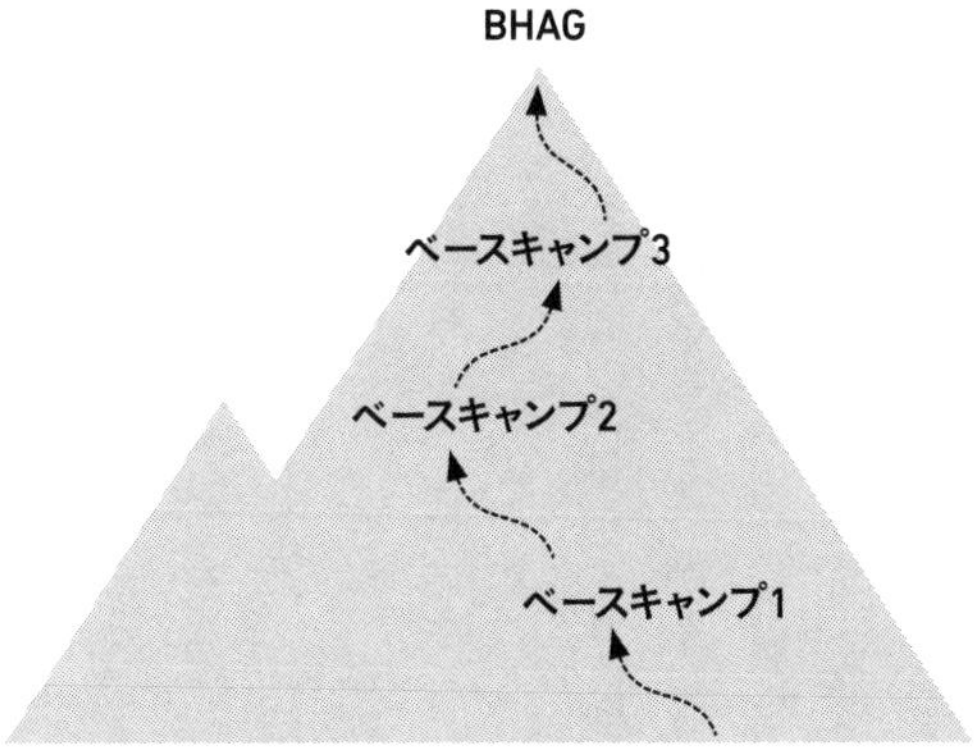
BHAG
ベースキャンプ3
ベースキャンプ2
ベースキャンプ1

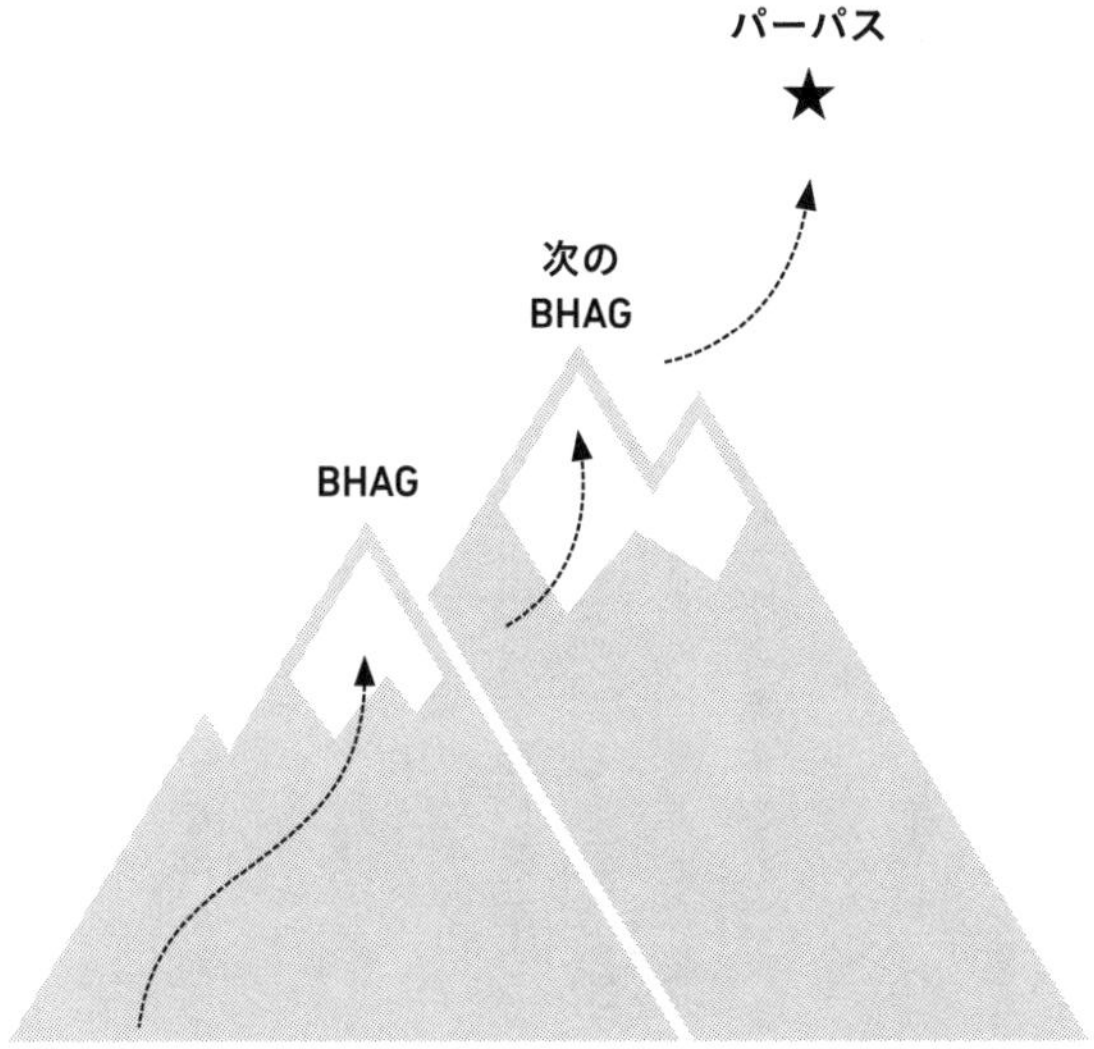
パーパス
次の
BHAG
BHAG

戦略的判断を下す

バランスの良い3本足のスツールを思い浮かべてほしい。スツールが安定するには、それぞれの脚がしっかりしていなければならない。確かな戦略的判断を下すには、ビジョン、内部評価、外部評価という3本足のすべてがそろっている必要がある。3つがそろえば、正しい戦略的判断はたいてい自明になる（図7－3を参照）。

冷静な分析だけでなく、常識、経験にもとづく判断力、直感も参考にしよう。戦略をあまり複雑にしてはならない。シンプルに、単純明快にしよう。

基本戦略は紙に打ち出したときに「3ページ以内」に収める。戦略計画は分厚い難解な文書だと思い込んでいる人は、ショックを受けるかもしれない。だが分厚い難解な文書など誰も読まない。だからあらゆる階層の社員がすぐに理解できるような戦略的指針をつくろう。具体的な戦術や実施計画は3ページに収まらないかもしれないが、基本戦略は簡潔で明確で研ぎ澄まされたものであるべきだ（きちんと言葉を選べば、戦略の本質はほんの数行で伝えられる）。

効果的な方法として、①製品（あるいはサービス）、②顧客（市場セグメント）、③キャッシュフロー、④人材と組織、⑤インフラという事業の5つの主要分野について、戦略の重要な要素を書き出してみるといい。この形式にのっとった戦略立案の例を本章の末尾に示しておく。

戦略的事業計画というと誰もが思い浮かべるボックス、バブルチャート、グリッド、マトリクスなどを使った分析手法はどうなのか、と思われるかもしれない。こうしたツールのなかには役に立

図7-3　戦略立案の3本足

ビジョン
- コアバリューと理念
- パーパス
- ミッション

内部評価
- 強みと弱み
- リソース
- イノベーションと新しいアイデア

外部評価
- 業界、市場、顧客のトレンド
- 技術のトレンド
- 競合
- 社会環境と規制環境
- マクロ経済と人口動態トレンド
- 国際環境

↓

戦略的判断

つものもあるが、その多くは多角的に事業を営む大企業向けに開発されたという事実を忘れてはいけない。一般論でいえば、こうした手法は中小企業にはそれほど適していない。小さな会社の優れた戦略立案者は、複雑なマトリクスやバブルチャートなどは使わない。自分の頭でしっかり考えるだけだ。

複数年にまたがるローリングプランと毎年の戦略的優先事項

5年以上にわたる戦略はたいてい役に立たない。戦略の期間を3年にとどめる会社もある。私たちは3～5カ年の戦略を立て、毎年見直すことを勧める。戦略は静的ではなく動的なものであり、社内の状況や社外の環境変化にともなって変化し、進化していくと考えよう。

毎年、戦略的優先事項の上位5つを決め、それぞれの責任者を明確にしておくこともきわめて重要だ。

毎年の戦略的優先事項は、5つを超えないようにしよう。すべてを優先事項にすると、何も優先しないのと同じことになる。どれほど優れた会社でも、一時期に集中できる重要課題は2〜3個だけだ(本章末尾の事例では、こうした考えにもとづいて戦略的優先事項を決定している)。

年次戦略会議を開く

戦略の設定・改定にもっとも有効な方法のひとつが、年1回、戦略立案のために会社とは別の場所でオフサイト・ミーティングを開くことだ。参加者には、各部門のキーパーソンを含める。理想的な人数は5〜10人だ。絶対的上限は20人だが、10人以下に抑えることを強くお勧めする。

オフサイト・ミーティングに外部のコンサルタントを進行役として招くとうまくいく会社もあれば、完全に社内関係者だけで話し合うのを好む会社もある。

ミーティングの前には参加者にいくつか問いを投げかけ、それぞれ準備して臨んでもらう。少なくとも会議の1週間前には問いを配布しておこう。問いの内容は毎年変えるべきだ。また内容は会社がそれぞれ判断すべきだが、内部評価、外部評価に関する問いが適している。

参加者がしっかり準備をしてミーティングに出席するよう促すため、特定のテーマについてひとりあたり10〜20分のプレゼンの実施をお勧めする。他人の前でプレゼンするという宿題ほど、参加者を本気にさせる仕掛けは少ない。業界と市場のトレンド、技術トレンド、イノベーション、競合分析といった具体的テーマを適任者に割り振るのもよいだろう。

年次ミーティングでは、次のような議題をとりあげてみよう。

- ビジョンの振り返り（コアバリューと理念、パーパス、ミッション）。ビジョンが誰にでも明らかで、全員が賛同していることを確認する。
- 全員参加による内部評価
- 全員参加による外部評価
- 全員参加で現在のミッションを達成するための基本戦略を決定あるいは改定する。
- 全員参加で次年度の戦略的優先事項の上位5つを決定する。

ミーティングの成果を文書にまとめる担当者を決めよう。この文書は「戦略の指針」として、主要な社員全員に配るべきだ。常に参考にするとともに、個人の期限付き目標を設定する際に活用すべきだ（第9章で詳述する）。

多くの中小企業が直面する4つの重要な戦略的問題

次の4つは、中小企業が直面することの多い重要な戦略的問題だ。

- どのくらいの速度で成長すべきか

- 集中か多角化か
- 株式公開の是非
- 市場を先導すべきか、追随すべきか

どのくらいの速度で成長すべきか

HPのビル・ヒューレットとデイブ・パッカードはあるインタビューで、ベンチャー企業の経営者にひとつアドバイスをするとしたら何か、と聞かれた。ヒューレットはこう答えた。

> 速く成長しすぎてはいけない。社内のマネジメント能力が育つのに歩調を合わせて成長する必要がある。ベンチャーキャピタルはベンチャー企業に成長を急がせることが多いが、無理に成長しようとすると企業の価値観が損なわれる。[21]

戦略的判断のなかでも、もっとも意見が分かれ、またもっとも理解されていない要素のひとつが成長だ。ここで「判断」という言葉を使ったことに注目してほしい。どれだけ早く成長したいかは、あなたが戦略的判断として明確に示すべきだ。

成長は良いものだ（あるいは悪いものだ）と決まっているわけではない。急成長を短絡的に望ましい目標と考えるべきではない。優れた経営者は最大限成長を追求すべきだと考える人には、異端と思えるかもしれない。しかし急成長するという判断は既定のものととらえるべきではない。急成長しないと決断すべき正当な理由もときにはあるだろう。

主要な意思決定がすべてそうであるように、成長に関する判断も会社のビジョンと結びつく。あなたはそもそも大企業になりたいのか。急成長がもたらす負の部分も引き受けるつもりなのか。成長に負の部分などあるのかと思うかもしれないが、確かにある。たとえば急成長がキャッシュフローの危機を引き起こすこともある。よくあるパターンが、急激な売上拡大を見込んで原材料を大量に仕入れたり、人材を大量に雇ったりするケースだ。それを使って製品をつくり営業をかけるのだが、売り上げが入ってくるのは仕入れから数カ月後だ。売り上げが予測に達しなければ、在庫は現金にならない。現金は血液あるいは酸素のようなもので、なければ会社は死んでしまう。しかも成長は大量の現金を食い潰す。**倒産のほぼ半分は、記録的売り上げのあがった翌年に起こる**のはこのためだ。

急成長にはほかにも多くの弊害がある。いくつか例を挙げよう。

- 急成長によって重大な非効率が覆い隠される。ムダは成長が鈍化したときに初めて露見する。
- 急成長によって会社のインフラに負荷がかかる。限界を超えることも多い。
- 急成長戦略によって営業部門に売上拡大のプレッシャーがかかり、利益率を悪化させるような価格で契約を取ってくるようになる。
- 急成長の人的コストは大きい。急成長期には社員にとほうもない緊張感やストレスがかかる。
- 急成長は組織を複雑にし、コミュニケーションが悪くなる。

●大企業は一般的に社員にとっておもしろくないが、急成長によって大企業になる時期が早まる。
●急成長によって社内のマネジメント能力を高め、価値観を浸透させることがきわめて難しくなり、会社の文化が急速に薄まることもある。

「誰でもいい」シンドローム

文化が希薄化する主な原因は「誰でもいいシンドローム」だ。私たちは急成長を遂げる会社が、採用基準を緩めるケースをたくさん見てきた。「とにかく誰でもいいから採用してくれ。誰かまわしてくれ、人手が要るんだ!」という状態だ。

その「誰か」はあなたの会社の理念を支持するとは限らない。高い基準を満たさないかもしれない。急成長のプレッシャーにさらされた会社では、採用へのこだわりが大幅に薄れる。だが採用こそ、あなたがとことん慎重になるべき分野だ。

急成長は「成長のための成長」を追い求める空気を生むリスクがあり、その罠に陥る会社は多い。財務の健全性が失われることもある。たとえばオズボーン・コンピュータは急成長を続けるため、採算割れの価格で製品を販売した。[22] もちろん1ドル札を80セントで売ることは誰でもできる(少なくともしばらくの間は)。オズボーンはそれを破産するまで続けた。

事例紹介　**戦略を誤ったライトクラフト**

私ビル・ラジアーは、急成長を追求するという誤った戦略的判断をした企業の結末を目の当たりにしたことがある。

高級照明器具メーカーのライトクラフトは、最高のデザイン、サービス、優れた内部管理（とりわけ在庫管理）を強みとしていた。適度な成長（年率10〜15％成長）を目指していたあいだは、業績はとても好調だった。利益率は業界平均を大幅に上回り、一貫して優れた戦術を実施するすばらしい会社として業界で一目置かれていた。

その後ライトクラフトはニュートーンに買収された。新しいオーナーは初年度に年率50％という高い成長率を目指す戦略を立てた。それは従来の適度な成長とはまったく異なるマネジメントスキルを必要とするものだった。これが会社への重圧となった。前年の売上高は600万ドルだった。ニュートーンはそれを900万ドルに伸ばすよう求めた。ビルが当時を振り返る。

ライトクラフトに乗り込んだニュートーンの営業部隊は、利益率を大幅に悪化させるような値引きを始めた。ライトクラフトは販売量の増加を見込んで、新しい大規模工場を稼働させていた。だが不運が重なり、建物には構造的欠陥があり、天井からコンクリートの塊が落下してくるような状態だった。その結果、在庫が管理できなくなった。そのため大量のキャッシュが在庫にとられるようになった。また成長ペースが高まったため、以前のようなカスタマーサービスも提供できなくなった。会社のインフラ全体が限界に達し、ライトクラフトの競争力が失われていった。

この年、ライトクラフトは720万ドルを売り上げた。過去の基準に照らせば高い伸びだったが、目標の900万ドルには遠く及ばなかった。しかも製品のライフサイクルが短いため、900万ドルの売り上げを見込んで製造した過剰在庫は流行遅れになる可能性があった。この結果、収益率は大幅に悪化した。ライトクラフトは高い評価と市場での優位性を徐々に失っていった。

急成長にはもうひとつ、特に注意すべき弊害がある。組織に傲慢さを生むのだ。[23] 自分たちは安泰だという意識は、大惨事につながりかねない。産業史や世界史を振り返ると、何度か続けて成功したり、急成長を遂げたりした結果、危険なほど自信を膨らませて最終的に破滅していった組織の例が山ほどある。世界史から代表例を挙げれば、1812年の（ナポレオン指揮下の）フランス軍、1941年の（ヒトラー率いる）ドイツ第三帝国などがこれに当たる。

産業界にも、急成長によって自分たちの勢いは止まらないと思い込み、結果的にその幻想を打ち砕かれたケースがたくさんある。オズボーン、ミニスクライブ、テレビデオ、ビジコープ、トリロジー、マグニューソン・コンピュータなどは、いずれも目のくらむような成功を収めた直後に凋落あるいは破綻した。自分たちは安泰だという意識が誤った判断につながった。傲慢さが破滅の一因となったのだ。

図7-4　急成長のスパイラルと落とし穴

ある年、急成長を遂げる

↓

自信が高まる

↓

翌年、またしても急成長を遂げる

↓

自信がさらに高まる。

↓

さらなる急成長を見越してインフラをつくり、
人材を採用し、在庫を積み増す。

↓

間接費の増加をまかなうため、急成長を続けなければならなくなる。

↓

(たとえ現実的ではなくても)急成長が続く計画を立てる。

↓

会社は急成長スパイラルに陥る。

↓

会社のインフラに負荷がかかり、社員は燃え尽き、
サービスが低下し、製品の品質に問題が生じ、在庫が管理できなくなり、
営業部隊がとんでもない値引きをし、新製品を性急に市場に投入する。

↓

ある年、予想外に成長率が落ち込む

↓

キャッシュフローが逼迫し、
痛みを伴う大幅な事業縮小や破産に追い込まれる。

成長は成長を呼ぶ。成長市場ですばらしい製品ラインを持っていれば、一気に急成長が始まることもある。そしてひとたび成長パターンに入ると、減速するのはとても難しい。図7－4は、成長がどのように成長を呼ぶかを示している。

緩やかな成長戦略はうまくいくのか

ゆっくり成長するという戦略が本当にうまくいくのか、と疑問に思う人も多いだろう。急成長には確かに重大なデメリットもあるが、健全で魅力的で活力ある会社であり続けるには急成長が必要なのではないか、と。エグゼクティブ教育のプログラムに参加したある企業幹部はこう主張した。

「会社はサメのようなものだ。泳ぎ続けなければ死んでしまう。成長か、死か。それしかない」

「なぜそんなふうに思うのか」

「社員に昇進の機会を与えなければならないからだ。速く成長しなければ、社員が辞めてしまう。社員は成長できる機会を求めているのに、会社が成長しなければ挑戦の機会を与えられなくなってしまう。急成長しなければ、職場としての魅力を失ってしまう。顧客へのサービスも制約される。それに急成長しないベンチャー企業に、誰が投資するのか」

この企業幹部の主張にも一理ある。会社が急成長すれば、社員が昇進する余地が生まれる。しかも成長には気分を高揚させる要素がある。

それでもゆっくりと成長しつつ、最高の社員、低い離職率（社員の満足度が高い）、高い顧客満足度、最高の業績を維持している会社もある。

事例紹介　**緩やかに成長したユニバーシティ・ナショナル・バンク・アンド・トラスト**[24]

ユニバーシティ・ナショナル・バンク・アンド・トラスト・カンパニー（UNB）の創業者兼会長のカール・シュミットは、緩やかな成長戦略を明確に打ち出し、会社を育ててきた。1980年の創業時から、ゆっくり成長することで最高の顧客サービスと品質を提供できると考えていた。

1980年代にはほとんどの銀行が猛烈な勢いで成長したが、シュミットは意識的に緩やかな成長を維持し、最高のサービスを提供する会社という評価を少しずつ高めていった。1980年代の終わりには、総資産利益率がアメリカの銀行業の平均を45％上回っていた。支払準備率は1・3％と超健全経営で、不良債権はほぼゼロだった。取締役のジョージ・パーカーはこう語る。

UNBの株主資本利益率は、ほかの銀行よりはるかに高い。緩やかな成長によって細部まで目が行き届き、すばらしい業績につながっている。

UNBの緩やかな成長戦略のカギを握るのが、優秀な人材を引き寄せ、つなぎとめる能力だ。1991年の私たちとのインタビューで、シュミットはこう語った。

一般的な銀行では、窓口係の離職率がどれくらいか知っているかい？　50％だ。では去年のUNBの離職率はどうだったか？　ゼロ％だ。窓口係の離職者がゼロということだ。私たちはとびきり優秀なプロフェッショナルをほぼ全員つなぎとめてきた。社員の勤続年数は長く、意欲も高い。

なぜUNBは急成長しなくても優秀な人材を引き寄せ、つなぎとめることができるのか。それは社員が自由と楽しさを感じられるからだ。UNBは急成長企業に疲れた「難民」、つまり成長の弊害を身をもって知った人々を採用してきた。シュミットはUSBを働くのが楽しい職場にした。窓口係を含むあらゆる社員には、幅広い意思決定の自由を与えている。インク誌はシュミットについてこう書いている。「成長には制限をかける一方、社員が日々意思決定をするときには何の制限も感じないような環境をつくっている」

だがUNBとは異なり、急成長以外の選択肢がない場合もある。急拡大する市場で支配的プレーヤーを目指すのなら、市場が急拡大する時期に競合企業に大幅なリードを許すのは賢明ではない。たとえばパソコン市場が急拡大していた時期、コンパックとアップルには急成長戦略以外の選択肢はなかった。ほかの戦略では、生き残ることはできなかっただろう。

こうしたさまざまな要素を検討したうえで、成長という問題について何が言えるのか。私たちが伝えたいもっとも重要なメッセージは、成長率は成長戦略の立案プロセスに組み込むべき要素であり、さまざまな成長率のメリットとデメリットを慎重に検討すべきだということだ。一般的に、超優良企業は間違いなく成長している。ただそれは成長しながらも、偉大な企業になる要素を整えていけるペースの成長だ。考えるべきは「どうすれば成長速度を最大にできるか」ではなく、「私たちのビジョンにもっとも合致する成長率はどのようなものか」だ。

本書の新しい視点

価格をコントロールできないなら、コストをコントロールする

すばらしい事業を営むことと、すばらしい企業を築くことはまったく違う（ここでいう「事業」とは、あなたの企業が提供する製品やサービスであり、身を置く業界である）。すばらしい業界にも、凡庸な企業や破綻する企業は山ほどある。反対にサウスウエスト航空やニューコア（鉄鋼）など、それほどすばらしくない業界にも真にすばらしい企業が相当数存在する。もちろん、すばらしい事業とすばらしい企業の両方を兼ね備えているのがベストであることは言うまでもない。

今身を置いている業界がすばらしいかどうかはどうすれば判断できるのか。ウォーレン・バフェットがベストアンサーを用意している。「値上げする際に神頼みをしなくてよい業界」だ。[25]

では価格をコントロールできない業界に身を置いていて、それでも偉大な企業を目指す場合はどうすべきか。その場合、必須の戦略となるのが次のルールだ。**価格をコントロールできないなら、**

コストをコントロールしなければならない。サウスウエスト航空やニューコアのリーダーが「低価格」ではなく「低コスト」を戦略の柱としてきたのはこのためだ。

集中か多角化か

中小企業でもっとも有効な戦略のひとつが、特定の市場または製品ラインに集中し、その分野で競合より明らかに優れた存在になることだ。集中化戦略によって、競争優位性をできるだけ高めることに限られたリソースを集中投下できる。ここでいうリソースには金銭的リソースだけでなく、それよりはるかに重要な経営陣の時間とエネルギーも含まれる。

マサチューセッツ州ロウェルの超優良企業であるジョアン・ファブリックス・コーポレーションのラリー・アンサン元CEOは、自らの集中化戦略についてこう語った。

かつての私たちがそうであったように、5つの事業に多角化すると、売り上げ構成比がわずか3％の事業が経営陣の時間、エネルギー、関心の20％を占めるようになる。そんなことをする意味はない。集中しよう。ほかの誰よりも得意なことをやろう。そうすればひとつの製品ラインに全精力を集中させると決断したときの私たちのように、すばらしい成果が得られるだろう。[26]

集中化戦略は、あなたが「その他大勢」になるのを防ぐ。その他大勢は戦略的にもっともまずい立場に陥りやすい。スケールメリットを享受するには小さすぎる一方、競合より高い価格を設定するほど差別化もできない。中途半端な立ち位置は命取りになる。

もちろん集中化戦略にもマイナスはある。ターゲット市場の規模に応じて、成長には自ずと限界が生じる。景気循環、つまり特定の市場の浮き沈みに振り回されるという問題もある。それに加えて集中化戦略ではさまざまな機会に臨機応変に対応するのが難しくなる。

それでも集中しすぎてうまくいかなくなる企業は滅多にないのに対し、十分集中できずに行き詰まる企業はかなり多い。

事例紹介　多角化で失敗したＧＦＰ

クレム・アトキンズが1970年代半ばに創業したＧＦＰは、ユニークなデザインの時計を売り物にしていた。アトキンズの製品は、高機能であると同時に美術品のような時計を求める顧客層から高く評価されていた。

ＧＦＰの年商が300万ドル近くに達したとき、アトキンズは自転車アクセサリーに進出することを決めた。「私自身、サイクリングに興味があり、私のエンジニアリングとデザイン能力をもってすれば画期的な製品がつくれると考えた」とアトキンズは語っている。

実際、自転車関連製品はよく売れた。だが時計の売り上げが落ち始め、それに気づいたアトキンズは「やはり多角化が必要だ」と宣言した。アトキンズは台頭しつつあったパソコン市場に興味を持ち、パソコンユーザー向けのアクセサリー（特別なスクリーン、キーボードホルダーなど）に手を出した。
その後もスキーリゾート、ガーデニング製品、リサイクル紙製造という具合に多角化は進んでいき、GFPの資金は急激に減りだした。売上高は500万ドルに達した後、急速に減少した。GFPが参入した市場はどれも非常に魅力的だった。だが多くの事業ラインに手を広げるのは荷が重すぎた。業績は回復せず、最終的に破綻した。

多角化は絶対にダメだということではない。ほとんどの企業が遅かれ早かれ多角化する。問題は「いつ」「どれだけ」多角化するかだ。

段階的多角化

私たちが「段階的多角化」と呼ぶ方法を実践する企業は、多角化で大きな成功を収める傾向がある。段階的多角化とは、まずひとつの事業ラインに集中し、そこで目標を達成したら初めて2つめの分野に進出するという戦略だ。図7－5のようになる。

ビジョンと集中のつながり

あなたがどれだけ集中しているか測るのに役に立つのがビジョンだ。

図7-5　段階的多角化

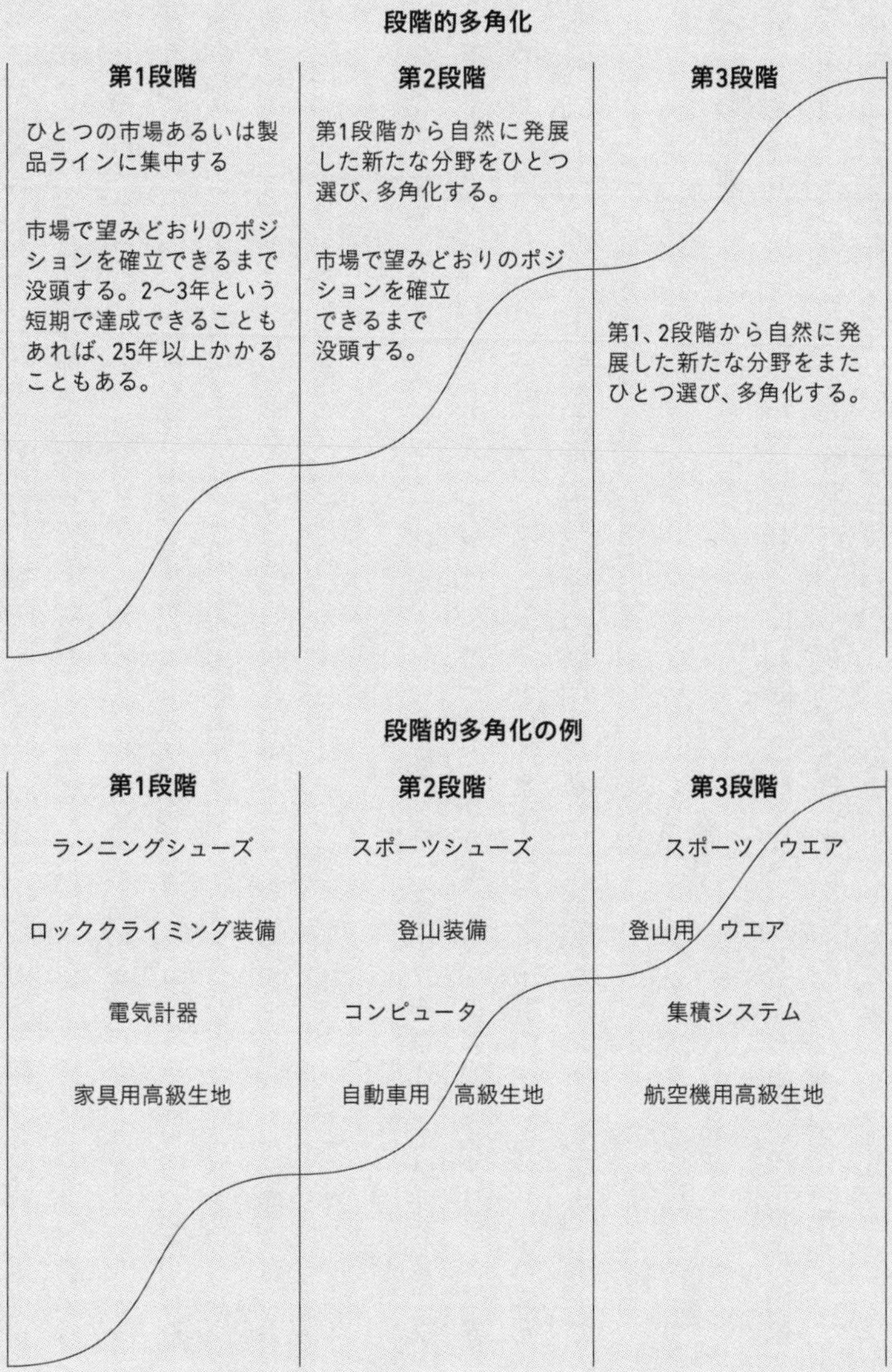
段階的多角化
第1段階
ひとつの市場あるいは製品ラインに集中する
市場で望みどおりのポジションを確立できるまで没頭する。2～3年という短期で達成できることもあれば、25年以上かかることもある。
第2段階
第1段階から自然に発展した新たな分野をひとつ選び、多角化する。
市場で望みどおりのポジションを確立できるまで没頭する。
第3段階
第1、2段階から自然に発展した新たな分野をまたひとつ選び、多角化する。
段階的多角化の例
第1段階
ランニングシューズ
ロッククライミング装備
電気計器
家具用高級生地
第2段階
スポーツシューズ
登山装備
コンピュータ
自動車用高級生地
第3段階
スポーツウエア
登山用ウエア
集積システム
航空機用高級生地

たとえば「革新的治療法で人々の生活の質を改善する」というパーパスを掲げるセルトリックス・ラボラトリーズは、革新的で治療に役立つ製品しか製造しない。ジョアン・ファブリックスは「高級生地業界でナンバーワン・プレーヤーになる」というミッションを掲げる。このミッションを達成するため、ジョアンは関連性のない事業からすべて撤退した。ラリー・アンサンCEOは高級生地分野でナンバーワンになるには、この事業に完全に集中しなければならないと考えた。ジロスポーツ・デザインは「2000年までに世界のサイクリング業界でもっとも敬愛される会社になる」ことに全社一丸となって集中している。ビル・ハンネマン社長はこう語る。

ビジョン・ステートメント、とりわけミッションの部分は、「集中」を意識して戦略的意思決定を下すのに役立つ。新製品のアイデアはすべて「2000年までに世界のサイクリング業界でもっとも敬愛される会社になるのにプラスか」という基準に照らして判断される。パーパスとも照らし合わせる。「この新製品は革新的かつ高品質であり、圧倒的なベストであるか」と。このようなビジョンの要請を満たさないことは絶対にやらない。

株式公開の是非

傑出した会社のほとんどは遅かれ早かれ、株式公開（一般に株式を売り出すことによって資金を調達する）を検討する段階に到達する。株式公開がもたらす栄誉と流動性（キャッシュアウト《資産の現金化》のチャンス）に魅力を感じる人は多い。

ただ会社が一定の規模になれば、または創業から一定期間が過ぎれば、株式公開が当然のステップになるというのはよくある誤解だ。株式公開は必ずしなければいけないものではない。定められた運命などではない。

ミネソタ州に本拠を置くカーギルは南北戦争の時期に創設され、私企業のまま1990年の売上高は420億ドルまで成長した（公開企業のみを対象とする『フォーブス500』の売上高部門では9位に入る規模だ）[27]。

公開企業の世界に足を踏み入れる前に、株式公開のメリットとデメリットを戦略的に検討することを強くお勧めする。これほど企業に重大かつ持続的影響を及ぼす判断はないかもしれない。

事業拡大や新製品開発のための資金が得られることから、株式公開はあなたのビジョンの実現に役立つ戦略的ステップの場合もある。株主にとっては資産の流動性が高まり、主要株主が亡くなったときの相続という厄介な問題も解決できるかもしれない。

だが株式公開には重大なデメリットもある。

●経営陣は株式公開の前も後も膨大な時間をとられる。IPO（新規株式公開）までの数カ月は、最高幹部は手続きに忙殺されることが多い。ロードショー（投資家向け説明会）、全社ミーティング、目論見書の作成、メディア対応などを経営陣が最優先させなければならないこともある（たいていはそうだ）。IPOの後も金融機関への対応、四半期報告書や年次報告書の作成、メディアとのコミュニケーションに時間をとられる。

●ＩＰＯにはお金がかかる。弁護士や会計士への支払い、印刷費、申請費などで50万ドルほどが飛んでいく。引受会社への手数料（株式公開業務を引き受けてくる投資銀行に支払う手数料率）は目玉が飛び出るような金額になることもある。売却益の７％というのも珍しくない。ほとんどの会社ではＩＰＯのトータルコストは１００万ドルを大幅に上回るだろう。

●株式公開後は金魚鉢のなかで経営することになる。財務情報は公開しなければならない。給与情報も公開しなければならない。あなたの一挙手一投足が投資アナリストによって分析される。競合企業はあなたの動きをこれまで以上に把握できるようになる。

●短期で成果をあげるプレッシャーを感じるようになる。あらゆる公開企業が金融業界から四半期利益をできるだけ増やせという圧力を感じている。公開企業には長期的健全性を犠牲にしても短期利益を優先させる歪んだインセンティブがビルトインされる。

●あなたは会社のコントロール能力を失うかもしれない。議決権の50％以上が部外者の手に渡れば、資金力のある誰かに会社を買われてしまうかもしれない。

●企業目的をめぐってコンフリクトが生じる可能性がある。一般株主は基本的に株式を金銭的投資の手段と見ている。株価が上がりさえすれば、正直会社が何をしようが気にしない。あなたのパーパスが株主資産の最大化と必ずしも合致しない場合、株主と対立する可能性がある。一般株主の多くはビジョンではなくキャピタルゲインに魅力を感じるのだ。

事例紹介　ＩＰＯで苦しんだテンサー・コーポレーション[28]

テンサー・コーポレーションはジェイ・モンローが１９６０年に設立した。とびきりクリエイティブで情熱的な人物で、自分のアイデアを製品化し、楽しむ手段として会社をつくった。モンローには投資家の観点から見た短期利益と同じくらい、芸術的なものづくりを大切にする会社を目指すというビジョンがあった。短期的な財務成績にはマイナスでも、長期的には業績に貢献する画期的な製品を市場に送り出すべきだと考えていた。

だがモンローは重大な決断を下した。株式を公開し、自らの持ち分を50％未満にしたのだ。一般株主のニーズ（投資に対して短期的に利益をあげる）は、会社のビジョンと真っ向から対立した。モンローは乗っ取り屋に会社をとられるか、ビジョンを曲げるかの選択を迫られた。どちらに転んでも負けだった。

テンサーとは対照的に、エルエルビーンは非公開企業にとどまるという決断を下した。大きな理由は、たとえ短期利益に悪影響を及ぼすことがあっても、並外れて高いビーンの顧客サービス基準を維持したかったためだ。おかげで１９８９年には２００万ドルをかけて顧客サービス改善プログラムを実施するなど、非公開企業ならではの決断を下すことができた。

レオン・ゴーマン社長がこの決断についてウォール・ストリート・ジャーナル紙のインタビュー

で語っている。「公開企業でなくてよかった。利益のことを心配しないで済むのだから」[29]

IPOの是非と関連する戦略的判断が、外部の投資家を受け入れるかどうかだ。ベンチャーキャピタリストなど、投資家のなかには基本的に「キャッシュアウト」の観点からしかモノを考えないタイプもいる。ベンチャーキャピタルの支援を受ける、あるいは基本的に数年以内にキャッシュアウトしようとしている投資家の支援を受け入れるのは、株式公開あるいは事業売却をするという戦略的判断と同じである、と頭に入れておくべきだ。

ベンチャーキャピタルの支援を受ける場合、株式公開をする（あるいは他社に事業を売却する）ことが「既定路線」であり、あとは時期だけの問題だ。ここまで挙げてきた理由から、株式公開があなたの会社のビジョンに適していないと思うのであれば、ベンチャーキャピタルやキャッシュアウトを志向する投資家の資金は求めるべきではない。

市場を先導すべきか、追随すべきか

一般的に、市場のイノベーター、先行者、パイオニアと言われる人々には途方もない優位性がある。とはいえ先行者利益があるからといって偉大な企業になれる保証はなく、むしろ市場のイノベーターであることにはコストもかかる。

先行者は一般的に市場優位性を獲得できることをエビデンスは示している。

とはいえ、この話には続きがある。先行者が優位性を失うケースは多いのだ。たいてい原因はライバル企業がもっと良い製品を出したり、マーケティングが上手だったり、あるいはその両方だっ

市場シェアの平均※
先行者、初期追随者、遅滞追随者

	消費財	工業製品
先行者	29%	29%
初期追随者	17%	21%
遅滞追随者	12%	15%

※母集団は1853社。W.T.ロビンソンとC.フォーネルが分析
（Journal of Marketing Research, August, 1985.）

たりすることだ。初期追随者は先行者の努力に乗っかり、市場がすでに製品を受け入れ、情報を得ている状況の恩恵に浴することが多い。マービン・B・リーバーマンとデビッド・B・モンゴメリーによる論文『先行か追随か　市場参入の順序に関する戦略』(Stanford Business School Research Paper #10084) は、そうした例を数多く紹介している。

●ボマーは他社に先駆けて小型計算機を発売し、積極的なテレビ広告によって市場を開拓したが、その後テキサス・インスツルメンツとヒューレット・パッカードに追い抜かれた。

●ビジコープは革新的な表計算ソフト「Ｖｉｓｉｃａｌｃ」を発明したが、その後マーケティング力と性能が圧倒的に優れた「ロータス１‐２‐３」が登場したことで駆逐された。

●ＡＴＭのパイオニアであったドクテルは、競合企業がドクテル製品にはない機能を搭載した新製品を投入したことで市場シェアを失った。

●ポータブルコンピュータのパイオニアであったオズボーン・コンピュータは、競合企業がより良い製品を投入した際に対抗で

きず、凋落した。

●フォードが1920年代に自動車業界首位の座を陥落したのは、苦境にあったゼネラルモーターズの差別化された優れた競合製品に迅速に対応できなかったためだ。その後フォードが首位の座に返り咲くことはなかった。

●ブリティッシュエアは世界発の民間ジェット機を市場に投入したが、設計の勝っていたボーイングの「707」に敗北した。以来ジェット機市場はボーイングが支配している。

市場の先行者となるべきか、あるいは追随戦略をとるべきか、結局どちらなのか。いち早く市場に参入することにメリットがあるのは明らかだ。顧客を囲い込める。市場シェアを獲得し、その分野の代名詞のようなブランドになることができる。他社に先んじて学習曲線をたどっていくことができる。特許も取得できるかもしれない。高い利益率を確保し、豊富な資金力を製品開発やマーケティングに費やせるかもしれない。

だが、ここが重要なところなのだが、先行者戦略を採るだけでは十分ではない。一番手であっても、ずっと安泰なわけではない。戦略の「遂行」も重要だ。言うまでもなく理想的なポジション（偉大な企業の多くが目指すポジションでもある）とは、一番手であると同時にもっとも優れたプレーヤーであることだ。一番に市場に参入し、その後も製品開発、マーケティング、サービスの改善に努力しつづければ、非常に強力な立場を確保できるだろう。

これはイノベーションと戦術的卓越性という、偉大な企業になるための残る2つの重要な要素に直結するテーマだ。

戦略について避けるべきなのは、戦略を立てることばかりに時間をかけ、イノベーションや戦略の遂行に十分時間をかけないことだ。正しい道を選ぶためには明確な戦略的思考が不可欠だ。しかしコメディアンのウィル・ロジャースも言うように「正しい道を選んでも、座り込んでいたら轢《ひ》かれてしまう」

どんな事業も、事前に完璧な計画を立てることはできない。もちろん明確な全体的ビジョンと、それを達成するための基本戦略は必要だ。しかしすべての行動を隅々まで計画することは不可能で、試みることすら時間のムダだ。偉大な企業にはある程度のクリエイティブなカオスが必要だ。そして何より重要なのは、同じところにじっと座っていないことだ。社員は行動を起こし、動き、実行し、挑戦し、失敗し、再び挑戦し、もがき、努力し、突発的事態に対応し、革新し、細部に目配りをしながら仕事を進めなければならない。

本書の中心的なテーマに立ち戻ると、偉大な企業をつくるのはたったひとつの要素ではない。戦略だけ、リーダーシップ・スタイルだけ、ビジョンだけ、イノベーションだけ、戦術的卓越性だけでは偉大な企業にはなれない。そのすべてを何年にもわたって継続することが必要だ。

次ページからは、ある小さな会社の戦略立案のプロセスを見ていく。ビジョン、内部評価、外部評価から、戦略といくつかの優先事項の設定までの流れがわかるだろう。また本章の末尾には、業界の発展段階分析について、いくつか注意点を挙げる。

会社のビジョン

コアバリューと理念

私たちは優れた成果をあげること自体に価値があると考える。

私たちは最高の自分であること、自分の可能性を最大限生かすことが大切だと考える。

私たちは物理的に心地よい環境で過ごすことが大切だと考える。

私たちは傑出した存在になりうる市場だけに参入する。ナンバーワンあるいはナンバー2になれないのであれば、参入する意味はない。

私たちは努力を大切にする。

私たちは楽しむこと、会社を離れて余暇を過ごすことが大切だと考える。

パーパス

アウトドアスポーツを楽しむ人々が自らの運動能力を最大限発揮できるようサポートする、そして私たちが愛するスポーツによって収入を得られる会社になる。

現在のミッション

1997年までにロッククライミング用品のサプライヤーとして世界一になる。

内部評価

強み
最先端技術とハードウエアのデザイン能力
「コア」製品と複数のスピンオフを制作する能力
多くの新しいアイデアとイノベーションを生み出す能力
ロッククライミングの世界についての高度な知識
信頼性、品質、サービスに対する高い評価
すばらしいカタログを制作するノウハウ

弱み
財務能力あるいは管理能力の欠如
デザイン、製造、市場投入の連携の悪さ
部門間のコミュニケーションがきわめてお粗末
社員教育の質が低い
製品の質は高いが製造コストも高い

リソース
健全なバランスシート
債務ゼロ。必要であれば借り入れをする能力
会社のコントロール能力を維持する理念。外部投資家はゼロ

イノベーション
新しいボルティング技術の発明
新しいカミング技術
ワイルドキャット（コードネーム）

外部評価

業界のトレンド

年率15%の成長が続き、市場は成熟しつつある。
登山人口はアメリカで5万人、世界では50万人
市場は「スポーツ」「トラディショナル」「ビッグウォール」に分割されている。もっとも成長速度が高いのはスポーツクライミング

成長を推進する要因

- 新技術によってクライミングがより安全になっている
- クライミングの大会とテレビ放映
- ベビーブーム世代の「中年の危機」

技術のトレンド

カミングデバイス
ボルティングデバイス
軽量で強度の高い新素材

競合

市場の細分化　支配的プレーヤーは不在
ヨーロッパ発の競合企業の増加
主な直接競合企業　ブラックダイアモンド

社会環境と規制環境

管理団体が岩壁への悪影響を懸念してボルティング規制を導入
ISCCの次期安全基準の公表は1993年の見込み
製造物責任の保険コストの爆発的増加

マクロ経済と人口動態

余暇時間の増加
ベビーブーマーが中年期に入り、新たな挑戦を求めている

国際市場

ドイツ、フランス、イタリア、オーストラリアでの市場成長

機会トップスリー
1 スポーツクライミング
2 国際市場
3 クライミング大会

脅威トップスリー
1　ISCC基準変更に伴い、基準を満たせなくなる
2　海外の競合企業
3　製造物責任コスト

戦略　1991年～1993年

全体戦略

ロッククライミング用装備のサプライヤーとして世界一になるというミッションを達成するため、ロッククライミング用装備に集中する戦略を追求する。とりわけスポーツクライミング・セグメントの拡大に重点を置く。圧倒的に優れたイノベーション、デザイン、品質、サービスで他社と競争する。

製品

ロッククライミング用装備しか製造しない。ミッションを実現するまで他のスポーツ用製品を製造することもなければ、アパレルに参入することもない。

価格ではなく、圧倒的に優れた技術、品質、サービスで競争する。価格は相場の上限に設定する。

具体的ニーズに容易に合わせられるような「コア」製品群を開発する。それによって在庫コストを抑えつつ、高い品質を維持する。

スポーツクライミングとスピードクライミングのトレンドを活かす。このため製品開発努力を市場が拡大しているこの2つのセグメントに集中する。

すべての製品を、検討されているISCCの安全基準に合致させる。それによって安全基準が正式に採択されたときに万全の体制でいられるようにする。

製造物責任訴訟への防御として、製品の安全性を「過剰なまでに高める」。

新製品にかかわるイノベーションに集中し、毎年新製品を2つ発表する。ボルティングとカミング技術のトレンドを活用する。

製品の発売計画

1991年　ウルトラライト・ボルトドリル、クイッククリップ

1992年　ハードカム、エル・キャップ・ピン

1993年　パワーカムユニット、ワイルドキャット（コードネーム）

顧客

私たちは競合企業と比べて、真剣にロッククライミングに取り組む層に向けた「最高性能」の製品を提供する会社というポジションをとる。

製品は主に独自の通信販売ルート、および専門小売店を通じて販売する。

独自のカタログ、ロッククライミング専門誌への広告、クライミング選手による使用、クライミング大会へのスポンサー協力を通じてロッククライマーと接触する。

有名クライマーに当社製品を使ってもらうことで「無料広告」をできるだけ増やす。

最高のカスタマーサービスを通じてロイヤルカスタマーの獲得を目指す。

注文から発注まで24時間で行う。また注文プロセスを楽しいものにする。

今後3年間で少なくとも3つの海外市場で製品販売を開始する。

1991年　フランス

1992年　ドイツ

1993年　イタリア、オーストラリア

キャッシュフロー

事業に必要な資金は基本的に営業活動を通じて確保する。製品の価格は粗利益率が最低でも50%になるように設定する。

銀行との関係は維持し、(融資が必要になった場合に備えて)クレジットラインを設定する。ただ借り入れはできるだけ抑える。

成長ペースはコントロールし、上限を年率15%とする。

	売上高	粗利益率	税引き後利益率
1991年	450万ドル	55%	10%
1992年	510万ドル	50%	8%
1993年	580万ドル	50%	10%

人材と組織

経験豊富な財務管理担当者を採用する。

1つひとつの新製品に対して責任を持つ、デザインと製造とマーケティングの混合チームを設置する。これまでのようにデザイン、製造、マーケティングへの連携に問題が起こらないようにする。

引き続きエンジニアリングとデザインのスタッフを育成する。

引き続きアウトドアを愛する社員を採用する。

専門店向けの営業部隊を育成する。

国際部門を設立する。

社員研修プログラムを策定する。

インフラ

部門間のコミュニケーションが促進されるような新たな社屋を探し、移転する。新社屋は賃貸ではなく購入する。山の近くに移転する。

1991年の戦略的優先事項

1 夏のシーズンに間に合うように「ウルトラライト・ボルト・ドリル」と「クイッククリップ」を市場に投入する（責任者：ジョー）
2 ヨーロッパでの足がかりをつくる。ヨーロッパの有名クライマー（男女ひとりずつ）と製品使用契約を結ぶ。通信販売の体制を整え、フランスの営業担当を採用する。フランス語のカタログを制作する（責任者：ベス）
3 経験豊富な財務管理担当者を探し、採用する（責任者：ビル）
4 設計、製造、マーケティングまで一貫して担当するチームを設置する（責任者：スー）
5 1992年までに移転できるように新社屋を探し、購入する（責任者：ボブ）

業界の発展段階分析に関する注意点

　ここで紹介する業界の発展段階分析についての見解は、私たちの研究とマイケル・ポーターの『競争の戦略』（ダイヤモンド社）にもとづいている。

　誕生、急成長、成熟、衰退という発展段階はおそらくもっとも一般的なパターンだが、必ずしもすべての業界に当てはまるわけではない。

　ポーターは[30]この概念を使うときに頭に入れておくべき注意点を4つ挙げている。

1 各段階の持続期間は業界によって大きく異なり、特定の業界が今どの段階にあるかを見きわめるのは困難なことが多い。
2 すべての業界が必ずしもS字カーブに沿って成長するわけではない。成熟段階を飛び越えて一気に衰退することもある。誕生段階を飛び越えて一気に急成長に入ったような業界もある。
3 企業は製品のイノベーションやリポジショニングを通じて、業界の成長曲線の形に「影響を及ぼす」こともできる。発展段階を必然的なものと考えている会社では、それが残念な自己実現的予言となることもある。
4 発展の各段階における競合の状態は業界によって異なる。一貫して過当競争が続く業界もあれば、最初は細分化されているのが統合される業界もある。一貫して細分化されたままの業界もある。

　この4つの注意点に、5つめを加えたい。私たちは多くの業界は複数のS字カーブでできていると考える。つまり製品イノベーションが起こるたびに誕生、受容、そして衰退という段階が繰り返され、ひとつの業界が連続していくつものS字カーブを経ていくのだ（注）。

　要するに、業界の発展段階分析は非常に役に立つツールだが、絶対的真実としてそのまま受け入れるのではなく、じっくり考えて活用すべきだ。

（注）これは「イノベーション・アダプション・サイクル」と呼ばれ、エベレット・M・ロジャースが名著『イノベーション普及学』（産能大学出版部）で示した概念だ。新しいイノベーションが普及していく過程に興味がある人の必読書といえる。

第**8**章

イノベーション

INNOVATION

あらゆる進歩は物わかりの悪い人間が生み出す。[1]
——ジョージ・バーナード・ショー『人と超人』より

良いアイデアはいくらでもある。

イノベーティブな組織をつくるうえで最大の課題は、どうやってクリエイティビティを刺激するかではない。どうやって身のまわりにあふれているクリエイティビティを拾い上げ、行動に移し、イノベーションに変えるかだ（イノベーションとは「実行されたアイデア」、行動に移されたアイデアにほかならない）。

本章のテーマはまさにそれだ。永続する偉大な企業になるためには、イノベーションを続ける能力が不可欠だと私たちは考えている。新しいアイデアが絶えず生まれ、そのいくつかがしっかり実行されることが必要だ。（「すべて」ではなく）「いくつかが」と書いたのは、偉大な企業には常に資金力を上回る優れたアイデアがあるからだ。

ほとんどの企業はクリエイティブな創業者が立ち上げる。難しいのは「イノベーティブな創業者に依存する企業」から「イノベーティブな企業」に脱皮することだ。

私たちの研究では、イノベーティブな企業になるために必要な6つの基本要素が浮かび上がった。

1 どこで生まれたアイデアでも受け入れる力

2 自ら顧客になる

3 実験と失敗

4 社員がクリエイティブになる

5 自律性と分権化

6　報酬

この6つの要素をひとつずつ、具体例や提案とともに見ていこう。最後に経営者がクリエイティビティとイノベーションを刺激するための具体的なノウハウを紹介する。

イノベーティブな企業になるために必要な要素1
どこで生まれたアイデアでも受け入れる力

際立ってイノベーティブな企業は、それほどイノベーティブではないライバルと比べて必ずしも良いアイデアをたくさん生み出すわけではない（どんな企業でも良いアイデアはたくさん生まれる）。際立ってイノベーティブな企業はアイデアを受け入れる力が高いのだ。社内で生まれたアイデアだけでなく、どこで生まれたアイデアに対しても受容力が高い。しかもアイデアに対して何らかのアクションを起こす。すべてのアイデアを実行するわけではないが、アイデアがうまくいかない理由を考えることに延々と時間をかける代わりに、生煮えでもまず動いてみる傾向が高い。

残念ながら、ほとんどの人はその逆の行動を叩き込まれている。批判しろと教えられ、自分が賢いことを誇示する一番の方法は、誰かのアイデアがばかげている理由、絶対に失敗する理由をたくさん思いつくことだと思っている。

MBAを取りたての若者には、ビジネスアイデアの欠点を見つけることには長けていても、それを成功させるにはどうすればよいかを考えることができない者が多い。会議で、新製品のアイデアを徹底的に攻撃して満足げな人に「このアイデアが完璧ではないことはみなわかっている。完璧なアイデアなどというものはないのだから。欠陥があるこのアイデアを成功させるには、どうしたらいいだろう」と尋ねると、どうなるか。アイデアを攻撃することで優秀さを示す必要がないとわかったとたん、すばらしい答えを出す人もいる。だが残念ながら、ほとんどの人は違う。批判精神ばかりを叩き込まれてしまったからだ。偉大な企業をつくるためには、このネガティブなマインドセットを克服する必要がある。

誤解しないでもらいたいが、どんなアイデアも最高だ、新製品のアイデアはどれも大成功するなどと言うつもりはない。多くのアイデアがうまくいかないだろう。しかし後で見ていくとおり、失敗に終わったアイデアでも長い目で見ると大きな恩恵をもたらすことがある。

すばらしいアイデアの多くは、当初はばかげていると思われていたことを忘れてはいけない。参考までに、プロとされる人々(「ダメ出し屋」という呼び名のほうがふさわしいが)が失敗すると判断した歴史的アイデアをリストアップした(リスト8－1)。

ぜひこのリストを全社員に配布してほしい。あなたのオフィスの壁や机の上に貼っておこう。あなただけでなく、仲間にも同じように貼ってもらおう。アイデアを受け入れることの大切さを肝に銘じておくのに役立つはずだ。

クリエイティブでイノベーティブな企業の最初の要素は、あらゆるところにアイデアを求める姿勢だ。なにより重要なのは新しいアイデアを受け入れる空気を醸成することだ。改めて強調しておこう。**良いアイデアはいくらでもある。足りないのはアイデアを受け入れる力だ。**

外部のアイデア

アイデアが生まれるのは社内だけだと考えてはいけない。クリエイティブと言われる企業のなかには、社外で生み出されたアイデアを徹底的に活用するところもある。

アップルコンピュータは「マッキントッシュ」の元となったアイデアを社内で生み出したわけではない。[13]アイデアは何年も前から存在していた。まず国防総省の研究プロジェクトとして開発され、その後ゼロックスに移った。（アップルに出資していた）ゼロックスで開かれたマウスとアイコンの技術のお披露目会にアップルの幹部数人が出席し、それを持ち帰ったのだ。

カリフォルニア州サン・ベルナルディーノにマクドナルドの最初の店をつくったのはマクドナルド兄弟だ。[14]その後マクドナルド社を設立し、マクドナルド兄弟のコンセプトをチェーン展開したレイ・クロックは、すでに存在していたアイデアの可能性に気づいただけだ。

「パーソナル・パブリッシャー」（市販された初のDTPソフト）のプロトタイプは、Tメーカー・カンパニーで制作されたわけではない。それは社外のプログラマーが独自に開発したものだった。[15]

ジョンソン・エンド・ジョンソン（J&J）は「タイレノール」（非アスピリン系の画期的鎮痛剤）を自社開発したわけではない。[16]J&Jが買収したマクニール・ラボラトリーズが開発したものだ。

プロクター&ギャンブルは「オキシドール」や「ラバ・ソープ」を開発したわけではなく、ウィリアム・ウォトケ・ソープカンパニーを買収することで手に入れた。[17]スリーエム初の大ヒット製品

- 「俳優の声なんて、誰が聞きたいものか」
——1927年、ワーナー・ブラザーズのH・M・ワーナーの言葉。

- 「彼らの音楽は好きじゃない。それにギター・ミュージックなんて、いまどき流行らない[7]」
——1962年、ザ・ビートルズを断ったデッカ・レコーディング・カンパニーの言葉。

- 1884年、6500ドルでキャッシュレジスターの権利を買ったジョン・ヘンリー・パターソンは、ビジネス仲間から嘲笑された。「ほとんど見込みのない製品に大枚をはたいた」と。
——パターソンはその後ナショナル・キャッシュ・レジスター（NCR）カンパニーを創業した[8]。

- 「医療の世界にコンピュータなんてばかげたものを持ち込もうとするな。私はコンピュータなんてまったく信用しないし、一切かかわりたくない」
——CTスキャナーを生み出した物理学者ジョン・アルフレッド・パウウェルに、イギリスの医学教授がかけた言葉[9]。

- 「ドリルで石油を掘る？　地面を掘って石油を見つけようっていうのか？　頭がいかれているよ」
——1859年、エドウィン・L・ドレークが石油採掘プロジェクトのために声をかけたベテラン掘削業者は決まってこう答えた[10]。

- 「気晴らしには良いが、軍隊では飛行機など役に立たない」
——第一次世界大戦で、西部戦線で連合国軍の最高司令官を務めたフェルディナン・フォッシュの言葉[11]。

- 「テレビは薄暗い部屋に置いて、ずっと見ていなければならない。そんなものが人気を集めることなどありえない」
——1940年、ハーバード大学のチェスター・L・ドーズ教授の言葉[12]。

リスト8-1

歴史的アイデアがダメ出しされたケース

- 「この電話はまともなコミュニケーション手段として検討するには問題が多すぎる。私たちにとって何の価値もない[2]」。
  ——1876年、ベルの電話に関するウエスタンユニオンの社内メモ。

- 「アイデアとしては興味深く、よく考えられているが、実現性がないのでC以上の評価は与えられない[3]」
  ——信頼性の高い国内翌日配送サービスを提唱したフレッド・スミスの論文に対するイエール大学経営学教授の反応。

- 「われわれはあなたに指導方法を指図しようとは思わない。だからわれわれに靴のつくり方を指図しないでくれ[4]」。
  ——「ワッフル」シューズの発明者で、ナイキの共同創業者となったビル・バウワーマン（陸上競技のコーチ）に対する大手スポーツシューズメーカーの言葉。

- 「それで僕らはアタリに行って、こう言った。『僕たちはこんなすごいものをつくりました。おたくの部品も使っています。資金を出してもらえませんか。これを差し上げてもいいです。とにかくつくりたいので。僕らに給料を払ってもらえれば、おたくで働きますよ』。答えは『ノー』だった。そこでヒューレット・パッカードに行くと、やはり『君たちの助けは要らない。まだ大学も卒業していないじゃないか』と言われた[5]」
  ——スティーブ・ジョブズがスティーブ・ウォズニアックとつくったパソコンをアタリとHPに売り込みに行ったときの話。ジョブズとウォズニアックはその後、アップルコンピュータを創業した。

- 「『フランチャイズ展開したらいい。私が実験台になりましょう』と言ったら、相手はカンカンに怒った。私の話がまったく理解できなかったのだ。追い払われたので、私とバドは自力でやるしかなかった[6]」
  ——サム・ウォルトンが1962年にディスカウント小売業のアイデアを「ベン・フランクリン」チェーンに売り込みに行ったときの話。ウォルトンはその後ウォルマートを立ち上げた。

（ウォータープルーフの紙やすり）は自社開発したものではない。[18] フィラデルフィアの若きインクメーカー、フランシス・オーキーが発明し、権利をスリーエムに売却したのだ。「自社開発主義シンドローム（社内で生まれたもの以外は認めない）」を蔓延させてはならない。オープンマインドを保ち、社外にめぼしいアイデアがないか常に目を光らせよう。世界をあなたの会社の研究開発部門にしよう。数えきれないほどのすばらしいアイデアが会社にすんなり入ってくるようにしよう。

次のような具体的な活動を検討してみるといい。

- **社外から持ち込まれた新しいアイデアを積極的に受け入れることを全員の責任とする。** 外部から持ち込まれたアイデアに対応する責任者として、特定の社員を指名する。アイデアの多くはあなたの会社のミッションに適さない。あるいは実現不可能だろう。だがチェスター・カールソンは開発したコピー技術を持ち込んだ20社以上から冷たくあしらわれ、ゼロックスを創業した。[19] このような事例を頭に入れておこう。
- **別の業界で尊敬されている企業と組んで、社員交換制度をつくる。** あなたの企業の社員ひとりが相手企業で数週間働き、相手企業の社員も同じ期間をあなたの企業で過ごす。異種交配によってすばらしい発見が生まれるかもしれない。
- **外部のデザイナーを採用する。** 最高にクリエイティブなデザインとされるもののなかには会社外のデザイナーが作成したものもある（たとえば「マッキントッシュ」コンピュータの外形デザイン）。

独立したデザイナーは幅広い顧客から仕事を受け、さまざまな製品カテゴリーの問題に取り組んでいるから、貴重で刺激的な提案を出せる（他の分野の外部コンサルタントについても同じことが言える）。

- **社員が興味深い人やアイデアと接触できるように、技術団体、業界団体などに加入させよう。**会費は企業が負担する。あなた自身もいくつかの団体に加入してみるといい。
- **社員を出張させたり、世界を旅して新しいアイデアに触れる機会を与えよう。**ナイキはデザイン予算の一部を、目的に制限のない出張に充てている。デザイナーがオフィスを出てさまざまなモノを見れば、新しいアイデアを思いつく可能性があるからだ。
- **新しい気づき、アイデア、技術、研究結果が載っていそうな学術誌や出版物を定期購読する。**図書室をつくり、社員が本を購入し、読み終わったら置いていく仕組みをつくってもいい。
- **先端的なアイデアを持つ人を招き、講演やセミナーをしてもらう。**議論や討論に外部から参加者を呼ぶ。
- **社員を選抜し、会社負担で教育プログラム、セミナー、大学が協賛するイベントに参加させよう。**そこで学んだもっとも興味深いアイデアについて、（全社員ミーティングなど）他の社員の前でプレゼンしてもらう。
- **社員に仕事と関係のないノンフィクションを読み、学んだことを共有してもらう。**『エクセレント・カンパニー』（英治出版）の共著者であるロバート・ウォーターマンは、建築から世界史まで「多岐にわたる」読書経験から多くのアイデアを得ていると語っていた。クリエイティビティに関する研究では、クリエイティブなアイデアをたくさん出す人は幅広い関心、広範な視点、新規性や多様性を求める姿勢があることが明らかになっている。**イノベーションは一見関連のなさそうなアイデアの関連性に気づき、融合させるところから生まれることが多い。**

● **顧客から（大げさではなく）何千というアイデアが寄せられる仕掛けをつくろう。**店舗などサービス拠点には「ご意見箱」を設置する。1店舗だけで年間売上高1億ドルをあげるコネチカット州ノーウォークにある家族経営のスーパー「ストゥ・レオナルズ・デイリー」の例を参考にしよう。[20]同社ではご意見箱に1日平均100件の意見や提案が寄せられる。さらに多くのアイデアを募るため、すべての提案に対して24時間以内にお礼のメッセージを返す。

内部のアイデア

もちろん優れたアイデアは会社の外だけで生まれるわけではない。社内でもすばらしいアイデアやイノベーションがたくさん生まれている。組織には本来、優れたアイデアやイノベーションを育む性質がある。

今、あなたが本章を読んでいるこの瞬間にも、社内ではたくさんのクリエイティブなアイデアが渦巻いているはずだ。なかにはかなり秀逸なものもあるだろう。外部のアイデアへの受容力と同じように、あらゆる階層、あらゆる立場の社員のアイデアを受け入れる力が必要だ。「ビッグマック」や「エッグマック・マフィン」のようにアイデアは辺境で生まれることもある（いずれもフランチャイズ店が開発した）。あるいはスリーエムの「ポストイット」のように科学的研究の過程で生まれるものもある（とある研究者がさまざまな化学物質を試していて、偶然この製品に使えそうなユニークな接着剤を発見した）。

さきほど顧客用のご意見箱の話が出たが、社員から社内プロセスの提案を受けつける方法も用意すべきだ。ウォルマートには「LTC（Low Threshold for Change、変化への敷居を低く、の意味）」という方針がある。[21] 店長は常に現場社員から改善やイノベーションのアイデアを募り、特別優れたアイデアにはボーナスを支払うこともある。

会社のリーダーであるあなた自身もイノベーションの重要な担い手になり得る。私たちが研究した組織には、新製品のイノベーションの多くをトップが生み出しているケースもあった。

- ジロスポーツ・デザインでは多くの新製品を創業者のジム・ジェンテスと配下のデザインチームが生み出している。ある製品計画会議では、ジェンテスは新製品のアイデアを30個以上出した。
- ソニーのウォークマンのアイデアは、名誉会長の井深大が生み出した。
- 創業初期のエルエルビーンの数多くのイノベーションはL・L・ビーン本人が生み出した。[22]

ここで言わんとしているのは、創業者やCEOは他の人と比べて明らかにクリエイティブである、ということではない。彼らが後押しすることでアイデアへの抵抗が大幅に減る（あるいは完全になくなる）ことが重要なのだ。ソニーでウォークマンを発案したのが井深氏ではなかったら、テープレコーダー部門からとんでもないと思われていたこの企画は日の目を見ただろうか。見たかもしれな

図8-1

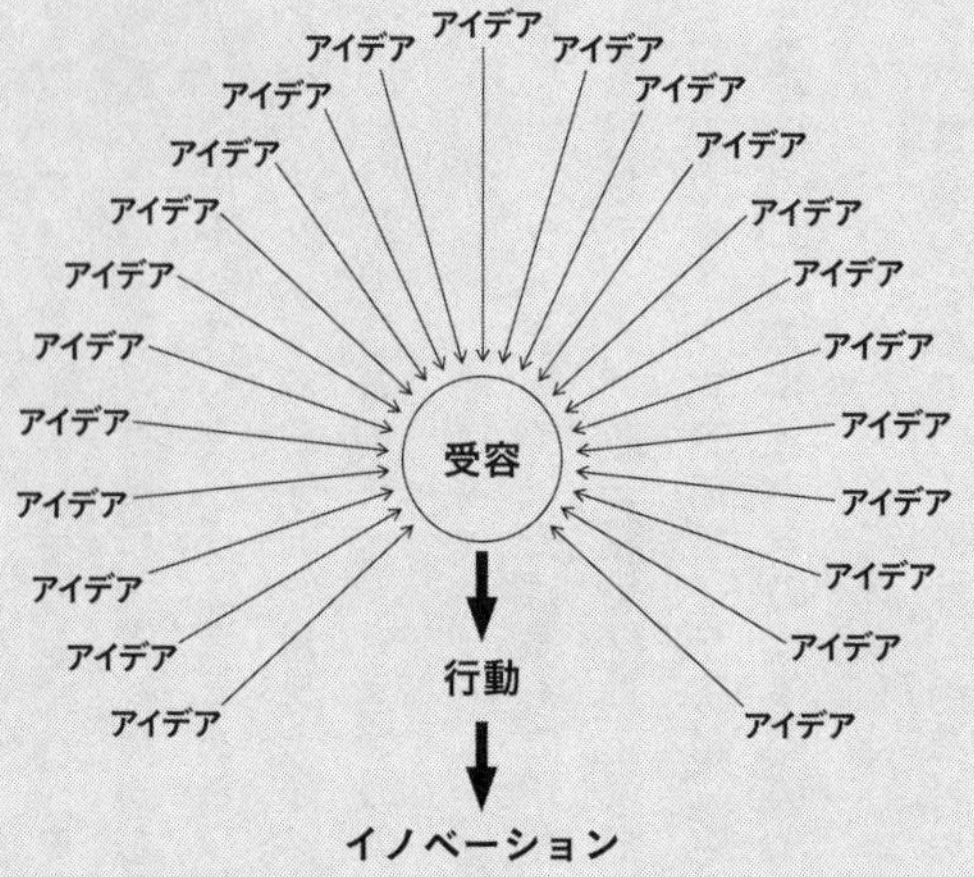

いが、可能性は確実に低くなっていたはずだ。

ここで話は再び、イノベーションを生み出す組織のひとつめの要素に戻る。経営者にとって、最大の課題はクリエイティビティそのものを高めることではない。**すでに存在する膨大なクリエイティビティに対する会社の受容力を高めること**だ。

あなたの生み出すイノベーションに依存する組織ではなく、新しいアイデアに対してそれがあなたの発案であるかのように進んで受け入れる組織を目指すことが重要なのだ。

アイデアプッシュ型か、市場プル型か

次の要素に移る前に、検討すべき悩ましいパラドクスがある。

ビジネススクールでは伝統的に、まず市場ニーズを定義し（市場調査などの手段を通じて顧客の便益選好、価格感度などを明らかにする）、それからニーズに合致したイノベーションを生み出すべきだと

教えてきた（市場プル型、市場フォーカス型などと呼ばれる）。この教義は一見、理にかなっているようだ。企業が実在する顧客ニーズに合う製品やサービスを提供しなければならないのは自明だ。まずニーズを把握し、それを満たすような イノベーションを生み出す、という以上に優れた方法があるだろうか。

とはいえ、大成功したイノベーションの多くは市場プル型で生み出されたものでもなければ、伝統的な市場調査にもとづいて開発されたものでもなかった。むしろ**画期的な製品の多くは企業が市場プル型のイノベーションだけに集中していたら存在していなかったはずだ。**

●ファックスはアメリカで発明された。[23] しかし1990年時点で市販されているファックスのなかでアメリカ製のものはひとつもない。なぜか。ピーター・ドラッカーによると、それはアメリカ企業が市場調査にもとづき、そんな機械に需要はないと判断したためだ。

●スリーエムがポストイットに使うことになったユニークな接着剤は、すでに特定されていた市場ニーズにもとづいて開発されたものではない。[24]（実験を担った科学者である）スペンサー・シルバーは初めから自分が見つけた珍しい接着剤に市場性があると思っていたわけではない。むしろ**初めにこの接着剤という解決策があり、それにふさわしい問題を探した**のだ。5年にわたり、この接着剤に用途はないかとスリーエムの社内を聞きまわったシルバーはこう語る。

特許の申請費用を確保するのさえ一苦労だった。この接着剤が役立ちそうな製品がなかったからだ。（中略）見ていると「何かに役立ちそうなのに」と思えてくる物質だった。ときには自分自身に腹が立った。「これほどユニークな物質なのに、どうして製品のアイデアを思いつかないのだ」と。

しかもポストイットという製品が生まれても、4都市で実施した市場性調査は失敗に終わった。ようやく売れ始めたのは無料で大々的に配った結果、消費者がこの製品に夢中になってからだ。

- フレッド・スミスがフェデラルエクスプレス（全米翌日配送サービス）のアイデアを思いつく前に、UPS、エメリーエア・フリート、アメリカ郵政公社はそれぞれ同じアイデアを検討したことがあった。[25] だがそれまでそんなサービスを求めた顧客がいなかったという理由で、市場ニーズがないと判断された。
- デビー・フィールズがクッキー店チェーン（『ミセス・フィールズ・クッキー』）を立ち上げようとしたとき、周囲はデビーが考案した焼き立てのやわらかいクッキーは売れないと反対した。[26] 市場調査では消費者はやわらかいクッキーより歯ごたえのあるほうを好むという結果が出ていたからだ。市場調査の専門家は、デビーの店のコンセプトは絶対に失敗すると指摘していた。
- 1920年代にラジオを製品化するための投資資金を募っていたデビッド・サーノフは、不特定多数にメッセージを送るサービスにニーズなどない、と繰り返し拒絶された。人々がラジオの価値に気づいたのは、製品が市場に登場してからだ。サーノフはラジオを世に送りだすことで市場を生み出したのだ。[27]

●ウィンダム・ヒル・レコードカンパニーは流通業者やレコード市場の専門家から、ソロピアノアルバムへの市場ニーズはゼロだと言われていた。[28] そのようなコンセプトの製品が成功する予兆は一切なかった。それでもウィンダム・ヒルはジョージ・ウィンストンの画期的なソロピアノアルバムを発売し、50万枚以上を売り上げた。

●世界初の電子レンジはイギリスからアメリカにもたらされたレーダー技術をもとに、1946年につくられた。[29] 電子レンジの市場ニーズなど存在しなかった。最初に電子レンジを発売したアマナ社のマーケティング担当シニアバイスプレジデントだったジャック・カマラーは当時をこう振り返っている。

このプロジェクトが毎年市場調査に何十万ドルもかけるような秩序ある会社で生まれていたら、おそらくゴミ箱行きで、製品化はされていなかった。製品化の根拠は、これが時代に合った製品だという2人の直感だけだった。

イノベーティブな会社には、新製品開発で意識的にアイデアプッシュ型アプローチを採るところもある。ソニー創業者の盛田昭夫はこう書いている。[30]

私たちは大衆に何を望むか尋ねるのではなく、新たな製品で大衆をリードしている。膨大な市場調査をする代わりに、製品を磨きあげ、大衆を教育することを通じて市場を生み出している。

この市場をリードする、「市場を創造する」という発想は、画期的イノベーションを生み出すのに不可欠だ。あっと驚くような斬新なイノベーションを顧客のほうから要求してくることはまずない（そもそもどんな可能性があるのかわからないからだ）。ポストイット、ラジオ、ファックスの例からも明らかなように、どんな製品が実現できるかイノベーターが示すまで、顧客には想像もつかないのだ。

これを頭に入れておくことがとても重要だ。そうしないとあなたの会社は途方もない機会を見逃してしまうかもしれない。フランスの有名デザイナーであるジャン・ピエール・ビトラックもこう言っている。「消費者に新しく独創的なものを提示すると、それまでの常識をすべて覆して夢中になってくれることもある[31]」。

P・R・ナヤックとJ・M・ケタリンガムは共著『ブレイクスルー！』（ダイヤモンド社）で、16個の画期的な製品について調べたうえでこう指摘している。「市場で成功するイノベーションの大半が『技術プッシュ型』ではなく『市場プッシュ型』だとする見解は、完全に間違っている」。2人が調べた16の製品のうち、その元となったアイデアを生み出すうえで伝統的な市場調査が重要な役割を果たした例はひとつもなかった。ナヤックとケタリンガムによると、製品開発のきっかけは発明家の好奇心、あるいは問題解決欲求だったという。

もちろん問題を解決したいという欲求が生まれると、すぐに市場の探索も始まる。ときには2

つが並行して進むこともある。**しかし発明家が半無意識的にアイデアを思いつく前に、市場がその画期的発明を求めていたケースは、私たちの調べたかぎり皆無だった。**[32]

ただ結論を出すのはまだ早い。市場からのインプットが製品に役立つ面も確かにある。市場調査という方法論そのものを完全に捨てる必要はない。顧客との距離を縮めること、製品に対する顧客の声に耳を傾けることは重要だ。消費財のマーケティングで大成功しているプロクター&ギャンブルは、成功の大きな要因は顧客のニーズを発見し、それに見合った製品を開発することだとする。

テンサー・コーポレーションのような逆の例もある。「テンサー・ランプ」を発明したジェイ・モンローが顧客の声に耳を傾けなかったために、市場優位性を失った。ビジコープも同じだ。大ヒットした表計算ソフト「ＶｉｓｉＣａｌｃ」に対して、もっと役に立つ機能が欲しいという顧客の要望に迅速に対応できなかったために、ベンチャー企業のロータス・デベロップメント・コーポレーションに駆逐されてしまった。１９２０年代後半にフォードがＧＭに追い越されたのも、ヘンリー・フォードが自動車にさまざまなスタイルや色を求める顧客の声に耳を貸さなかったからだ。「お客はどんな色を希望したっていい。それが黒であるかぎりはね」と。

このジレンマを克服するには、まず雑音を排除して、問題の核心を明確にしなければならない。重要なのは、イノベーションは人間の本質的欲求を満たすべきかどうか（商業的成功を収めるにはニーズを満たす必要があるのか否か）ではない。「そもそもイノベーションをどうやって生み出すべきか」だ。画期的発明を含めて、人間の本質的欲求を満たすようなイノベーションを生み出しつづけるためには、あなたの会社は何をすべきかだ。

本章は順を追ってこの問いに答えていくが、最初のステップは企業にはアイデアプッシュ型と市場プル型のアプローチが両方必要だと認識することだ。ビジネススクールが伝統的に教えてきた市場プル的ドグマを無批判に受け入れてはいけない。ただ市場からのインプットにも間違いなく意味がある。顧客からの情報を無視すると、機会を逸したり大惨事につながったりすることもある。当初の画期的発明は主に（常に、ではないが）アイデアプッシュ型で生まれ、その後の漸次的イノベーションは顧客からのインプットがもたらすと考えるといい。最終的なイノベーションの総量は、どちらか一方に完全に依拠するより、両方のアプローチを使ったほうが大きくなる。

偏った考えは捨てよう。たとえば「市場が何を求めているか必ず先に確認しなければならない」といった考えだ。顧客がこれまでイノベーションを求めていなかったからといって、実際に登場したときも無関心とは限らない。反対の極にいる「われわれは誰よりも優秀なのだから、市場に関心を持つ必要などない。何がベストか、われわれにはわかっている」という考えも排除すべきだ。どこで生まれたアイデアでも進んで受け入れよう。

このパラドクスにはもうひとつ、答えがある。純粋なアイデアプッシュ型イノベーションに見えるものも、実はその逆であることが多いという事実だ。発案者が一般的な市場分析をしていなかったとしても、顧客との距離がとても近いといったケースは多い。つまり自らが顧客なのだ。これがきわめてイノベーティブな会社になるために必要な2つめの要素だ。

イノベーティブな企業になるために必要な要素2　自分が顧客になる

「結局私たちは自分たちの満足のために服をつくっている。つくったものを私たちも着るのだから」

——1989年のパタゴニアの製品カタログ

イノベーティブな企業であり続ける最善の方法のひとつは、社員に自分自身の問題やニーズのソリューションをつくらせることだ。要するに、自らが顧客となり、自分自身を満足させるのだ。それができない場合、つまり自分自身が顧客になれない業種であれば、できるだけ顧客の体験を追体験する方法を探そう。

自分の問題を解決し、ニーズを満たす

土台となるのはシンプルな発想だ。あなたの会社の誰かが自分の問題を解決する、あるいは自分の欲求を満たすようなイノベーションを生み出せば、おそらく世の中にはそれを歓迎する人がほかにもいるだろう。

再びTメーカーの「パーソナル・パブリッシャー」のケースを考えてみよう。[33]この製品が生まれたきっかけは、社長兼CEOのハイディ・ロイゼンが自分のパソコンでパーティの招待状を作成したいと考えたことだった。(使い慣れた)IBMパソコンを使いたかったが、IBM用の画像処理ソフトはなく、マッキントッシュを使わざるを得なかった。「IBMパソコンで質の高い画像処理が

できないなんて残念」。ロイゼンのこの経験から「パーソナル・パブリッシャー」プロジェクトが誕生し、IBMパソコン用として初のDTPソフトが開発された。

ジロスポーツのジム・ジェンテスは、オフィスから窓の外を眺めているときにすばらしいアイデアを思いつくわけではない。昼食時に自転車にまたがり、風を切って走るなかで思いつくのだ。「自転車に乗って道を走る。そこが私にとって最高の研究室だ。どうすればもっと楽に、もっと速く走れるか、いつも考えながら走っている」とジェンテスは語る。

初期のパーソナルコンピュータもパーソナルなニーズから生まれた。スティーブ・ジョブズはなぜウォズニアックとともにパソコンをつくろうと思ったのかと聞かれ、こう答えている。

すばらしいアイデアというものはたいていそうだが、僕らのコンピュータも目の前の課題から生まれた。自分たちでつくったのは、買うお金がなかったからだ。僕らはパソコンについてもっと知りたかった。つまり僕ら自身が最初の市場だったんだ。次の市場が友人たちだ。徐々に僕らのマシンを良いと思ってくれる人の輪が広がり、行けるんじゃないかと思えてきた。「調査を見ると今から10年後には誰もがパソコンを使うようになる」と頭でっかちに考えたわけじゃない。少しずつ進んでいったんだ[34]

「バンドエイド」は1920年、ジョンソン・エンド・ジョンソンの社員だったアール・ディクソンが発明した[35]。妻が料理をしていて、よく指を切ったからだ。あまりに頻繁にケガをするので、デイクソンは妻が自分で簡単に手当てできるようにしようと考えた。サージカルテープを長く切り、小さく切ったガーゼを等間隔で置いていった。そして糊がくっつかないように、綿クリノリンで覆った。職場でこのアイデアを同僚に話したことをきっかけに、消費財として史上有数の大ヒット製品が生まれた。

シロアリ効果

これをシロアリ効果と呼んでもいいだろう。あなた自身の問題を解決することで、同じ問題を抱えていた（しかし従来型の市場調査では容易に発見できなかった）人々が突然どこからともなくぞろぞろ現れるのだ。シロアリ効果を最初に指摘したのは、処方薬として史上有数の成功を収めた「タガメット」（手術をせずに潰瘍を治す薬で、潰瘍治療を一変させた）を開発したチームだ。アメリカでのタガメット開発チームの責任者だったトーマス・コリンズはこう語っている。

私の年代では潰瘍を抱えている人がたくさんいたが、積極的な治療はしていなかった。それぞれのやり方で症状をやり過ごしていた。だから私はいつも「本当の市場規模は誰にもわからない」と言っていた。これがシロアリ効果だ。みんな私の仲間だ。私には患者がどこからともなく大量に出てくるというビジョンがあった。[36]

Tメーカーのハイディ・ロイゼン、ジロスポーツのジム・ジェンテス、アップルのスティーブ・

ジョブズ、ジョンソン・エンド・ジョンソンのアール・ディクソンはみなシロアリ効果を経験した。HPが「隣の作業台シンドローム」と呼ぶのと同じ現象だ。

社員自身が顧客となり、シロアリ効果を生み出すような方法をいくつか挙げていこう。

●顧客を採用する。たとえばナイキは大勢のアスリートを社員として抱えている。私たちがナイキの製品開発会議を訪ねたときには、ランナーとして活躍するマーケティング・マネージャーのトム・ハルトゲが、デザインチームとともに自分が使うシューズを検討していた。ナイキは一流のアスリートを製品テストのコンサルタントとして雇用し、もっとも過酷な環境で製品を試し、アイデアや問題を報告させている。

●社員に製品やサービスのフィールド試験をする時間を与えよう。たとえばエルエルビーンの幹部は、製品テストのために休暇を1週間多く取ることが認められている。[37] アラスカへフライフィッシングに、カモやガチョウの狩りのシーズンにオンタリオ州へ、またはブリティッシュ・コロンビア州に巨大なハンチングブーツを試しに出かけても構わない。

●毎年全社員にまっさらな「アイデアノート」を配布し、職場やプライベートで直面した問題や思いついたアイデアを記録するよう呼びかける。

●社内報やニュースレターに、個人やチームが自らのニーズを満たす製品を発明した成功事例を取り上げ、シロアリ効果を説明する。私たちはストーリーを通じて学習する。シロアリ理論を会社の伝承の一部に取り入れよう。

会社が手がけている製品やサービスが、あなたや社員があまり使わないもののときはどうなのか。それでもシロアリ効果は生み出せるのか。答えはイエスだが、やり方は違ってくる。

顧客の経験をシミュレートする

自社製品の顧客になれない場合には、顧客の経験をシミュレートしよう。それには基本的に2つのやり方がある。

ひとつは特定の顧客が抱える固有の問題を解決する、あるいは特別なニーズを満たすことだ。特定の顧客グループではなく、個人と向き合うのだ。ここでも土台となる発想は前項と同じだ。ひとりの顧客の問題を解決すれば、同じイノベーションに興味を持つ潜在顧客が突然ぞろぞろ出現するはずだ。ベビーパウダーが1890年に誕生したきっかけは、ジョンソン・エンド・ジョンソン・ラボラトリーズで働くフレッド・キルマーに、ある医師が書いた手紙だった。[38] 医師は、膏薬《こうやく》を塗るとかゆみが出て困っている患者がいる、と伝えてきた。そこでキルマーはこの問題を解決するため、イタリア産タルクを小さな容器に入れて送った。その後ジョンソン・エンド・ジョンソンは、自社の膏薬にタルクを入れるようになった。まもなくどこからともなく出現した何百人という顧客が次々とタルク入りパウダーを求めるようになった。こうして「ジョンソン・ベビー・パウダー」が生まれた。

2つめの方法は、顧客の経験をあなた自身が経験できるほど、顧客に密着することだ。顧客が誰かを調べるだけでなく、顧客を深く理解するよう努力するのだ。重要なのは膨大な市場データを集め、分析、分類、解釈することではない。現場で顧客の経験を直接観察することだ。顧客が特定の問題と格闘している現場、あるいは顧客があなたの製品やサービスを使おうとしている現場にいるほうが、後から連絡してそのときの経験を語ってもらうよりずっと良い。私たちはこれを「体験型アプローチ」と呼んでいる。

事例紹介　**体験型アプローチ　バラード・メディカル・プロダクツ**[39]

1987年、売上高1000万ドル規模の医療用品メーカーだったバラード・メディカル・プロダクツは、大手企業が相手にしないニッチ市場を開拓し、支配する戦略を掲げた。その実現に向けて、イノベーティブな新製品をたくさん生み出すことにした。

インク誌の記事によると、バラードのひとつめの原則は、顧客を製品イノベーションプロセスに巻き込むこと。2つめの原則は顧客と直接接する営業担当もプロセスに巻き込むことだった。営業担当には顧客の元に足を運び、顧客が働く現場で会うことを奨励した。バラードの営業担当者はこう語っている。

> 呼吸療法科の責任者や看護師長に「問題はありませんか」と聞くだけではダメだ。自分で現場を歩き、一人ひとりの看護師に何か問題はないかと聞かなければならない。

3つめの原則は、研究開発部門は営業担当から持ち込まれた製品アイデアに必ず対応しなければならない、というものだ。営業部門のバイスプレジデントが製品を発案し、設計を支援し、研究開発部門と協力しながら発売にこぎつけた例もあった。製品の発案から発売までのイノベーションサイクルが完結するまで、ほんの数カ月しかかからなかった。

このリアルタイムの体験型アプローチは、顧客から情報を得る手段として世界トップクラスのイノベーター企業が実践している。さらに一歩踏み込んで、研究開発部門の社員を一時的に営業部門に異動させる、異動まではさせなくても現場に送り込んで顧客と直接やりとりさせるという手もある（リーダーであるあなた自身が顧客の問題を体験することもぜひお勧めしたい）。ナイキ、ハーマンミラー、バング＆オルフセン、ＢＭＷ、オリベッティ、パタゴニアはデザイナーに、製品のエンドユーザーと直接接触することを求めている。オリベッティのデザイン・マネージャー、パウロ・ビティはこう語る。

もちろん、マーケティングの方法としてはいささか非科学的だが、退屈な報告書を読むよりデザイナーの洞察や直感がはるかに働きやすくなる。[40]

この方法は本当に非科学的だろうか。確かに一見、そう思える。だがよく考えてみてほしい。「科学的であること」の本質は何か。科学者は何をする人々か。他の人がまとめた退屈なレポートを読むだけだろうか。そうではない。科学者は世界を正確に観察できるように、世界を体験する方法を模索する。世界に出ていき、自らモノを見る。そして実験する。

イノベーティブな企業になるために必要な要素3　実験と失敗

「重要なのは実験することだ。実験しても、成功するのは10〜20%に過ぎない。多種多様な方法を試し、運が良ければそのうちいくつかがうまくいくだろう」

――サン・マイクロシステムズ共同創業者、ビノッド・コースラ[41]

本章をここまで読まれたみなさんは、どこで生まれたアイデアでも受け入れ、アイデアプッシュ型と市場プル型の両方のアプローチを実践し、自ら顧客になろうという気になってくれただろう。ただ、まだ気になる問いがあるかもしれない。良いアイデアをどうすれば見分けられるのか。ここまで挙げてきた例は、単にラッキーなケースばかりなのではないか。ひとりの顧客の問題を解決するようなアイデアプッシュ型のイノベーションで、シロアリ効果がなかったらどうするのか。アイデアを実行に移す前に、あらゆるリスクを排除し、良いアイデアだと確証を得られるのか。

残念ながらイノベーションは本質的に未知の要素でいっぱいだ。あるアイデアが優れているかどうか確認する最善の方法は実験すること、試してみることだ。当然ながら、その結果たくさんの失敗を経験するだろう。ボツになるアイデアはたくさん出てくる。だがそれもプロセスの一環だ。イノベーションに実験と失敗はつきものであり、実験と失敗なくしてイノベーションは絶対に生まれない。

トーマス・エジソンは電球の発明に成功するまでに、9000回以上の失敗を繰り返しても諦めなかった[42]。ついにアシスタントがたまりかねて尋ねた。「なぜこんなばかばかしいことを続けるのですか？ 9000回以上も失敗したのに」と。エジソンは何を言っているんだという顔でアシスタントを見た。「私は一度だって失敗などしていない。何がうまくいかないか、9000回も学んだのだ」。実験、失敗、修正というエジソンの考え方こそイノベーションの核心だ。

ジョン・クリーズ（ビデオアーツ社の共同創業者）の『誘導ミサイル、ゴードン』と題した小品は、このイノベーションの考え方を鮮やかに描き出している。

誘導ミサイル「ゴードン」は、標的を追って飛び立つ。すぐに自分が標的を撃つための正しい軌道に乗っているか、確認するためのシグナルを送る。するとシグナルが返ってくる。「ノー、軌道を外れている。少し左に修正せよ」

ゴードンは軌道を変え、生真面目にまたシグナルを送る。「今度は軌道に乗っていますか？」すると再び「ノー。でも今の軌道をあと少しだけ左に修正すれば大丈夫だ」。ゴードンはまた軌道を修正し、また情報を求める。またしても「ノー。まだずれている。今度は30センチ、右に修正してくれ」

ゴードンのまじめさと粘り強さは、みんな学んだほうがいい。何度も失敗を繰り返し、そのたびにフィードバックに耳を傾け、修正しつづけた。そしてようやく、嫌な敵を吹っ飛ばした。

みんなゴードンの能力に拍手を送る。もし「途中であんなに失敗したじゃないか」と文句を言う者がいたら、こう言ってやろう。「確かにそうだが、それが何か？　最終的に目的を達したじゃないか。すぐに修正できる失敗なんて、ささいなものだ。ゴードンは何百回と失敗を繰り返した結果、標的を外すという致命的な失敗を避けることができたのだ」と。[43]

失敗がもとになるイノベーションプロセスは、まったくの偶然から始まることもある。たとえば1980年代にリーボックのスポーツシューズの人気が沸騰するきっかけとなった「クリンクル」と呼ばれる柔らかいレザー素材は、計画的に開発されたものではない。製造ミスの産物だ。「とにかくやってみよう」の精神から生まれたイノベーションはたくさんある。何かを試し、実験し、うまくいくか確かめてみるのだ。再びスリーエムのポストイットの例に戻ろう。スペンサー・シルバーは接着剤が生まれた経緯について、こう語っている。

ポストイットで使った接着剤の開発で重要だったのは実験だ。[44]机に向かってじっくり検討していたら、実験などしなかったはずだ。まじめに本や論文を読んでいたら諦めていただろう。文献には「そんなことは不可能だ」ということを示す事例が山ほどあったからだ。

私は物質の新たな属性を探しているときにワクワクするタイプだ。構造を少しいじったら何が起こるのか、確かめることにやりがいを感じる。だが周囲に同じことをやらせようとしても、なかなか難しい。見たところ、ただやってみること、実験して何が起こるかを調べてみるのが苦手な人が多いようだ。

マイクロ波を料理に使うというアイデアは、簡単な実験から生まれた。マイクロ波技術を研究していたエンジニアのレス・バントが、ポップコーンを買ってきてマイクロ波の電力増幅管の前にぶら下げたのだ。別のエンジニアが実験の様子をこう語っている。

> ポップコーンがポンポンと弾けはじめた。取締役会の審議など面倒なことは必要なかった。レス・バントとポップコーン1袋ですべてが決まった。[45]

実験を通じたイノベーションの例として私たちのイチ押しは、カリフォルニア州の小さな会社パワーフードのものだ。パワーフードはランニング、クライミング、サイクリング、水泳などのアスリートが運動の直前または最中に食べても、腹痛を起こさずにエネルギーレベルを高められる画期的なエネルギーバーを発明した。アスリートは長年「運動を始める少なくとも3時間前からモノを食べてはいけない」というルールに悩まされてきた。だが「パワーバー」ならこの問題を解決できる。それによって世界中の何千人というアスリートの生活が変わった。

パワーバー誕生の物語には、ここまで私たちが説明してきた考え方が凝縮されている。アイデアの生みの親はマラソンでオリンピックに出場したブライアン・マクスウェルだ。マクスウェルはレースの途中にエネルギー不足で「体が動かなくなる」経験を何度もしてきた（自ら顧客になる、自分自身の問題を解決する）。会社を立ち上げたのは、アイデアを持ち込んだ大手企業にことごとく「そんな栄養バーをつくるのは不可能だし、たとえ開発できたとしても市場が小さすぎる」と却下されたからだ（どこで生まれたアイデアでも受け入れることの大切さがよくわかる）。そして製品は数えきれないほどの実験の末に生み出された。マクスウェルが当時を振り返る。

> ジェニファー、ビル、そして僕がバークレーに借りたアパートのキッチンで、白い粉の袋と茶色っぽい液体の詰まったボトルに囲まれているところが目に浮かぶよ。ダイニングテーブルを大きな秤《はかり》が占領していて、訪問客は違法ドラッグの密造工場かと思ったはずだ。アパートの中は足の踏み場もないくらい、クッキングペーパーを敷いて番号を振った天板やパイ皿が並んでいる。その一つひとつに粘り気のある奇妙な色の生地が入っている。訪問客は少なくとも4～5種類を味見し、アンケート用紙に感想を書かなければ帰らせてもらえない。よく運動する人は「次のワークアウトの前に食べてみて」とセロファンに包まれたサンプルを袋いっぱい渡された。[46]

栄養バーのサンプルを何百種類も焼き続けるマクスウェルと友人たち、マイクロ波管の上にポップコーンをまき散らすバント、研究室で物質を混ぜるシルバー、そして9000種類の電球の試作品をつくるエジソンらのイメージは、あなたの会社がイノベーティブな精神を維持する方法を考えるうえで常に頭に入れておきたい。

私たちの教育者としての活動でも、最高のイノベーションは教室での実験を通じて生まれた。私たちは常にさまざまなことを試している。なかにはうまくいき、その後の講座に定着するものもあれば、失敗して即座にボツになるものもある。教育分野で多くのイノベーションを生み出すことができたのは、さまざまなことを試し、何がうまくいくか調べてみる意欲があったからだ。ときに大失敗することがあっても（実際私たちもたくさん失敗を重ねてきた）挑戦しなければならない。

とにかくやってみよう

私たちは「とにかくやってみよう」というシンプルなひと言がクリエイティブであり続けるのにとても役立つと感じており、それをさまざまな企業に伝えてきた。ある企業は「とにかくやってみよう」と書かれたステッカー、ノート、キーホルダーを作成し、全社員に配布した。数えきれないほどの階層の承認を得なくても、とにかくやってみればいいと社員に言い聞かせる必要がある。後から許しを得るほうが、事前に許可を得るよりはるかに簡単であることを私たちは繰り返し伝えてきた。とにかくやってみよう。

大事《おおごと》にしない

実験を成功させるためには、簡単に打ち切ることもできるようにしておかなければいけない。さまざまな方法をどんどん実験し、うまくいったことを続け、うまくいかなかったことは安らかに成仏してもらわなければならない。

プロジェクトはできるだけ長く小規模にとどめ、「うん、うまくいかなかった。他を当たろう」と簡単に言える状態を維持しよう。プロジェクトが短期間のうちに大きくなりすぎると、実験を打ち切って新しいものを始めたほうがよい場合でも続けようとする力が作用するようになる。「このプロジェクトには17人も配置して1年も取り組んできたんだ。打ち切ることなんてできない」と。

半導体設備メーカーのノベラス・システムズは「小さいことは良いことだ」という哲学で新製品開発に取り組むことで、規模が10倍大きいライバルにもうまく対抗してきた。[47] 製品設計の初期段階ではエンジニアを3〜4人しか配置せず、うまくいくことが明確になったら初めて人員を追加する。

製品で失敗することの大切さ

実験はどこまで続けるべきだろうか。市場に送り込むところまで続けるべきだろうか。研究室で実験するのはいいが、製品を市場に投入するまでのプロセスについてはどうか。実験が失敗した場合、損失ははるかに大きくなる。

これは難しいジレンマだ。成功するという100%の合理的確信がなければ製品を市場投入しないのであれば、革新的製品を世に送り出すことはできない（製品を送り出したライバルに後れをとってしまう）。一方当然のことながら、製品が失敗すると資金や時間が無駄になり、名誉が失われ、会社の自信が失われる。このジレンマには2つの答えがある。

ひとつは本格的な発売に踏み切る前に、小規模な市場テストを実験的に実施することだ。一部の地域限定で発売し、うまくいくか見きわめるのだ。あるいは一部の顧客に製品をじっくり試してもらい、その反応から学習する。小さな実験、失敗、学習、修正をたくさん繰り返すというのが基本的な考えだ。ミサイル「ゴードン」のように何千回という失敗を自ら修正した末に、最終的には嫌な敵のやつらを吹き飛ばすのだ。

もうひとつの答えは、圧倒的にイノベーティブな企業は製品の失敗を恐れない、という事実だ。失敗を歓迎するわけではないが、進んで市場で失敗するリスクをとり、そこから学習するのだ。

たとえばアップルコンピュータが『アップルⅡ』に続けて出した2つの製品（『アップルⅢ』と『リサ』）は大失敗に終わった。だがそこから学んだすべての知識を『マッキントッシュ』に注ぎ込み、大成功を収めた。ヘンリー・フォードは最初につくった『モデルB』を含めて派手な失敗を繰り返した末に、有名な『モデルT』を世に送り出した。[48] 発売した一つひとつの製品（とその失敗）から学んだことを活かし、革命的なモデルTを設計したのだ。モトローラも貴重な失敗をいくつも経験し、そこから学んだ。[49] ラジオの『モデル55』（1933年）、世界初のプッシュボタン式カーラジオ（1937年）、ガソリンヒーター（1947年）、同社初のカラーテレビ（1957年）などはすべて失敗だった。

ごもっとも。だがいずれも大企業の話ではないか。製品が多少失敗してもビクともしないだろう。小さい会社の場合はどうなのか、と思うかもしれない。まっとうな疑問だ。しかし改めて考えてほしい。どの事例も失敗は創業初期に起きている。今より各社がはるかに脆弱だった時代だ。むしろ

図8-2　漸進的イノベーションサイクル

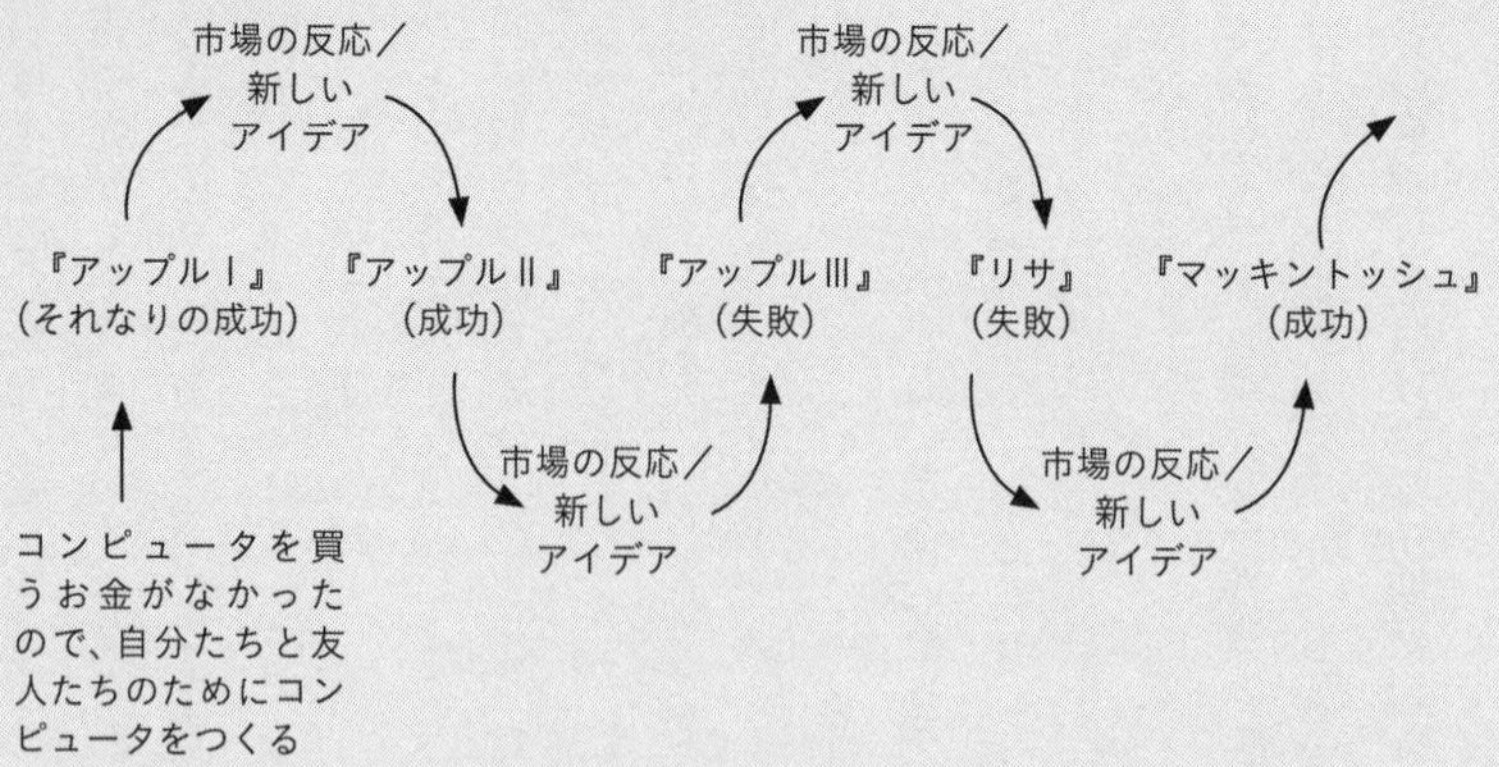

ここに挙げた企業が草創期を生き延び、偉大な企業になった理由のひとつは、早いうちに製品の失敗を経験したことだ。

目指すべきは製品サイクルを何度か繰り返すことだ。製品を市場に送り出し、どこに問題があるかを迅速に学び、市場からのインプットにもとづいてイノベーションと改善を続ける（これは製品だけでなく新サービスにも当てはまる）。日本人はアメリカ人ほど画期的発明をしないと思われがちだが、漸進的改善に長けている。それは日本が自動車など特定の産業で支配的地位を確立するのに大きく貢献した。図8-2、8-3は画期的および漸進的イノベーションサイクルの構造と、それが初期のアップルコンピュータでどのように展開したかを示している。（注）

良い失敗と悪い失敗

では、あらゆる失敗を許容すべきなのか。あらゆる失敗はためになるのか。

図8-3 画期的イノベーションサイクル

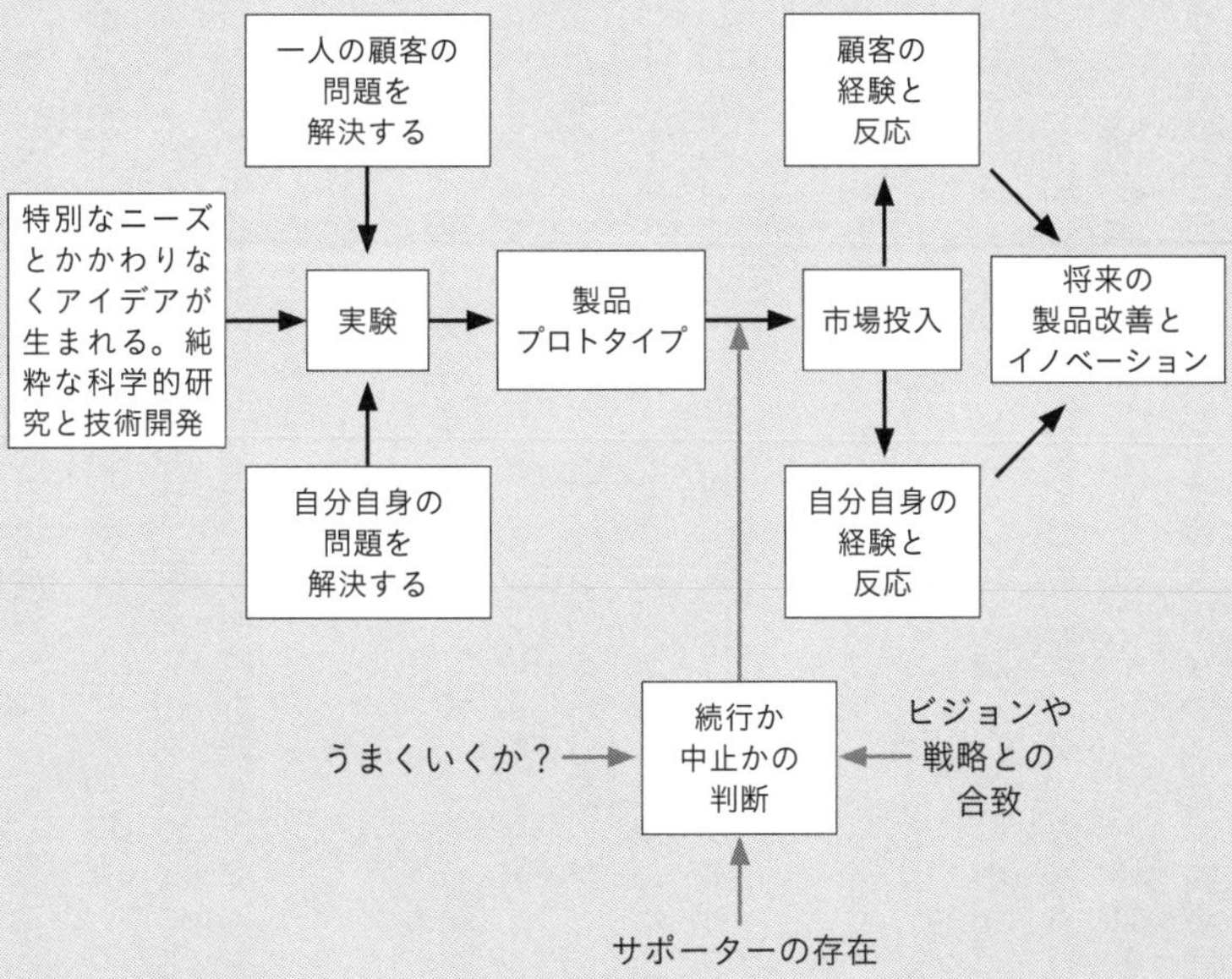

良い失敗は、何かに挑戦しようとする真摯な努力と、それをきちんと遂行しようとする真面目な取り組みがもた

（注）１９８５年以降のアップルの経営の混乱を考えると、本書にアップルの事例を含めるべきか疑問もある。アップルは偉大な企業の４つの要素のうち、３つを体現している（業績、インパクト、社会的評価）が、４つめ（持続性）には懐疑的にならざるを得ない。２０４０年のアップルは偉大な企業だろうか。１９８４年（マッキントッシュが発売された年）から１９９１年のあいだに、ひとつも大きな画期的イノベーションを生み出していないこと、またアップル上層部の残念な経営（１９９０年代初頭にレイオフを実施するまで高額の役員報酬を支払っていたことで批判を受けた）を鑑みると、アップルが長期的に偉大さを維持できるか不安はある。それでも１９７０年代後半から８０年代半ばまでに同社が世界に与えた途方もないインパクトを考えると、創業初期のいくつかの事例はやはり本書に引用したい。アップルの事例はすべて１９８５年より前のものだ。

らす。悪い失敗は、ずさんで不注意でなげやりな取り組み方が主な原因である場合だ。「失敗には価値がある」というのは、「最善を尽くす必要はない」という意味ではない。誤った製品を市場に投入することと、ずさんな方法で製品を市場に投入するのは別の話だ。

ただ最悪の失敗とは、同じ失敗を何度も繰り返すことだ。貴重なのは失敗から得られる教訓であり、失敗そのものではない。

ポップコーンのイメージ

イノベーティブな会社には「ポップコーンのイメージ」がある。組織はポップコーン製造機であり、まだ弾けていないポップコーンのタネは良いアイデアのタネだ。イノベーティブな組織ではポップコーンがポンポン弾けるように、適切な環境のなかでたくさんの良いアイデアが生まれ、実験を通じて花開いていく。今度映画館に行ったら、ポップコーン製造機を観察して、その様子を目に焼きつけてこよう。

パタゴニアの本社（デザイン、製造、研究、マーケティング、財務部門が入居している）を訪ねたとき、まさにポップコーン製造機の中にいるような気がした。活動レベルの高さは目をみはるほどだった。社員は動き、さまざまなことを試し、話し合い、歩き回り、設計し、イラストや文書を書き、ミーティングに参加し、意思決定をしていた。昼休み後もだらけた空気はなく、陰気くさい退屈な会議もない。上司の承認が下りないためにイライラと時間を空費している社員もいない。時計はなく、そもそも時計を気にしている社員もいなかった。終業間近の午後4時半になっても、みな朝8時と同じようにきびきびと働いていた。誰もが猛烈に早口で、「早く自分の仕事に戻りたいから、この用事はてきぱき済ませよう」と思っているようだった。

社内で生まれるアイデアのために、用途を限定しない資金をプールしておくのも良い方法だ。社内ベンチャー資金として毎年一定額を確保しておき、新しいアイデアを育てたい社員が活用できるようにする。社内ベンチャーキャピタリスト（個人でもグループでも）を指名し、どのプロジェクトにお金を出すか判断させよう。

粘り強い者に勝たせる

ある研究者がインテルCEOのアンディ・グローブに尋ねた。独創的なエンジニアたちが生み出す膨大な新製品のアイデアをどうやって取捨選択しているのか、と。グローブはこう答えた。「インテルでは『黙っていろ』と言われることはないが、もっと説得力のある主張をしろと言われることはある。社員は好きなだけ粘ることができる」[50]

この「社員は好きなだけ粘ることができる」というのはすばらしい表現だ。「ダーウィン主義的適者生存」あるいは自由主義的環境がどのようなものかをよくとらえている。アイデアが問答無用で潰されることはなく、最適なアイデアが生き残っていく。

インテルでは複数の中間管理職がパソコン向けのアドオン・ボードを開発したいと考えたことがあったが、当初このアイデアは製品戦略に組み込まれなかった。だが中間管理職らは社内ベンチャープログラムから資金を得て、結局アドオン・ボードを独立事業に育てた。[51]

誰もが実験や試行錯誤をする企業

イノベーティブな企業であり続けるには、あらゆる階層の社員がたくさんの実験、試行錯誤、遂行に励み、「ポップコーン効果」を生み出す必要がある。では、どうすればポップコーン効果が生まれる環境を醸成できるのか。基本的に答えは3つある。じっくり見ていこう。

- クリエイティブな人材を採用する。
- 社員の邪魔をしない。
- イノベーティブな社員に報いる。

イノベーティブな企業になるために必要な要素4　社員がクリエイティブになる

企業がイノベーティブでありつづけるには、働く人々がクリエイティブでなければならない。ちょっと待った。当たり前じゃないか、そんな話を読む必要はないと思ったとしても、本を閉じないでほしい。あなたが思うほど当たり前の話ではないからだ。企業のイノベーションに関する研究は主に、ときには完全に「構造的」対策だけに焦点を合わせている。イノベーティブであり続けるためには確かに構造的要因も重要だが（それについては次項で詳しく述べる）、突き詰めると会社構造のなかで働く社員がクリエイティブでなければイノベーションは起こらない。

残念ながら世間には、クリエイティブな人というのは人類のなかでも特別で独特な集団であり、クリエイティビティはその集団に属す人だけの特性だという思い込みがある。この常識に従うと、世の中にはクリエイティブな人とそうではない人がいて、後者は未来永劫クリエイティビティは持ちえないことになる。

でたらめだ。

クリエイティブになる能力は誰にでも備わっている。生まれつきクリエイティブではない人間などいない。クリエイティビティは私たち一人ひとりにもれなく備わっている。神からクリエイティビティの才能を付与された特別な人種など存在しないし、ほとんどの人は生まれつきそのような才能は持ち合わせていないというのも事実ではない。

あらゆる階層の社員をイノベーティブにする最初のステップは、彼らには生まれつきクリエイティブな能力が備わっていると信じることだ。そもそも社員を信じていなければ、イノベーションが生まれると期待することさえできないはずだ。

社員のクリエイティブな能力を伸ばす

2番目のステップは、社員がそれぞれのクリエイティビティを伸ばせるようサポートすることだ。次のような方法を検討してみよう。

●クリエイティブ・プロセスとはどのようなものかを研修で教える。個人のクリエイティビティに関する研修や講義は、社員に自分もクリエイティブであることに気づかせ、どうすればもっとクリエイティブになれるか教えるのにとても効果がある。ナイキのような圧倒的にイノベーティブな会社は、そうした研修を積極的に活用している。

ナイキのクリエイティビティ・セミナーに呼ばれたとき、私たちはこう尋ねた。「なぜイノベーションについて私たちに講演を頼んだのですか。ナイキでクリエイティビティを教えるなんて、オリンピック・メダリストに陸上を教えるような気がしますよ」。ナイキの研修担当ディレクターのピート・シュミットはこう答えた。

「イノベーションはわが社のもっとも重要な特徴で、規模が大きくなっても守らなければならない。社員がどれだけ増えても全員にイノベーションの重要性を理解してもらいたいし、彼らがもっとクリエイティブになれるようサポートしたい。放っておいても社員がクリエイティブな才能を存分に発揮するなどと考えるのではなく、そう誘導するように刺激を与えつづけなければならない」

●クリエイティブ・プロセスについて学ぶための資料を提供する。新入社員にはクリエイティビティ関係の本を与えよう。クリエイティビティに関する文献を購入し、回覧しよう。毎年1冊を会社が選び、全社員に贈呈することを検討してもいい。クリエイティビティ・プロセスの文献でお薦めのものを挙げよう。

・『クリエイティビティ　イン　ビジネス（上・下）』（マイケル・レイ、ロッシェル・マイヤーズ著、

日本能率協会マネジメントセンター）
・『メンタル・ブロックバスター』（ジェイムズ・L・アダムス著、プレジデント社）
・『問題解決のアート』（ラッセル・L・エイコフ著、建帛社）
・『水平思考の世界』（エドワード・デボノ著、きこ書房）
・『頭脳を鍛える練習帳』（ロジャー・フォン・イーク著、三笠書房）

●**独自の「イノベーション・マニフェスト」を作成しよう。**会社のイノベーションについて、あなたの考えをまとめるのだ。本書の内容、あなた自身の経験、ほかの著者の考えを参考にしよう。イノベーションに関する声明を紙1枚にまとめ、全社員に配布しよう。重要な10項目をシンプルな箇条書きにしてもいい。たとえば次のような内容だ。

1　「そんなアイデアはくだらない」と絶対に言わない。
2　まず実験し、評価はその後にする。
3　顧客から1000個のアイデアを集める。
4　毎年売上高の25％は過去5年に発売された製品が占めるようにする。
5　アイデアがある人全員に発言の機会を与える。
6　「二番煎じ」の製品は絶対につくらない。何かしらイノベーティブな要素のある製品だけをつくる。

7 （その他）
あなた自身のリストを書いてみよう。楽しく有意義な作業だ。

「ふつうじゃない人」を採用し、育てる

クリエイティブなことをしてきた人を採用しよう。人と違う、おもしろい活動をしてきた人を探そう。大学時代にささやかな事業を始めた人、幅広い経験をしてきた人、人生を自ら切り開いてきた人、既成の枠にはどうにも収まらないような人だ。

事例紹介　ごたまぜの履歴書

ビル・レイスはイノベーティブな金融製品をいくつも生み出してきた。たとえば「デュアルイシュー・オプション」は、金融業界で長年解決不可能と思われていた問題を解決した。ビル・レイスとは何者か、と思うかもしれない。ここではとびきりクリエイティブな金融デザイナーとだけ言っておこう。

興味深いのは、レイスがどのようにしてこのようなイノベーションを生み出す機会を手に入れたかだ。レイスの履歴書は脈絡のない経歴の寄せ集めに見えた。デザイナー、マーケティング・マネージャー、営業の経験があり、業界も集積回路からパソコン、ワークステーションのエンジニアリングまで幅広く、それをすべて30歳になる前に経験していた。「企業の採用担当者はこの履歴書を

見て『ごたまぜでまったく整合性がない。一貫した軸がなく、うろうろしているだけじゃないか』という反応だった」と振り返る。だがレイス自身から見れば共通項があった。一貫して難しい問題にクリエイティブなソリューションを見つける役割を果たしてきたのだ。

その後レイスは投資銀行に採用された。銀行はレイスがとても聡明でクリエイティブな人材であることを見抜き、採用して新しい問題をあてがったのだ。

必要なのは、クリエイティブな「はみ出し者」を何人か採用するだけでなく、ときとして突拍子もない彼らのふるまいを許容することだ。とびきりクリエイティブな人のなかには、優等生の型にどうにもはまらない人もいる。反抗的で、周囲をいらだたせ、手に負えないことも多い。

ジム・コリンズは社会人になりたてのころ、マッキンゼー&カンパニーで働いていた。マッキンゼーは非常に保守的な組織で、ビジネススーツで身を固めた堅物が多い。だが同時に名著『エクセレント・カンパニー』など、一貫してすばらしくイノベーティブな成果を世に送り出してきた。ジムは同書の共著者、トム・ピーターズとオフィスで会ったときのエピソードをこう振り返る。

ピーターズのオフィスは私のオフィスと廊下を挟んで向かいにあった。いつも散らかっていて、おかしな被り物がそこら中に散らばっていた。消防団員のヘルメット、第一次世界大戦時代のヘルメット、野球帽などだ。およそマッキンゼーのオフィスには見えなかった。平日の昼間、ふと目を上げると、くたびれた短パンにテニスシューズ、そして「オレに質問すんな、××が！」と書かれたTシャツというい で立ちで猛スピードで歩いていく男がいる。書類を取りにオフィスに駆け込んでいくピーターズだった。

ピーターズは明らかにマッキンゼーの型にぴったりはまる人物ではなかった。それでもマッキンゼーはピーターズの好きなようにさせ、ボブ・ウォーターマンとともに『エクセレント・カンパニー』を書き上げるのを見守った。

サン・マイクロシステムズ共同創業者、ビノッド・コースラは、サンがイノベーティブな会社であり続ける方法をこう語っている。

「変わり者」をうまく組織で支えなければならない。とびきりクリエイティブな人のなかには、とびきり変わっている人もいるので、変人を許容する姿勢を持たなければならない。私の部下には、ゆったりしていて心地いいからという理由で、マタニティのようなドレスを着て出社するエンジニア（男性）がいた。そんな例はほかにもある。重要なのは、こうした人材には、会社が競争力を維持するために必要なモノを生み出す能力があるということだ。[52]

クリエイティブなイノベーションを生み出すのは、このように変わった人材だけだろうか。もちろん、そんなことはない。私たちが知っている非常にクリエイティブな人のなかには、かなり保守的なタイプもいる。ただイノベーティブな会社でありつづけるためには、くせのある変わり者を何人か受け入れたほうがいい。ハーマンミラーのマックス・デプリーはこう語っている。「企業が最高の成果を生み出したいなら、ふつうじゃない人が居心地のよい環境をつくらなければならない」[53]

企業が大きくなるにつれて、そこに魅力を感じる人のタイプも変わっていく。イノベーターは減り、安定を求める人が増えていくだろう。常にはみ出し者を何人か採用するよう心がけ、こうした傾向に抗おう。

多様な才能を採用しつつ、価値観の逸脱は許さない

人材の幅や多様性は、クリエイティブな発見につながる。異なる経験や経歴の人々がともにひとつの問題に取り組むほうが、同じような経験の人を集めるよりクリエイティブで優れた答えを導き出せることが多い。多様な人材の採用を強くお勧めする。

ジロスポーツ・デザイン社長のビル・ハンネマンは確固たる意思をもって驚くほど多様な経歴の幹部を集めてきた。元教師、元広告会社幹部、元大学学長、元ビデオゲームのデザイン・マネージャー、元ゼロックスのデザイナーといった具合だ。ただコアバリューについてはブレのないよう慎重に人材を選別してきた。

ジロを模範としよう。多様性を追求しつつ、コアバリューはしっかり守ろう。

図8-4　規模とイノベーションの変化のパターン

小さな会社

↓

イノベーターを引き寄せる

↓

成功と成長

↓

会社が大きくなる

↓

リスク回避型、安定志向の人材を引き寄せる

↓

官僚主義が根づく

↓

とびきりイノベーティブな人材が会社を去る

↓

イノベーションが減少する

[←══════════════════→]

経歴の多様性

[←═══════════→]

コアバリューの多様性

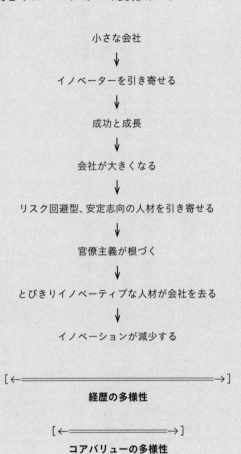

予備知識のない人材を採用する

ダニエル・ブアスティンは人類の発見と発明の詳しい歴史を描いた『大発見』（集英社）で、多くの重大な発見は当事者が無知であったために起きたと指摘している。たとえばベンジャミン・フランクリンによる電気にかかわる発見について、こう書いている。[54]

フランクリンの業績は、無知は知識に勝ることを物語っている。素人的で、学者的ではない思考こそが最大の強みだった。他の多くのアメリカ人発明家がそうであったように、「何を見るべきか」という予断を持たなかったからこそ、多くを見ることができた。

ビジネスの世界も同じだ。常識で頭がいっぱいになった社員は危険だ。ビジネスでイノベーティブであるためには、何かが常識に反すると知らずに試してみようと思い立つことが重要だ。アップルの情報システムおよび技術担当バイスプレジデントのデビ・コルマンは「私の知るかぎり、クリエイティビティとイノベーションの最大の障害は常識だ」と語っている。[55]

ここで再びビル・レイスの例に戻ろう（ごたまぜの履歴書の人物）。レイスがデュアルイシュー・オプションの価格決定をめぐる解決不可能とされた問題を解くことができたのは、他の人々が何をしてきたか意識的に見ないようにしたからだ。上司には「契約に関する一流の専門家を紹介できるし、必要な学術誌や出版物はなんでも入手していい」と言われた。

だがレイスは「何も知らない状態で問題と向き合いたい。他の人が迷い込んだ袋小路を知ってしまうと、問題解決の妨げになりそうだ」と断った。

そして数日間、何もない部屋にこもり、自分の頭で問題を考え抜いた。その結果、従来とはまったく異なる方法で問題をとらえ直し、イノベーティブな解決策を見つけた。「伝統的な問題のとらえ方を知っていたら、問題を解くことはできなかっただろう」

ここで言わんとしているのは、業界の素人、あるいは何も知らない人しか雇ってはいけないということではない。知識や経験には価値がある。だが足かせになることもある。**重要なのは、経験と知識が豊富な専門家と、何も知らないまっさらな人材のバランスをとることだ。**業界で働いた経験がない、大学を出たばかりである（あるいはそもそも大学を出ていない）といったことは、その人を採用しない理由にはならない。

デザイナーを採用する

デザイナーは産業界で十分活用されていないクリエイティブ人材の代表格だ。ここでいうデザイナーとは、デザインの訓練を受けた人、あるいはデザインの才能がある人だ。ほとんどの企業ではグラフィックデザインと製品デザインという2種類のデザインを使う。デザイナーは人一倍クリエイティブになるための教育、そして何より重要なこととしてクリエイティビティを実務的問題に応用する訓練を受けている。

BMWの車、マッキントッシュ・コンピュータ、バング&オルフセンのレコードプレーヤー、ハーマンミラーの家具などの偉大な製品を思い浮かべてみれば、デザインが差別化の決定的要因になっていることがわかるだろう。いずれも圧倒的に洗練されていて美しく、機能的だ。ありふれた製品の業界でさえ、デザインは差別化の重要な要因になりうる。たとえばジョアン・ファブリックス・コーポレーションは、自分たちが家具用生地の市場で優位性を確立できた主な要因は、デザインの質の高さにあったと考えている。元CEOのラリー・アンサンはこう語る。

洗練されていることがどれほど大切か、過小評価してはならない。私たちはそれを優秀なデザイナーの力で実現した。昔ながらの保守的な業界では、デザインは重要ではないと考える傾向がある。だがそれは違う。私たちが成功できた主な要因は、優秀なデザイナーがいたからだ。

デザイナーを採用しよう。ロゴ、マーケティング資料、カタログ、包装資材のデザインを支えるグラフィック・デザイナーを採用しよう。製品開発プロセスの基幹メンバーとして、製品デザイナーを採用しよう。製品の「見た目」をよくするための補助的役割ではなく、製品開発サイクルの最初のコンセプトづくりから関与させるのだ。

ブラウン、ジロスポーツ・デザイン、パタゴニア、ジョアン・ファブリックスなど、デザイナーを社員として抱える会社もある。反対に(ハーマンミラー、オリベッティ、バング&オルフセン、ヤマハなど)外部のデザインコンサルタントやデザイン会社を活用する会社もある。どちらの方法を選ぶにしても、製品開発からマーケティングまで、事業のすべての側面に「デザインの観点」を取り入れるべきだ。会社全体、すなわち社屋、プロセス、組織構造、製品、そして仕事そのものに優れたデザインが浸透するようにしよう。

イノベーティブな企業になるために必要な要素5　自律性と分権化

「自由と非効率と繁栄が共存していることは珍しくない」

――サミュエル・エリオット・モリソン

1998年、ボストン・セルティックスのコーチだったK・C・ジョーンズは、CBSスポーツのインタビューでこう語っている。[56]「私はコート上では選手にかなりの自由を認めている。彼らが想像力と創造力を活かせるように」

「それで問題は起きませんか」

「起きないね。ここ5年で4回ファイナルに出場して、そのうち2度優勝しているのだから」とジョーンズは答えた。

ジョーンズのコーチングは、クリエイティビティに関する重要な真実を浮き彫りにしている。クリエイティビティには自律性が必要なのだ。

信頼、尊敬、勇気

スタンフォード大学経営大学院は世界有数のイノベーティブな教育機関だ。共著者2人は身をもってそれを経験した。ジム・コリンズは初めてスタンフォードの教壇に立った年のことを、こう書いている。

私は当時30歳で、大学レベルで教えた実績はゼロだった。私に機会を与えてくれたロバーツ学長は「教えたい時間帯を連絡してくれ。幸運を祈るよ」とだけ言った。受けた指示はそれだけだ。教室で何を教えるつもりなのか、誰にも聞かれなかった。具体的指示は誰からも与えられず、シラバスさえ確認されなかった。私は自分のしたいようにする完全な自由を与えられた。もちろん相談できる経験豊富な同僚はおり、すでに準備された講義資料もあった。だが基本的には私の好きなようにやればいい、という状態だった。

2年後、優れた教育的成果に対する表彰を受けたジムは、昼食会の席でロバーツ学長にこう尋ねた。「私を採用するには大きなリスクがあったはず。なぜそんな決断をしたのですか？」

「それがスタンフォードの仕事のやり方だ。私はリスクというより機会ととらえた。君が実力を遺憾なく発揮できるようにすれば、最善を尽くし、すばらしい成果をあげてくれると信じた。もちろん全員がそれでうまくいくわけではないが、通常得られるイノベーションや成果を考えれば、このやり方は理にかなっている」

ジムが本当に何もわかっていなかったことを思えば、この方法がリスクフリーだという見解に完全に同意することはできない。だがロバーツは重要な点を指摘している。信頼と勇気だ。ロバーツには一か八か試してみる勇気があり、ジムなら期待に応えると信じていたのだ。

ここから伝わる基本的メッセージは、優れた人材を採用し、彼らが働きやすい環境をつくり、邪魔にならないようにする、ということだ。

これこそがトレイシー・キダーが名著『超マシン誕生』(日経BP)で描き出した魔法だ。そこには新しいコンピュータを生み出したデザインチームのモチベーションがこう説明されている。


明らかに営利目的の事業ではあったが、彼らの意欲はまれにみる高さで、その動機は驚くほど純粋だった。(中略) 20人以上のメンバーが1年半にわたり、金銭的報酬も期待できないなかで残業もいとわずに働き、やり遂げた後にはほとんどのメンバーが満たされた気持ちになった。それはウエストをはじめとするマネージャー陣が、メンバーを成功に向けて導きつつ、試行錯誤する自由を存分に与えたからだ。[57]

イノベーティブであり続ける企業は、自由と自律の必要性をよく理解している。ハーマンミラーはデザイナーに本社ではなく、自分が働きやすい場所で働く自由を認めている。[58] 製薬業界でもっともイノベーティブな会社のひとつ、メルク&カンパニーは最高の科学者を採用し、基礎研究のテーマを自分で選ばせ(マーケティングや本社の企画部門が選ぶのではない)、干渉しない。[59]
これは5人制のバスケットボールチームから社会全体まで、あらゆる規模の人間の営みに当てはまる原則だ。突き詰めると、行動の自由、実験する余地があることは、西側経済が中央集権的な束側経済ブロックより優位に立った最大の要因だ。ネイサン・ローゼンバーグとL・E・バーゼルは共著『How the West Grew Rich（西側はどうして豊かになったか）』で、西側の経済的進歩の根本要因は自律的実験を通じて多くのイノベーションが生まれたことだと指摘している。[60] こうした実験が行われたのは、挑戦を阻む制約が少なく、行動できたためだ。集権的な中央官庁の承認を得なければ新規事業を開始できなかったとしたら、アメリカ経済がどんな状態になるか想像してみてほしい（ソビエト経済という実例があるので、想像する必要もないが）。

しかし人間の組織には、まさに逆方向へ向かおうとする傾向がある。想定外のサプライズを徹底的に抑えようと、管理と秩序を求めるのだ。イノベーティブな会社であり続けるためには、こうした動きを警戒し、徹底的に抗わなければならない。活力ややりがいと引き換えに安定と秩序を求める抑圧的欲求は、しつこいつる草のように組織の壁を覆い、手足にまとわりつき、すばやく機敏な対応をできなくしてしまう。野放しにすると、つる草は組織の喉元を締め上げ、企業の息の根を止めてしまう。

企業の進化のプロセスでの大きな皮肉は、あらゆる企業は誕生する時点では非常にイノベーティブなのに、成長し、歳月を重ねるなかでイノベーティブな能力を失っていくことだ。創業初期に成長をもたらした精神に、息の詰まる官僚主義や集権的管理主義という厄介なつる草が絡みつく。

あなたの会社がそんな事態に陥るのを許してはならない。

だが、どうすればいいのか。大きくなるなかで、このような変化が起こるのを防ぐために何ができるのか。

分権化　ダイヤモンドの分割

基本的な解決策が分権化だ。私たちはこれを「ダイヤモンドの分割」と呼んでいる。ジョンソン・エンド・ジョンソンやスリーエムのような企業が、相当な規模に拡大していくなかでもイノベーティブな活力を保持するために活用している基本方針だ。

考え方はシンプルだ。企業をかなり自律的な小さなグループに繰り返し分割していくことで、全体として大きな規模に成長しながらも小さな企業の強みを維持できる。それぞれの小グループに所属する社員は当事者意識、責任、自律性、説明責任を感じ、それが大企業の傘の下でもベンチャー精神を育む。

サーモエレクトロンCEOのジョージ・ハサポラスはインク誌の取材でこうした仕組みについて語っている。

アメリカ産業界は、小さな企業の強みと大企業ならではサポートを組み合わせた新しい構造を生み出す必要がある。私自身が見つけた答えは、ひとつのファミリーのなかに小さな企業をたくさん持つことだ。ファミリーの親会社は小さな企業に財務面と経営面でのサポート、そして戦略的方向性を与える。一方小さな企業は独立企業のように行動する。現在（1988年時点、売上高4億ドル）当社には17のビジネスユニットがある。[61]

レイケムもダイヤモンドの分割を繰り返しながら、きわめてイノベーティブな能力を維持してきた企業だ。CEOのポール・クックは「小さなグループの集合体であり続けるために」、成長に合わせて分割を繰り返してきたと語る。

何百という製品を開発するなら、厳格に管理するより、あまり構造化されていない緩やかな組織を志向すべきだ。競合にとってレイケムは厄介な相手だろう。[62]

分権化のタイミング

企業を分権化すべきタイミングはいつだろうか。創業当初から社員に自律性と自ら考えて行動する自由を与える方向を目指すべきだ。目安としては社員数が100~200人に達したら、ダイヤモンドの分割を真剣に考えはじめるタイミングといえる。

分権化を成功させるには

本書では分権化組織のあるべき姿について、事細かく説明する余裕はない。ただ分権化を成功させるための一般的な原則をいくつか挙げておこう。

●ビジョンと関連づける。 会社のビジョン（バリュー、パーパス、ミッション）が明確なら、自由を与えられた社員やグループは共有された全体ビジョンにもとづいて自らを律することができる。

同じ案内星を見つめながら、それぞれのやり方でその星に向かって進んでいくわけだ。**共通のビジョンは分権化組織を成功させるのに欠かせない要素だ。**

●**集権的管理がなくなる分、コミュニケーションやインフォーマルな調整に力を入れる。**社員が他のサブユニットと協力するには、相手が何をしているかを知る必要がある。たとえばパタゴニアでは全製品ラインのディレクターが少なくとも月1回は調整のためにミーティングを開く。

●**サブユニット間の知識の交換を促す。**異なるサブユニットのメンバーがアイデアを共有し、論文を発表し、お互いの経験から学べるような社内セミナーを開催しよう。他のサブユニットに有益なアイデアや発明といった価値ある支援を提供した社員を表彰しよう。

●**オープンシステムを導入しよう。**自律的に仕事をする社員は、優れた情報がなければ優れた判断を下すことはできない。それを実現する最良の方法のひとつが、従来は機密とされたものも含めて、大量の情報を公開することだ。たとえばコンピュータ会社のネクストは、すべての社員がすべての情報にアクセスできるようにした。そこには社員の給与水準や社内向けの財務情報も含まれる。ここまで極端なことは難しくても、このような方向を目指すべきだ。改めてソ連のような集権的で秘密主義的な社会（がどれほど非効率であるか）と、アメリカのようなオープンシステムの社会を比較してみよう。同じことが会社にも当てはまる。

●**マトリクス組織は避ける。**両方の世界の「いいとこ取り」をしようと、マトリクス組織を導入する会社もある。これは間違いだ。マトリクス組織では説明責任が曖昧になるだけでなく、当事者意識がもたらすクリエイティビティのきらめきも失われる。

図8-5　分権化を成功させる

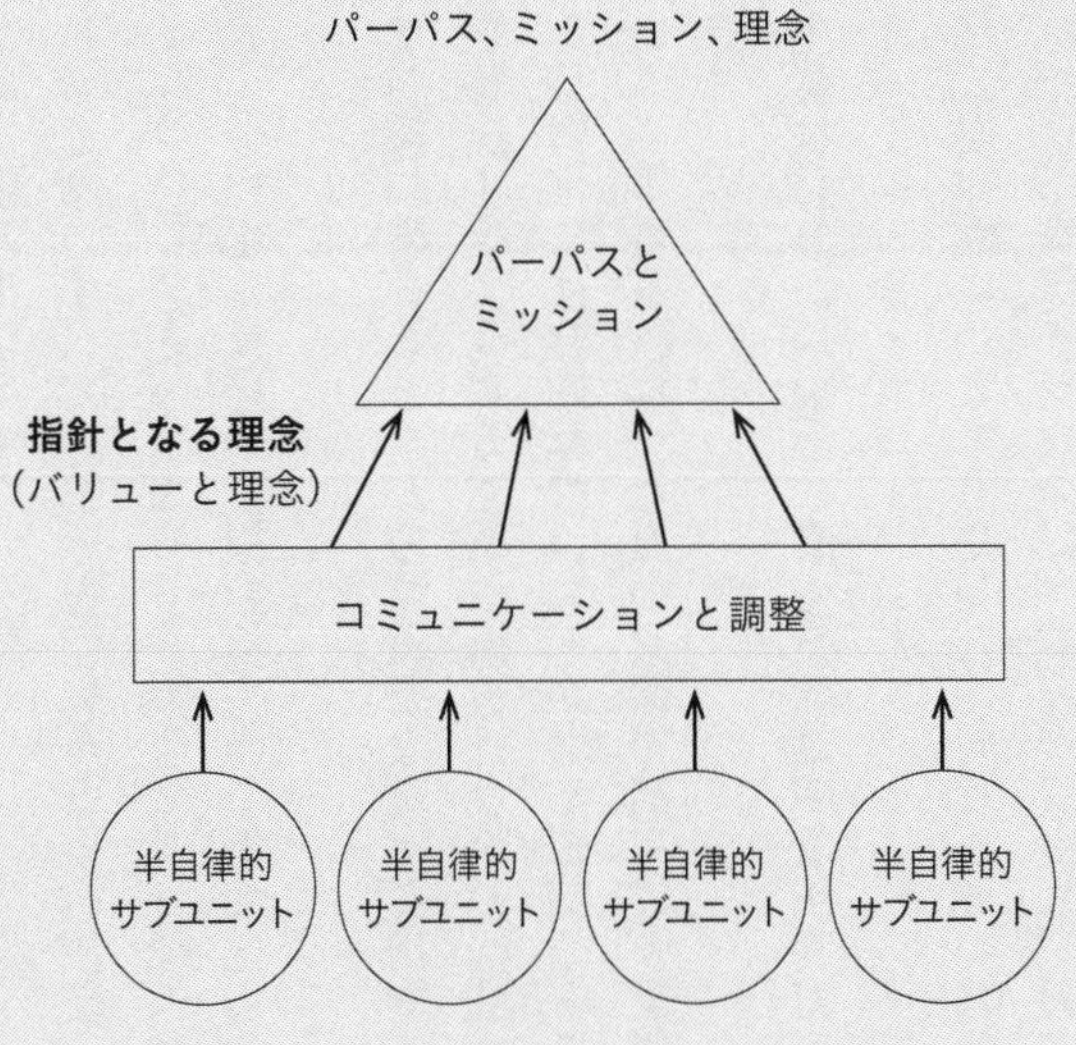

ここまで読んで、こう思う読者もいるだろう。「分権化すれば、業務の重複が生じる。重複によるリソースの無駄遣いを防ぐためにも、集権的管理が必要なのではないか」と。

もっともな疑問だ。しかしここでもソビエト型経済と、分権的な市場主義経済を比べてみてほしい。一見、市場主義のほうが劣るように思える。コンピュータというたったひとつの業界で、36社が競争するなんて非効率ではないか。それぞれに間接費、マーケティングや製品開発の費用がかかる。たったひとつ、「国立コンピュータ会社」をつくり、そうした機能をすべて集中させるほうが良いのではないか？　だがもちろん、そのほうが非効率であることはみなわかっている。36社が競合する業界には膨大な業務の重複はあるが、それでもたったひとつの会社しかないケースよりも多くの経済的富とイノベーションを生み出すはずだ。

必ずしも社内のすべての部署を、完全な自由放任・自由競争の状態に置くことを勧めているわけではない（かつてIBMとP&Gはそれぞれ社内で激しい競争を煽った時期もあったが）。私たちが求めているのは、分権化は業務の重複を招くので集権化よりも非効率だ、という認識を問い直すことだ。

ここで組織にまつわるきわめて重要な真実を指摘しよう。「組織には混乱がつきものだ」。あらゆる問題を解決するような万能薬や構造はない。混乱を完璧に抑えようとする試みは、必ず失敗する。もちろん分権化には非効率でコストが増える部分もある。ただ「ここは自分たちの小さな会社なのだ」という当事者意識は、社員の意欲を高め、多少無秩序でも強力にイノベーションを推進していくはずだ。

「民主主義はたしかに混乱に満ちた非効率な制度だが、他のどんな選択肢よりも優れている」と語ったのはハリー・S・トルーマンだ。

分権化と自律性についてもまったく同じことが言える。統制が効かず、非効率に思える。そしてある意味では、実際そうなのだ。業務が重複し、顧客から見てわかりにくいこともあるかもしれない。技術を共有するのも難しい。とにかく手に負えない印象がある。それでも自由や民主主義と同じように、他のどんな選択肢よりも優れている。圧倒的に。

イノベーションの稲妻が幾度も降り注ぐような組織を目指すなら、非効率と共存する必要がある。

非効率性や混乱にはそれを上回るメリットがあるという基本思想を選択しなければならない。

組織が分権化のもたらす輝きや熱狂と、集権的管理がもたらす完全な効率性の両方を手に入れることは不可能だ。分権化を選び、徹底し、それが引き起こす問題とできるだけ上手に共存しよう。中途半端なことをすれば、車両を右側通行から左側通行に変更すると決めたものの、中途半端にしか実施しない国と同じ状況に陥る。

イノベーティブな企業になるために必要な要素6　報酬

あるとき私たちは中規模のソフトウエア開発会社のCEOの愚痴に辛抱強く耳を傾けた。社員がどうしてもイノベーティブな挑戦する姿勢を持ってくれない、というのだ。「社員には新しい製品や事業のアイデアを出し、主体的に実現してほしい、と心から思っている。それなのに今の担当部門を管理することばかりに時間を使い、新しいことにはまるで取り組もうとしない」

「社員の報酬はどのように決めていますか」

「基本給プラス担当部門のその年の売上高に応じたボーナスだ」

「何か新しいことに取り組もうとすると、現在の売上高を維持するのにマイナスになりませんか」

「ああ、マイナスになるだろう」とCEOは認めた。すぐに制度の矛盾に気づいたようだ。

エレクトロニクス会社から有能なエンジニアや科学者が続々と他社に転職してしまう原因を調べてほしい、と依頼を受けたこともある。転職したなかで特に優秀な元社員に聞き取りをすると、次のようなコメントが返ってきた。

私に与えられた出世の道は、管理職になることだけだった。だが管理職にはなりたくなかった。私はデザイナーであること、クリエイティブな成果を出すことに心から喜びを感じる。それが一番得意なこと、大好きなことだ。会社からは、次の報酬レベルに上がる（ついでに言えば、それにともなって社内的に名誉ある地位に就く）唯一の方法は、管理職を引き受けることだと言われた。だから現在の勤務先であるスタートアップ企業に転職した。ここでは市場で評価される成果を出せばたっぷり報酬が出るし、私自身がヒーローとして活躍できる。

この2つの事例からは、シンプルな事実がわかる。報酬制度はクリエイティブな成果の重要性を認めるものにする必要がある。

クリエイティブな人はお金、権力、地位でしか動かないなどというつもりはない。むしろおもしろい仕事、困難な問題にチャレンジすること、成果を出す喜び、あるいは新しい何かを見つける満足感を原動力にしている人が多い。それでもイノベーションに明確に報いる制度が必要だ。どれほど純粋なモチベーションがある人でも、組織の報酬制度にまったく影響を受けないことはない。報酬は大切だ。イノベーティブな企業でありつづけるには、イノベーションに報酬を与えなければならない。

具体的な方法として、次のようなことを検討してみよう。

●**クリエイティブな成果を出す社員をヒーローとして扱い、功績を認め、表彰や名誉を与える。**技術や新規事業のアイデアなど、並外れてクリエイティブな成果を出した人を対象とする名誉ある賞をつくろう。機会があれば個人だけでなく、チームを表彰しよう。新製品または新規事業を対象とする賞に加えて社内プロセスのイノベーションを対象とする賞もつくろう。クリエイティブな成果を出した社員を、社内報や社内誌で取り上げよう。成功者だけでなく、有益な勇気ある失敗をした社員を評価する「優れた挑戦賞」をつくってもいい。

●**イノベーションについて測定可能な目標を設定し、それにもとづいて評価をしよう。**特にお勧めしたい方法のひとつが、会社全体として、また個別部門として、毎年売上高の一定の割合（25％が妥当だろう）を過去5年に発売された製品かサービスが占めるようにするという目標を設定することだ。

●**管理職になることを希望しないクリエイターには、別のキャリアパスを用意する。**このキャリアパスでも成功すればトップクラスの管理職と同程度の報酬を得られるようにする。財務部門のバイスプレジデントが、トップクラスのクリエイティブデザイナーの3倍、4倍の報酬を得ることが妥当だろうか。およそ理屈に合わないが、それがほとんどの企業の実態だ。対照的にハーマンミラーは、トップデザイナーのひとりと年10万ドルで10年の長期契約を結んでいる。[63] 他のデザイナーはロイヤリティによって莫大な収入を得ている。ハーマンミラーのカルチャーではデザイナーはヒーローであり、本社のバイスプレジデントと変わらない評価と敬意を得ている。

- **価値あるクリエイティブな成果に対し、個別に報酬を出す。**製造コストを抑える革新的なアイデアを思いついた社員がいたら、アイデアが採用されたときにボーナスを出すのはどうか。チームが価値ある新製品を開発したら、特別に報酬を払ったらどうだろう。ロイヤリティ収入を払ったり、利益の一部を分配したりするのも手だ。
- **「ピンボール方式」を導入しよう。**クリエイティブな人材のなかには、自分らしい仕事を追い求めること、おもしろくてやりがいのあることに挑戦する機会にモチベーションを感じる人もいる。個人やチームがクリエイティブな成果をあげたとき、それに報いる最善の方法のひとつは、新しいワクワクするような重要な課題に取り組む機会を与えることだ。トレイシー・キドラーの『超マシン誕生』で、トム・ウエストはこれを「ピンボール方式」と呼んだ。

> 「ゲームに1回勝つと、もう1回プレーできる。このマシンの開発に成功すると、次のマシンもつくらせてもらえる」。重要なのはピンボールをプレーしつづけられることだった。(中略)「私はこれをやる、これがやりたい。困難な仕事になることは初めからわかっていた。必死にやらなければならないが、成果をあげられれば、また次もやらせてもらえる」[64]

頭に入れておくべきなのは、真にクリエイティブな人材は息抜きや、楽な仕事には基本的に魅力を感じないということだ。そんなことはまったく望んではいない。何かをつくること、イノベーション、新たな挑戦、学習、そして自分の仕事を評価してもらう機会を求めている。

製品だけでなくプロセスも

本章ではここまで主に新しい製品やサービスにかかわるイノベーションを見てきた。ただそれに加えて、マーケティング、製造、組織、業務など事業のあらゆる側面におけるクリエイティビティの重要性も改めて強調したい。

会社の成功にはクリエイティブなマーケティングも重要だ。市場に膨大な数の製品とノイズが存在するなか、顧客のスクリーニングシステムを潜り抜け、鮮烈な印象を残す方法を編み出す必要がある。とりわけ広告費では大企業に太刀打ちできない中小企業にとっては重要だ。この限られたリソースで巨大なインパクトを与える方法を私たちは「ゲリラマーケティング」と呼ぶ。

パタゴニアは莫大な広告予算を使う代わりに、本物の冒険の写真や魅力的な文章を使ったすばらしいカタログを作成してきた。長年多くのファンが発行を心待ちにするほど魅力的なカタログだった。雑誌で活躍する写真家は、被写体が撮影時に着る服への影響力が大きく、パタゴニアはこうした人々とも密接な関係を築いてきた。いくら広告費を積もうと、アウトドア専門誌「アウトサイド」の表紙に広告を載せることはできない。だがこれまでに数えきれないほどの冒険家が、パタゴニアのウエアを着て同誌の表紙を飾ってきた。パタゴニアの紙媒体への広告費は売上高のわずか0・3%ほどだ。

ユニバーシティゲームズCEOのボブ・ムーは、ラジオゲーム番組の司会を引き受けることで自社製品の知名度を高めている。この番組ではリスナーが電話をかけてきて、放送でゲームをする。番組を楽しんだ人はムーの名前を覚え、同社のゲームを買う。

あなたの会社がマーケティング予算に不自由しないとしても、大切なのは広告の量よりもクリエイティビティであることを頭に入れておこう。

「マッキントッシュ」が登場したときのことを思い出してみよう。1984年1月25日のスーパーボウルを観ていた人は、シュールで不気味なCMを覚えているはずだ。うつろな表情を浮かべた何百人もの群衆が「ビッグブラザー」の単調な演説を聞いている陰鬱な映像だ。この有名なCM「1984」は、テレビ画面から手を伸ばし、私たちの心をわしづかみした。陽気なフットボールファンは沈黙し、自宅の居間やバーで画面のなかの光景に目を奪われた。このCMは一度きりしか放映されなかったにもかかわらず、忘れがたい印象を残した。この日放映された他のCMを覚えている人などいるだろうか。

イノベーティブな製品＋クリエイティブなマーケティング＝魔法

ここで手を止めてはいけない。財務のような一見クリエイティブとは関係なさそうな分野でも、クリエイティビティを（あくまでも合法的に）発揮する機会はたくさんある。たとえばアイスクリーム会社のベン&ジェリーは大変な労力のかかる伝統的な新規株式公開の方法を採らず、人間味あふれる独自の方法を実践した。[65] コストの高いウォール街の証券会社を使わず、「ひとすくいのアクション」というスローガンの下で株式を公募したのだ（アイスクリーム容器のフタにこのスローガンとフリーダイヤルの電話番号を印字した）。一般市民（主に利用客）はそれに飛びついた。

日々の製造や現場作業でも同じようにイノベーションは重要だ。フェデラルエクスプレスが現場作業ですばらしいクリエイティビティを発揮した例を紹介しよう。[66] あるときメンフィスにある主要な仕分け拠点で、作業に遅れが出るようになった。さまざまな制御システムを使っても問題は解決しない。そんななかある社員が、パートタイム労働者が残業をするため（残業手当をもらうため）、わざとシステムのスピードを遅くしていることに気づいた。

あなたならどうするか。

すぐに浮かぶのは、システムの動くスピードに基準を設定したうえで、正確な測定と報酬システムを導入して基準を順守させるという方法だ。だがフェデラルエクスプレスはもっとシンプルでクリエイティブな方法を考えた。作業員に1日の最低賃金を保証し、早く仕事を済ませた人は早く帰ってよい、と宣言したのだ。45日も経たずに問題はすっかり解決した。

本章で述べてきたイノベーティブな企業でありつづけるための基本要素（アイデアへの受容力、自分自身の問題を解決する、実験と失敗、クリエイティブな人材、自律性、イノベーションを促す報酬）は、事業活動のあらゆる分野にあてはまる。これを活用しよう。全社員に教えよう。あらゆる分野でイノベーションを促そう。良いアイデアはいくらでもある。

クリエイティビティを刺激するためのマネジメントルール8カ条

ここまでイノベーティブでありつづける企業の特徴を述べてきた。ここからは一人ひとりのマネージャーが部下のクリエイティビティを刺激するためにできることを考えていきたい。

1　励ます。あら探しをしない。実現可能な優れたアイデアはいくらでもある、足りないのはアイデアを受け入れる力だ、ということを肝に銘じておこう。ラジオ、電話、フェデラルエクスプレス、パソコン、ナイキのシューズを「ばかげたアイデア」と否定した「ダメ出し屋」のようにふるまってはならない。

スリーエムの草創期にイノベーション能力を育んだ最大の立役者であるウィリアム・マックナイトは「励ませ。あら探しをするな」を信条としていた。[67] マックナイト自身がアイデアのある人に耳を傾ける模範を示した。若い発明家が「おかしなアイデア」を持ち込んでくると、しっかりと聞いたうえで「おもしろそうだな。やってみなさい。すぐにとりかかるんだ」と背中を押した。

アイデアを検証する前から、思いつく限りの欠点や問題点を指摘し、潰してはならない。世の中には批評家があふれている。真に偉大なものを決して生み出すことのない輩だ。そのひとりになってはならない。

2 決めつけない。 相手を一方的に批判する人は、クリエイティビティや主体性を潰してしまう。批判される不安、バカにされる不安、自分をバカだと感じる不安は、私たちが実験をしたり、主体的に行動したり、新しいことに挑戦したりすることの最大の妨げとなる。私たちはもともとクリエイティブではないのではなく、クリエイティブになるのを恐れている。それは笑われ、バカにされ、個人攻撃を受けたり、心理的虐待を受けたりすることへの不安だ。中学時代に数学教師からクラスメートの前で「悪い例」に使われて以来、ずっと心の奥底に抱えてきた不安だ。

ここでもキーワードは「リスペクト（敬意）」だ。社員の気持ちをリスペクトしよう。自分をバカだ、価値のない人間だなどと感じさせてはならない。誰かがうっかりミスを犯したら、個人を責めずに状況に対応しよう（第3章の対人スキルの項を参照）。

あなたがミスや失敗にどう対応するかが、社員のクリエイティビティに大きな影響を与える。常にこう自問しよう。「この失敗をしたのが自分なら、どう扱われたいか。どのように扱ってもらえれば、失敗から学び、また挑戦したいと思えるだろうか」

3 内気なタイプを後押しする。 アイデアの主《ぬし》が内気でアイデアを口に出せないために、良いアイデアが実を結ばないこともある。すばらしいアイデアは無口な人から出てくることもある。無口な人は観察眼が鋭く、思考力に優れている傾向がある。ネコのように周囲を観察し、注意を払い、好奇心が強い人が多い。ただ自分のアイデアを口に出すのが怖いのだ。

私たちの授業でも、物静かな学生からきわめて洞察力に富む意見が出てくることが多い。寡黙な学生が発言しても大丈夫そうだと思ったとき、すばらしいアイデアが出てくる。彼らが意を決して手を挙げ、少し震える声で語った意見に、誰もが衝撃を受けるというケースも珍しくない。周囲の学生は「すごい。いったいどこからこんな発想が出てくるのだろう」と舌を巻く。

このようなリソースを活かすため、内気な人が意見を言いやすい環境をつくるには、単に励ましの言葉だけでは足りない。意見箱を設置するといったシンプルな手段もあれば、誰でもアイデアを紙に書いて提出できる（匿名でも構わない）と明確に伝える方法もある。こうして良いアイデアが出てきたら、スタッフ会議の場などで全員と共有しよう。「意見箱に本当にすばらしい意見が入っていたので、みんなに知ってほしい」と。

4

好奇心を刺激する。飽くなき好奇心、さまざまなことを知りたい、検証したい、何かがうまく機能するか確かめたいという純粋な欲求がクリエイティビティを育む。とびきりクリエイティブな人はたくさん質問をする。「なぜ?」と聞きたがる純粋な子供の心を持ったまま大人になったようだ。質問することが認められる環境を生み出そう。あなた自身も質問をしよう。批判的な問いではなく（ダメ出し屋になってはいけない）、探求心を持ってオープンエンド（自由回答式）の質問をしよう。私たちのお気に入りの質問は「その経験から何を学んだのか」だ。

アップルやインテルのためにきわめてクリエイティブなマーケティング・キャンペーンを考案した広告会社レジス・マッケンナ社の創業者であるレジス・マッケンナは、クリエイティブな組織とは問いかける組織である、と考えている。[68]「社員にはどんな会議に出るときでも、少なくとも紙2枚分の質問を準備していけと話している。実際に質問を紙に書いていけ、と。たいてい1枚分も聞き終わらない。ひとつの質問から次々と新たな質問が生まれてくるからだ」

質問を受けたときに絶対に口にしてはいけないのは「つまらない質問だ」という言葉だ。質問をバカにした態度をとってはならない。オープンな気持ちで「それは良い質問だ」「聞いてくれてありがとう」「なるほど、おもしろい指摘だ。君はどう思う？」などと答えよう。どんな状況でも、質問をしたのが間違いだったと相手に思わせてはならない。

5　必要を生み出す。 私たちには一見どうにもならない状況を脱出する方法を見いだす驚くべき能力がある。「必要は発明の母」ということわざもある。言い古された表現ではあるが、真実だ。すばらしいアイデアのなかには、企業に本来やりたかったことをやるだけのリソースがなかったからこそ生まれたものが多い。

事例紹介　問題をイノベーションに変えたジロスポーツ・デザイン

1985年、ジロスポーツ・デザイン創業者のジム・ジェンテスには、自転車用ヘルメット業界に革命をもたらす製品を発明したという確信があった。圧倒的に軽かったが（わずか200グラムあまり）、それでもあらゆる安全基準を満たしていた。発泡ポリスチレンフォームでできたヘルメットには、硬質プラスチック製のシェル（外殻）が付いていなかった。

ジェンテスはある問題を抱えていた。装飾的なシェルがないと、見栄えがとても悪いのだ。まるで発泡スチロールでできたビールクーラーをかぶってサイクリングしているように見える。だが標準的な硬質プラスチック製のシェルをつけると、軽量というメリットが薄れてしまう。そこでジェンテスは一計を案じた。極端に薄い超軽量プラスチックのカバーを付けるのだ。

すばらしいソリューションに思えるが、必ずしもそうではなかった。まだひとつ、問題が残っていたからだ。この薄い軽量シェルを造るための装置の価格は10万ドル近く、まだちっぽけな会社だったジロにはおよそ手の届かない金額だった。結局ジェンテスはヘルメットにぴったりフィットするる、色鮮やかなライクラ［訳注　ポリウレタン弾性繊維］の生地でつくったキャップをかぶせるという解決策を見いだした。キャップは取り外して洗うことができ、他の色柄のものと交換することもできた。ファッションにこだわるライダーは、ライクラ生地をかぶせたヘルメットとウエアをコーディネートできた。チームのエンブレムやスポンサーの名前を入れたカスタムメイドのキャップをつくることもできた。

ヘルメットは大成功を収め、ジェンテスの予想どおりヘルメット業界に革命をもたらした。その最大の要因となったのがライクラのヘルメットカバーだ。ジェンテスはこう語る。

ライクラでヘルメットをカバーするというのはすばらしいアイデアだった。製品の完成度を高めるのに大いに役立ったし、世間の注目も集めた。皮肉な話だが、僕らに軽量プラスチックカバーをつくる装置を買うお金があったら、ライクラカバーというソリューションは生まれていなかった。

（余談だが、ライクラのヘルメットが大成功を収めたことでジロスポーツには薄いシェルを開発する資金が入り、3年後に製品化された）。

ジロスポーツの経験は、さまざまなかたちで再現できる。たとえばあるプロジェクトで意識的にリソースを絞ってみるのはどうか。私たちはたとえ資金が潤沢にあるときでも、企業はリーンな経営を目指すべきだと考えている。シリコンバレーではベンチャーキャピタルから資金を集めすぎた会社は、偉大になるために必要なイノベーティブな精神を失う傾向があることに気づいたからだ。たとえばギャビラン・コンピューターズはベンチャーキャピタルから数千万ドルの資金を集めたが、勝ち筋を見つける前に破綻した。

とてつもなく高い、ほとんど実現不可能に思える目標を設定するのも、必要を生み出すひとつの方法だ。モトローラが小さな危なっかしい会社だったころ、創業者のポール・ガルヴィンはとんでもない目標を設定することで、社員を創意工夫せざるを得ない状況に追い込んだ。[69] ある製品のコストを30ドル下げろ、と命じたこともある。部下は不可能だと反論したが、ガルヴィンは方法は絶対に見つかるはずだ、見つけなければならないと譲らなかった。10日後、息子のボブ（このプロジェクトの担当者だった）がきまり悪そうに、30ドルのコスト削減に成功したと報告に来た。

6 喧騒から距離を置く時間を与える。とびきりクリエイティブな人のなかには、最高のアイデアを出すのにひとりになることが必要な人もいる。周囲と距離を置き、静かにものを考える時間だ。ナイキ創業者のフィル・ナイトは、最高のアイデアはオフィスを離れたときに生まれると考えている。ビーチにいるとき、あるいはランニングをしているときだ。ナイキの広大なキャンパス（本社）にランニング用トレイルやテニスコート、バスケットボール・コート、ウエイトトレーニング・ルームやエアロビクススタジオがあるのはこのためだ。ハーマンミラーはデザイナーがクリエイティブに仕事をする場所を自分で選ばせている。[70]自宅やオフィス以外の場所で仕事時間の大部分を過ごす人もいる。

社員には「在宅勤務」を認めよう。オフィスでは自席を離れて静かな部屋に移動し、しばらく誰にも邪魔されずに集中できるような環境を整えよう。オフィスに「静寂室」を2部屋設けたローゼンバーグ・キャピタル・マネジメント創業者のクロード・ローゼンバーグの例も参考になる。[71]「社員には静寂室の活用を進めている。人がもっともクリエイティブになれるのは、自席に座ってふつうに仕事をしているときではないと考えているからだ」。ローゼンバーグにはもうひとつ、同じ発想にもとづく方針がある。「休暇を義務づける」だ。「休暇中は仕事と完全に離れるべきだ。パートナーが休暇先からオフィスに電話をしてくると本当に腹が立つ。頭をリセットすれば、これまでよりはるかにクリエイティブになれるのに」

パタゴニアのパターン作成グループ（デザイン部門の一部）は、スペースの入り口にこう表示している。

午前8時～12時まで静寂タイムです。
ご協力お願いします。

7 グループによる問題解決を促す。パタゴニアが実践しているのは「静寂タイム」だけではない。社員がアイデアを生み出したり、モノを考えたりするために静寂と孤独を与えるだけでなく、複数の頭脳のぶつかり合いを通してクリエイティビティを生み出すことも重要だ。ブレーンストーミングのようなグループ活動からは、すばらしいアイデアが生まれる。

パタゴニアではデスクを広大なオープンスペースに集めている（通称「バングラデスク」）。社員は（自然発生的あるいは計画的に）協力しながら、新しいアイデアや問題の解決策を生み出すことを期待されている。

私たちもビジネスと学術研究の両方において、喧騒から距離を置く時間と、グループでアイデアを議論する時間の両方を組み合わせたとき、もっともクリエイティブな答えが見つかると実感している。クリエイティブなアイデアを生み出す能力においては「1＋1」は2よりはるかに大きくなる。

ただひとつ注意点がある。**グループにダメ出し屋がいてはならない。**集団がクリエイティブに議論できるのは、アイデアのあら探しをして潰してしまう人間がひとりもいないときだけだ。ひとりでもアイデアをすぐに批判する人がいると、グループはクリエイティビティをまったく発揮できなくなる。あら探しをする者は排除しよう。

8

「楽しむこと」を義務づける。ダンスク・インターナショナル・デザインズ創業者のテッド・ニーレンベルクはこう語る。「一番大切なのは楽しむことだ。あなたが自分の仕事を楽しんでいないのなら、さっさと中断して他のことに挑戦したほうがいい[72]」

楽しむことを真剣に考えるべきだ。楽しむことはクリエイティビティにつながる。社員に「楽しんでいるか」と尋ねよう。同じことを自分自身にも尋ねよう。楽しさを仕事の絶対条件にしよう。楽しくなければクリエイティビティは生まれてこない。とびきりクリエイティブな人は小さな子供のようだと感じたことはないだろうか。遊ぶことが大好きで、彼らにとっては仕事そのものが遊びなのだ。

きつい仕事などしなくてよい、と言っているわけではない。クリエイティビティはきつい仕事だ。ただきついだけでなく、楽しくなければいけない。

クリエイティブ・プロセスを信じる

ここまで企業のイノベーションを全体的にみてきたが、もうひとつ、重要な要素がある。クリエイティブ・プロセスを信じることだ。

クリエイティブ・プロセスがどのように結果に結びつくのか、詳しいメカニズムは誰にもわからない。たいていは不確実性のともなう苦しいプロセスだ。クリエイティブなひらめきは、長期間にわたる努力、焦燥、培養を経て突然やってくる。「明日午前10時にすばらしいアイデアを思いつくぞ」と宣言するわけにはいかない。宣言したところで、おそらく実現しないだろう。そういうものではないからだ。クリエイティブなひらめきという稲妻は、シャワーを浴びているとき、高速を運転中、庭仕事、ジムでのトレーニング、ハイキングの最中、ゴルフクラブを振っているとき、読書中、朝目覚めたときなど、ありとあらゆる状況で突然ピカリと光る。

クリエイティビティの非常に興味深い特徴は、（本章で述べてきたような）それが生まれやすい状況を整えると、**確実に**生まれることだ。どんなふうに、いつ、どんなかたちで生まれるかはわからない。だが**必ず**生まれる。

イノベーティブな企業でありつづけるためには、思い切って信じることが必要だ。クリエイティブになる能力は万人に備わっている、良いアイデアはいくらでもある、ニーズはどこからともなく湧いてくる、そして実験することや社員に行動の自由を与えることの大切さを信じるのだ。人は生まれながらの発明家、発見者、探求者だ。私たちには何かを生み出したいという強い欲求と、それを実現するだけの能力が備わっている。

新しいものを生み出すのはワクワクする。新たな「エウレカ!」を経験するたびに、気分が高揚する。新たな製品あるいは何かをするためのより良い方法を見つけるたびに、私たちはコロンブスが新大陸を発見したときに、あるいはガリレオが望遠鏡を発明したときに感じた気持ちの片鱗を感じる。

イノベーションは企業の健全性と繁栄につながるだけでなく、何かを生み出したいという人間の基本的欲求を満たし、さらに人類を前進させる力となる。これほどすばらしいものがあるだろうか。

本書の新しい視点

本当の課題はクリエイティビティではない

あなたが5、6歳だったころのことを思い出してみよう。絵を描いたり、遊びを考えたり、裏庭で何かつくったり、あるいは「ごっこ遊び」など、クリエイティブなことをしていたのではないか。そう問いかけると、たいていの人は手を挙げる。子供のころ、私たちは自然とクリエイティブな遊びをする。それが人間にとって自然なことだからだ。「クリエイティブであれ」と言うのは「呼吸しろ」と言うのと同じだ。人はみなクリエイティブだ。

では2つめの質問をしよう。あなたが5、6歳だったころ、常に自己規律を働かせることができただろうか。この質問に対して手を挙げる人はごくわずかだ。クリエイティビティは自然で、潤沢で、人間にとって宿命的ともいえ、無限に湧いてくるものだが、規律は違う。本当に難しいのは、どうすればクリエイティブになれるかではない。生まれ持ったクリエイティビティを存分に発揮しつつ、どうすれば自己規律を働かせられるかだ。

しかもイノベーションだけで完全な比較優位性を確立できるわけではない。G・J・テリスとP・N・ゴールダーが『意志とビジョン』(東洋経済新報社)に書いているように、新しい事業分野に最初に登場したイノベーターが大きな勝利を手にすることはほとんどない(全体の10%にも満たない)[73]。私たちが実施した厳格な一対比較法(マッチトペア法)でも、最高のパフォーマンスを持続する能力と、市場の先駆者であることに体系的な相関は見られなかった。

私は偉大な企業の研究を続けるほど、その最大の強みは確固たるイノベーション能力ではなく、イノベーションを「スケール(規模拡大)」する能力だと確信するようになった。市場に一番乗りすると、確かに当初は優位に立てる。だが繰り返しイノベーションを生み出し、それを大規模に遂行する優れた経営を確立するほうがはるかに重要であり、持続的優位性につながる。

多くの起業家がクリエイティブな成果を出すことに力を入れるのは、それが深い満足感を伴うからだ。作家がものを書き、画家が絵を描き、作曲家が曲をつくり、彫刻家がノミをふるうのと同じことだ。だがあなたのベンチャーを永続する偉大な企業に育てるには、楽しいクリエイティブな作業だけでなく、規律ある組織をつくることにも同じように精力を傾ける必要がある。イノベーションを何度も生み出し、スケールし、常に戦術的卓越性を発揮しながら市場に送り込むのだ。長い目で見れば、ベスト（最高）はファースト（一番乗り）に勝る。

第9章

卓越した戦術の遂行

TACTICAL EXCELLENCE

神は細部に宿る。

——ルートヴィヒ・ミース・ファン・デル・ローエ[1]

偉大な企業を築くのは、エル・キャピタンの絶壁に新たな登頂ルートを開拓するようなものだ。本書でここまで議論してきたすべての要素が求められる。明確な目標（共通のビジョン）、チームを動かす能力（リーダーシップ・スタイル）、攻略計画（戦略）、登頂の過程で遭遇するさまざまな困難を乗り越えるためのクリエイティブなソリューション（イノベーション）だ。ただもうひとつ、決定的に重要な要素がある。物理的にクライミングをやってのけることだ。細部（結び目を正しく結ぶことなど）を正しく遂行する、あるいは手足に全神経を集中することを怠れば、命を落とすかもしれない。企業経営についても同じことが言える。

別の比喩も考えてみよう。偉大な企業を築くのは、偉大な小説を書く作業に似ている。全体的なコンセプト（ビジョン）、筋立て（戦略）、そして話を進めていくためのクリエイティブな仕掛けが必要だ。それに加えて一つひとつの文を磨く作業、一字一句、1行、1ページを積み重ねながら本を仕上げていく作業が必要だ。ヘミングウェイは『武器よさらば』の最終ページを39回書き直した理由を問われ、こう答えた。「完璧にするためさ[2]」。

ビジョンと戦略の遂行という側面に意識を向けること、「結び目を正しく結ぶ」「完璧にする」という姿勢は、偉大な企業を目指すうえで欠かせないものだ。すばらしく魅力的なリーダー、高邁なビジョン、非の打ちどころのない戦略、最高のアイデアが1000個そろっていても、きちんと遂行できなければ偉大な企業にはなれない。オリンピックで複数の金メダルを獲得した飛び込み選手、グレゴリー・ローガニスの常に変わらない美しいダイブを思い浮かべてほしい。あれこそ私たちが目指すべき姿だ。あるいは最終ページを39回書き直したヘミングウェイを思い浮かべてもいい。

卓越した企業の多くにおいて最大の成功要因は、卓越した戦術の遂行能力にあった。インク誌の調査「インク500」（もっとも成長力の高い非公開企業の調査）によると、対象企業のCEOの88％が成功の最大の要因としてアイデアの「遂行能力」を挙げていた。[3] アイデアそのものを成功要因と考えていたCEOは全体の12％に過ぎなかった。

ジロスポーツ・デザイン創業者のジム・ジェンテスは、ビジョンとクリエイティビティは重要だが、それと同じぐらい「ヘルメットをきちんと仕上げること」に強い思い入れがある、とよく語っていた。「私はそんな特別な人間じゃない。アイデアを思いついて、ただそれを徹底的に実行しただけなんだ」

ジェンテスが社長兼COO（最高執行責任者）として採用したビル・ハンネマンは、まだたったひとつの製品だけの、なんの実績もないちっぽけな会社だったジロスポーツに入社するリスクをとったのは、この卓越した戦術の遂行への強いこだわりを目の当たりにしたからだと説明する。

> ジロのような製品は市場にはなかった。だが「一番乗りになることに何の意味があるのか」という疑問は常に持つべきだ。戦術の遂行にコミットしなければ、先行者利益はあっという間に消失してしまう。私がジムに魅力を感じたのは、まさにこのためだ。自分のアイデアを遂行するうえで絶対に手抜きをしなかった。

パソコンメーカーのトップスリーの一角を占める、コンパックコンピュータについて考えてみよう（他の2社はＩＢＭとアップルだ）。注目すべきはコンパックが「クローン（互換機）」メーカーだということだ（ＩＢＭのアーキテクチャをコピーしている）。コンパックが成功しているのは、ＩＢＭ互換戦略を本家以上にしっかりと遂行しているからだ（ちなみにコンパックはＩＢＭより販売価格を低くしていない。同等製品をはるかに魅力的につくっているのだ）。１９９０年のコンパックの社員ひとり人あたり税引き前利益がコンピュータ業界でもっとも高かったというのは興味深い。アップルの５万３６０８ドル、ＩＢＭの2万６９５５ドルに対し、コンパックは6万２５７９ドルだった。[4]

ウォルマートも同様だ。サム・ウォルトンはディスカウント小売業を発明したわけではない。ウォルマートが参入した１９６０年代初頭には、同じ業態に挑戦していた企業がたくさんあった。ヴァンス・トリンブルはウォルマートの歴史分析にこう書いている。

重要だったのは、サムがこのアイデアを非常に巧みに遂行したことだ。（中略）同業他社もサムと同じことをしようとしていたが、サムのほうが一枚上手だった。[5]

逆の事例もある。かつて西海岸にすばらしいコンセプトのレストランチェーンがあった。「体にやさしいメキシカン・ファストフード」を標榜し、低脂肪で体に良い原材料を使っていた。私はこのレストランに夢中になった（メキシコ料理が好きだが、あまり脂肪分は採りたくないし、しかもいつも時間に追われていたからだ）。だが残念ながら、もうその店は使わない。

理由はちょっとしたことだ。レジ係が自動注文システムを使いこなせず、レジには長い行列ができていた。注文どおりの品物が受け取れる確率は50％ほど。料理は熱々でスパイシーなときもあれば、冷えていて味が薄いときもあった。閉店時間間際に店内で食べていると、他のテーブルの上に椅子を乗せはじめ、「もっと早く食べろ」と言わんばかりにじろじろ見られた。この原稿を書いている時点で、近所にあった2店のうち1店は閉店し、もう1店は開店当初と比べてお客が大幅に減っている。

要するに、

すばらしいコンセプト＋質の低い戦術の遂行＝死

確かに、少し厳しすぎるかもしれない。だが死には至らなくても、せいぜい凡庸な企業にしかなれないだろう。

締め切りを設定し、枠組みの下で自由を認める

私は工務店に仕事を頼んだことがある。すばらしい仕事ぶりで評判の会社だった。だが途中で問題が発生した。夏のあいだ、工事の進捗がひどく遅くなったのだ。（冬になれば必然的に仕事に遅れが出るので）夏場はもっと大幅に早く仕事が進んでいるはずだった。

そこで私は棟梁《とうりょう》に話しかけた。「締め切りを設定しよう。これから1週間よく考えて、金曜日までに確約できる締め切りを考えてほしい。それから話をしよう」

棟梁は金曜日に私のところへやってきて「10月31日はどうだろう」と提案した。

「そんな締め切りは受け入れられないな」と私は答えた。

「でもこれはとても厳しい締め切りだ。われわれが全力でやらないと10月31日には間に合わない」

「いや、そういう意味じゃない。締め切りが厳しすぎると言っているんだ。10月31日に完成する見込みが薄いことは、お互いわかっている。つまりこの締め切り自体に意味がないんだ」

私は相手が納得するよう、ひと呼吸置いた。

「もう一度持ち帰って、100%確実に守れる締め切りを考えてくれないか。天候がどれほど荒れようと、どんな想定外の問題が発生しようと、時間どおりに完璧な仕事を仕上げられるというタイミングだ」

すると棟梁は「わかった。では来年3月31日はどうだ」と提案した。

「3月31日の何時だい」と私は尋ねた。

「正確な時間まで決めたいのか」

「そうだ。そうしないと100%確実に目標を達成したのか、判断できないだろう」

「わかった。では3月31日午後5時はどうだ」

「そのほうがずっといいな」。3月31日でも難しい（それでも実現不可能ではない）と思いながら、私は答えた。「ではこの締め切りなら100%、確約できるね」

「大丈夫だ」と棟梁は答えた。

こうして工事は進展しはじめた。だが気温21度ほどのうららかな9月のある日、午後3時になってもほとんど仕事が捗《はかど》っていないことに気づいた。

そこで私はぶらぶら外へ出ていき、棟梁に話しかけた。「締め切りは守れそうかい？　ほら、もうすぐ気候も悪くなるだろう」

「あなたの締め切りを守れるペースでやっているよ」と棟梁。

「いやいや、私の締め切りじゃない」と言って、私はひと呼吸置いた。「あなたの締め切りだ」

そこから作業のペースは上がった。そして予想どおりと言うべきか、3月31日午後4時45分、締め切りのわずか15分前に工事は完了した。

締め切りは仕事の進捗を後押しする。だがそれも「コミットメント（確約）」がある場合だけだ。締め切りを守るとは、押しも押されもせぬ第一級の仕事を期限までに仕上げることだ。時間通りに、苦情もなく、完璧に終わらせることだ。誰もが守れないと思うような締め切りを設定するのは、設定しないのと同じである。

規律の文化においては、締め切りを守れない理由として認められるものは2つしかない。ひとつは締め切りを約束した相手が、あなたが求めていないのに締め切りを変えた場合（一方的かつ明確な責任免除）。もうひとつはあなたや家族にどうにもならない不慮の出来事（病気、事故、悲惨な事態）が起こり、締め切りを守ることが非人道的になった場合だ。

締め切りを設定するのには、いくつかコツがある。相手に有無を言わせず締め切りを設定しようとするリーダーがいる一方、相手に締め切りを提案させるリーダーもいる。私は状況に応じて両方を使い分けるが、基本的にはまず相手に締め切りを提案してもらい、話し合いを通じて絶対に守らなければならない現実的な期日を設定する（工務店と締め切りを設定したときもこの方法）。ただどのような方法を採るにせよ、重要なのは締め切りについて一切曖昧さを残さないこと、担当者が締め切りを守ると確約すること、そして締め切りを守らないという選択肢はないという組織文化を醸成することだ。それは社員に、守れない締め切りは「断る」という規律を持たせることを意味する。締め切りから遅れることが日常茶飯事になれば、締め切りは有害無益になる。しかし締め切りを真剣な約束ととらえる正しい人材がそろっていれば、思い切って仕事を委ねられる。

理想的な規律の文化とは、価値観と責任の「枠組みの下での自由」を認めることだ。そのためには規律を押しつけるのではなく、自ら約束したことを守る、自己規律のある社員を探すことだ。無批判にルールに従い、ヒエラルキーに屈することを期待するのではなく、自分がベストの仕事をするために高い自由度を求める正しい人材を確保することだ。

偉大な企業を動かす要因についての研究から得られた重要な教訓を、ぜひ心に留めてほしい。すべての企業に文化はあるが、規律の文化を持ち合わせていたところはわずかで、起業家精神を維持しつつ規律の文化を構築できた企業はなお少なかった。規律の文化と起業家精神という2つの相互補完的要因がそろうと、最高のパフォーマンスと持続的成功を実現する魔法が動き出す。これは多くのベンチャー企業が成長するなかで、なかなか獲得できない「ANDの才能」だ。締め切りはこのANDの才能を実現するための強力な仕組みだ。真に偉大な企業の顕著な特徴である、自由とルール、クリエイティビティと規律という稀有な組み合わせを育む手段となる。ANDの才能を実現するために締め切りを活用するか、あるいはまったく使わないか、2つにひとつだ。

ビジョンと戦略から戦術へ

ビジョンと戦略を策定したら、次はそれを着実な戦術の遂行に落とし込んでいく必要がある。第一歩は、社内のすべてのキーパーソンが、ビジョン、戦略、今年の戦略的優先事項の書かれた紙を常に目に入る場所に置くことだ。さらにスタッフ会議には全員必ず持参し、頻繁に言及する。ジロスポーツのビル・ハンネマンは、戦略的優先事項の書かれた紙を常に携行している。スタッフ会議で戦略的優先事項に触れないことはまずない。「優先事項について具体的な取り組みが常に進んでいる状態にあるか、絶えず確認している」と言う。

マイルストーン管理

何より重要なのは、一つひとつの戦略的優先事項を「ひと口サイズ」に、つまりマイルストーン（中間目標、重要な節目）に分割することだ。エル・キャピタンの絶壁を登るたとえに戻ろう。1000メートル近い岩壁全体を一度に考える必要はない。なんとか登れそうな30メートルずつのセクション（「ピッチ」と言う）に分けて考える。一度に1ピッチに集中することで、1000メートル

図9-1

ビジョン

↓

戦略

↓

その年の戦略的優先事項

↓

具体的マイルストーン
具体的期日
具体的担当者

の花崗岩《かこうがん》を登りきることができる。

一つひとつのマイルストーンについて、その達成に責任を持つ担当者と、(ここがきわめて重要なのだが)**具体的な期日を設定すべきだ。**ただ期日もマイルストーンも一方的に押しつけるべきではない。誰でも目標や期限を自分で設定したほうが、強い責任感を持つものだ。私たちがお勧めするのは、個々の社員とその管理職が話し合いを通じてマイルストーンを設定し、可能なら社員自身に完了期日を選ばせる仕組みだ(もちろん管理職にとっても受け入れられる期日であることが前提だが)。それから(管理職ではなく)社員が合意したマイルストーンと期日を文書にして署名する。この「署名する」プロセスには通常、強い心理的コミットメントを生み出す効果がある。

幅広いビジョンや戦略を具体的マイルストーンに落とし込み、担当者が具体的期限にコミットすることは、業務を遂行するうえできわめて重要だ。

もちろんただ遂行するだけでは不十分だ。高いレベルで遂行しなければならない。しかも偉大な企業になるためには、常に高いレベルを維持し、絶えず改善していく必要がある。そのためには適切な環境を整える必要がある。

本書の新しい視点

ＳＭａＣマインドセット

「ＳＭａＣ《スマック》」は「Specific, Methodical, and Consistent」（細部にこだわり、着実で一貫性がある）の頭文字を取った言葉で、一貫してハイレベルで戦術を遂行する要諦だ。

「メリッサはとてもＳＭａｃだ」といった具合に、規律ある人を表現するのに使える。

「このプロジェクトはＳＭａＣしよう」などと動詞としても使える。

「ＳＭａＣなシステムを構築しよう」と形容詞にもなる。

「ＳＭａＣが命を救う」と名詞としても使える（私たちはボールダーの本社の壁にこのフレーズを書いた。誰もが日常的に目にして「ＳＭａＣであろう」と思えるように）。

だがＳＭａＣは単なる魅力的で便利な言葉ではない。「マインドセット」を表す言葉だ。モノの考え方、ふるまい方である。常に気を引き締め、混乱した状況でも業務を遂行し、集中すべき事柄に集中し、こだわるべきところをきちんとやる方法だ。

私と妻のジョアンナは、クリーブランド・クリニックで心臓の開胸手術を見学する機会に恵まれたが、そこで目の当たりにしたのもまさにSMaCだった。バックアップシステムにチェックリスト、コミュニケーションの手順。手術助手は手術道具を一つずつ数えていた。SMaCが命を救うのだ。

ロッククライミングでは障害が残るような大事故や死亡事故、ニアミスの多くは、SMaCの欠如によって起こる。私は19歳のとき、SMaCが足らず、ヨセミテでエル・キャピタンの下降中に危うく命を落としかけた。SMaCミス①パートナーと私は、イーストレッジス下降ルートで、懸垂下降（摩擦装置を使い、ロープをつたって高所から下降する）をすべき場所をきちんと調べていなかった。このため間違った場所から懸垂下降を開始してしまった。SMaCミス②ヘッドライトを持参していなかったため、暗闇のなかで下降を始めた。SMaC③ロープがアンカーに届かなかった場合に滑落するのを防ぐためのフェイルセーフ措置として、ロープの端に結び目をつくらなかった。SMaCミス④岩壁のブランクセクション（何も手がかりがない箇所）で動けなくなったときに再びロープを登るための機械装置を持っていなかった。私は暗闇のなかでロープをつたって懸垂下降を始めたが、ロープの端まであと6メートルというところで、ぞっとする事実に気づいた。アンカーがひとつもないのだ。私がいたのはブランクセクションだった。ロープの端まで下降していったら、何十メートルも落下して死んでしまうだろう。幸い、登る力は残っていたので、岩棚に向けて腕の力だけを頼りに少しずつロープをよじ登った。その間ずっと、ロープから手を離したら最後、地面に叩きつけられるのだという恐怖が頭を離れなかった。夜が明けて正しい下降ルートを確認できるようになるまで、その晩はパートナーとともに岩棚の上で震えていた。あのとき私が死んでいたら、不慮の事故ではなく、私自身のSMaCの欠如が呼び込んだ事故だった。

真のSMaCは4つの基本的な構成要素で成り立っている。

1 揺るぎない一貫性を生み出す、具体的で再現可能なプロセスとメカニズム
2 悲惨な失敗を防ぐ、確認と照合の仕組み
3 ありとあらゆる不測の事態を想定して備える、綿密な思考
4 SMaCプロセスの「理由」の理解にもとづく継続的進化

「理由」を理解することで「行動」を改善・改革するという最後の要素は、高度なSMaCマインドセットと、単なる手順やお役所的ルールとの明確な違いだ。古参メンバーが新入社員に「私たちはこういう理由でこのやり方を実践している」と言わずに、「これが私たちのやり方だから従え」と言うようになったら、規律の文化から官僚主義への劣化が始まったサインだ。誰も何も考えずに手順を順守し、真のSMaCマインドセットが失われていったら、初めからSMaCを持ち合わせていなかった組織と同じように確実に衰退する。

私はアメリカ軍で研究と教育に従事するなかで「AAR（After-Action Review、事後の振り返り）」の重要性を痛感した。任務が完了するたびに、起きたことを議論し、振り返り、学習する時間を設けるのだ。うまくいったことは何か。今後の任務に応用できそうな学びは何か。うまくいかなかっ

たことは何か。どのような備えが足りなかったのか。このようにAARで学習したことを、すぐ次の任務に盛り込む。AARを組織的に行うと、社員教育の一部、そしてSMaCの最適な実践法を模索し、改善しつづけるプロセスの一部となる。

私が主催する「グッド・トゥ・グレート・プロジェクト」では、AARモデルを取り入れている。担当チームでAARを行い、そこでの学びを確認し、自分たちのSMaCの実践法に必要な修正を施すまで、顧客とのプロジェクトは完了したことにならない。規律あるAARに1時間使うと、将来的に10時間分の節約になる。さらに組織が一貫してハイレベルで戦術を遂行するのに直接的効果がある。私たちは時間をかけて、AARで検討すべき問いを次の3つに集約してきた。

質問1 うまくいったことから、どのような再現性のある新しい学びを得たか。

質問2 うまくいかなかったことから、どのような再現性のある新しい学びを得たか。

質問3 質問1、2をもとに、組織としてより高いレベルの戦術的卓越性を一貫して発揮するために、SMaC実践法にどのような修正を加えるべきか。

これは循環型のループだ。AARで学んだことを組織の教育と将来への備えに反映させる。そして新しい行動パターンを実行する。その際は規律あるSMaCマインドセットを保つ。再び学習と改善のためにAARを行う。こうしてループが一巡する。規律の文化を支える習慣として、これをひたすら繰り返そう。

社員が一貫してハイレベルで戦術を遂行する環境を生み出す

「品質や生産性が低い原因の大部分は（経営陣がつくった）システムにあり、労働者の権限の及ばないところにある」

——W・エドワーズ・デミング[6]

ウォール・ストリート・ジャーナル紙に『エルエルビーンが私のソールを修理し、ソウル（心）を温めてくれた話』と題したすばらしい記事が載った。[7] 筆者はA・リチャード・バーバー。エルエルビーンにもう販売していないサイズの30年物の「超軽量ラウンジャーブーツ」を持ち込んだところ、標準的な修理プロセスがないにもかかわらず、社員たちが八面六臂の活躍でソール（靴底）を直してくれたというのだ。

一人ひとりの社員が、バーバーが困った状況に陥った責任は自分にあるととらえ、ファーストネーム（マギー、アン、スティーブ）を名乗り、自ら問題を解決する責任を引き受けた、とバーバーは書いている。「私の名前はスティーブ・グラハムで、内線は４４４５です。お客様には私が責任をもってご対応します」。スティーブの口調は「温かみがあり、きびきびしていて、面倒だと思っている様子はみじんもなく」、予想外に対応が遅れたことについて心から申し訳ないと感じているようだったという。「（私のブーツについて）これほど多くの人が心を砕いてくれることにほっとした」とバーバーは振り返っている。記事はこう締めくくられている。

30年先もマギーやスティーブやアンに相談できたらと思う。おかげで心が晴れ晴れとした。幸せな出会いの記念日に、去年3人が私に与えてくれたような幸せが、彼らにも訪れることを祈る。

バーバーの記事を読むと、こんな疑問が湧いてくる。エルエルビーンで働く人々は、他の会社で働く人々と違っているのか。本社の地に特別な何かがあるのだろうか、と。

おそらくそんなことはないだろう。エルエルビーンだけが献身的で誠実な人材を獲得する特別なルートを持っているわけではない。少なくとも、みなさんの会社と比べて特別恵まれているわけではない。そうではなく、全社員がきちんと任務を遂行できるような環境を生み出しただけだ。

これは卓越した戦術の遂行の根幹にかかわる重要な思想とかかわっている。「社員がきちんと任務を遂行できていないとしたら、それは彼らの落ち度ではない」

経営者であるあなたの落ち度だ。

偉大な企業のリーダーは、ふつうの人には並外れた成果をあげる能力があると信じている。怠惰で人間味のない人は少なく、たいていの人は正しい環境を与えられれば傑出した成果を出すことを知っている。成果があがらない原因は、採用の失敗、教育訓練の失敗、明確な期待事項の欠如、質の低いリーダーシップ、評価の失敗、仕事の与え方の失敗など会社の落ち度であり、社員の落ち度ではない。

社員が任務をきちんと遂行するための基本的条件は5つある。

1　やるべきことが明確である　「きちんとやる」とはどういうことか、すなわち目標、評価基準、期待事項が明確にわからなければ、任務をきちんと遂行できるわけがない。

2　仕事に適したスキルがある　仕事に適したスキルは、才能、性格、適切な教育研修によって育まれる。

3　自由とサポートを与えられる　常に監視されていたら、誰だって優れた成果は出せない。子供扱いされたら、それに見合うようにパフォーマンスも低くなる。また社員がきちんと任務を遂行するには、ツールやサポートも必要だ。わかりやすい例を挙げれば、信頼性のあるトラックがなければ、フェデラルエクスプレスの社員が時間どおりに荷物を配送するのはかなり難しくなるだろう。

4　努力を認められる　誰だって自分の努力を評価してもらいたいと思っている。ここでは意識して「報いる／報酬を与える」ではなく「認められる」という言葉を使っている。それは最高の成果を出す人は、お金と同等かそれ以上に敬意や評価を求める傾向があるからだ。

5　自分の仕事の重要性を理解する

この最後の条件はとても大切なので、詳しく説明しよう。

あるとき私たちはサンフランシスコ空港で飛行機の出発を待つ間、靴を磨いてもらうことにした。職人は完璧に仕上げようと、細心の注意を払ってあらゆる角度から靴をチェックしていた。

「お急ぎですか」とその職人は尋ねた。「あと数分いただけるなら、この傷を見えなくして、追加のコーティングも塗りたいのですが」と。時間はたっぷりあったので、任せることにした。

職人は手を動かしながら、仕事に対する思いを語った。「私にはお客様の靴を完璧に仕上げる責任があるのです。お客様はみな大切な会議に出席する。そのとき靴がお粗末だったら話にならない。お客様には完璧な靴を履いて会議に出ていただきたい。靴が汚れているといった些細なことで、人の印象が大きく左右されることもあるのですから」

ここに卓越した戦術の遂行の本質が表れている。**人は仕事の重要性を理解すると、仕事に真剣に向き合うようになる。**

それを雄弁に物語るエピソードがある。第二次世界大戦中に、ある航空機部品メーカーで起きた出来事だ。[8] ピーター・ドラッカーによると（この事例はドラッカーの著作から引用している）、この会社は社員の常習的欠勤、ストライキ、業務のサボタージュ、ずさんな作業といったさまざまな労働問題を抱えていた。

そこで会社は何をしたか。社員の尻を叩いたのか。問題社員を解雇したのか。賃金を上げたのか。答えはノーである。そうした対応では基本的な問題は解決しなかったはずだ。

問題は、会社が社員に仕事の重要性を教えていなかったことだ。社員は完成した爆撃機を見たこともなく、ましてや自分たちのつくった部品が爆撃機のどこに使われているかなどわかっていなかった。爆撃機の性能にとって部品がどれだけ重要なのか、そして戦争で爆撃機がどれほど重要な存在なのかも知らされていなかった。そこで会社は工場に、完成した爆撃機を持ち込んだ。乗務員も一緒にだ。乗務員は爆撃機が戦争遂行にどれほど重要であるか、そして部品がどれほど重要なものかを語った。「士気や風紀の乱れは一掃された」とドラッカーは書いている。

興味深いのは、工場に乗組員も連れて行ったという点だ。この結果、工場の人々は単に爆撃機の部品に責任を負うだけでなく、ジョージ、ジョン、サムといった生身の人間に対して責任を負うようになった。爆撃機がきちんと動くかに、彼らの命が懸かっていた。空港の靴磨き職人についても、同じことが言える。一人ひとりのお客に対して自分は責任を負うという意識を持っていた。

他の人が自分を頼りにしていることを知ると、人は自分の仕事の重要性を理解し、まっとうな仕事をしようと真剣に考えるようになる。

アメリカの元保健教育福祉長官で、その後社会団体コモンコーズを創設したジョン・ガードナーは、興味深い調査について語ってくれた。調査では「人を英雄的行為に駆り立てる動機は何か」を調べた。そこで圧倒的に多かった答えは栄誉、国家、愛国心などではなかった。仲間が自分を頼りにしており、がっかりさせるわけにはいかない、という思いだ。

社員がお互いを頼りにする空気、誰もが「この仲間たちをがっかりさせるわけにはいかない」と思うような環境を生み出せれば、とてつもないパフォーマンスが期待できる。

フェデラルエクスプレスが急成長を遂げ、同時に「絶対確実に翌日配送する」という約束をこれほど見事に遂行できるのはなぜか、考えてみたことがあるだろうか。創業者たちは、社員がお互いを頼りにする組織をつくることで、それを成し遂げた（ちなみに私たちは、フェデラルエクスプレスをアイデアの質より主に遂行力によって成功した企業の代表格だと考えている。全国的な翌日配送サービスという概念は新しいものではなく、検討した会社は他にもあった。問題はそれを遂行する能力、しかも高いレベルで遂行できるかだ）。

創業者のフレッド・スミスはベトナム戦争での従軍経験に大きな影響を受けた。中隊長として偵察機に乗っていたという。このときスミスは、部隊の仲間に頼りにされているとき、「ふつうの人」がとんでもない偉業をやり遂げることを知った。そしてこの原理にもとづいて会社をつくりたい、と思った。ビル・モイヤーズとのインタビューではこう語っている。

フェデラルエクスプレスはベトナム戦争の産物だ。（あの経験がなければ）このような事業はしていなかったと思う。人は誰でも機会を与えられれば、それに応えようとする。社員に挑戦する機会を与えれば、それをやり遂げるだけの基本的知能や見識はある。

創業初期にCOOを務めたアート・バスは、会社の基本精神をこう説明する。

ここには自分の仕事に誇りを感じている人が集まっている。それまでの人生で、何かに誇りを感じる機会が少なかったような人たちだ。トラックに乗っているか、飛行機を操縦しているか、あるいは配送センターで働いているかにかかわらず、誰もが仕事をするときはひとりだが、お互いを頼りにしている。だから絶対に任務をまっとうしなければならない。

「だから絶対に任務をまっとうしなければならない」。まさにそのとおりだ。ここに理想的な環境、社員がお互いを頼りにしあう状況の本質が凝縮されている。

エルエルビーンの対応がリチャード・バーバーの心を温めた理由はここにある。マギー、スティーブ、アンは、リチャードのために絶対に任務をまっとうしなければならないと考えた。リチャードは単なるお客ではなかった。「注文番号３３６５」でもなかった。「どうでもいいブーツのお悩み」を抱えたトラブルメーカーでもなかった。リチャードというひとりの人間であり、ブーツのソールを修理してもらいたいと思っていた。だから「がっかりさせるわけにはいかない」。

会社のリーダーであるあなたには、一人ひとりの社員が重要な仕事を担当し、また「なぜ」自分の仕事が重要かを理解しているようにする責任がある。

本書の新しい視点

心に寄りそう

デンバー国際空港を夏場特有の激しい雷雨が襲った。管制官はすべての離着陸を停止した。滑走路に2機の旅客機が停止しているとしよう。

旅客機A「こちら機長です。悪天候のため、管制官から待機の指示を受けています。30分ほどで離陸できると言われています」。乗客は座席に座ったまま待機する。30分が経過した。まだ滑走路にいる。35分が経過した。40分。再び機長のアナウンスが入る。「もう少しかかりそうです。あと10分、15分で離陸できるとよいのですが」。10分が経過し、さらに15分が経過した。65分が経過したところでようやくエンジン音が響き、機体が動き出した。

旅客機B「こちら機長です。悪天候のため、管制官から待機の指示を受けています。30分ほどで離陸できると言われています。ただここはデンバーですし、私の長年の経験では、このような雷雨はかなり続くこともあります。ウインド・シア（急激な風向きの変化）があるかもしれませんので、大事をとる必要があります。待ち時間が長くなると思っていただいたほうが良いでしょう。離陸まで80分、あるいは90分かかるかもしれません」。乗客はみな、うんざりした声をあげる。そして諦めて昼寝をしたり、映画を観たり、電話をかけたりメールを打ったり、読書を始めたりする。時間が経過し、65分経ったところで再び機長からアナウンスが入る。「みなさま、予想よりも早く天候が改善したようです。まもなく離陸します」。エンジン音が響き、機体が動き出した。

どちらの旅客機も65分遅れで離陸した。だが、どちらの乗客のほうが満足しているだろうか。

ビジョンと結びつける

すでに述べたとおり、会社のビジョンの主な役割は仕事に「意義」を与えること、並外れた努力をするモチベーションの源泉となることだ。明確で魅力的なビジョンがあれば、社員は自分の仕事の意義を理解できる。ビジョンに関する第4章をまだ読んでいなければ、ぜひ読んでほしい。まだビジョンを設定していないのであれば、ぜひ設定しよう。

もうひとつ、忘れないでほしいのは、優れたビジョンの構成要素のひとつがコアバリューと理念、会社の指針となる原則や教えであることだ。会社の土台となるコアバリューは、社員の日々の行動や基準を正しく方向づけするうえで重要な役割を果たす。

実はコアバリューと卓越した戦術の遂行は直結している。あなたの会社のコアバリューのひとつが「顧客をひとりの人間として扱う」だとしよう。それが（エルエルビーンのように）組織にしっかり根づいていれば、社員は顧客をひとりの人間として扱うはずだ。

継続的改善の精神

卓越した戦術の遂行は到達点ではなく、プロセスだ。継続的改善という果てしなく続く道である。日本の奇跡について考えてみよう。かつて「メード・イン・ジャパン」は「粗悪品」の代名詞だったが、今は違う。日本製は世界的に高品質という評価を得ている。日本人は揺るぎない戦術的遂行能力を身につけている。どのようにしてこの驚くべき変貌を遂げたのか。

その答えのひとつは、W・エドワーズ・デミング博士の影響だ。デミング博士は日本人経営者に品質管理の方法を教えた（デミングの日本企業への貢献はきわめて大きく、アメリカ人として初めて勲二等瑞宝章を贈られた。全社的品質管理に対する栄誉あるデミング賞は、デミング博士にちなんで命名された）。[10] デミングが著書『Out of the Crisis（危機からの脱出）』で訴えたのは、継続的改善の重要性だった。

改善とは一度やったらおしまい、というものではない。現在の状況を測定し、改善できる部分を評価し、改善の計画を策定し、遂行し、再び測定する。このプロセスを永遠に繰り返すのだ。大切なのは決して立ち止まらないこと、決して「これで十分」と思わないことだ。今年の並外れた偉業は5年後の成果と比べれば月並みになり、その5年後の成果も10年後のものと比べれば月並みになる。それを永遠に続ける。終わりはない。終着点はない。「完成」はない。

本書の新しい視点

戦術的BHAG

最高のパフォーマンスを実現する最善の方法のひとつが、部門レベルの「戦術的BHAG」を設定することだ。全社のBHAGを小さな目標に分割し、それを部門レベルのBHAGにするのだ。「グッド・トゥ・グレート・プロジェクト」ではイベントの準備を前倒しで進める方法を探していた。長年の経験から、イベント開催日の3週間前にすべてのロジスティクスをほぼ整えておくのが好ましいことがわかっていた。そこで「Tマイナス3」という仕組みを考案した。イベントの少なくとも3週間前に、本格的なブリーフィングと確認を実施するのだ。このルールによって準備を前倒しで進めなければならなくなり、イベント前に必要な修正をする時間を確保できる。ただブリーフィングがイベントの20日前、16日前、ときには14日前に開かれるなど、「Tマイナス3」が達成できないこともあった。出張のスケジュールが調整できない、社外関係者から必要な情報を得るのが難しいといった酌量の余地があるケースもあったが、成果がもっとも高くなるのはやはり「Tマイナス3」の規律が守られたときだった。

そこで私たちは戦術的BHAGを設定することにした。「Tマイナス3」を一度も失敗することなく、100回連続で達成する。これを「100―0BHAG」と命名した（100回連続で成功、失敗はゼロの意味）。それから「100―0BHAG」を全員の目に入るようにホワイトボードにでかでかと書き、隣にその時点のスコアも書いた。キーワードは「連続」だった。一度でも3週間前というリミットを守れなければ、カウンターはゼロに戻り、また最初からやり直しになる。「Tマイナス3」を達成するたびに、スコアを変更するちょっとしたお祝いをした（「31―0」から「32―0」など）。たった一度、たった1日でも遅れたら、カウンターは「0―0」に戻ることを誰もが理解していた。各イベントの担当者は強いプレッシャーを感じるようになった。「カウンターをゼロに戻す人間にはなりたくない」と。だがそれと同時に、仲間が失敗しないように、全員が進んで協力や支援を申し出るようになった。この戦術的BHAGは、社員にとって仕事をどんどん進め、時間的バッファーを確保し、期限に遅れるリスクを最小化する圧力になると同時に、チームの連帯感も高めた。

2018年3月22日午後3時3分、私たちのチームは会議室に集まり、ホワイトボードの「99―0」を消し「100―0」に書き換えた。一度の失敗もなく、100回連続を達成したのだ。それから2年以上経った本書執筆時点でも、まだ完璧な記録は続いている。「Tマイナス3」の目標を守ることは、規律ある習慣として組織に根づいたのだ。

6段階のプロセス

全社員が一貫して卓越した戦術の遂行をするには、6ステップで構成される終わりのないプロセスが必要になる。

- 採用
- 文化を植えつける
- 研修
- 目標設定
- 測定
- 評価

1　採用

すべては採用の判断から始まる。優れた人材は優れた人材を引き寄せ、それがさらに優れた人材

図9-2　卓越した戦術を遂行する6段階のプロセス

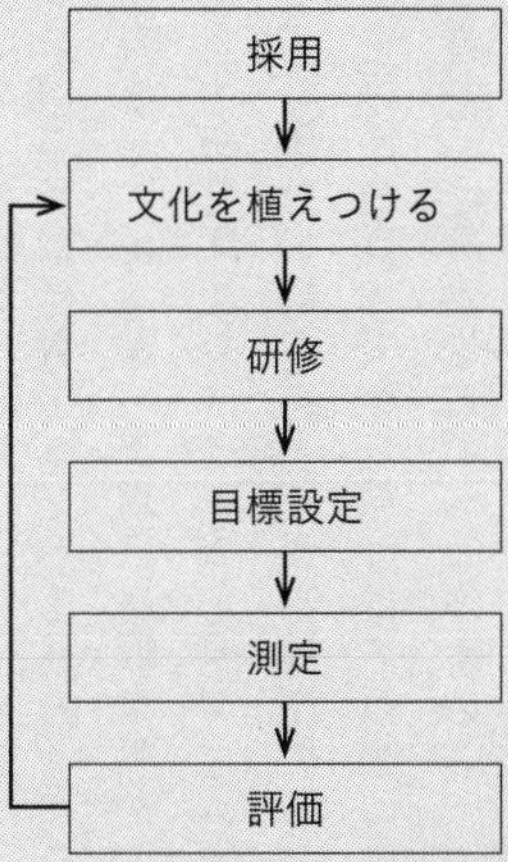

を呼び込む。優れた人材を採用するためには、相当な時間を投資する必要がある。採用プロセスに十分な時間を投資しなかったために、問題を抱える会社を私たちはたくさん見てきた。

誤って採用した人を「解雇」する（それから再び新しい人材を探す）のは、最初から優れた人材を探して採用するより高くつく。

では優れた選択とは、どのようなものか。優れた人材かどうかは、学歴、技能、具体的な過去の経験などを主な評価基準にしてはならない（もちろんこうした要素は考慮すべきだが）。主な評価基準は「この人物は私たちのバリューを支持するか。私たちが大切にしていることに賛同するか。私たちの原則を受け入れるだろうか」だ。パタゴニアのクリスティン・マクディビットはこう語った。

私は世間一般で評価されるような経歴のない人をたくさん採用してきたが、彼らはすばらしい人材になった。一方、すばらしい経歴の持ち主も採用してきたが、うまくいかなかった人もいる。私が基本的に探しているのは、価値観の合う人材だ。とりわけアウトドアが好きで、優れた仕事をしたいという意欲のある人を求めている。私たちは製品の品質にとことんこだわる。採用する人材も同じようにこだわりを持ってほしい。

ジロスポーツは品質とイノベーションにこだわり、高い労働意欲を持つ人材を求めて候補者を厳しく審査する。ホーム・デポは日曜大工が大好き、他人を手助けするのも大好きという人を探す。調理器具を販売するウィリアム・ソノマは料理好きな人を採用する。エルエルビーンは自社製品のユーザーで、好ましい態度をとる人を採用する。「私たちは他者を助けるのが好きな人材を探している」会社と相性の良い人材を見つけるためには、たくさんの応募者と会い、採用を決定する前に膨大な時間を割く必要がある。スーパーのストゥ・レオナルズ・デイリーで採用されるのは、応募者の25人にひとりだけだ（社員のほぼ半数は社内に親戚がいる。これもコアバリューのスクリーニングに一役買っている）[11]。相性の良い人材の獲得を非常に重視しているマリオットは、新たに開業するホテルの社員1200人を採用するのに4万人を面接した[12]。

たった一度の面接だけで採用を決めてはならない。採用オファーを出す前に、少なくとも2人の社員が面接すべきだ。

レファレンスチェックをしよう。**前職の上司、部下、同僚などに応募者の仕事ぶりを照会することで、とても重要だ。**採用プロセスで多くの会社が失敗するところをひとつだけ挙げるとすれば、レファレンスチェックを怠ることだ。ひとりの応募者につき最低2人の相手に照会すべきであり、できれば5人以上をお勧めする。

そして最後に、上級職に外部から人材を連れてくるのは避け、できる限り社内から登用しよう。理由は2つある。ひとつは外部から人材を採用すると、士気が大幅に下がるリスクがある。「会社が上級職を外部から連れてくるなら、努力する意味などあるのか。昇進する機会などないのだ」と社員は思うだろう。もうひとつは社員に会社の文化を植えつける必要があるためで、それには低い職位で入社し、社内で経験を積むほうが適している。

2 文化を植えつける

正しい採用判断をしたとしても、採用した社員には組織の文化を植えつける必要がある。「文化を植えつける」とはビジョン、とりわけコアバリューを教育し、定着させることだ。会社の門をくぐったと同時に、組織の原則を完全に理解するなどと考えてはいけない。教育は必要であり、しかも早い段階で実施することが肝要だ。

文化の教育は採用プロセスの段階で始めるべきだ。応募者に会社の理念を説明する資料を渡そう。採用担当者に面接のなかでビジョンについて語らせよう。

本書の共著者のジム・コリンズは、まだ社会に出たばかりのころ、ラッセル・レイノルズ・アソシエイツの採用面接を受けたことがある。創業者のラッセル・レイノルズその人の面接を受けるため、ニューヨークからカリフォルニアに飛んだ。インタビューの間はずっとレイノルズ自身と会社の哲学について語り合った。別れ際には会社の理念をより深く理解するためにと、社外秘の文書を一式渡された。同社ではレイノルズか別の幹部の「哲学面接」を受けなければ、採用は決まらない。入社した社員には、勤務開始とともにコアバリューの教育を始める。具体的な方法として考えられるのは、次のようなものだ。

● **新入社員に「スターターキット」を渡し、必ず読むように念を押す。** 当然そこにはビジョン・ステートメントを含めておき、特にコアバリューをしっかり伝える。テレケアのアン・ベイカーは、すべての新人に会社のコアバリューを渡す。テキサス州オースティンの健康志向のスーパー、ホールフーズ・マーケットのジョン・マッキー創業者兼CEOは、会社の歴史やコアバリューをまとめた『ホールフーズ総合情報ハンドブック』を書き上げた[13]。そこにはキャリアアップの方法、同僚やスーパーバイザーの役割などが書かれている。新人社員が会社の理念を理解しているか確認するテストを実施する店もある。

● **とにかく「書く」。** 文字の力を侮ってはならない。ペンという人間が発明したもっとも強力な道具を、十分使いこなしていないリーダーが多い。あなたがリーダーである以上、社員はあなたの書いたものを読み、影響を受けるはずだ。合衆国憲法が文書として残されていなければ、その影響ははるかに限定的なものだっただろう。

年に何回か、会社の理念が伝わるような手紙や記事をあなた自身が書くのもお勧めしたい。手紙や記事そのものを回覧してもいいし（一部のグループではなく全社員に）、社員向けのニュースレターや社内報に印刷してもいい。エルエルビーンCEOのレオン・ゴーマンは社内報『ビーン・シーン』を徹底的に活用した。

文章を通じて、社員が担当する仕事の重要性を繰り返し伝えよう。自分を頼りにしている仲間のために困難な仕事をやり遂げた社員のエピソードを語ろう。個別の社員が顧客の人生に大きな影響を与えた事例を伝えよう。どんな階層の社員でも、自分の仕事に崇高な意義を感じることはある（その権利もある）。そうした機会を決して逃さないようにしよう。

●**社史をまとめ、すべての社員に入社時に渡す。**会社の起源までさかのぼり、成長の過程や、価値観がどのように育まれたかをまとめるのだ。マッキンゼー&カンパニーの共同創業者で、成功の立役者であったマービン・バウワーは『Perspective on McKinsey（マッキンゼーに関する考察）』というすばらしい著書を書いた。各章のタイトルは次のようなものだ。

「パーパスを形づくった歳月」

「創業期」

「唯一無二の全国組織に成長する」

「プロフェッショナリズム：会社の隠れた強み」

「私たちの経営理念とシステムを構築する」

このような著書を書くうえで、とても重要な点が3つある。

1 あなた（創業者、社長、CEO）自身が書く。広報部門や社外のライターではなく、あなた自身の言葉で書く必要がある。本を受け取った社員が、ページを通じてあなた自身が直接語りかけてくるような印象を受けなければならない。バウワーの著書はそのお手本だ。

2 外部の人々ではなく、社員のために書く。あなたと社員を個人的に結びつける本を書こう。たとえばバウワーの本の献辞には、こうある。「本書はマッキンゼー&カンパニーの社員のためだけに執筆、印刷したものである」

3 執筆を先延ばししない。まだ創業間もない会社なら、社史を書くことに意味があるのかと思うかもしれない。確かに創業から1年しか経っていなければ、歴史も書きにくいだろう。だが創業から5年過ぎたら、簡潔な社史の作成に取り掛かるべきだ。製本する必要はない。会社のコピー室で印刷するだけでもいい。そうすれば会社の成長に合わせて容易に更新や改訂もできるだろう。

●**すべての新入社員と会社の理念について語り合う。**できれば個別あるいは少人数のグループで、膝詰めで対話したほうがいい。（地理的制約あるいは会社が大きくなりすぎて）それが不可能な場合はリモートでもいい。

ミラー・ビジネス・システムズ社長のジム・ミラーの例を挙げよう。[14] 社員数300人あまりのオフィスサービス・プロバイダーだ。ミラー社長はすべての新入社員と1対1で面談し、会社の理念を説明し、さらに「情熱」というラベルを貼った緑色の液体が入った瓶と、「私は自分自身を信じる」と書かれた鏡をプレゼントする。ミラー・ビジネス・システムズは1987年に「オフィス・プロダクツ・ディーラー」誌のカスタマーサービスの優秀賞を受賞している。

●**「バディ制度」を取り入れる。**一人ひとりの新入社員にバディ（相棒）を付ける。バディは新人の世話係として、業務に必要なスキルに加え、価値観を教育し、ロールモデルとなる。

●**新入社員に技能だけでなく、会社のバリューを教えるセミナーを開く。**IBMが数十万人の社員に文化を植えつけることに成功してきた重要な要因のひとつは、研修制度で経営ノウハウ以上にIBMのバリューや理念を教えてきたことだ。

3 研修

研修制度にはもちろん文化を教える側面も必要だが、業務に必要な具体的な技能の訓練も必要だ。やり方がわからなければ、そもそも偉大な仕事などできるわけがない。

管理職だけでなく、あらゆる階層の社員に研修の機会を与えよう。研修は社員のための福利厚生ではない。会社にとってすばらしいメリットがある。再びエルエルビーンの例を挙げよう。現場の新入社員は、コンピュータを使った電話注文システム、電話対応スキル、製品知識などについて1週間にわたって研修を受ける。顧客に対して個人名を名乗る（「本日はスティーブが担当します」）のは、思いつきではなく、そう教育されているからだ。

現場社員向けの研修でもうひとつ紹介したいのが、小売チェーンのパリザンだ。[15] 売り場面積あたりの平均売上高で2回、全米1位を獲得した会社だ。パリザンは成功の主な要因を、社員は45時間の研修を終えなければ現場で顧客に対応することができず、また勤務開始から90日後には12時間のリフレッシュ教育を義務付けられていることを挙げている。

研修方法にはさまざまな選択肢がある。

- 書面の資料を使う。たとえばラッセル・レイノルズ・アソシエイツは「実践ガイド」と題した、エグゼクティブサーチの手順に関するルールやノウハウをまとめた手引きを作成している。
- 動画や音声資料を使う。ドミノピザは各店舗にビデオを設置し、社員が録画された研修プログラムを視聴できるようにしている。[16]
- 徒弟制度を実施する。ベテラン社員が新人を教育する。ダンスク・デザインズや名門のゴールドマン・サックスはこの方法を使っている。
- 具体的技能の教育には外部の教育コースを活用してもいい。ストゥ・レオナルズ・デイリーでは、一部の現場社員に600ドルの受講料がかかる「デール・カーネギー・プログラム」を受けさせている。[17] ホーム・デポは毎週、「便利屋」のスキルを学ぶための講座を提供している。[18] 一流ハイテク企業では大学が提供する高度な技術教育講座を活用しているところも多い。
- 独自の講座を開発する。ナイキは包括的な社内教育制度を整備している。管理職向けには数日間にわたるプログラムがある。マッキンゼーはまだ小さな会社だった1940年代に、包括的なコンサルティング研修制度を発足させている。
- 独自の「大学」を設立してもいい。マクドナルドの「ハンバーガー大学」は有名だ。レンズクラフターズは幹部教育のための「プレシジョン・レンズクラフターズ・ユニバーシティ」のキャンパスを3つ設けている。アップルには「アップル・ユニバーシティ」と呼ばれる集団がある。各社の大学は社員向けの教育プログラムを開発している。

どのような方法を選ぶにせよ、先延ばししすぎるのは禁物だ。規模の小さい会社からは、教育をするようなリソースはない、という不満をよく聞く。そんなとき私たちはこう尋ねる。

「それで偉大な企業になれると思いますか」

4 目標設定

「どうしておたくの選手はあんなに速く走れるのですか」。二流の陸上コーチが、一流の陸上コーチに尋ねた。

「一生懸命練習するんです」

「うちの選手だってそうだ。ひたすら練習させていますから。そして速く、速く走れ、と言うんです。練習のたびに叱咤激励していますよ」と二流コーチは答えた。

「私はやりませんね」と一流コーチは答えた。「叱咤激励など、したことがない。速く走れとも言わないですね」

「ではどんな指導をするのですか」。信じられないという面持ちで二流コーチは尋ねた。

「簡単な話です。毎年シーズンが始まる前に、一人ひとりの選手と話し合いをします。選手の目標、私はどこまで行けると思っているか、チームの目標、その選手にはチームにどのような貢献ができるかを議論するのです。そのうえで一緒に今シーズンの目標を設定し、それを達成するためのアドバイスをします」

「私も同じですよ」と二流コーチは言った。

「そうですか。たとえばどんな目標ですか」

「とにかく選手には速く走ってほしい。勝ってほしいのです」

「なるほど。もう少し目標を厳密に定義したほうがいいでしょう。たとえばあそこにいるジェーンは、先日の州大会で1マイル（1・6キロ）を5分28秒で走りました。私と一緒に立てた今シーズンの目標は、5分30秒を切ることです。私が叱咤激励などする必要もなかった。5分30秒という目標が、日々ジェーンを駆り立てていたのです」

ここでしばし考えてみてほしい。あなたの会社の社員には、それぞれ具体的な目標があるだろうか。目標は社員が主体的に決めているだろうか。本人は実現可能と思っているだろうか。そもそも実現したいと思っているだろうか。社員自身がそれを四半期目標、毎週の課題、日々の仕事に落とし込んでいるだろうか。目標は会社のビジョンや戦略と一致しているだろうか。目標は社員自身の人生における個人的目標と合致しているだろうか。

答えがイエスなら、次の項目まで飛んでもらってかまわない。

おそらく次の項目に飛んだ読者は少ないのではないか。ほとんどのリーダーは正直に答えると、上に挙げた質問のすべてに「イエス」と言えないはずだ。だが本来は「イエス」と答えられるようでなければならない。

目標設定は戦術の遂行において、もっともおざなりにされがちな要素だ。社員にとってもコーチにとっても負担が大きいからだ。時間をかけて悩み、議論し、交渉しなければならない。ただひとたび目標を明確にすると、社員に自由を与えることができる。肩越しに仕事ぶりを監視し、「指示」を与える必要がなくなる。

目標がきちんと設定されていれば、従来型の年次業績評価には、それほど時間がかからなくなる。目標を達成できたかどうかは、社員自身が判断できるからだ。5分30秒を切ったか、切らなかったか。上司にそれを教えてもらう必要はない。

では年次業績評価が不要になるのかといえば、そうではない。これまでのように「あなたの評価はこれだ」と伝える代わりに、目標設定に時間を割くべきだ。フィードバック（「このプロジェクトでは高い成果を出した」「もう少しできたと思う。どうすればよかったか一緒に考えよう」）は1年中、継続的に行うべきだ。一方、正式な業績評価の場では「翌年の目標設定」を主な目的とする。

評価プロセスの多くは非効率的だ。昇給交渉の場となるか（その場合真剣な目標設定や評価は不可能になる）、形式的手続きとみなされることが多い。

そのような型どおりの年次評価プロセスを廃止し、目標設定とその確認プロセスに変更しよう。そして四半期ベースで実施することを検討しよう。読み違いではない、四半期ごとだ。

傑出した経営者で、困難を極めたDEIコーポレーションの事業再生の指南役となったダン・ライルは、四半期ベースの目標設定プロセスを好んで使う。会社のビジョンと戦略を出発点とし、それをもとにいくつかの年次目標を設定する。それから部下と話し合いながら、それぞれの個人的な年次目標に落とし込んでいく。年次目標をベースに、四半期ごとに4～5つの四半期目標を設定させる。ライルは部下と議論し、交渉し、最終的に合意に達したらそれぞれ署名する。四半期が終わるたびに、ライルは一人ひとりの部下と面談し、実績と目標を比較し、次の四半期に向けて目標をアップデートする。部下が同じ作業をそれぞれの部下と行い、それが組織の末端まで繰り返されることを期待している。ライルはこう語る。

このプロセスによって、目先の問題に忙殺されて重要な問題がおざなりになるのを防ぐことができる。優先事項に集中しつづけることができる。社員は自分の仕事ぶりをしっかり把握できるし、しかも客観性と一貫性をもって把握できる。非常に有効なツールだ。目標は具体的でなければならない。たとえば次のようなものだ。

「7月31日までに新規顧客のアカウントを35件獲得する」
「11月30日までにヨーロッパ支店を稼働させる」
「12月31日までに新たなボルトカム製品の生産体制を整える」
「8月1日までに新しい製品導入プロセスを確立する」
「12月31日までに3本の記事を仕上げる」

このプロセスによって社員の個人的ビジョンと会社のビジョンを一致させ、それを四半期目標、

個人的ビジョン ⟶ **個人の年次目標** ⟵ **会社のビジョン**

四半期目標

週次目標

「今日何をすべきか」

週次目標、日々の活動へと落とし込んでいければ理想的だ。

もちろん人生は混沌として予測不可能なものだ。会社のビジョンや戦略から個人の年次目標、四半期目標、週次目標、日々の活動へと直線的につながることなどありえない。だからと言って個人の目標設定を放棄する理由にはならない。陸上選手が1マイル5分30秒を切れるか否かに影響を与える要因はたくさんあるだろう。それでも「5分30秒」を目標とするのには価値がある。

モチベーションに関する有名な研究で、フレデリック・ハーツバーグ教授は仕事への満足度を高める要因第1位は、個人的な達成感であることを明らかにした（第2位は周囲からの評価）[19]。人はみな達成感を得たいのだ。目標を設定し、達成したいと思っている。この自然なモチベーションの源を活かさない手はない。

5 測定

あなたが陸上のコーチだとする。チームのパフォーマンスレベルを新次元に引き上げるのが目標だ。そんななかストップウォッチを取り上げられ、しかも練習場が閉鎖されてしまったとしよう。

あなたならどうするか。車を走らせ、道路上で1マイルがどこまでか測定し、そのうえでストップウォッチを買いに行くかもしれない。

陸上コーチが「速く走る」とはどういうことかを明確に定義し、スピードを測定しなければならないのと同じように、会社も卓越した戦術の遂行を「定義」し、「測定」し、結果を「周知」しなければならない。

エルエルビーンはミスのない出荷の割合を測定している（1987年は99・89％だった）[20]。（管理職だけでなく）製品の梱包係も全員、正確に出荷された注文の割合を日々受け取る。同社は顧客を待たせた時間から欠陥製品の割合まで、ありとあらゆる指標を入念に追跡する。

エルエルビーンの並外れた成果は、ルールやノルマがあるためではない。むしろカギを握るのは、実績を追跡し、完璧な成果の妨げとなっている原因を特定し、ひたすら改善に努めているという事実だ。

成果の測定にこだわるのはエルエルビーンだけではない。マリオット創業者のJ・ウィラード・マリオットはまだ小さな会社だった頃から、ベンチマーク（基準）を設定し、戦術の遂行を測定しはじめた（マリオット自身が利用者から寄せられた意見を読み、集計した）[21]。この伝統は今でも続いており、マリオットのホテルに滞在すると評価シートが至るところにある。シートは回収され、照合され、分析され、「GSI（ゲスト・サービス・インデックス）」と呼ばれる指標にまとめられる。各ホテルはそれぞれのGSIを分析、追跡し、すべての社員の目に入る場所に掲示する。そして何より重要なのは、GSIは新しいベンチマークを設定し、継続的に改善するための指針となることだ。

エルエルビーンやマリオットだけでなく、偉大な企業には卓越した戦術の遂行を定義し、測定する習慣がある。ミラー・ビジネス・システムズのジム・ミラーは「顧客からの注文の95％に、24時間以内に対応する」という基準に対して実績を追跡し、結果を表示している。デラックス・コーポレーション（アメリカで使われる小切手のほぼ半分を印刷する）の創業者、W・R・ホチキスは1936年、「印刷ミスゼロ、2日以内に注文を処理する」という目標を掲げた。[22] 言うまでもなくデラックスは結果を測定、追跡、掲示し、問題を特定し、完璧なパフォーマンスに向けて改善を続けている。

1940年代に創業したコーヒーショップ・レストランチェーン、「ボブ・エバンズ・レストラン」の戦術的遂行のすばらしさは高く評価されており、サービス、品質、満足度に関する業界の調査で、複数部門で第1位を獲得している。[23] ボブ・エバンズ・レストランは自ら厳しい基準を課している。お客が着席したら60秒以内にお水を出し、「こんにちは」と気持ちよい挨拶をする。温かい料理は注文から10分以内に出す。テーブルが空いたら5分以内に次のお客のために準備を整える。ピークタイムでもお客を15分以内に席に案内する。そしてもちろん、こうした基準に対して実績を測定し、追跡している（ミラー・ビジネス・システムズ、ボブ・エバンズ、デラックスの事例はいずれもロン・ゼンケとディック・シャーフの共著『エクセレント・カンパニーのサービス戦略』（HBJ出版局）から引用した。同書はサービス分野で卓越した戦術の遂行を実現している101社の事例を分析している）。

人はみな、測定される指標に注意を向ける。なぜ人はスポーツを楽しむのか。それはスポーツが私たちの人生で、自分の現状や上達ぶりを客観的に把握できる数少ない分野のひとつだからだ。

こんな実験をしてみよう。あなたが一番苦手な家事を考えてみてほしい。ゴミ捨て、庭の芝刈り、皿洗い、なんでもいい。そして次にするときに時間を測定しよう。たとえばゴミをまとめて捨てるのに14分かかったとする。そして「10分間でミスゼロ」をベンチマークに設定する。それから毎回自分のパフォーマンスを測定し、追跡しよう。するとおそらく2つのことが起こるはずだ。まず上達する方法が次々と見つかる。そしてゲームのように、その家事が楽しくなってくる。

同じことが戦術の遂行についても言える。卓越した戦術の遂行の定義を考え、測定、追跡、掲示し、学習と継続的改善の手段にするのだ。それを社員が楽しめるプロセスにしよう。仕事を最高のゲームにしてしまうのだ。

測定と継続的改善の関係性をとらえたのが、ウォルター・A・シューハートが開発した「シューハート・サイクル」だ（図9－3を参照[24]）。日本企業はこれを一貫した戦術の遂行を目指す過程で徹底的に活用した。あらゆるプロセスの改善に有効なフレームワークだ。

6　評価

リチャード・バーバーの心温まるエピソードに刺激を受けて、私たちはエルエルビーンに商品を注文する電話をかけ、ついでに質問をしてみることにした。

「エルエルビーンへ、ようこそ。私はテリーです」

製品を注文し、「もうすぐ春が来るね」（電話をかけたのは3月初旬だった）などと雑談したあと、こう聞いてみた。「なぜあなたたちエルエルビーンのスタッフは、お客にこれほど親身に対応する

図9-3 シューハート・サイクル

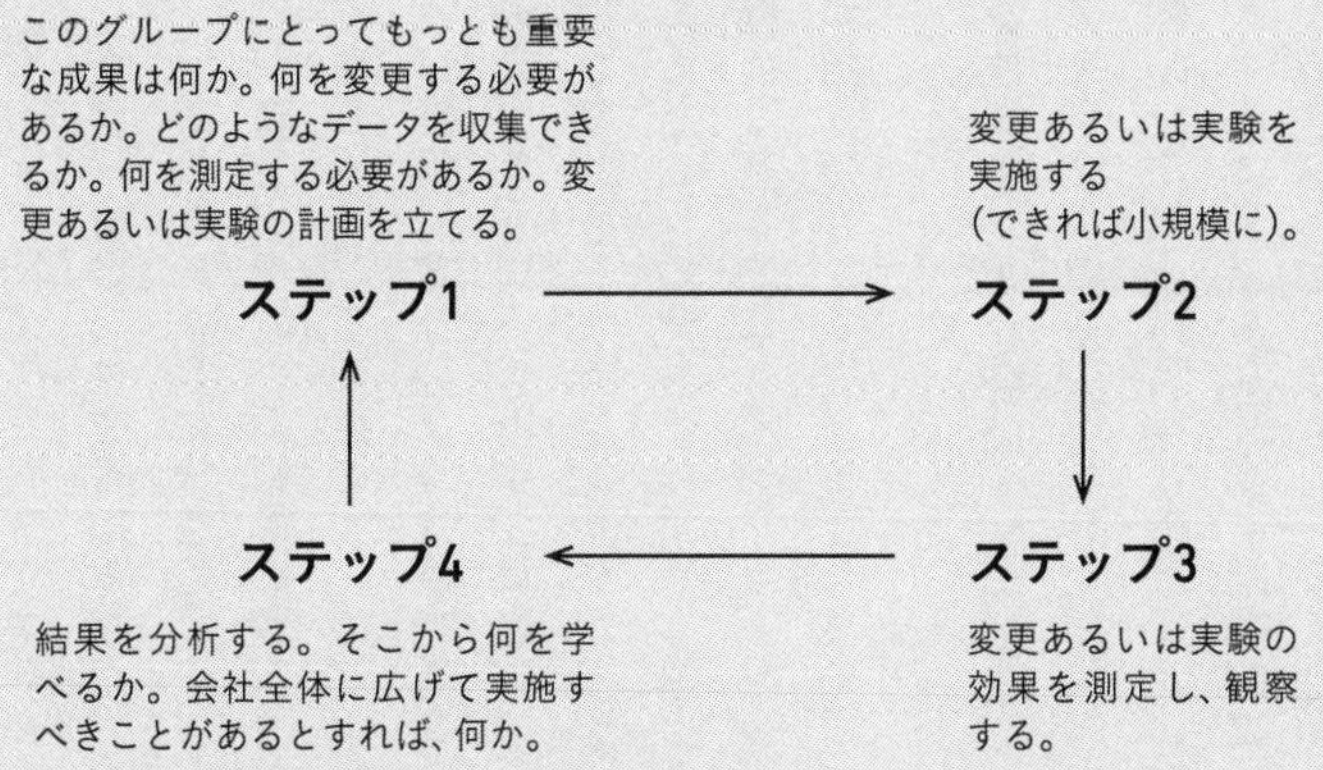
このグループにとってもっとも重要な成果は何か。何を変更する必要があるか。どのようなデータを収集できるか。何を測定する必要があるか。変更あるいは実験の計画を立てる。
変更あるいは実験を実施する（できれば小規模に）。
ステップ1
ステップ2
ステップ3
ステップ4
変更あるいは実験の効果を測定し、観察する。
結果を分析する。そこから何を学べるか。会社全体に広げて実施すべきことがあるとすれば、何か。

のだろう。テリー、なぜあなたはこれほど仕事熱心なんだい？」

最初テリーはおかしなことを聞かれると思ったようだ。「なぜ息をするのか」と聞かれたようなものだったのだろう。それでもエルエルビーンの社員らしく明るい声でこう語った。

すべて社長から始まっているのです。社長以下、みんなが私を大切に思ってくれていることがわかるのです。私が努力するのを当たり前だと思っていない。クリスマスシーズンの忙しいときにジュースやクッキーを差し入れてくれる、ねぎらうように背中をポンポンと叩いてくれる、「ありがとう」の言葉、社長の訪問。そんな小さなことの積み重ねです。この仕事はありふれた求人広告で見つけましたが、ありふれた仕事ではありません。会社は私の気持ちを大切にしてくれる。私は自分が大切な存在なのだとわかっています。

あなたが凡庸な会社を目指すなら、社員の努力を当たり前と考え、感謝もせず、つまらない仕事をしている人間のように扱えばいい。

だが一貫して卓越した戦術の遂行を望むなら、社員が敬意を払われ、評価されていると感じられるようにしよう。この点についてでは不可解なところは何もない。概念的に難しくもない。博士号がなければ理解できないような話でもない。率直で、誠実で、本物の感謝の気持ちを表現することほど、わかりやすいメッセージはない。

重要な質問をしよう。「私たちがあなたの社員に無作為に電話をかけ、会社との関係を尋ねたら、エルエルビーンのテリーのような答えが返ってくるだろうか」

評価には基本的に「インフォーマル」「表彰と成果の認識」「金銭」の3タイプがあり、すべてを活用すべきだ。

●インフォーマルな評価　社内のすべてのリーダーは人間味のある対応を心がけ、リーダーシップ・スタイルの章で説明した対人スキルを実践しなければならない。模範を示すのはあなただ。社内のリーダーはあなたのスタイルに影響を受ける。

インフォーマルな評価は継続的に、かつタイムリーに実施する。社員には業績評価や年1回の表彰式のときだけでなく、年間を通して感謝の気持ちを伝えるべきだ。あなたはバレンタインデーやパートナーの誕生日にしか相手が特別な存在だと伝えないだろうか。子供たちにかけがえのない存在だと伝えるのは、年1回だろうか。もちろん、そんなことはないだろう。健全な家族と同じように、健全な社員との関係性も日ごろから敬意と感謝を伝えることで育まれる。

●表彰と成果の認識　金銭的な報酬以外の表彰や成果の認識は、とても効果的だ。すでに指摘したとおり、仕事への満足度に関するハーツバーグ教授の研究では「周囲からの評価」が2番目に重要な要因だとわかった（1番は個人的な達成感）。しかも成果の重要性を示すのに、それを公の場で認めたり、表彰したりすること以上にわかりやすい方法はない。

すばらしい顧客サービス、製品の品質、売り上げなど、偉大な企業であるためにあなたが重要だと思う分野について賞を設けよう。

めったに贈られることのない、とびきり栄誉ある賞をつくるのもいい。たとえばフェデラルエクスプレスの「ゴールデン・ファルコン」は、ドラマチックで英雄的な成果に贈られる賞だ。[25] 受賞者は年に数人だけで、COOから直接電話がかかってくる。それと組み合わせるかたちで、もう少し頻度の高い賞もつくろう。フェデラルエクスプレスは仕事で成果をあげた社員数百人に、毎年「ブラボー・ズル［訳注 「よくやった！」の意味］」賞を贈っている。

賞品として美しいデザインのピンや、目立つような名誉の印を贈ろう。たとえばレンズクラフターズでは、顧客からサービスを評価する手紙が届き、そこに社員の名前が挙がっていた場合、襟に付ける特別なピンを贈る。オハイオ州立大学のフットボールの試合を観る機会があったら、選手のヘルメットに注目してほしい。優れたプレーの証である「トチノキ」［訳注 オハイオ州の州木］のマークが輝いているはずだ。

社員の成果を公の場で認めることもお勧めする。ニュースレターや社内誌で、社員の成果について触れよう。スタッフ会議や全社会議で彼らの功績について語ろう。「この社員はすばらしい仕事をした。会社にとってとても重要な意義がある」と伝える機会を積極的に探そう。

●金銭的評価　誰かの努力に改めて感謝の気持ちを伝える手段として、金銭的な報酬を活用しよう。

あらゆる階層の管理職に、1年を通じて少額のボーナスなどの報奨金を出す権限を与えよう。ここで重要なのが「1年を通じて」という部分だ。社員は一般的に毎年昇給やボーナスを受け取れるものと期待している。従来型の年1回の昇給には、感謝の気持ちを伝える効果はほぼない。むしろ昇給額が社員の期待を下回れば、逆のメッセージを伝えかねない。

献身的な社員が郵便物をチェックして、こんなメモを見つけるところを思い浮かべてみよう。

「クリスマスの繁忙期に、あなたの残業が一気に増えて、ご家族に大変な負担をおかけしたことでしょう。あなたの努力にはとても感謝しています。ご主人やお子さんとお好きなレストランに出かけて、支払いは会社にまわしてください。ブラボー・ズル！」

あるいは若手エンジニアが電話をとると、相手は社長だった。

「展示会の前にソフトウエアのバグをすべて解消してくれて、本当に感謝していると伝えたかったんだ。おかげで製品の展示は大成功だった。100株のストックオプションを君の口座に追加させてもらったよ。これからも頑張ってください」

あるいは高い目標を設定し、達成したセールス担当がいたとしよう。

「おめでとう。高い目標を設定し、達成してくれたね。君が名誉ある『ペースメーカー・クラブ』のメンバーに選ばれたことを伝えたくて連絡したんだ。会社のペースメーカーであることを示す特注の名刺がまもなく届く。大切な人と一緒に街のレストランで、会社の経費で食事を楽しんでもらいたい。そして来年は君への値引きは20％から33％に拡大するよ」

こうした行為が会社の財務に与える影響はごくわずかだが、対象者への心理的インパクトは絶大だ。優れた成果をあげたことに対して、個人として評価されていることを実感できるからだ。「あ、な、た、は優れた成果をあげた」「あなたに感謝している」「あ、な、た、の仕事は重要だ」と伝える手段として、金銭的報酬を使おう。

テクノロジーと情報システム

ここまで卓越した戦術の遂行を実現するための人的側面、モチベーションの側面について考えてきた。結局のところ業務を遂行するのは人間なので、当然のことだ。だがここで少し本題を離れて、卓越した遂行を実現するためのもうひとつの要因について簡単に触れたい。テクノロジーと情報システムの活用だ。

高度なレジ端末、膨大なデータベースを擁するウォルマートをはじめ、傑出した会社は常に技術の活用法や、情報システムの用途を探している。エルエルビーンは顧客へのサポートを改善するために情報システムを徹底的に活用している。オペレーション担当シニアバイスプレジデントは「テクノロジーを活用しすぎるといったことはない」と断言する。[26] エルエルビーンもウォルマートも「人」を大切にする会社だが、同時に情報技術のヘビーユーザーでもある。陸上コーチにストップウォッチが欠かせないように、技術は人間の相棒だ。

タイムリーなデータフロー

次に飛行機に乗ることがあったら、コックピットをのぞいてみよう。たくさんの計器や画面が並び、数値が表示されているはずだ。乗務員にとっては不可欠なもので、目的地に向けて飛行機を安全に運行するため、絶えず計器に目を配っている。

会社を経営するときは、このイメージを頭に入れておこう。乗務員と同じように、あなたにも常にタイムリーな情報が必要だ。現在の高度はいくつか。速度はどうか。燃料はどれだけあるのか。エンジンの調子はどうか。定刻どおりか。上空の気流の状態はどうか。

中小企業にも同じような情報セットが必要だ。それも迅速に。燃料が枯渇した後に（墜落した後に）、まもなく燃料が切れるという報告が来ても意味がない。しかも情報は整理され、簡単に理解できる状態でなければならない。ここでもコックピットのシンプルなデジタル表示のイメージが参考になる。企業が追跡すべきもっとも重要な情報は5つある。

●**現在および将来のキャッシュフロー。**企業にとって現金は、飛行機にとっての燃料のようなものだ。画面に「警告！　まもなく燃料切れ」という文字が表示されるはるか以前に、燃料切れを把握しなければならない。キャッシュフローと関係が深いのが買掛金、売掛金、そしてそれぞれの経過期間だ。企業が深刻なキャッシュ不足に陥る原因の多くは、急成長期に売掛金と買掛金の管理に失敗することだ。

●**財務会計情報（貸借対照表と損益計算書）と財務指標。**特に比較財務表があると参考になる（今四半期と前四半期、今期と前期など）。重要な財務指標の一覧をリスト9－1に示した。

●**コスト情報。**利益の出ない製品ラインを継続するという失敗を犯す企業は多い。それはそのラインでいくら損失が出ているか、わかっていないからだ。製品ライン（あるいはサービスライン）ごとにコストと収益性を算出するシステムを導入しよう。コストを把握するのだ。

●**売上情報。**製品あるいはサービスカテゴリーごとの売上トレンドを追跡しよう。それをあなたの会社に適した切り口（地域、価格帯、流通チャネルなど）で分類し、分析しよう。

●**顧客情報。**顧客は最高の情報源のひとつだ。製品のどこが良いか悪いか、競合と比べてどうか、なぜあなたの会社の製品を買うのか、改善策や新製品についてどんな提案があるのか、製品をどんな用途に使っているのかなど、聞くべきことは山ほどある。顧客はどんな仕事をし、年収はい

リスト9-1 財務分析指標

ここに挙げた指標を使い、会社の財務的健全性を追跡しよう。長期にわたって追跡し、特にネガティブなトレンドに目を光らせよう。自社の数値を業界平均と比べると参考になる。業界平均は企業情報サービス会社ダン・アンド・ブラッドストリートが発行する「ダンレポート」の「主要経営指標」で確認できる。

総資産利益率　税引き後利益／総資産
企業が資産をどれほど効率的に活用しているかを示す。

売上高利益率　税引き後利益／純売上高
企業のすべての営業活動の収益性を示す。

株主資本利益率　税引き後利益／株主資本
株主の投資に対するリターンを示す。

売上総利益率　粗利益／純利益
製品ラインの収益性を示す。

運転資本　流動資産－流動負債
会社の基本的な流動性を示す。

流動比率　流動資産／流動負債
会社の基本的な流動性を示す。

当座比率　（流動資産－在庫）／流動負債
流動資産から在庫を引くことで、流動性がより明確に把握できる。

負債資本比率　（流動負債＋固定負債）／株主資本
会社が資金調達を借り入れと自己資本にどれだけ頼っているかを示す。

売掛債権回収期間　（年間の平均売掛金×365）／年間の売上債権
会社が売掛金を回収するのに何日かかっているかを示す。

買掛金支払期間　（年間の平均買掛金×365）／原材料購入費
会社が買掛金を支払うまでに何日かかっているかを示す。

在庫回転率　売上原価／年間の平均在庫金額
会社が1年間に何回在庫を回転させているかを示す。

くらで、どこに住んでいるかといったプロフィールまで教えてくれることもある。なにより重要なのは、市場の大きなトレンドやニーズを見逃しているとき、それを教えてくれることだ。顧客情報を体系的かつタイムリーに、一貫性をもって継続的に収集する方法はたくさんある。いくつか例を挙げよう。

●返信ハガキ。製品保証用の返信ハガキを使って、顧客の属性やどの製品をなぜ購入したか、といった情報を集める。どんな消費者がどのような理由で製品やサービスを買っているのか、継続的に追跡しよう。

●カスタマーサービスレポート。あなたの会社が営業現場あるいは電話センターにカスタマーサービス担当者を配置しているなら、顧客から寄せられた意見を集計し、追跡し、会社全体で共有する仕組みを取り入れよう。顧客から電話が入るたびに、会社は新たな情報を得られる。

●顧客調査。顧客から個人情報の提供を受けていれば、連絡をとってさまざまな質問ができる。あなたの製品やサービスについて思っていること、自分の意見や提案、不満を語りたいと思っている人は多い。定期的に顧客調査を実施し、顧客の目に会社がどう映っているかを常に把握しよう。顧客は生産工程のもっとも重要な構成要素だ。突き詰めれば、重要なのは顧客が製品に満足するかどうかなのだから。

●フォーカスグループ。顧客を何人かグループとして集め、さまざまな質問を投げかけたり、製品への反応を見たりする活動を指す。有益な情報がたくさん得られることもある。

システムは非常に大きなテーマだ。ここで十分議論を尽くすには、大きすぎるぐらいだ。それでも取り上げた目的は、システムについて細かく検討するためではなく、その重要性を訴えるためだ。このため2つ質問するだけにとどめよう。

1　あなたはテクノロジーを最大限活用しているだろうか。私たちは急激な技術進歩の時代に生きている。常に技術を味方につける方法を模索しないと競合の後塵を拝することになる。

2　集めた情報は「使える」ものだろうか。「情報専門家」に使い方を決めさせてはならない。多くの企業で、問題は情報の欠如ではなく使い方にある。集めた情報が理解しやすく、使いやすい形になるように試行錯誤を続けよう。

信頼

本章では、社員に期待どおりの行動をとらせ、悪事を働かないようにさせる「管理」の方法について一切触れていないことにお気づきだろうか。それは「管理」はうまくいかないからだ。リーダーシップ・スタイルの章で紹介した「マイクロマネジメント」をする経営者の例を覚えているだろうか。恐ろしく有害なこの経営者によって部下の士気は地に落ちた（リーダーシップの章の「人間味」の項を参照）。一貫して卓越した戦術の遂行を実現したいのであれば、あなたも会社もマイクロマネジメントなどすべきではない。

社員に行動の自由を与えよう。意欲があり、教育を受け、会社の文化をきちんと内面化した社員に「管理」の必要はない。大人を子供のように扱わなくていい。常に監視されていると、人はベストを尽くさなくなる。

あなたの会社では、社員は全員、お金にかかわる意思決定を（誰かの承認を得ず）下すことを認められているだろうか。誰もがそのような権限を持つべきだ。

いかがだろう。ぎょっとしただろうか。本気で言っているのか、と。

もちろん、どこまでも本気である。全社員に会社の代表として数百万ドルの契約を結ぶ権限を与えるべきだ、あるいは現場の担当者に新社屋を購入する権限を認めよ、などと言っているわけではない。しかしあらゆる社員に、自らの責任において業務を迅速かつ適切に行うための裁量を与える必要がある。

リチャード・バーバーの30年物のブーツを修理するには、エルエルビーンとして時間と労力がかかったはずだ。しかし担当者はそのための承認を得る必要はなかった。すぐに「行動」した。バーバーのブーツの底を直すことの費用対効果など、誰も検討しなかった。

考えてみてほしい。あなたがパソコンを買ったり電話を設置したりと、何か支出をするたびに銀行の承認を得なければならないとしたらどうだろう。会社をうまくまわしていけるだろうか。書類作成と承認の泥沼にはまって、卓越した戦術を遂行するどころではなくなるだろう。

現場についても同じことが言える。もちろん最前線で働く社員にあなたと同じ支出権限を与えるべきではないが、基本的発想は同じだ。「あなたが最善を尽くして正しいことをしてくれると信じている」というシンプルな考えが、組織の上から下まで浸透しているべきだ。

厳格な基準

信頼がコインの片面なら、その裏面にあるのが厳格な基準だ。厳格な基準は2つの要素で成り立っている。バリューの基準とパフォーマンスの基準だ。もっとも厳格なのがバリューの基準だ。誰かが会社のコアバリューに背いたら、辞めてもらわなければならない。バリューを理解していないだけなのか、まずは確認してもいいだろう。だが会社の神聖な約束事を理解したうえで違反したなら、仲間ではない。リーダーがバリューを守らない社員を排除しない組織には、確固たるバリューは根づかない。

IBMのトーマス・J・ワトソンにはシンプルな信条があった。[27] 社員が倫理にもとる行為をしたら、どれほど会社にとって価値のある人材でも解雇する、以上。例外は認めない。謹慎もセカンドチャンスもない。クビ、アウトである。

パフォーマンス基準はそこまで厳格でなくてもいいが、それでも非常に高く設定すべきだ。パフォーマンスの高い人材は、お粗末なパフォーマンスを許容する会社への敬意を失っていく。親密な「家族」のような雰囲気を育むことと、パフォーマンスの低い人材を排除することの間に矛盾はない。ジロスポーツ・デザイン社長のビル・ハンネマンは、ジロのやり方をこう説明する。

私たちは家族的な雰囲気を醸成するため、あらゆる努力をしている。ただ同時に社員には卓越したパフォーマンスを期待している。安定した雇用を提供するために最善を尽くすが、それは成果を出さない社員も雇いつづけるということではない。

ただパフォーマンスが低くなる原因はいろいろあることを忘れてはいけない。研修が適切ではなかったのかもしれない。何が期待されているのか、指示が明確ではなかったのかもしれない。仕事と本人の強みが合っていないだけで、(社外の仕事も含めて)他の仕事なら成果を出せるかもしれない。まずはこうしたさまざまな可能性を検討しよう。

ただ残念ながら、いい加減で、まっとうな仕事をしようという意識をついぞ持たない人は一定数いる。マイルストーン、ターゲット、目標を常に達成できない人もいる。どんなときも自分が得をすることしか考えていない人もいる。邪悪な誘惑に勝てない人もいる。こうしたタイプの人材は、厳しく排除しなければならない。人間味をもって対応するのは構わないが(そもそも採用したのはあなたのミスなのだから)、必ず排除すべきだ。

幸い、そういう人はまれだ。これは単なる性善説にもとづく主張ではない。労働者のモチベーションに関するさまざまな研究が、同じ結論を導き出している。[28]

- 1980年にギャラップ社がアメリカ商工会議所のために実施した調査では、アメリカの労働者の88%が、自分にとって勤勉に働き、ベストを尽くすことは重要だと回答した。この調査は、アメリカの生産性低下の原因は労働倫理が低いことではないとも結論づけている。

●コネチカット相互保険会社が行った調査では、アメリカ人の76％が仕事への熱意を感じることがよくある、と答えていた。

●世論調査団体パブリック・アジェンダ・ファンデーションの調査では、幅広い分野のアメリカ人労働者に、次の4つの選択肢のなかから自分の仕事観に近いものを選んでもらった。

(1) 仕事は単なる商取引だ。働けばお金がもらえる、というだけだ。

(2) 仕事は人生につきものの労苦のひとつだ。働く必要がなければ働かない。

(3) 仕事はおもしろいと思うが、プライベートの邪魔は絶対にさせない。

(4) 報酬にかかわらず、自分にできる限り最高の仕事をしたいという内なる欲求がある。

回答者の80％が「④報酬にかかわらず、自分にできる限り最高の仕事をしたいという内なる欲求がある」を自分の仕事観に1番近い、あるいは2番目に近いと答えており、過半数（52％）が1番に選んでいた。選択肢（1）や（2）を1番や2番に選んだ人はわずか20％だった。

大多数の人は（あらゆる人とはいえないが）良い仕事をしたいと思っている。誇りを持てる事業に参画したいと願っている。困難な仕事に挑戦し、自分の力を証明する機会を欲しがっている。仲間に頼りにされれば、応えようとする。敬意をもって扱われれば、並外れた仕事をやってのける。

本書の新しい視点

「ＯＰＵＲ」の精神

「グッド・トゥ・グレート・プロジェクト」のあるメンバーが、休暇をとることにした。そして不在中に担当業務が完璧にまわるように詳細な計画を立て、私のところに持ってきた。出発前にできることをすべて完了するための計画。プロジェクトの期限までにすべてを完璧かつ確実に間に合わせるため、休暇から帰ってきたらすぐに対処すべき事柄の計画。出発前あるいは復帰後には対応できないことについては代役となってくれる同僚と話し合い、計画を立てていた。

「非の打ち所がない計画だね。すばらしいよ」と私は褒めた。

「自分がＯＰＵＲだとわかっていますから。これは仕事だと思っていません。私の責任だと思っています」

興味深いのは、このメンバーは比較的自由な勤務時間で、時給で働くパートタイマーであったことだ。それでもフルタイムの専門職の優秀な社員と同じレベルのマインドセット、責任感があった。「ＯＰＵＲ《オープア》」であるというのはどういうことか、完璧に理解していたのだ。

ＯＰＵＲとは「One Person Ultimately Responsible（最終責任を負う者）」の頭文字を取った言葉だ。重要な作業や目標の一つひとつに、明確なＯＰＵＲを任命すべきだ。「これのＯＰＵＲは誰か」と尋ねたら、誰かが「私だ」とはっきり答えるようにするのだ。

ＯＰＵＲ文化を維持するうえでカギとなるのは、一人ひとりの社員がＯＰＵＲマインドセットを持ち、ＯＰＵＲとして明確な任務を負うことだ。ただ理想的なＯＰＵＲ環境を生み出すうえでそれと同じぐらい重要なのが、誰もが隣人のために「歩道を雪かきする」文化があることだ。

歩道を雪かきする文化とは、こういうことだ。あなたの家は冬には雪が降る地域にある。吹雪の後、歩道の雪かきをする最終責任はあなたにある。休暇で街を出ていようが、関係ない。住宅の所有者であるあなたは、目の前の歩道の雪かきのＯＰＵＲなのだ。歩道が凍ってしまったとき「私は休暇に出かけて不在だったから」と自治体に言い訳することはできない。ただ隣人が本物の「隣人」であれば、不在中の雪かきをお願いできるかもしれない。そして隣人の不在中はあなたも同じように彼らの家の前の歩道の雪をどける。

ＯＰＵＲ精神を「良き隣人」のルールと組み合わせれば、すなわち自らの仕事に対して完全な責任を引き受けつつ、お互いの歩道の雪かきを助ける文化があれば、個人とチームのパフォーマンスは高まり、組織はまとまるだろう。それによって高いパフォーマンスを実現する環境であると同時に最高の職場であるという、すばらしく魅力的な状態が生まれる。

成功の究極の「秘訣」

偉大な企業をつくる秘法などない。本書で事例に挙げた企業をはじめ、私たちが観察する機会を与えられた偉大な企業をつくった経営者はスーパーマンではなかった。ふつうの人より賢かったわけでも、カリスマ起業家という特殊な集団に属していたわけでもない。

「あなたの成功の秘訣は何ですか」と質問すると、たいていみな当惑した。「秘訣？　そんなものはないよ」というのがお決まりの答えだった。そして本書で述べてきたような基本を口にする。ビジョンを持つこと、優れた戦略的意思決定をすること、イノベーティブでありつづけること、そして必ず強調するのが、遂行の重要性だった。

だが秘法などないなら、傑出した存在になる企業はなぜこれほど少ないのか。彼らが挙げた基本は、ロケット科学のような複雑なものではなく、容易に理解できる概念ばかりだ。私たちは何か見落としているのだろうか。

そんななか、フェデラルエクスプレスのフレッド・スミスがビル・モイヤーとのインタビューでこんなことを言うのを聞いた。[29]

企業経営者のほとんどは、工場など現場で働くメンバーを見下している。ふつうの人を軽蔑しているんだ。彼らのおかげで自分はとほうもない金額を稼いでいるというのに。

それを聞いて、私たちが観察してきた偉大な企業のさまざまな特徴に通底するテーマがはっきりした。敬意だ。私たちはかねてからジェイミー・エスカランテの生きざまに深く感銘を受けてきた。ロサンゼルスの高校教師で、映画『落ちこぼれの天使たち』のモデルになった人物だ。エスカランテはヒスパニック系住民が多い貧困地区の高校生に、高度な大学レベルの微積分学を教えた。教え子たちのアドバンスト・プレースメント（飛び級）試験の合格率は、アメリカ中のほとんどの学校よりも高かった。

たいていの人が微積分学でアドバンスト・プレースメント試験に合格するはずがないと思うような子供達を相手に、なぜエスカランテは成功できたのか。スタンフォード大学での講演で、エスカランテは2つのシンプルな言葉を口にした。愛情と敬意だ。エスカランテは生徒たちを愛し、敬意を払った。敬意があったからこそ、ふつうの人が不可能だと思うような高い成果を要求したのだ。

秘訣があるとすれば、これだろう。偉大な企業は敬意という基礎の上に築かれる。顧客に敬意を払い、自らに敬意を払い、お互いの関係性に敬意を払う。何より重要なのは、社員に敬意を払うことだ。出身や経歴、社内の立場にかかわらず、あらゆる社員に対してだ。

社員に敬意があるから、信頼する。敬意があるから、社員に対して率直かつ誠実に対応する。敬意があるから、行動と意思決定の自由を与える。敬意があるから、全員に生まれつきクリエイティビティと知性と、問題解決能力が備わっていると考える。

社員に敬意があるから、高いパフォーマンスを「期待する」。高い基準と困難な課題を設定するのは、社員が基準を達成し、課題に立ち向かうと信じているからだ。突き詰めると、偉大な企業の社員が一貫して卓越した戦術の遂行を成し遂げるのは、彼らにその力があると誰かが信じているからだ。

このような敬意から、あらゆる人に尊敬される企業が生まれる。産業界におけるロールモデルとなり、製品、サービス、雇用を通じてだけでなく、他社の目標となることで世界に好ましいインパクトを与える企業だ。

あなたにも志のある企業、業績だけでなく価値観についても模範となるような企業は築ける。困難を克服し、自らの成功を通じて偉大さは根本的な人間性や敬意と切り離せないものだと証明する企業を築くことができる。人生の最期に「自分がつくった会社に誇りを、自らの生き方に敬意を持てる。有意義な人生だった」と思えるような企業を築くことができる。

『ビヨンド・アントレプレナーシップ』の謝辞

本はひとりで書くものではない。２人でも書けない。私たちがいなければ本書が存在しなかったのは事実だが、他の多くの方々の支援がなければこのようなかたちにはなっていなかった。

私たちが執筆にとりかかるはるか以前に、本書の可能性を見いだしてくれたポール・フェイアン、ジョン・ウィリグに感謝している。最初に編集を担当してくれたジョンは、大胆な確信をもって書き進める自信を与えてくれた。また執筆の重要な節目で、貴重な指摘やアドバイスを与えてくれた。

１９９２年に発行した『ビヨンド・アントレプレナーシップ』というタイトルを考えてくれたのは、リサーチアシスタントでケースの執筆を担当したリー・アン・スネデッカーだ。クリエイティブなアイデアと思慮深い批判によって、初期の草稿に多大な貢献をしてくれた。いつも明るいアシスタントのカレン・ストックとエレン・キタムラは、このプロジェクトの各段階で大きな力となってくれた。「品質管理の砦」ともいうべきジョアン・パットンは私たちが原稿を書き直すたびに校正してくれた。

ジャネット・ブロケットは並外れたクリエイティビティと対人能力を活かし、本書のカバーやデザインの作成に貢献してくれた。ジャネットと仕事をするのはすばらしい経験だった。

シビル・グレース率いるプレンティス・ホールのチームには、本書の制作から刊行に至るまで、プロフェッショナリズムと愛情をもって原稿を扱ってくれたことに敬意を表したい。

P・R・ナヤックとJ・M・ケタリンガムには多くの知的刺激を受けた。イノベーションの章で紹介した、スリーエムのポストイットや電子レンジ、タガメット、フェデラルエクスプレス、CTスキャナーの事例は、2人の研究や共著『ブレイクスルー!』を参考にしている。

マイケル・レイ、ロッシェル・マイヤーズにも深く感謝している。ともに傑出した教師であり、本書では2人の共著『クリエイティビティ イン ビジネス』(日本能率協会マネジメントセンター)や講義録から多くの記述を引用している。

引用の許可を与えてくださった多くの個人や企業にも感謝したい。MIPSコンピュータのボブ・ミラー、ジロスポーツ・デザインのビル・ハンネマンとジム・ジェンテス、ジョアン・ファブリックスのラリー・アンサン、パタゴニアのクリスティン・マクディビット、コンチネンタル・ケーブルビジョンのH・アービング・グロウスベック、パーソナルCADシステムズ元CEOのダグ・ストーン、ラムテックのジム・スワンソン、テレケアのアン・ベイカー、セルトリックス・ラボラトリーズのブルース・ファリス、ケネディ・ジェンクスのデビッド・ケネディ、シュラーゲ・ロック・カンパニーのジョー・ボリン、サン・マイクロシステムズ共同創業者のビノッド・コースラ、ナイキのピート・シュミット、ローゼンバーグ・キャピタル・マネジメントのクロード・ローゼンバーグ、アップルコンピュータのデビ・コルマン、アドバンスト・デシジョン・システムズのマイク・コール、アメリカズ・マラソン元エグゼクティブ・ディレクターのボブ・ブライト、そしてタンデム・コンピューターズのダン・ライル。

とりわけヒューレット・パッカードの創業期について、ジム・コリンズとジェリー・ポラスのインタビューを受けてくれたビル・ヒューレット、そして私たちの講義に参加し、学生たちに自らの思いを語ってくれたネクスト・コンピュータのスティーブ・ジョブズに感謝する。私たちの考えに大きな影響を与えてくれた2人に、心からの敬意を表したい。

多くの思慮深く熱心な読み手が本書の草稿に目を通し、批判的に評価し、有益な意見、激励、批判、提案をしてくれた。アート・アームストロング、スーザン・バンデュラ、クリス・ブジャ、ロジャー・デビッソン、シェリー・フロイド、アーサー・グラハム、アーブ・グロウスベック、グレッグ・ハドリー、ビル・ハンネマン、デビッド・ハーマン、ジム・ハチンソン、クリス・ジャクソン、ダーク・ロング、ボブ・ミラー、ブルース・ファリス、ハイディ・ロイゼン、リチャード・ウィシュナーに感謝したい。

最後に、スタンフォード大学経営大学院で私たちの授業を受講してくれた何百人という聡明で才能にあふれ、探求心のある刺激的な企業幹部や学生たちに心からの感謝を申し上げる。私たちが与えた以上の影響を、私たちに与えてくれたかもしれない。私たちに高い基準を求めてくれた方々、そして永続する偉大な企業をつくりたいという夢を持つすべての方々に感謝している。

J・C

W・L

本書の謝辞

本書の企画が動き出したのは、4人の後押しがあったからだ。まず企画の発案者で、40年にわたる私の人生のパートナーである妻のジョアンナ・アーンスト。ジョアンナはかねてから『ビヨンド・アントレプレナーシップ』はもっと多くの読者の役に立てる本だと考えていた。またそのアップデート版はビル・ラジアーの功績に深い敬意を表する場として理想的だとも思っていた。ジョアンナのアイデアに興味を持った私は、ビルの未亡人であるドロシーと連絡をとり、新版を出すことに同意してもらえるか尋ねた。ドロシーは私の提案をとても喜び、2つ返事で了解してくれた。ジョアンナとドロシーからこの企画と真剣に向き合うよう励まされ、私はペンギン・ランダムハウス(『ビヨンド・アントレプレナーシップ』の出版権を持っていた)のエイドリアン・ザックハイムとナイジエル・ウィルコクソンに本書の企画を持ちかけた。私たちは他の著作を出版する際に一緒に仕事をしたことがあり、2人はすぐに支援を約束してくれた。プロジェクトの完遂に向けて、常に温かく、また粘り強く私の背中を押し続けてくれたジョアンナ、ドロシー、エイドリアンとナイジェルに心から感謝している。

グッド・トゥ・グレート・プロジェクトの仲間たちはこの企画に多大な貢献をしてくれた。ケイト・デスコンベス(カオス担当OPUR)はシニアリサーチ・アシスタントとして、文章を適切かつ正確に仕上げるために「20マイル行進」を続けた。エイミー・ホジキンソン、サム・マクメリー、ブランドン・リード、デイブ・シャーニン、トリー・ウダールは背景調査、原稿を読んでくれた方々からのフィードバックの整理、事実確認、有益なフィードバックの提供を通じて本書の草稿を完成させるのに協力してくれた。ケイト・ハリスはファクトチェックのほか、リーダーシップに関する書き下ろしの土台となる研究を手伝ってくれた。アレクシス・ベントリーとジュディ・ダンクリーは本文をチェックし、情報を再確認し、事前に原稿を読んでもらう方々とのやりとりを管理してくれた。

デボラ・ノックスの緻密で思慮深い仕事ぶりを見て、改めて彼女が編集者となってくれた幸運を痛感した。デボラには私のパーソナル・エディターとしてこれまでに5作の出版プロジェクトに参画してもらったが、毎回文章に磨きをかけてくれる。ジャネット・ブロケットは今回もいつもと同じようにクリエイティブで個性的なデザインの才能を発揮してくれた。30年近い付き合いになるエージェントのピーター・ギンスバーグは、想像的でオープンマインドなアプローチによって、本書の目的に最適な出版パートナーを見つけてくれた。ペンギン・ランダムハウスのキンバリー・メイランは、最終原稿を完本へと巧みに導いてくれた。

多くの方が本書の草稿に目を通し、全体的コンセプトに意見を述べ、批評してくれた。以下の方々に感謝している。ライアー・アーロンソン、トロイ・アレン、ケルシー・オースランド、カレン・ビーティー、ジョエル・ブロック、タイソン・ブロイレス、ティファニー・バークホルター、ボー・バーリンガム、デーン・バーンソン、ヘルス・カタリストのダン・バートン、クリストファー・チャンドラー、シャレンドラ・チャブラ、カレン・クラーク・コール、テレンス・カミングス

（グランデ！）、ジェフ・ダミア（1993年スタンフォード大学経営大学院卒業生）、スワドル・デザインズのライネッテ・ダミア、スティーブン・M・ダストア、マーティ・デビッドソン、ローレル・デラニー、デビッド・R・ダンカン、ソレン・アイラートセン、ジム・エリス、アンドリュー・ファイラー、ジェフ・ガリソン、ランドール・T・ガーバー、ブレット・ジリランド、エリック・ハーゲン、ブラッド・ハリー、セバスチャン・ヒュールズウィット、コロンバスのサリー・A・ヒューズ、ジェイコブ・イエーバー、タル・ジョンソン、キム・ジョーダン、ノア・キキア、ベティーナ・コスキ、リン・M・クローグ、ダナ・ラジンスキ、ダン・マルコビッツ、クレイト・マスク、マイク・モールター、アン・ウォーリー・モールター（SFVG）、ニック・パドロ、トロイ・E・ポラス、バート・リード、ダミエン・リゼッロ、シンシア・シェール、グレッグ・ショット、ウィリアム・F・シュースター、アダム・スタック、トム・スチュワート（ナショナル・センター・フォー・ミドルマーケットのエグゼクティブ・ディレクター）、マーク・ストールソン、マイケル・ストリックランド、ボブ・スウィア、メガン・タンテ、マーク・トロ、ウィリアム・L・トレシアック、エリザベス・ザッケイム、ナサニエル（ナッティ）・ゾラ。

惜しみなく自らのストーリーを語り、正確性を期すために時間を割いて原稿の該当箇所を確認してくださった第5水準のリーダーたちにもお礼を申し上げる。ロイド・オースティン3世陸軍大将、アン・ベイカー、トミー・コールドウェル、マイケル・S・アーウィン中佐、ウェンディ・コップ、ジョージ・パウロ・レマン、DPRコンストラクションのピーター・サルバティ。自らの行動や長年の対話を通じて私にたくさんのことを教えてくれた今は亡きスティーブ・ジョブズにもお礼を言いたい。

最後に再びジョアンナの話をしたい。これまで数十年にわたって自分の考えを明確に、正しく表現しようと苦闘する過程で、ジョアンナは常に変わらず私を支え、もっとも信頼できる知的パートナーでありつづけてくれた。その揺るぎない信念と的確な批評は、私の著作に欠かせないスパイスだった。モノを書くのは、文字を打つ作業ではない。モノを考える作業だ。明瞭な文章を書けないのは、思考が明瞭ではないからだ。読みやすいものを書くのは難しい。ジョアンナはそうしたことをすべて理解し、何度も何度も私に推敲と書き直しを勧める。私が必死に書き上げた1章分の「最終稿」を、「まだ完璧じゃない。あなたならもっと良いものが書けるはず」と差し戻されたことは一度や二度ではない。そして直すべき部分を丁寧に指摘した何ページものメモを渡してくれる。ところどころうまく書けている部分の余白には、スマイルマークが書き込んである。モノを書く者に対するこれ以上の愛情表現を私は知らない。

『ビヨンド・アントレプレナーシップ』序文の再掲にあたって

本書の構成は『ビヨンド・アントレプレナーシップ』のオリジナル版とは大幅に異なっている。このためオリジナル版の序文が本書の冒頭にあると、読者を混乱させると考えた。とはいえビルと私がオリジナル版の冒頭で何を語っていたのか、興味を持たれる読者もいるだろう。そこでオリジナル版の完全な姿を伝えるため、その序文を本書の末尾に置くことにした。

序文

私たちと出会ったころ、ジム・ジェンテスは在庫のなかで寝ていた。カリフォルニア州サンノゼの、寝室がひとつしかない狭く暑苦しいアパートで会社を立ち上げたため、寝室が完成品の倉庫になったのだ。部品や製造設備でいっぱいのガレージでは、室温が37度まで上昇するなかで4人の若者が一心不乱に自転車用ヘルメットをつくっていた。もっとスペースが必要になると、ジェンテスは隣人にヘルメットをプレゼントし、代わりにガレージを使わせてもらった。こんな具合に「ガレージひとつ」から「ガレージ2つ」のベンチャーへと成長していったのだ。幸い近所の人々は、UPSの大型配送トラックが毎日ドライブウエイに入ってきて、部品を降ろし、出荷用に梱包された荷物を運び出しても苦情は言わなかった。
「本社機能」を果たしていたキッチンテーブルは、書類やヘルメットの試作品、本、テーブルの端に斜めに置かれたマッキントッシュ・コンピュータから印刷されてくる大量の紙で覆われていた。サイクリング関連のポスターに囲まれたこのテーブルで、20代後半だったジェンテスは、近い将来このアパートを出てオフィスを借り、成功に向かって邁進するんだと熱く語った。

それから山積みになった起業やスタートアップ・中小企業経営の本を指さした。「事業を立ち上げる際には参考になった。でも僕が本当に知りたいことは書いてないんだ」と言う。

「本当に知りたいこと?」と私たちは尋ねた。

ジェンテスは30~40秒ほど窓の外を眺めてから、私たちのほうを振り向いてこう言った。「僕はジロを偉大な企業にしたいんだ」

こうして本書のアイデアが生まれた。

本書のテーマは、既存の事業を永続する偉大な企業に育てる方法だ。ジム・ジェンテスのような、自らの会社を特別な存在、誇りの持てる尊敬される会社にしたいと願う人のために書いた。傑出した組織、すなわち高いパフォーマンスを維持し、業界において主導的役割を果たし、ロールモデルとなり、何世代にもわたって偉大でありつづける企業をつくる手助けをするのが私たちの目的だ。あなたが組織のリーダーとして偉大な企業を目指そうと思うなら、本書が役立つだろう。

本書は事業を立ち上げる方法を説明する本では**ない**。読者として想定しているのは、すでに事業を営んでいる組織をキーパーソンとして育てていく方々だ。自ら起業した人もいれば、買収、相続、あるいは既存の企業に参画した人もいるだろう。

本書のアドバイスの多くはあらゆる規模の企業にあてはまるが、主に中小企業（大企業のなかの小さな事業部門も含む）のリーダーのために書いている。偉大さの基礎はたいてい企業規模が小さく、リーダーの価値観を体現するように形づくっていくことのできる時期に据えられるからだ。

今のＩＢＭが偉大な企業なのは、巨大になるはるか以前にトム・ワトソンが取り組んだことの成果だ。ナイキが偉大なのは、ゴリアテに挑む生意気なダビデだった時代にフィル・ナイトが取り組んだことの成果だ。スリーエムが偉大なのは、何十年も前にウィリアム・マックナイトが自らの価値観に合わせて会社のあり方を形づくったからだ。エルエルビーンが偉大なのは、メイン州フリーポートのたったひとつのビルで活動していた時代に、レオン・ビーンがとった行動のおかげだ。パタゴニアが偉大な企業への道を着実に歩んでいるのは、威勢の良い業界の異端児であった草創期に、クリスティン・マクディビットが残した消えない痕跡のおかげだ。

あなたが中小企業のリーダーなら、偉大な企業の作り手になるのか、決めるのはあなた自身だ。本書はそのような作り手になるための手引きだ。

営利会社に照準を合わせてはいるが、内容の多くは非営利組織の経営者にも役立つと考えている。偉大な企業をつくるための原則は総じて、時代を超える偉大さを目指すあらゆる組織に当てはまる。

偉大な企業とは何か

私たちは偉大な企業を、4つの基準を満たす組織として定義している。

1 業績。偉大な企業は（きわめて収益力の高い事業を通じて）自立して事業を営むのに十分なキャッシュフローを生み出す。それに加えてリーダーやオーナーが設定した他の目標も着実に実現してきた実績がある。浮き沈みを経験し、ときに厳しい局面に立たされることがあっても、偉大な企業は常に復活し、再び優れた業績をあげるようになる。

2 影響。偉大な企業は主導的立場で市場を形づくっていく。必ずしも最大手である必要はない。規模だけでなくイノベーションによって業界に影響を及ぼすこともできる。

3 評価。偉大な企業は社外の人々から称賛と尊敬を受け、ロールモデルになることが多い。

4 持続性。偉大な企業には持続力があり、何十年にもわたって健全でありつづける。並外れて偉大な企業には自己再生能力があり、偉大さの基礎を形づくった個人を超越し、経営陣が世代交代をしても偉大さが持続する。永続する偉大な企業を築くというのは、100年にわたって偉大でありつづけることを意味する。

偉大な企業になるために、必ずしも完璧である必要はない。そもそも完璧な企業など存在しない。どんな企業にも欠点はある。偉大なアスリートと同じように、偉大な企業もときには失敗し、一時的に評価に傷がつくこともある。だが偉大な企業にはレジリエンスがあり、偉大なアスリートがスランプや故障から回復するのと同じように、困難な状況から必ず復活する。

構成　どうすれば偉大な企業をつくれるのか

各章では、企業が偉大さを実現するのに不可欠な要素をひとつずつ見ていく。体系的理論や方法論を、生き生きとした具体的事例とともに説明していく。

第1章（本書では第3章）として、まずは**リーダーシップ・スタイル**の話から始めよう。有効なリーダーシップ・スタイルなくして、偉大な企業の構築は不可能だ。すべてはあなたから始まる。

第2章（本書では第4章）では企業リーダーの役割、すなわち**ビジョン**を提示することについて考えていく。あらゆる偉大な企業には、土台として魅力的なビジョンがある。ビジョンとは「何か」、「なぜ」それほど重要なのか、「どのように」設定すればよいのか。こうした問いに答え、企業のビジョンを設定するのに役立つフレームワークを示す。

第3章（本書では第7章）では**戦略**というテーマをわかりやすく説明する。ビジョンを明確にしたら、そのビジョンを実現するためのロードマップを作成し、正しい意思決定を積み重ねていく必要がある。

第4章（本書では第8章）では偉大さに欠かせない**イノベーション**という興味深いテーマを見ていく。どうすればクリエイティビティを刺激し、企業が大きくなってもイノベーティブでありつづけ

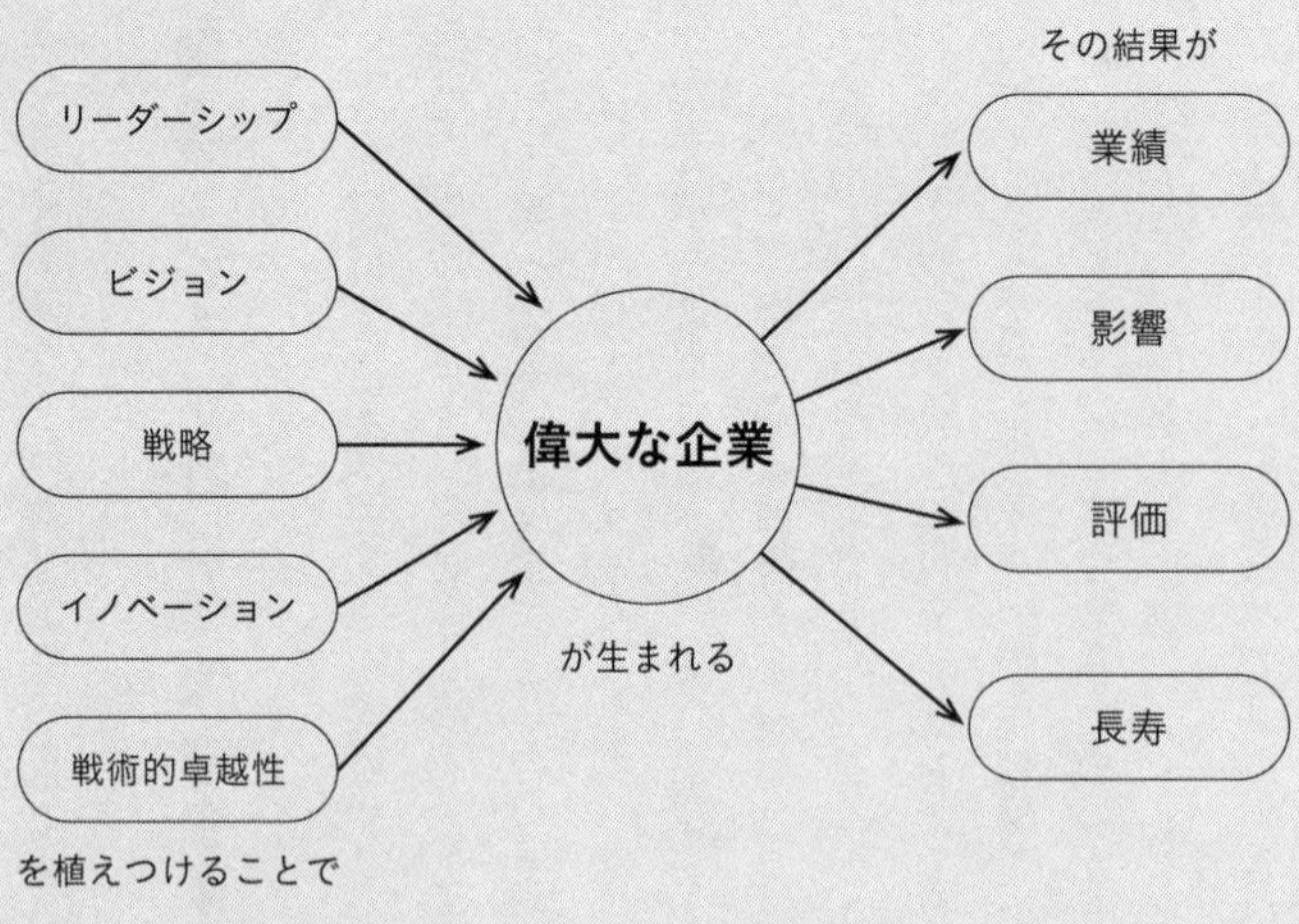

ることができるだろうか。ここではそのためのフレームワークとさまざまな提言、事例を紹介する。

最後となる第5章で（本書では第9章）は**卓越した戦術の遂行**の重要性について検討する。ビジョンや戦略をどのように戦術に落とし込むか、そしてもっとも重要なこととして、どうすれば一貫してハイレベルで戦術を遂行する環境を生み出すことができるのかを見ていく。

本書は私たち自身の実務経験（共著者はともにスタンフォード大学経営大学院で教壇に立つ以前に民間企業で働いていた）、学術研究や理論、コンサルティング業務、多数の企業で取締役を務めた経験に依拠している。それに加えて実地調査、ケーススタディの執筆、学生の研究プロジェクトからも継続的に新たな事例や知見を得てきた。本書に盛り込んだ見解は、３００以上の企業とかかわるなかで形成されたものだ。

ちなみにジム・ジェンテスは、もう在庫に埋もれて寝てはいない。１９８６年の「本社」での初対面から、ジロスポーツ・デザインは１００倍以上の規模に成長し、永続する偉大な企業への道を順調に歩みつづけている。ジェンテスと同じ「偉大な企業を目指す」という夢を持つすべての人に、そんな未来をつかんでほしいと願っている。

ジム・コリンズ、ビル・ラジアー

原注

序章

1. Bill Snyder, "Netflix Founder Reed Hastings: Make as Few Decisions as Possible," Stanford Graduate School of Business *Insights,* November 3, 2014, https://www.gsb.stanford.edu/insights/netflix-founder-reed-hastings-make-few-decisions-possible; "Reed Hastings, Netflix: Stanford GSB 2014 Entrepreneurial Company of the Year," Stanford Graduate School of Business, October 15, 2014, https://www.youtube.com/watch?v=zCOolNfs40M.

第1章

1. George Climo, "HP's Profit-sharing Tradition,"*Measure,* June, 1979, www.hp.com/hpinfo/abouthp/histnfacts/publications/measure/pdf/1979_06.pdf. 2-5.
2. "The Hewlett Family and Foundation History," The William and Flora Hewlett Foundation, https://hewlett.org/about-us/hewlett-family-and-history.

第2章

1. Rich Karlgaard, "ASAP Interview: Bill Gates," *Forbes,* December 7, 1992.
2. "Apple Reinvents the Phone with iPhone," *Apple Newsroom,* January 9, 2007, https://www.apple.com/newsroomh.007/01/09Apple-Reinvents-the-Phone-with-iPhone.
3. Brent Schlender and Rick Tetzeli, *Becoming Steve Jobs: The Evolution of a Reckless Upstart into a Visionary Leader* (New York, NY: Crown Business, 2015) p. 165（『Becoming Steve Jobs : ビジョナリーへの成長物語』井口耕二訳、日本経済新聞出版、2018年）; Jim Collins and Morten T. Hansen, *Great by Choice: Uncertainty, Chaos, and Luck-Why Some Thrive Despite Them All* (New York, NY: Harper Business, 20n) pp. 91-95.（『ビジョナリー・カンパニー④ 自分の意志で偉大になる』牧野洋訳、日経BP、2012年）
4. Tripp Mickle and Amrith Ramkumar, "Apple's Market Cap Hits $1 Trillion," *Wall Street Journal,* August 2, 2018, https://www.wsj.com/articles/apples-market-cap-hits-1-trillion-15 3 3 225150.
5. Ed Catmull, *Creativity, Inc.: Overcoming the Unseen Forces That Stand in the Way of True Inspiration* (New York, NY: Random House, 2014) PP· 90, 112, 127, 315.（『ピクサー流創造するちから:小さな可能性から、大きな価値を生み出す方法』石原薫訳、ダイヤモンド社、2014年）
6. Edward T. O'Donnell, *America in the Gilded Age and Progressive Era Transcript*

Book (Chantilly, VA: The Great Courses, 2015) p. 9.

7. Telecare Corporation, *Telecare Annual Report* (Alameda, CA: Telecare Corporation, 2014), https://static1.squarespace.corn/static/55f9afdfe4bof-520d4qff43/t/5798db99loo99eba44dedoaa/1469635483l65/Annual+Report_FY13-14_vFinal_Srnall.pdf, 3,12; Anne Bakar, Presentation to Haas School of Business, University of California Berkeley, March 16, 2017; "Bay Area Council 2017 Business Hall of Fame-Anne Bakar," Bay Area Council, November 17, 2017, https://www.youtube.com/watch ?v= 3l4LrnlhLL-E.
8. "Dwight David Eisenhower Chronology," Dwight D. Eisenhower Presidential Library, Museum & Boyhood Horne, https://www.eisenhower.archives.gov/all_about_ike/chronologies.html; Chester J. Pach, Jr., "Dwight D. Eisenhower: Life Before the Presidency," Miller Center, University of Virginia, https://millercenter.org/president/eisenhower/life-before-the-presidency; Jean Edward Smith, *Eisenhower in War and Peace* (New York, NY: Random House, 2012) Chapter 6, Chapter 8.
9. Schlender and Tetzeli, *Becoming Steve jobs,* pp. 76, 39l-393.
10. Jim Collins and Jerry I. Porras, *Built to Last: Successful Habits of Visionary Companies* (New York, NY: Harper Business, 2002) p. 184.（『ビジョナリー・カンパニー　時代を超える生存の原則』山岡洋一訳 日経BP、1995年）
11. Collins and Hansen, *Great by Choice,* p. 6.
12. "J.W. Marriott Jr. ," *Marriott International,* https://www.marriott.com/culture-and-values/jw-marriott-jr.mi.
13. Jim Collins, "The 10 Greatest CEOs of All Time," *Fortune,* July 21, 2003, 54-68.
14. Leon Gorman, *LL.Bean: The Making of an American Icon* (Boston, MA: Harvard Business School Press, loo6) pp. 3-5, 29-31; "An Inside Look at an Outdoor Icon," LL.Bean Company History, https://www.llbean.com/llb/shop/516918?page=cornpany-history, pp. l-5; Tom Bell, "Leon Gorman, Visionary Who Led L.L. Bean's Growth into a Global Giant, Dies at So," *Portland Press Herald,* September 3, 2015, https://www.pressherald.com/2015/09/03/l-l-bean-magnate-leon-gorman-dies/.
15. Jim Collins, *How the Mighty Fall: And Why Some Companies Never Give In* (Boulder, CO: Jim Collins, 2009) pp. 113-116（『ビジョナリー・カンパニー③　衰退の五段階』山岡洋一訳、日経BP、2010年）; Anthony Bianco and Pamela L. Moore, "Xerox: The Downfall: The Inside Story of a Management Fiasco," *Bloomberg Businessweek,* March 4, 2001, https://www.bloomberg.com/news/articles/2001-03-04/xerox-the-downfall.
16. Collins, *How the Mighty Fall,* pp. 113-116; Betsy Morris, "The Accidental CEO,"

Fortune, June l3, 2003, https://archive.fortune.com/magazines/fortune/fortune_archive/2003/06/23/344603/index.htm; Kevin Maney, "Mulcahy Traces Steps of Xerox's Comeback," *USA Today,* September 21, 2006, https://www.coursehero.com/file/6128734/Mulcahy-traces-steps-of-Xerox/; Lisa Vollmer, "Anne Mulcahy: The Keys to Turnaround at Xerox," Stanford Graduate School of Business, December 1, 2004, https://www.gsb.stanford.edu/insights/anne-mulcahy-keys-turnaround-xerox; "The Cow in the Ditch: How Anne Mulcahy Rescued Xerox;' *Knowledge@Wharton,* Wharton School of the University of Pennsylvania, November 16, 2005, https://knowledge.wharton.upenn.edu/article/the-cow-in-the-ditch-how-anne-mulcahy-rescued-xerox.

17."Austin Leaves Legacy of Leading from the Front," United States Central Command, April 5, 2016, https://www.centcom.mil/MEDIA/NEWS-ARTI CLES/News-Article-View/Article/885335/austin-leaves-legacy-of-leading-fromthe-front; "General Lloyd J. Austin III," U.S. Department of Defense, https://archive.defense.gov/bios/biographydetail.aspx ?biographyid= 334.

18. Cristiane Correa, *Dream Big: How the Brazilian Trio behind 3G Capital-Jorge Paulo Lemann, Marcel Telles and Beto Sicupira-Acquired Anheuser-Busch, Burger King and Heinz* (Rio de Janeiro, Brazil: Primeira Pessoa, 2014) pp. 54-60, 88-90, 131-138, 168-171, 206-223.

19. Jim Collins, *Good to Great: Why Some Companies Make the Leap... and Others Don't* (New York, NY: Harper Business, 2001) pp. 49-52. (『ビジョナリー・カンパニー②　飛躍の法則』山岡洋一訳、日経BP、2001年）.

20. Toby Cosgrove, *The Cleveland Clinic Way: Lessons in Excellence from One of the World's Leading Healthcare Organizations* (New York, NY: McGraw-Hill Education, 2014).

21. "Monthly Basic Pay Table: Active Duty Pay January 2019," U.S. Department of Defense, https://militarypay.defense.gov/Pay/Basic-Pay.

22. Dick Couch, *The Sheriff of Ramadi: Navy SEALs and the Winning of al-Anbar* (Annapolis, MD: Naval Institute Press, 2008) p. 52.

23. "Monthly Basic Pay Table: Active Duty Pay January 2019"; Theo Francis and Lakshmi Ketineni, "The WSJ CEO Pay Ranking," *Wall Street Journal,* May 16, 2019, https://www.wsj.com/graphics/ceo-pay-2019.

24. Collins, *Good to Great,* pp. 4i.-45; Warren E. Buffett, *1990 Letter to the Shareholders of Berkshire Hathaway Inc.* (Omaha, NE: Berkshire Hathaway Inc., March 1, 1991), https://www.berkshirehathaway.com/letters/l990.html, Marketable Securities; Warren E. Buffett, *1992 Letter to the Shareholders of Berkshire Hathaway Inc.* (Omaha, NE: Berkshire Hathaway Inc., March 1, 1993),

https://www.berkshirehathaway.com/letters/1992.html, Common Stock Investments.

25. Wells Fargo & Company, *Wells Fargo & Company Annual Report 2016* (San Francisco, CA: Wells Fargo & Company, 2017), https://www.wellsfargomedia.com/assets/pdf/about/investor-relations/annual-reports/2016-annual-report.pdf, p. 3.
26. Wells Fargo & Company, *Wells Fargo & Company Annual Report 2016*, p. 5.
27. Independent Directors of the Board of Wells Fargo & Company, *Sales Practices Investigation Report*, April 10, 2017, https://www.wellsfargomedia.com/assets/pdf/about/investor-relations/presentations/2017/board-report.pdf, Overview of the Report.
28. William Manchester, *Goodbye, Darkness: A Memoir of the Pacific War* (New York, NY: Little, Brown and Company, 1980) p. 391.
29. P. Ranganath Nayak and John M. Ketteringham, *Breakthroughs!: How Leadership and Drive Create Commercial Innovations That Sweep the World* (San Diego, CA: Pfeiffer & Company, 1994) Chapter 13.（『ブレイクスルー！事業飛躍の突破口』山下義通訳、ダイヤモンド社、1987年）
30. Roger Frock, *Changing How the World Does Business: FedEx's Incredible Journey to Success-The Inside Story* (San Francisco, CA: Berrett-Koehler Publishers, Inc., 2006) Kindle Edition Chapter 18.
31. Nayak and Ketteringham, *Breakthroughs!*, Chapter 13.

第3章

1. William Manchester, *The Last Lion, Alone* (Boston, MA, Little Brown, and Company, 1988) p. 210. 本書ではチャーチルの例をいくつも引用している。チャーチルの人生やリーダーシップ・スタイルに関するすばらしい資料として、マンチェスターの『*The Last Lion*』シリーズを薦める。
2. Laura Baker, "Teach For America by the Numbers," *Education Week*, January 15, 2016, https://www.edweek.org/ew/section/multimedia/teach-for-america-by-the-numbers.html; "The History of Teach For America," Teach For America, https://www.teachforamerica.org/what-we-do/history.
3. Bo Burlingham, "Jim Collins: How to Thrive in 2009," *Inc.*, April 1, 2009, https://www.inc.com/magazine/20090401/in-times-like-these-you-get-a-chance.html.
4. James MacGregor Burns, *Leadership* (New York, NY: Harper Torchbooks, 1978) p. 4.
5. Colin Powell, *It Worked for Me: In Life and Leadership* (New York, NY:

HarperCollins, 2012) p. 159.（『リーダーを目指す人の心得』井口耕二訳、飛鳥新社、2017年）
6. "Quotes," Dwight D. Eisenhower Presidential Library, Museum & Boyhood Home, November 5, 2019, https://www.eisenhowerlibrary.gov/eisenhowers/quotes.
7. William Manchester, *Portrait of a President: John F. Kennedy in Profile* (Boston, MA: Little Brown, and Company, 1962).
8. Vance H. Trimble, *Sam Walton* (New York, NY: Dutton, 1990) pp. 141-155. ヴァンス・トリンブルの著書『サム・ウォルトン:シアーズを抜き去ったウォルマートの創業者』（棚橋志行訳、NTT出版）は、ウォルトンの評伝およびウォルマートの歴史を振り返るのに最適な資料だ。
9. Mark A. Stoler, *The Skeptic's Guide to American History Transcript Book* (Chantilly, VA: The Great Courses, 2012) pp. 383-392.
10. Merle Miller, *Plain Speaking: An Oral Biography of Harry S. Truman* (New York, NY: Berkeley Publishing Group, 1984) p. 406.
11. Michael Ray and Rochelle Myers, *Creativity in Business* (New York, NY: Doubleday, 1986) p. 157.（『クリエイティビティ イン ビジネス 上,下』恩田彰監訳、日本能率協会マネジメントセンター、1992年）
12. Ray and Myers, *Creativity in Business,* p. 163.
13. Miller, *Plain Speaking,* p. 313.
14. Harry Mark Petrakis, *The Founder's Touch: The Life of Paul Galvin of Motorola* (New York, NY: McGraw-Hill Book Company, 1965) p. 226.
15. 経営者の意思決定スタイルに関する興味深い考察は、以下を参照。David L. Bradford and Allan Cohen, *Managing for Excellence* (New York, NY: John Wiley & Sons, 1984) p. 185. 本書ではブラッドフォードらの著書で示された概念を発展させているが、ブラッドフォードらによる意思決定スタイルの説明には影響を受けている。
16. C. Krenz, "MIPS Computer Systems," *Stanford Case Study* S-SB-112.
17. Robert F. Kennedy, *Thirteen Days* (New York, NY: W.W. Norton & Company, 1969) p. 111.（『13日間：キューバ危機・回顧録』）
18. Andrew S. Grove, "How to Make Confrontation Work for You," *Fortune,* July 23, 1984.
19. Peter F. Drucker, *The Effective Executive: The Definitive Guide to Getting the Right Things Done* (New York, NY: Harper Business, 2017) Kindle Edition, p. 165.『「新訳」経営者の条件』上田惇生訳、ダイヤモンド社、1995年
20. Ron Chernow, *Washington: A Life* (New York, NY: Penguin Books, 2011), p. 604.
21. Robert F. Kennedy, *Thirteen Days: A Memoir of the Cuban Missile Crisis* (New

York, NY: W.W. Norton & Company, 1999).
22. Kennedy, *Thirteen Days.*
23. Karen B. Hunter, "The Man in Charge of the Skies Remembers 9/11," *Sandwich Enterprise,* January 11, 2018, https://www.capenews.net/sandwich/news/the-man-in-charge-of-the-skies-remembers/article_89764007-04bd-5fd6-aoc4-bo9c6a15bbia.html.
24. "Aviation Officials Remember September 11, 2011," C-SPAN, September 11, 2010, https://www.c-span.org/video/?295417-1/aviation-officials-remember-september-11-2001, 56:55-58:22.
25. "Aviation Officials Remember September 11, 2001"; "September 11 Attack Timeline," 9/11 Memorial & Museum, https://timeline.911memorial.org/#Timeline/2.
26. Collins and Hansen, *Great by Choice,* pp. 110-113.
27. Peter F. Drucker, *The Effective Executive* (New York, NY: Harper & Row, 1967) p. 24.
28. 1987年5月1日スタンフォード大学経営大学院でのボブ・ブライトの講演。
29. Kenneth Atchity, *A Writer's Time* (New York, NY: W.W. Norton & Company, 1986) pp. 29-31.
30. Robert O'Brian, *Marriot: The J. Willard Marriott Story* (Salt Lake City, UT, Deseret Book Company, 1987) pp. 265-267.
31. Manchester, *The Last Lion, Alone,* pp. 3-37.
32. Arthur Bartlett, "The Discovery ofL.L. Bean;· *The Saturday Evening Post,* December 14, 1946.
33. Thomas J. Watson, Jr., *Father, Son & Co.* (New York, NY: Bantam Books, 1990) pp. 308-309.（『先駆の才 トーマス・ワトソン・ジュニア：IBMを再設計した男』高見浩訳、ダイヤモンド社、2006年）
34. Trimble, *Sam Walton,* pp. 141-155.
35. Debbi Fields, *One Smart Cookie* (New York, NY: Simon and Schuster, 1987) p. 132.
36. Martin Gilbert, *The Churchill War Papers: Never Surrender* (New York, NY: W.W. Norton & Company, 1995) p. xvii.
37. Winston S. Churchill, *Triumph and Tragedy* (New York, NY: RosettaBooks, 2013) Chapter 1.
38. Edmund L. Andrews, "Mad Scientists," *Business Month,* May 1990.
39. Alun Anderson, "Growing Pains for Amgen as Epoetin Wins US Approval," *Nature,* June 15, 1989, p. 493.
40. Edmund L. Andrews, "Mad Scientists"; Alun Anderson, "Growing Pains for

Amgen as Epoetin Wins US Approval"; Barry Stavro, "Court Upholds Amgen's Patent on Anemia Drug Medicine: The Decision Solidifies Its Position as the Nation's No. 1 Biotech Company and Will Encourage Other Firms to Protect Scientific Discoveries," *Los Angeles Times,* March 7, 1991; Edmund L. Andrews, "Amgen Wins Fight over Drug: Rights to Patent Lost by Genetics Institute," *New York Times,* March 7, 1991; Rhonda L. Rundle and David Stipp, "Amgen Wins Biotech Drug Patent Battle-Genetics Institute's Shares Plunge on Court Ruling as Victor's Stock Surges," *Wall Street Journal,* March 7, 1991; Diane Gershon, "Amgen Scores a Knockout," *Nature,* March 14, 1991; Elizabeth S. Kiesche, "Amgen Wins EPO battle, but Patent War Goes On," *Chemical Week,* March 20, 1991; Paul Hemp, "High Court Refuses Genetics Patent Appeal," *Boston Globe,* October 8, 1991; "High Court Backs Amgen on Drug Patent," *Washington Post,* October 8, 1991; Ann Thayer, "Supreme Court Rejects Erythropoietin Case," *Chemical & Engineering News,* October 14, 1991.

41. Paul Hemp, "A Time for Growth: An Interview with Amgen CEO Kevin Sharer," *Harvard Business Review,* July-August 2004, https://hbr.org/2004/07/a-time-for-growth-an-interview-with-amgen-ceo-kevin-sharer.
42. Thomas J. Peters and Robert H. Waterman, *In Search of Excellence* (New York, NY: Warner Books, Inc., 198i.) pp. 55-60.（『エクセレント・カンパニー』大前研一訳、英治出版、2003年）
43. Russell A. Jones, *Self-Fulfilling Prophecies: Social Psychological and Physiological Effects of Expectancies* (Hillsdale, NJ: Lawrence Erlbaum Associates, 1977) p. 167.
44. "The Business Secrets of Tommy Lasorda," *Fortune,* July 3, 1989, pp. 12.9-135.
45. John Wooden, *They Call Me Coach* (Chicago, IL: Contemporary Books, 1988) p. 108.
46. Bill Walsh, *Building a Champion* (New York, NY: St. Martin's Press, 1990) p. 147.
47. Wooden, *They Call Me Coach,* p. 60.
48. Walsh, *Building a Champion,* p. 97.
49. Robert Sobel, *Trammell Crow: Master Builder* (New York, NY: John Wiley & Sons, 1990) p.234.
50. Warren Bennis, *On Becoming a Leader* (Reading, MA: Addison-Wesley Publishing Company, 1989) p. 192.
51. William Manchester, *The Glory and the Dream* (New York, NY: Bantam Books, 1990) pp. 229-230
52. 1980年5月、スティーブ・ジョブズによるスタンフォード大学経営大学院での講演。

53. Petrakis, *Founder's Touch,* p. viii.
54. William L. McKnight, *Industrialist* (Minneapolis, MN: T. S. Denison & Company, Inc., 1962) p. 179.
55. Robert Lacey, *FORD: The Men and the Machine* (New York, NY: Ballantine Books, 1989) p. 141. (『フォード：自動車王国を築いた一族 上巻,下巻』小菅正夫訳、新潮社、1989年)

第4章

1. Edward Hoffman, *The Right to Be Human: A Biography of Abraham Maslow* (Los Angeles, CA: Jeremy P. Tarcher, Inc., 1988) p. 280. (『真実の人間：アブラハム・マスローの生涯』上田吉一訳、誠信書房、1995年)
2. Thomas J.Watson, Jr., *A Business and Its Beliefs* (New York, NY: McGraw-Hill Book Company, Inc., 1963) pp. 4-5. (『IBMを世界的企業にしたワトソンJr.の言葉』朝尾直太訳、英治出版、2004年)。短いがすばらしい本であり、強く薦める。
3. Minnesota Mining and Manufacturing Company, *Our Story So Far: Notes from the First 75 Years of 3M Company* (St. Paul, MN: Minnesota Mining and Manufacturing Company, 1977).
4. Watson, *A Business and Its Beliefs,* pp. 4-5.
5. Thomas J. Watson, Jr., *Father, Son & Co.* (New York, NY: Bantam Books, 1990) p. 51.
6. Lawrence G. Foster, *A Company That Cares: One Hundred Year Illustrated History of Johnson & Johnson* (New Brunswick, NJ: Johnson & Johnson Company, 1986) p. 108.
7. Marvin Bower, *Perspective on McKinsey* (New York, NY: McKinsey & Company, Inc., 1979). この本は市販されていない。マッキンゼー&カンパニーの社員のためだけに執筆、刊行された。ジムはマッキンゼーで働いたことがあり、感銘を受けた。
8. Barbara W. Tuchman, *Practicing History* (New York, NY: Ballantine Books, 1982) p. 134.
9. C. Krenz, "MIPS Computer Systems," *Stanford Case Study* S-SB-m.
10. Harry G. Summers, Jr., *On Strategy: A Critical Analysis of the Vietnam War* (New York, NY: Bantam Doubleday Dell Publishing Group, Inc., 1982) p. 21.
11. Summers, *On Strategy,* pp. 21-22.
12. Summers, *On Strategy,* p. 149.
13. William Manchester, *The Glory and the Dream* (New York, NY: Bantam Books, 1990) p. 1054. (『栄光と夢：アメリカ現代史 1,2,3,4,5』鈴木主税訳、1976-78年、草思社)
14. Watson, *Father, Son & Co.,* pp. 285-289.

15. C. Hartman, "Keeper of the Flame;' *Inc.,* March 1989, pp. 66-76.
16. Collins and J. Porras, "Organizational Vision and Visionary Organizations," *California Management Review,* Fall 1991.
17. Arthur Bartlett, "The Discovery of L.L. Bean," *The Saturday Evening Post,* December 14, 1946.
18. "L. L. Bean, Inc. (B)," *Harvard Business School Case* 9-676-014.
19. Max De Pree, *Leadership Is an Art* (New York, NY: Doubleday Dell Publishing Group, Inc., 1989) pp. 4-80.
20. アン・ベイカーCEOとのインタビューより。
21. Foster, *A Company That Cares,* p. 108.
22. "Interview with Bill Hewlett and Dave Packard; *HP Lab Notes Journal,* March 6, 1989.
23. 1990年11月、ジム・コリンズ、ジェリー・ポラスとのインタビュー。
24. Merck & Company, "Statement of Corporate Purpose; 1989.
25. Peter F. Drucker, *Management: Tasks, Responsibilities, Practices* (New York, NY: Harper & Row, 1974) pp. 59-61.（『マネジメント:基本と原則』上田惇生編訳、ダイヤモンド社、2001年）
26. T. Richman, "Identity Crisis; *Inc.,* October 1989, p. 100.
27. "L.L. Bean, Inc. (B); *Harvard Business School Case* 9-676-014.
28. 1989年3月スティーブ・ジョブズによるスタンフォード大学経営大学院の講演。
29. Merck & Company, "Statement of Corporate Purpose; 1989.
30. Schlage Corporate Vision Statement, 1990.
31. 1991年7月、ブルース・ファリスと著者らのインタビュー。
32. J. Collins, "Lost Arrow Corporation (C)," *Stanford Business School Case* S-SB-117C.
33. Ron Zemke and Dick Schaaf, *The Service Edge: 101 Companies That Profit from Customer Care* (Markham, Ontario: Penguin Books, 1989) p. 462.（『エクセレント・カンパニーのサービス戦略：アメリカ経済の復活をリードする優良企業25社』広地一弘訳、HBJ出版局、1991年）
34. 1991年7月、アン・ベイカーと著者らとのインタビュー。
35. Mary Kay Ash, *Mary Kay on People Management* (Newport Beach, CA: Books on Tape, Inc., 1984), cassette 1, side 1.
36. 1991年7月、デビッド・ケネディと著者らとのインタビュー。
37. 1991年7月、マイク・コールと著者らとのインタビュー。
38. Daniel J. Boorstin, *The Americans: The Democratic Experience* (New York, NY: Vintage Books, 1974) p. 596.（『アメリカ人:大量消費社会の生活と文化 上,下』新川健三郎訳、河出書房新社、1992年）

39. F. David, "How Companies Define Their Mission," *Long Range Planning,* Volume 22, #1, February, 1989, pp. 90-92.
40. C. Krenz, "MIPS Computer Systems," *Stanford Case Study* S-SB-112-TN.
41. Boorstin, *The Americans: The Democratic Experience,* p. 548.
42. Winston S. Churchill, *Blood, Sweat, and Tears* (New York, NY: G. P. Putnam's Sons, 1941) p. 403.
43. Watson, *Father, Son, & Co.,* pp. 346-351.
44. Harold Mansfield, *Vision: Saga of the Sky* (New York, NY: Madison Publishing Associates, 1986) pp. 329-339.
45. Oscar Schisgall, *Eyes on Tomorrow: The Evolution of Procter & Gamble* (Chicago, IL: J. G. Ferguson Publishing Company, 1981) pp.87-98.
46. Schisgall, *Eyes on Tomorrow,* p. 200.
47. Boorstin, *The Americans: The Democratic Experience,* P· 595·
48. P. Gibson, "Being Good Isn't Enough Anymore," *Forbes,* November 26, 1979, p. 40.
49. C. Poole, "Shirtsleeves to Shirtsleeves," *Forbes,* March 4, 1991, p. 56.
50. Akio Morita, *Made in Japan* (New York, NY: Dutton, 1986) PP· 63-74. (『MADE IN JAPAN:わが体験的国際戦略』下村満子訳、PHP研究所 、2012年)
51. C. Hawkins, "Will Home Depot Be 'The Wal-Mart of the '90s'?," *Business Week,* March 19, 1990, p. 124.
52. "Being the Boss," *Inc.,* October 1989, p. 49.
53. John Schulley, *Odyssey* (New York, NY: Harper & Row Publishers, 1987) pp 4-5.
54. G. Stalk, Jr., "Time-The Next Source of Competitive Advantage," *Harvard Business Review,* July-August, 1988, p. 44.
55. "Sneaker Wars," *ABC's 20/20,* August 19, 1988.
56. J. Collins, "Passion Can Provide a Propelling Purpose," *San Jose Mercury News,* August 7, 1988, p. PC 1.
57. N. Aldrich, "The Real Art of the Deal," *Inc.,* November 1988, p. 82.
58. S. Weiner, "The Wal-Mart of Banking," *Forbes,* March 4, 1991, p. 65.
59. Trimble, *Sam Walton,* pp. 33-34.
60. The General Electric Story (Schenectady, NY: General Electric Company, 1989) p. 128.
61. Adam Bryant, "When Management Shoots for the Moon," *New York Times,* September l7, 1998, https://www.nytimes.com/1998/09/27/business/business-when-management-shoots-for-the-moon.html.

62. "The Art of Loving," *Inc.*, May, 1989, p. 46.
63. "Thriving on Order," *Inc.*, December 1989, p. 47.
64. Robert Lacey, *FORD: The Men and the Machine* (New York, NY: Ballantine Books, 1986) p. 93.
65. William Manchester, *The Last Lion, Alone* (Boston, MA: Little, Brown, and Company, 1988) p. 686.
66. "Our History," DPR Construction, https://www.dpr.com/company/history.
67. "Our History," DPR Construction.
68. "Our History," DPR Construction.
69. V. Woodruff, "Giving the Globe a Nudge: Ted Turner," *Vis a Vis,* August 1988, p.58.

第5章

1. Sam Scott, "Sheer Focus," *Stanford Magazine,* July/August 2014, https://stanfordmag.org/contents/sheer-focus.
2. Barack Obama, Obama White House Twitter, January 14, 205, https://twitter.com/obamawhitehouse/status/555521113166336001?lang=en.
3. Mona Simpson, "A Sister's Eulogy for Steve Jobs," *New York Times,* October 30, 2011, https://www.nytimes.com/2011/10/30/ opinion/mona-simpsons-eulogy-for-steve-jobs.html.
4. 145 "At the moment it seems quite effectively disguised": Winston S. Churchill, *Triumph and Tragedy* (New York, NY: RosettaBooks, 2013) Chapter 40.
5. Jim Collins and Jerry I. Porras, *Built to Last: Successful Habits of Visionary Companies* (New York, NY: Harper Business, 2002) p. 28.

第6章

1. John W. Gardner, *Self Renewal: The Individual and the Innovative Society* (New York, NY: W.W. Norton & Company, 1995) p. 5.（『自己革新:新訳:成長しつづけるための考え方』矢野陽一朗訳、英治出版、2012年）
2. "John Wooden-A Coaching Legend: October 14, 1910-June 4, 2010," UCLA Athletics, https://uclabruins.com/spom/2013/4/17/208183994.aspx.
3. F. Scott Fitzgerald, "The Crack-Up" *Esquire,* February 1, 1936, http://classic.esquire.com/the-crack-up.

第7章

1. A. Rock, "Strategy vs. Tactics from a Venture Capitalist," *Harvard Business Review,* November-December 1987, p. 63.

2. William Manchester, *The Last Lion: Visions of Glory* (New York, NY: Dell Publishing, 1983) pp. 510-512.
3. Michael Porter, *Competitive Strategy* (New York, NY: The Free Press, 1980) pp. 158-162.（『競争の戦略』土岐坤他訳、ダイヤモンド社、1995年）
4. D. Birch, "Trading Places," *Inc.,* April 1988, p. 42.
5. Winston S. Churchill, *The Gathering Storm* (Boston, MA: Houghton-Mifflin Company, 1948) p. 222.
6. Churchill, *The Gathering Storm,* p. 468.
7. T. Watson, "The Greatest Capitalist in History," *Fortune,* August 31, 1987, p. 24.
8. Carl von Clausewitz, *On War* (Princeton, NJ: Princeton University Press, 1976) p. 204.（『新訳戦争論：隣の大国をどう斬り伏せるか』兵頭二十八訳、PHP研究所、2011年）
9. "Southwest Airlines Reports 47th Consecutive Year of Profitability," *Southwest Airlines,* January 23, 2020, http://investors.southwest.com/news-and-events/news-releases/2020/01-23-2020-112908345.
10. Leslie Berlin, *The Man behind the Microchip: Robert Noyce and the Invention of Silicon Valley* (New York, NY: Oxford University Press, 2005) p. 159.
11. Gordon E. Moore, "Cramming More Components onto Integrated Circuits," *Proceedings of the IEEE* 86, no. 1 (January 1998): 82-85.（以下の再版である。Gordon E. Moore, "Cramming More Components onto Integrated Circuits," *Electronics* 38, no. 8 [April 19, 1965]: 114-117).
12. Berlin, *The Man Behind the Microchip,* Chapter 7, Chapter 8, Chapter 9.
13. Joseph A. Schumpeter, *Capitalism, Socialism and Democracy* (New York, NY: Harper Perennial, 2008) p. 84.（『資本主義、社会主義、民主主義 1,2』大野一 訳、日経BP、2016年）
14. Winston S. Churchill, *Their Finest Hour* (New York, NY: RosettaBooks, 2013) Chapter 2.
15. Churchill, *Their Finest Hour,* Chapter 2.
16. Winston S. Churchill, *The Grand Alliance* (New York, NY: RosettaBooks, 2013) Chapter 32.
17. Andrew S. Grove, *Only the Paranoid Survive: How to Exploit the Crisis Points That Challenge Every Company* (New York, NY: RosettaBooks, 2004) Chapter 6.（『パラノイアだけが生き残る：時代の転換点をきみはどう見極め、乗り切るのか』佐々木かをり訳、日経BP、2017年）
18. Gary W. Gallagher, *Robert E. Lee and His High Command Transcript Book* (Chantilly, VA: The Great Courses, 2004); Gary W. Gallagher, *The American Civil War Transcript Book* (Chantilly, VA: The Great Courses, 2000).

19. Series 1. General Correspondence. 1833-1916: Abraham Lincoln to George G. Meade, Tuesday, July 14, 1863 (Meade's failure to pursue Lee)," *Library of Congress,* https://www.loc.gov/resource/mal.2480600/?sp=1&st=text.
20. Von Clausewitz, *On War,* p. 263.
21. HP-TV動画のインタビュー、著者らが視聴。
22. K. Baron, "Spectacular Failures," *Peninsula,* July 1989, p.40.
23. Baron, "Spectacular Failures," pp. 40-50.
24. "Small Business: Second Thoughts on Growth," *Inc.,* March 1991, pp. 60-66, and K. Moriarty, "University National Bank and Trust Company," *Stanford Business School* Case S-SB-125.
25. Andrew Frye and Dakin Campbell, "Buffett Says Pricing Power More Important Than Good Management," *Bloomberg,* February 17, 2011, https://www.bloomberg.com/news/articles/2011-02-18/buffett-says-pricing-power-more-important-than-good-management ?sref= 30J96vqe.
26. ラリー・アンサンが1990年10月にスタンフォード大学経営大学院で行った講演。
27. M. Berss, "End of an Era," *Forbes,* April 29, 1991, p. 41.
28. T. Gearreald, "Tensor Corporation," *Harvard Business School Case* #9-370-041.
29. J. Pereira, "LL. Bean Scales Back Expansion Goals to Ensure Pride in Its Service is Valid," *Wall Street Journal,* July 31, 1989.
30. Porter, *Competitive Strategy,* pp. 158-162.

第8章

1. Jorgen Palshoj, "Design Management at Bang and Olufsen," in *Design Management,* ed. Mark Oakley (Oxford, England: Basil Blackwood, 1990) p. 42.
2. M. Miller "Sometimes the Biggest Mistake Is Saying No to a Future Success," *Wall Street Journal* December 15, 1986, p. 30.
3. P. Ranganath Nayak and John M. Ketteringham, *Breakthroughs!* (New York, NY: Rawson Associates, 1986) p. 318.
4. Nayak and Ketteringham, *Breakthroughs!,* p. 238.
5. 1980年5月、スティーブ・ジョブズによるスタンフォード大学経営大学院での講演。
6. Vance H. Trimble, *Sam Walton* (New York, NY: Dutton, 1990) p. 99.
7. Miller, "Sometimes the Biggest Mistake Is Saying No to a Future Success," p. 30.
8. Daniel J. Boorstin, *The Americans: The Democratic Experience* (New York, NY: Vintage Books, 1974) pp. 201-202.
9. Nayak and Ketteringham, *Breakthroughs!,* P.158.
10. Boorstin, *The Americans: The Democratic Experience,* p. 46.

11. Basil H. Liddell Hart, *The Real War* (Newport Beach, CA: Books on Tape, *Inc.,* 1989), cassette 3, side 1.
12. William Manchester, *The Glory and the Dream* (New York, NY: Bantam Books, 1990) p. 240.
13. T. Simmers, "The Big Bang," *Peninsula,* July 1988, pp. 46-53.
14. Ray Kroc, *Grinding It Out: The Making of McDonald's* (New York, NY: Berkeley Publishing Corporation, 1977) pp. 5-13. (『成功はゴミ箱の中に：レイ・クロック自伝:世界一、億万長者を生んだ男-マクドナルド創業者』野崎稚恵訳、プレジデント社、2007年)
15. S. Bandura, "T/Maker: The Personal Publisher Decision," *Stanford Business School Case* #S-SB-m.
16. Lawrence G. Foster, *A Company That Cares: One Hundred Year Illustrated History of Johnson & Johnson* (New Brunswick, NJ: Johnson & Johnson Company, 1986) p.123.
17. Schisgall, *Eyes on Tomorrow: The Evolution of Procter & Gamble* (Chicago, IL: J. G. Ferguson Publishing Company, 1981) p. 112.
18. Minnesota Mining and Manufacturing Company, *Our Story So Far: Notes from the First 75 Years of 3M Company* (St. Paul, MN: Minnesota Mining and Manufacturing Company, 1977) pp. 64-65.
19. Miller, "Sometimes the Biggest Mistake Is Saying No to a Future Success," p. 30.
20. Ron Zemke and Dick Schaaf, *The Service Edge: 101 Companies That Profit from Customer Care* (Markham, Ontario: Penguin Books, 1989) pp. 317-321.
21. Zemke and Schaaf, *The Service Edge,* p. 362.
22. "L. L. Bean, Inc.," *Harvard Business School Case* #9- 366-013.
23. P. Drucker, "Marketing 101 for a Fast-Changing Decade," *Wall Street Journal* November 20, 1990.
24. Nayak and Ketteringham, *Breakthroughs!,* pp. 50-74.
25. Nayak and Ketteringham, *Breakthroughs!,* p. 318.
26. Debbie Fields, *One Smart Cookie* (New York, NY: Simon and Schuster, 1987) pp. 56-58.
27. Boorstin, *The Americans: The Democratic Experience,* p. 154.
28. Michael Ray and Rochelle Myers, *Creativity in Business* (New York, NY: Doubleday, 1986) p. 128.
29. Nayak and Ketteringham, *Breakthroughs!,* p. 195.
30. Akio Morita, *Made in Japan* (New York, NY: E.P. Dutton,1986) p. 79·
31. Jean-Pierre Vitrac, "Prospective Design," in *Design Management,* ed. Mark

Oakley (Oxford, England: Basil Blackwell, 1990) p. 305.
32. Nayak and Ketteringham, *Breakthroughs!*, pp. 17-18.
33. S. Bandura, "T/Maker: The Personal Publisher Decision," *Stanford Business School Case* #S-SB-m.
34. 1980年5月、スティーブ・ジョブズによるスタンフォード大学経営大学院での講演。
35. Foster, *A Company That Cares*, p. 81.
36. Nayak and Ketteringham, *Breakthroughs!*, p. 119.
37. J. Skow, "Using the Old Bean," *Sports Illustrated*, December 2, 1985.
38. Foster, *A Company That Cares*, p. 31.
39. T. Richman, "Seducing the Customer: Dale Ballard's Perfect Selling Machine," *Inc.*, April 1988, pp. 95-104.
40. Paulo Viti and Pier Paride Vidari, "Design Management at Olivetti," in *Design Management*, ed. Mark Oakley (Oxford, England: Basil Blackwell, 1990) p. 305.
41. 1988年10月、ビノッド・コースラによるスタンフォード大学経営大学院での講演。
42. J. Collins, "The Bright Side of Every Failure," *San Jose Mercury News*, March 29, 1987, p. PC 1.
43. ジョン・クリーズによる1987年12月9日のスピーチ。Video Arts of Northbrook, Illinoisが複製。
44. Nayak and Ketteringham, *Breakthroughs!*, p. 57.
45. Nayak and Ketteringham, *Breakthroughs!*, p. 185.
46. B. Maxwell, "Powerfood's First Year," *Powerbar News*, December, 1987, pp. 1-4.
47. V. Rice, "A Model Company," *San Jose Mercury News*, February 21, 1991, p. B1.
48. Robert Lacey, *FORD: The Men and the Machine* (New York, NY: Ballantine Books, 1989) p. 81.
49. Harry Mark Petrakis, *The Founder's Touch: The Life of Paul Galvin of Motorola* (New York, NY: McGraw-Hill Book Company, 1965) pp.101, 119, 167, 180.
50. R. Burgelman, "Intraorganizational Ecology of Strategy-making and Organizational Adaptation: Theory and Field Research," *Stanford Graduate School of Business Research Paper* #1122, p. 24.
51. Burgelman, "Intraorganizational Ecology," p. 17.
52. 1988年10月、ビノッド・コースラによるスタンフォード大学経営大学院での講演。
53. G. Melloan, "Herman Miller's Secrets of Corporate Creativity," *Wall Street Journal*, May 3, 1988, p. 31.
54. Daniel J. Boorstin, *The Americans: The Colonial Experience* (New York, NY: Vintage Books, 1958) pp. 151-159.
55. 1991年8月、デビ・コルマンへの著者らによるインタビュー。

56. 1998年5月、チャンピオンシップシリーズでCBSスポーツのインタビューにて。
57. John Tracy Kidder, *The Soul of a New Machine* (Boston, MA: Little, Brown and Company, 1981) pp. 171-174.（『超マシン誕生』糸川洋訳、日経BP、2010年）
58. Melloan, "Herman Miller's Secrets."
59. 1990年2月15日、メルクCEOのロイ・バジェロスがスタンフォード大学経営大学院で行った講演。
60. Nathan Rosenberg and L. E. Birdzell, Jr., *How the West Grew Rich* (New York, NY: Basic Books, Inc., 1986).
61. Steve Solomon, "The Thinking Man's CEO," *Inc.* , November 1988, pp. 29-42.
62. 1981年4月17日、ポール・クックがスタンフォード大学経営大学院で行った講演。
63. Melloan, "Herman Miller's Secrets."
64. Kidder, *The Soul of a New Machine,* p. 228.
65. Paul Hawken, *Growing a Business* (New York, NY: Firside, 1988) p.149.（『ビジネスを育てる』阪本啓一訳、バジリコ、2005年）
66. Zemke and Schaaf; *The Service Edge,* p. 479.
67. Mildred Houghton Comfort, *William McKnight: Industrialist* (Minneapolis, MN: T. S. Dennison & Company, Inc., 1962) pp. 131, 139, 191.
68. Ray and Meyers, *Creativity in Business,* p. 91.
69. Petrakis, *The Founder's Touch,* p. 109.
70. Melloan, "Herman Miller's Secrets."
71. 1984年11月8日、スタンフォード大学経営大学院で行った講演。
72. 1984年12月5日、スタンフォード大学経営大学院で行った講演。
73. Gerard J. Tellis and Peter N. Golder, *Will and Vision: How Latecomers Grow to Dominate Markets* (New York, NY: McGraw-Hill, 2001) pp. xiii-xv, 43-46, 188-191.（『意志とビジョン：マーケット・リーダーの条件』伊豆村房一訳、東洋経済新報社、2002年）

第9章

1. "Thoughts on Business of Life," *Forbes,* August 19, 1991, p.152.
2. Theodore A. Rees Cheney, *Getting the Words Right* (Cincinnati, OH: Writer's Digest Books, 1983) p. 3.
3. J. Case, "The Origins of Entrepreneurship," *Inc.,* June, 1989, p. 62.
4. コンパック、アップル、IBMの1990年のアニュアルレポートより。
5. Vance H. Trimble, *Sam Walton* (New York, NY: Dutton, 1990) pp. 120-122.
6. W. Edwards Deming, *Out of the Crisis* (Cambridge, MA: Massachusetts Institute of Technology. Center for Advanced Engineering Study, 1986). デミングはこの言葉をセミナーでたびたび口にし、著書では表現を変えて幾度も繰り返した。この

言葉の意味をしっかり理解するため、デミングの*Out of the Crisis*を読むことをお勧めする。
7. R. Barber, “How L. L. Bean Restored My Soles-And Warmed My Soul: *Wall Street Journal,* December 18, 1990, p. A12.
8. Peter F. Drucker, *Concept of the Corporation* (New York, NY: The John Day Company, 1972) pp. 157-158.（『企業とは何か』上田惇生訳、ダイヤモンド社、2008年）
9. P. Ranganath Nayak and John Ketteringham, *Breakthroughs!* (New York, NY: Rawson Associates, 1986) pp. 314-322.
10. Mary Walton, *The Deming Management Method* (New York, NY: Perigee Books, 1986) pp. 3-21.（『デミング式経営：QC経営の原点に何を学ぶか』石川馨監訳、プレジデント社、1987年）
11. Ron Zemke and Dick Schaaf, *The Service Edge: 101 Companies That Profit from Customer Care* (Markham, Ontario: Penguin Books, 1989) pp. 317-321.
12. Zemke and Schaaf, *The Service Edge,* pp. 117-120.
13. B. Posner, “The Best Little Handbook in Texas,” *Inc.,* February, 1989, pp. 84-87.
14. Zemke and Schaaf, *The Service Edge,* pp. 516-519.
15. Zemke and Schaaf, *The Service Edge,* pp. 356-359.
16. Zemke and Schaaf, *The Service Edge,* pp. 301-304.
17. Zemke and Schaaf, *The Service Edge,* pp. 317-321.
18. C. Hawkins, “Will Home Depot Be ‘The Wal-Mart of the ‘90s’?,” *Business Week,* March 19, 1990, p. 124.
19. F. Herzberg, “One More Time: How Do You Motivate Employees?,” *Harvard Business Review,* September-October 1987, pp. 109-120.
20. Zemke and Schaaf, *The Service Edge,* pp. 378-381.
21. Zemke and Schaaf, *The Service Edge,* pp. 117-120.
22. Zemke and Schaaf, *The Service Edge,* pp. 446-449.
23. Zemke and Schaaf, *The Service Edge,* pp. 293-296.
24. Deming, *Out of the Crisis,* p. 88.
25. Zemke and Schaaf, *The Service Edge,* p. 479.
26. J. Skow, “Using the Old Bean,” *Sports Illustrated,* December 2, 1985.
27. T. Watson, “The greatest Capitalist in History,” *Fortune,* August 31, 1987, p. 24.
28. D. Yankelovich and J. Immerwahr, “Putting the Work Ethic to Work,” *Social Science and Modern Society* 21, no. 2 (January-February, 1984): pp. 58-76.
29. Nayak and Ketteringham, *Breakthroughs!,* pp. 314-322.

■ 著者プロフィール

ジム・コリンズ

『ビジョナリー・カンパニー　時代を超える生存の原則』(Built to Last、ジェリー・ポラスとの共著)をはじめとする世界で1000万部超のロングセラー『ビジョナリー・カンパニー』シリーズの著者。米コロラド州ボールダーの研究ラボを拠点に四半世紀以上にわたって偉大な企業を研究、経営者から絶大な支持を集める。2017年にはフォーブス誌の『現代の経営学者100人』にも選出された。著書に『ビジョナリー・カンパニー②　飛躍の法則』(Good to Great)、『ビジョナリー・カンパニー③　衰退の五段階』(How the Mighty Fall)、『ビジョナリー・カンパニー④　自分の意志で偉大になる』(Great by Choice、モートン・ハンセンとの共著)。

ビル・ラジアー

ブリストル・インベストメント・カンパニー創業者兼会長。スタンフォード大学経営大学院で中小企業経営や不動産マネジメントを教え、のちに同法科大学院で初代ナンシー＆チャールズ・マンガー記念経営学教授に就任。母校グリンネル大学理事長をはじめ、数多くの社会事業の運営に参画した。2004年死去。

■ 訳者プロフィール

土方奈美（ひじかた・なみ）

翻訳家。日本経済新聞、日経ビジネスなどの記者を務めたのち、2008年に独立。2012年モントレー国際大学院にて修士号(翻訳)取得。米国公認会計士、ファイナンシャル・プランナー。訳書にエリック・シュミット他『How Google Works』、ジョン・ドーア『Measure What Matters』、リード・ヘイスティングス他『No Rules』、ジム・コリンズ『ビジョナリー・カンパニー 弾み車の法則』、ウォルター・アイザックソン『レオナルド・ダ・ヴィンチ』など多数。

ビジョナリー・カンパニー ZERO

ゼロから事業を生み出し、偉大で永続的な企業になる

2021年8月23日　第1版第１刷発行
2024年8月23日　第1版第11刷発行

著　者　ジム・コリンズ、ビル・ラジアー
訳　者　土方 奈美
発行者　中川ヒロミ
発　行　株式会社日経BP
発　売　株式会社日経BPマーケティング
〒105-8308　東京都港区虎ノ門4-3-12
装　幀　小口翔平＋三沢稜（tobufune）
編　集　中川 ヒロミ
制　作　アーティザンカンパニー株式会社
印刷・製本　中央精版印刷株式会社

本書籍に関するお問い合わせ、ご連絡は下記にて承ります。
https://nkbp.jp/booksQA

ISBN978-4-296-00032-6　Printed in Japan